Weihnachten ???

Christlich??? – Märchen???
oder Satanisch???

Die reine Wahrheit ist erschreckend!

Adelheid Sonnenschein

Bibliografische Information der Deutschen Nationalbibliothek: Die Deutsche Nationalbibliothek verzeichnet diese Publikation in der Deutschen Nationalbibliografie; detaillierte bibliografische Daten sind im Internet über dnb.de abrufbar.

Verlag: BoD • Books on Demand GmbH, In de Tarpen 42, 22848 Norderstedt
Druck: Libri Plureos GmbH, Friedensallee 273, 22763 Hamburg

© Copyright des deutschen Originals 2024 Adelheid Sonnenschein (Künstlername)

Erstveröffentlichung September 2024
Bibelzitate sind alle aus der Schlachter Version 2000
Fotonachweise sind direkt unter den Bildern
Buchcovergestaltung und Buchillustration: Adelheid Sonnenschein

ISBN: 978-3-7597-8452-0

Persönliches Vorwort

>„Von der Feigheit, die vor neuer Wahrheit zurückschreckt, von der Faulheit, die sich mit Halbwahrheiten zufrieden gibt, von der Arroganz, die meint, die ganze Wahrheit zu kennen, O Gott der Wahrheit, erlöse uns"!!!< Altes Gebet

Ich habe immer das Gefühl, dass Christen die Wahrheit wirklich nicht hören wollen!

Es gab einen entscheidenden Zeitpunkt in meinem Leben, als ich immer mehr merkte, da stimmt doch was nicht. Ich wurde zunehmend zu einem Menschen der die Wahrheit suchte! Und wir wissen alle dass die Wahrheit in Person der echte Sohn Gottes ist. Und hier sind wir schon bei der ersten Lüge: Der echte Sohn Gottes heißt klar und deutlich: YAHUSHUA (YAHUschuWAH) HA MASCHIACH. Das ist der echte Sohn Gottes. Es soll dann noch einen anderen Sohn Gottes geben mit Namen Jesus Christus.

Ich war es nach über fünfzig Jahren meines Lebens mehr als satt, mich mit Halbwahrheiten zufrieden zu geben, und bewegte mich also aus der Faulheit und Bequemlichkeit heraus.

Eines habe ich in der Zwischenzeit gelernt und begriffen. Wer sich auf die Lehre der etablierten Kirchen wie Katholische Kirche und Evangelische Kirche und leider auch auf Freikirchen verlässt, der hat sich mit Lügen und Halbwahrheiten zufrieden gegeben. Und das was auf Fakultäten an Lügen verbreitet wird, hilft einen auch in der echten Wahrheitsfindung überhaupt nicht weiter. So bleibt nur ein Weg über: Werde ein Autodidakt und recherchiere selber. Das heißt, dass du viele, viele Bücher nicht nur durchliest, sondern an Hand der biblischen Aussagen prüfend durcharbeitest und mit großer Vorsicht abwägen musst. Sie müssen mit anderen Quellen gegengeprüft werden. Wir müssen erkennen, dass Josephus uns viele wertvolle Informationen gegeben hat, aber seine Aussagen müssen sorgfältig auf ihren Wahrheitsgehalt überprüft werden.

Mark Twain sagte einmal ein wahres Wort:
In Religion und Politik kommen Glauben und Überzeugungen der Leute in fast allen Fällen aus zweiter Hand und ohne Nachprüfung von Autoritäten, die selbst die jeweiligen Fragen nicht untersucht haben, sondern sie aus zweiter Hand von anderen Leuten bekommen haben, die selbst keine Untersuchungen angestellt haben, deren Meinung über das jeweilige Thema nicht einen Pfennig wert waren!

Ausdrücklicher wichtiger Hinweis!!!
Als Buchautorin verwende ich bewusst den echten richtigen Namen des Sohnes Gottes YAHUSHUA (YAHUschuWAH) und den echten Namen seines Vaters YAHUWAH.
In allen aufgeführten Bibelstellen habe den echten Namen der beiden Personen eingesetzt, was keine Bibelfälschung ist!!!

Vorwort

Schon lange lag es mir auf dem Herzen, ein Buch über das Thema Weihnachten zu schreiben. **Tatsächlich war dies kein einfaches Unterfangen, da gerade im deutschen Sprachraum viele Fehlinformationen gestreut wurden und werden.**
Es handelt sich hier nicht um eine wissenschaftliche Ausarbeitung. Es wurde soweit wie möglich mit qualifizierten Quellen gearbeitet. Viele Personen und Institutionen haben sich über die Weihnachtsgeschichte gründliche Gedanken gemacht. Jeder aus einem anderen Blickwinkel.
Da sind es die Physiker die sich mit dem Stern befassen. Da sind es die Juden die anhand ihres jüdischen Kalenders den Geburtstag des Sohnes Gottes im Herbst lokalisieren. Da sind es die Kirchenkonzile die einen falschen Sohnes Gottes mit Namen Jesus Christus als Sonnengott zum Wintersonnenwendefest feiern.
Da sind es Fernsehsender und bekannte Tageszeitungen die sich mit dem gesamten Thema befassten.
Ich habe in diesem Buch, wie auch bei den anderen bisher erschienen Büchern auf Grundlage von gründlicher Recherche gearbeitet. Es handelt sich also um eine Ansammlung von Information von verschiedenen Internet-Seiten sowie Büchern aus denen ich dann Informationen weitergebe. Ich leite also ganz einfach Information in diesem Buch weiter, die ich gesammelt habe. Diese unterziehe ich einer Prüfung in wieweit diese stimmig sind. Wichtig sind dabei auch insbesondere historische Fakten. So das aus der Ansammlung von diesen verschiedenen Informationen sich dann ein stimmiges Gesamtbild ergibt. **In allen ist für mich wichtig, dass die Wahrheit und die nüchterne Realität und die Fakten herausgehoben werden.**
Als Prüfungs-Grundlage ist allein die Heilige Schrift ausschlaggebend.

<u>Und in alledem hat die Ur-Gemeinde des echten Sohnes Gottes nie, nie, nie Weihnachten gefeiert! Denn weder in der Bibel noch</u>

in der säkularen Geschichte wird nirgendwo erwähnt, dass die Ur-Gemeinde des ersten Jahrhunderts Weihnachten – oder irgendein vergleichbares Fest – zurzeit der Wintersonnenwende gefeiert hat. Es ist geschichtlich belegt, dass das Feiern von Weihnachten erst ein verbreiteter Brauch geworden ist, als der römische Katholizismus dessen Gründer Simon der Magier war, die offizielle Religion des Römischen Reiches wurde. Adelheid Sonnenschein

Denn die Ur-Gemeinde des ersten Jahrhunderts verwendete den hebräischen lunisolaren Kalender (wie das Neue Testament zeigt) und vermied religiöse Feiern, die in Verbindung mit dem römischen Sonnenkalender standen – demselben Kalender, den wir heute benutzen. Quelle:© Broschüre: Ist Weihnachten christlich? Kap. 7 S. 27. Welt von Morgen, Karlsruhe; Living Church of God). Der jüdische Kalender (hebräisch העברי הלוח ha-luach ha-iwri) ist ein Lunisolarkalender, der im Jahr 3761 v. d. Zw. mit der Zählung beginnt. Die Monate sind wie bei einfachen Mondkalendern an den Mondphasen ausgerichtet.
Quelle: © https://de.wikipedia.org/wiki/J%C3%BCdischer_Kalender#:~:text=Der%20j%C3%BCdische% 20Kalender%20(hebr%C3%A4isch%20%D7%94%D7%9C%D7%95%D7%97,Chr.&text=mit%20der%20Z% C3%A4hlung%20beginnt.,Mondkalendern%20an%20den%20Mondphasen%20ausgerichtet.

Sehr schnell und lautstark behaupten dann die Super-Lügen-Relativierungs-Redner: **Ich feiere die Geburt Jesus Christi der mich erlöst hat. Es wird extrem abgeleugnet das man ja angeblich nicht den Geburtstag des Sonnengottes feiert!**

Leider wissen die Super-Lügen-Relativierungs-Redner nicht den Unterschied zwischen einem Apfel und einer Zitrone bzw. zwischen einem Hase und einem Löwe oder zwischen einem Kugelschreiber und einen Bleistift. Aber ich selber habe ja auch nur alles nachgeplappert was man mir vorgeplattert hatte. Dafür schäme ich mich in Grund und Boden.

Doch durch die Schönredner findet eine Realitätsleugnung statt. Eine Realitätsleugnung im Sinne eines psychoanalytischen Abwehrmechanismuses liegt vor, wenn bedeutsame Tatbestände vom ich ignoriert bzw. nicht wahrgenommen werden, weil die bewusste Auseinandersetzung mit ihnen als zu belastend erlebt wird. Realitätsleugnungen sind meist überall dort festzustellen, wo ein Weltbild oder vorgefasste Meinungen ins Wanken kommen könn-

ten.

Quelle: © Verwendete Literatur: Stangl, W. (2023, 20. Mai). Realitätsleugnung – Online Lexikon für Psychologie & Pädagogik; https://lexikon.stangl.eu/6623/realitatsleugnung. (Stangl, 2023).

So behauptet dann der/die Schönredner(in) gegenüber dem Realisten:
Du siehst nur immer das negative!

Die allermeisten Christen haben sich „nicht" mit dem Wort des Paulus auseinandergesetzt:
>>>„Denn wenn der, welcher zu euch kommt, **einen anderen Jesus („Sohn Gottes") verkündigt, den wir nicht verkündigt haben**, oder wenn ihr einen anderen Geist empfangt, den ihr nicht empfangen habt, oder ein anderes Evangelium, das ihr nicht angenommen habt, so habt ihr das gut ertragen"!<<< 2. Korinther 11, 4

Weihnachten ist nichts anderes als ein heidnisch umgesetztes Wintersonnenwendefest! Quelle: © Weihnachten Ursprünge, Bräuche und Aberglauben von Professor Pauls Cassel, Vorwort 2. S.

Perspektiven: So kann man es auch sehen...

Optimist „Das Glas ist halb voll."

Pessimist „Das Glas ist halb leer."

Ingenieur „Das Glas ist doppelt so groß wie es sein müsste."

Realist „Das Glas ist voll - je halb mit Wasser und Luft."

Idealist „Es gibt bestimmt noch mehr für alle."

Opportunist „Hauptsache, ich hab genug zu trinken."

Kapitalist „Das Glas ist mir egal, wo ist die Flasche???"

Kommunist „Das Wasser im Glas gehört allen!"

Sexist „Das Glas füllt sich nich von allein, Babe!"

Nihilist „Das Glas existiert nur als Grafik!"

Quelle: © https://karrierebibel.de/reframing/.

Einleitung

Ich feierte Weihnachten über 65 Jahre meines Lebens, bis Gott meine Augen für die Falschheit dieses heidnischen Festes öffnete! Wie viele meiner Mitmenschen, oder soll ich sagen Millionen oder Milliarden von Menschen weltweit, so habe auch ich dem geglaubt, was die Tradition den Menschen aufbürdet. Auch ich habe geglaubt, was seit Jahrhunderten in einer christlichen Tradition gelehrt und gefeiert wurde, und dachte das muss doch der Wahrheit entsprechen. **<u>Doch es entspricht in keiner Weise der Wahrheit!!!</u> Über 65 Jahre meines Lebens habe ich auch geglaubt das Weihnachten etwas mit dem Sohn Gottes zu tun hat.** Ich wurde von meiner Kindheit her auf das Äußerste belogen! Ich war noch erschütterter und entsetzter, dass man die Geburt Jesu Christi zu Weihnachten feiert. Es hätte mich fast vom Glauben abfallen lassen, als ich nach langer Recherche-Arbeit nachweisen konnte, dass der Jesus Christus ein falscher Sohn Gottes ist, also ein anderer wie Paulus warnt! Jesus Christus hat mit dem echten Sohn Gottes YAHUSHUA (YAHUschuWAH) HA MASCHIACH nichts zu tun.

Ich frage mich, warum in all den vergangenen Jahrhunderten sich kein Mensch mit dem Thema Weihnachten richtig auseinandergesetzt hat???

Die katholische Kirche will uns vorschreiben, wann Jesus Christus geboren wurde. Wer diese Kirche, welche in Offenbarung 17 + 18 als eine Hure bezeichnet wird (und alle, die mit ihr u. a. durch die Ökumene mitmachen) näher studiert hat, bei dem müssten schon längst alle Alarmglocken bimmeln!!!

All die Jahre hast du in Unwissenheit und Ungehorsam das Fest gefeiert und hast es von deinen Eltern übernommen, welche auch seid ihrer Kindheit belogen wurden. Ja auch deine Ältesten (bzw. Bibel-Lehrer, Pfarrer und Pastoren) irren sich und können es dir nicht beweisen!!!

<u>Wenn man einen Menschen seit seiner Geburt eine Lüge jahrelang</u>

erzählt, dann wird er sie einfach glauben, ohne sie zu prüfen. Und je länger er belogen wurde, umso schwieriger wird es für ihn sein, sich davon zu trennen!
Es ist die Frage: Willst du anfangen Fragen zu stellen und an Hand der Heiligen Schrift kritisch forschen und alles, was du einfach so übernommen hast, endlich hinterfragen???
Glaubst du, wir können einfach alles durch scheinfromme und verlogene Theologie schönreden? Quelle: © www.diewahrheitistnochda.de; https://doc player.org/52515457-Weihnachten-ein-fest-der-heuchelei-paul-dorofeev.html.

Die meisten denken nie darüber nach, warum sie glauben, was sie glauben, oder was sie tun.
Wir leben in einer Welt gefüllt mit Bräuchen, aber wenige versuchen, ihren Ursprung zu verstehen. Wir akzeptieren sie im Allgemeinen ohne Fragen. Die meisten Leute machen im Grunde das, was alle anderen tun — weil es einfach und natürlich ist. Lassen sie uns alle Annahmen vermeiden und akzeptieren nur, was BEWIESEN werden kann!

Nur sehr wenige Menschen, die sich zum Christentum bekennen, beginnen auch nur zu begreifen, was für eine enorme Verführung Satan, der Teufel veranlasst hat. Sie können es kaum glauben, dass Satan nicht nur Menschen in der nichtchristlichen Welt verführte, sondern dass er sogar ein gefälschtes Christentum ersonnen hat, das er dann Millionen von Menschen untergeschoben hat, die doch aufrichtig glaubten, sie würden dem Christus der Bibel nachfolgen! Und so geschah es: Auf Grundlage von 2. Korinther 11, 4 wurde ein anderer „Jesus" (gefälschter Sohn Gottes) – ein völlig unterschiedlicher Sohn Gottes – wurde einer nichts ahnenden Menschheit untergeschoben! Quelle: © Broschüre: Satans gefälschtes Christentum, S. 3, Welt von Morgen, Karlsruhe; Living Church of God.

Mark Twain sagte einmal ein wahres Wort womit er Recht hat: In Religion und Politik kommen Glauben und Überzeugungen der Leute in fast allen Fällen aus zweiter Hand und ohne Nachprüfung

von Autoritäten, die selbst die jeweiligen Fragen nicht untersucht haben, sondern sie aus zweiter Hand von anderen Leuten bekommen haben, die selbst keine Untersuchungen angestellt haben, deren Meinung über das jeweilige Thema nicht einen Pfennig wert waren!

Der total gefälschte Jesus Christus wurde von dem Schwerverbrecher Kaiser Konstantin erschaffen. Dieser gefälschte Sohn Gottes soll zu Weihnachten am 25. Dezember 0000, geboren sein.
Der echte Sohn Gottes YAHUSHUA (YAHUschuWAH) HA MASCHIACH wurde am 11. September 0003 v. d. Zw. geboren!
Eines steht unumstößlich fest: Das bekennende Christentum von heute ist nicht einmal annähernd das gleiche, wie das Glaubensbekenntnis der Urgemeinde!
Das bestehende Christentum ist eine Religion ohne dem Sohn Gottes.
Es wurde eine eigene Religion erschaffen. Diese unterscheidet sich vollständig von dem, was der echte Sohn Gottes YAHUSHUA (YAHUschuWAH) HA MASCHIACH lehrte und vorlebte! Man nennt diese gefälschte Religion Christentum. (Näheres in dem Buch von Adelheid Sonnenschein: Der echte Name des echten Sohnes Gottes ist nie, nie, nie Jesus Christus). Diese Religion die sich Christentum nennt steht in keinen Zusammenhang mit den echten Sohn Gottes YAHUSHUA (YAHUschuWAH) HA MASCHIACH!

Zitat: Das Christentum des Neuen Testaments existiert schlichtweg nicht. Was man tun muss, ist, Licht auf die Verbrechen gegen das Christentum zu werfen, die über Jahrhunderte fortgesetzt und von Millionen verübt wurden (mehr oder weniger wissentlich), die dadurch auf schlaue Art unter dem Deckmantel, das Christentum zu vervollkommnen, versucht haben, Gott YAHUWAH aus dem Christentum heraus zu stehlen, und es geschafft haben, aus dem Christentum das genaue Gegenteil dessen zu machen, was es im Neuen Testament war! © Soren Kierkegaard 5. Mai 1813 bis 11. Nov. 1855 in seinem Buch Angriff auf das Christentum.

Weihnachten ist Aberglaube
Charles Haddon Spurgeon, der bekannte englische Prediger des letzten Jahrhunderts, sagte über Weihnachten:
„Wir schenken Jahreszeiten und besonderen Tagen keine abergläubische Beachtung. Ganz sicher glauben wir nicht an die gegenwärtige kirchliche Einrichtung namens Weihnachten. Wir finden kein biblisches Wort darüber, dass wir irgendeinen Tag als den Geburtstag des Erlösers feiern sollen und folglich ist jede derartige Feier Aberglaube, weil sie nicht von göttlicher Autorität ist!!! Wahrscheinlich ist es so, dass die Feiertage eingerichtet wurden um mit den heidnischen Festivitäten übereinzustimmen. Wie absurd zu denken, wir könnten es im Geist der Welt tun, mit einem Clownartigen Schneemann, einem täuschenden, weltlichen Weihnachtsmann und einem gemischten Programm heiliger Wahrheit mit Vergnügen, Täuschung und Klünge"! Quelle: © http://www.jesusruf.de/index. php/schriftpublikationenmenu2/feste-a-feiertage/244-weihnachten-ist-aberglaube.

Die ursprünglichen Apostel und die Urgemeinde in Jerusalem setzten den Maßstab für das echte YAHUSHUAistentum auf Grundlage des echten Sohnes Gottes YAHUSHUA (YAHUschuWAH) und nicht für das Christentum! Die meisten, die sich heute zum Christentum bekennen, haben keine Ahnung, wie das YAHUSHUAistentum des ersten Jahrhunderts wirklich war.

Die häufigste Begründung, die man hinsichtlich Weihnachten hört, ist, dass die Leute alte heidnische Bräuche und Sitten durch die Behauptung, sich jetzt auf „Christus zu konzentrieren", ersetzt haben. Ich habe viele sagen hören, dass sie Weihnachten feiern um „Christus zu ehren". <u>Das Problem besteht, dass Gott nicht sagt, dass dies für ihn akzeptabel ist!!! In der Tat befiehlt er genau das Gegenteil! Dass feiern der Weihnacht beleidigt den Sohn Gottes! Das feiern von Weihnachten reizt Gott YAHUWAH zu Zorn!!!</u> Er betrachtet alles was sich um diese Tage dreht als Frevel!

Der Sohn Gottes sagte:

>>>„Vergeblich aber verehren sie mich, weil sie Lehren vortragen, die Menschengebote sind"!<<< Matthäus 15, 9

>>>„Weiter spricht YAHUWAH: Weil sich dieses Volk mit seinem Mund mir naht und mich mit seinem Lippen ehrt, während es doch sein Herz fern von mir hält und ihre Furcht von mir nur angelerntes Menschengebot ist"!<<< Jesaja 29, 13

Das Feiern von Weihnachten ist keine Anordnung Gottes — es ist eine Tradition der Menschen. Der Sohn Gottes sagt weiter:

>>>„Trefflich verwerft ihr das Gebot Gottes, um eure Überlieferungen festzuhalten"!<<< Markus 7, 9

Jedes Jahr feiern auf der ganzen Welt Millionen Menschen genau das am 25. Dezember!

Wurde der Sohn Gottes am 25. Dezember geboren?
Der echte Sohn Gottes wurde im Herbst geboren. Viele glauben fälschlicherweise, er sei zum Beginn des Winters geboren, am 25. Dezember! Das ist falsch! Bitte beachten den Adam Clarkes Kommentar, Vol. 5, Seite 370, New York Ausgabe: „Es war Brauch unter den Juden die Schafe um die Zeit des Passahs (zu Beginn des Frühjahrs) in die Wüste zu treiben, und sie zu Beginn des ersten Regen nach Hause zu bringen". Der erste Regen begann Anfang-bis-Mitte des Herbstes. Fahren wir fort mit dem Kommentar: „Während der Zeit, die sie in der Wüste verbrachten, wurden sie von den Hirten Tag und Nacht bewacht. Die Schafe wurden während des ganzen Sommers im offenen Feld gehalten. Und da die Hirten ihre Herden noch nicht nach Hause gebracht hatten, ist es ein mutmaßliches Argument, dass der Oktober noch nicht begonnen hatte, und, dass folglich der Sohn Gottes nicht am 25. Dezember geboren wurde, wenn keine Herden auf den Feldern waren! **Der Sohn Gottes hätte also nicht später als September geboren werden können, da die Herden noch während der Nacht auf den Feldern waren. Aus diesem Grunde sollte die Geburt im Dezem-**

ber aufgegeben werden. Das füttern der Herden auf den Feldern während der Nacht ist eine chronologische Tatsache. Schauen Sie sich die Zitate aus dem Talmud in Lightfoot an.

>>>„Und es waren Hirten in derselben Gegend auf dem Feld, die bewachten ihre Herde in der Nacht"!<<< Lukas 2, 8

Bitte beachten: Sie blieben auf dem Feld. **Dies passierte nie im Dezember!!!**

>>>„Da versammelten sich alle Männer von Juda und Benjamin in Jerusalem auf den dritten Tag, das war der zwanzigste Tag des neunten Monats. Und das ganze Volk saß auf dem Platz vor dem Haus Gottes, zitternd um der Sache willen und wegen des strömenden Regens. Aber das Volk ist zahlreich, und es ist Regenzeit, so dass man nicht hier draußen stehen kann"!<<< Esra 10, 9 + 13 A

>>>„Denn siehe, der Winter ist vorüber, der Regen hat sich auf und davon gemacht"!<<< Hohelied Salomos 2, 11

Die Bibelstellen zeigen, dass im Winter die Regenzeit war und die Hirten nicht in den kalten, nassen und offenen Feldern während der Nacht bleiben konnten.
Zahlreiche Enzyklopädien berichten einwandfrei, dass der Sohn Gottes nicht am 25. Dezember geboren wurde! Die Katholische Enzyklopädie bestätigt dies unmittelbar.
In der Römischen Welt war Saturnalia (Dezember 17.) eine Zeit der Lustbarkeit und dem Austausch von Geschenken. Der 25.Dezember war ebenfalls betrachtet als der Geburtstag des iranischen Geheimnisvollen Gottes Mithra, die Sonne der Gerechtigkeit. Am Tag des Römischen Neujahrs (Januar 1.), wurden Häuser mit grünen Zweigen und Lichtern dekoriert, und Geschenke wurden den Kindern und Armen gegeben. **Zu diesen Riten wurden die Deutschen und Keltischen Julfest Bräuche hinzugefügt, als die Teutonischen Völkerstämme in Gallien, Britain und Zentral Europa eindrangen.**

Essen und gute Gemeinschaft, der Weihnachtsscheit und Julfest-Kuchen, grüne Zweige und Tannenbäume, Geschenke und Grüße erinnerten an verschiedene Aspekte dieser festlichen Jahreszeit. Feuer und Lichter, Symbole der Wärme und langen Lebens, sind schon eh und je verbunden worden mit dem Winterfest, heidnisch sowohl christlich". Quelle: © Encyclopedia Britannica, 15te Edit. Vol. II, Seite 903. Quelle: © https://rcg.org/de/broschuren/ttooc-de.html. Abdruckerlaubnis vom 10. 4. 2023; Wulphert de Graaf, Minister The Restored Church of God, wdegraaf@rcg.org.

>>>„Christen haben nämlich Angst, ihren „Glauben" zu verlieren. Daher benötigen sie Mechanismen, die sie von anderen Erkenntnissen abschotten"!!!<<<

Inhaltsverzeichnis

Der echte Name des einzigen Gottes der Heiligen Schrift ist – >„YAHUWAH"<!!!

Es ist die allergrößte Gotteslästerung das der echte richtige Name des einzigen Gottes nicht in den Bibel steht! Seit mehr als 2600 Jahre wird der Name von den Juden totgeschwiegen. Damit ist der einzige lebendige Gott überhaupt nicht einverstanden!
Den Namen Gottes zu verschweigen wie es die Juden und Christen tun, >>>ist reiner Aberglaube<<<!!!
Die Heilige Schrift lehrt das völlige Gegenteil. In dem Buch: Gebt dem Allmächtigen die Herrlichkeit seines Namens YAHUWAH zurück, von Adelheid Sonnenschein, sind schon über 250 Bibelstellen aufgeführt. Und das sind noch nicht einmal alle. Bei sehr aufmerksamen lesen der Heiligen Schrift wird man jedoch immer weitere finden.
Eigentlich sollte man den Namen seines Vaters wissen. Doch selbst das Muster-Gebet des echten Sohnes Gottes ist verfälscht worden.
„Geheiligt werde dein Name" – >„Bitte welcher Name denn"<???
Auf jeden Fall nicht Jehova, nicht Jahweh oder Jahwe oder sonst wie, auch nicht Herr oder Gott.

„Wenn die Menschen nicht den echten Namen Gottes wissen, wie sollen sie dann den echten Namen seines Sohnes wissen???
Es zeigt sich ganz klar dass die Heilige Schrift nicht richtig gelesen wird!
Was hat der Sohn Gottes gebetet im Gebet für seine Jünger???

>>>„Ich habe deinen Namen YAHUWAH den Menschen geoffenbart, die du mir aus der Welt gegeben hast, sie waren dein, und du hast sie mir gegeben, und sie haben dein Wort bewahrt"!<<< Johannes 17, 6

Der Ursprung des „Retters" – später die Person, die heute als Jesus Christus verehrt wird

Ptolemaios I Meryamun Setepenre ca. 367-283 v. d. Zw. (alias Soter) („Soter" bedeutet Retter) wurde durch militärische Gewalt unter der Führung von Alexander dem Griechen (alias Alexander dem Großen) der erste europäische Pharao Ägyptens. Als Ptolemaios Pharao von Ägypten wurde, wollte er, dass die Ägypter ihn als Gott weihten. Er wollte ein Gott genannt werden, weil alle Pharaonen Ägyptens vor ihm diesen Titel trugen. Das ägyptische Volk weigerte sich jedoch, ihn einen Gott zu nennen, weil sie wussten, dass er nur durch Gewalt zum Pharao wurde. Daher nahm Ptolemaios im Jahr 305 v. d. Zw. den Titel Pharao an und nahm den ägyptischen Namen Meryamun Setepenre an, was „Geliebter" bedeutet von Amun (Amun bedeutet Gott), Auserwählter von Ra (Ra bedeutet Gott)", und weil die Ägypter sich weigerten, ihn als Gott anzuerkennen, begann er, das ägyptische Volk zu töten.

Die Schlüsselwörter in der obigen Passage, die sie beim Lesen im Hinterkopf behalten sollten:

Meryamun, Setepenre, Soter. Das sind Wörter, die vom römischen Kaiser Konstantin verwendet wurden, um die fiktive Figur von JESUS CHRISTUS im Jahr 325 n. d. Zw. zu erschaffen!!! (Meryamun, Setepenre, Soter wurden verwendet) v. d. Zw.! Fahren wir fort mit Serapis Christus, griechisch-römisch, ca. 135 v. d. Zw.! Das Marmorbild im Londoner Museum ist das Bild, das sie heute von Christus (Jesus) verwenden. Christus war auch der Spitzname für Serapis.

Was ist Serapis? (Herkunft von JESUS CHRISTUS)

Die Herrschaft von Ptolemaios bestand darin, eine Gottheit zu schaffen, die sowohl von den Ägyptern als auch von den Griechen verehrt werden sollte. Er schuf „Serapis", den erfundenen griechisch-ägyptischen Gott, der im 3. Jahrhundert v. d. Zw. erfunden wurde und als griechischer Gott dargestellt wird, jedoch mit ägyptischen Accessoires, der sowohl Reichtum als auch Auferstehung darstellt. „Ägypten, das du mir empfohlen hast, mein liebster Servianus, habe ich als völlig wankelmütig und inkonsequent empfunden und ständig von jedem Hauch von Ruhm umweht. Die Anbeter von Serapis werden hier Christen genannt und diejenigen, die dem Gott Serapis ergeben sind, nennen sich Bischöfe Christi. Hadrian bis Servianus 134 n. d. Zw".

Konstantin und Arius

Konstantin, der griechische (alias Konstantin der Große), römische Kaiser von 306 bis 337, gilt als der erste römische Kaiser, der angeblich zum Christentum konvertierte. Seltsamerweise Arius von Libyen (256 - 356 n. d. Zw.), der Jahrhunderte nach Ptolemaios I afrikanischer Abstammung war, hatte ein Problem damit, dass das Römische Reich den Afrikanern und dem römischen Volk beibrachte, eine Statue anzubeten und den Tod zu feiern.

Er galt als Ketzer, als bekennender Gläubiger von YHWH – YAHUWAH. Er vertrat die Meinung, die im Widerspruch zu seiner Kirche stand. Die religiösen Autoritäten, die normalerweise von der Regierung kontrolliert wurden, definierten was Wahrheit ist. Da er aufgrund seiner im Widerspruch zu den Römern stehenden Lehren so viele Anhänger anzog, berief Konstantin das Konzil ein, indem er alle Bischöfe zusammenrief, um Arius, auf dem Konzil von Nicäa, zu diskreditieren.

>„Als dieses Treffen einberufen wurde, wurde Jesus Christus überhaupt nicht erwähnt"!< Es gab noch nie einen Menschen mit dem Namen JESUS Christus, und eine wichtige Tatsache ist, dass dies alles Anno Domino (n. d. Zw.) geschah (was laut Christen „nach dem Tod Christi" bedeutet), aber auf Lateinisch „im Jahr des Herrn" bedeutet. Der Name Jesus Christus existierte nicht, bevor das Treffen einberufen wurde (lesen sie die Aussagen, die in diesem Zeitraum gemacht wurden). Erst danach präsentierten sie dem Volk den Namen JESUS CHRISTUS.

Auf welchen Herrn beziehen sie sich? Könige wurden schon immer als Herren oder Götter bezeichnet.

Wenn Jesus Christus zu der Zeit, als dieses Treffen stattfand, nicht existierte und es noch nie jemand gehört hatte, wen beten die Menschen heute an? Serapis - Christus?

Nicäisches Glaubensbekenntnis – Jesus Christus ist geboren!
Das Nicänische Glaubensbekenntnis, das zur Aussage des christlichen Glaubens wurde, wurde von 318 römisch-katholischen Bischöfen auf dem Konzil im Jahr 325 n. d. Zw. schriftlich beschlossen und geheiligt (einige glauben, dass diese Umwandlung auf dem „Konzil von Chalcedon" im Jahr 451 n. d. Zw. stattfand).

„Ich glaube an den einen Gott, den Vater, den Allmächtigen, den Schöpfer alles Sichtbaren und Unsichtbaren. Und an den einen Herrn Jesus Christus, den Sohn Gottes, der als Einziggeborener aus dem Vater gezeugt ist, das heißt: aus dem Wesen des Vaters, Gott aus Gott, Licht aus Licht, wahrer Gott aus wahrem Gott, gezeugt, nicht geschaffen, eines Wesens mit dem Vater (homoousion to patri); durch den alles geworden ist, was im Himmel und was auf Erden ist; der für uns Menschen und wegen unseres Heils herabgestiegen und Fleisch geworden ist, Mensch geworden ist, gelitten hat und am dritten Tage auferstanden ist, aufgestiegen ist zum Himmel, und kommen wird um die Lebenden und die Toten zu richten!

(Das ist der Ursprung der Dreieinigkeit)

Die Behörden schlossen Arius aus und drohten ihm mit dem Tod, damit er den Mund hielt. **Sie positionierten das Glaubensbekenntnis in der Zeit, als die Menschen begannen, sich der Lügen und Täuschungen bewusst zu werden, und befahlen, alle Bücher zu verbrennen.** Es wurden alle alten Schriften zerstört nach dem Motto: „keine Beweise, keine Argumente", und das Ergebnis war die Umwandlung von Serapis Christus, was „Christus der Erlöser" bedeutet, zu Jesus Christus durch ein Edikt von Kaiser Konstantin im Jahr 325 n. d. Zw.!

Christen, recherchiert bitte! Es gab einen Mann namens YAHUSHUA (YAHUschuWAH), der auf der Erde lebte in dem Land Israel. Er lebte in Nazareth um sein Volk zurück zur Gerechtigkeit zu führen, aber dieser Mann war nicht JESUS CHRISTUS. Sie finden keine Erwähnung eines Mannes in Nazareth namens JESUS, der während der Treffen in Rom erwähnt wurde, oder einer Frau namens Maria (der Jungfrau), das ein Kind namens Jesus zur Welt brachte.

„Das Einzige, was nötig ist, damit die Lüge triumphiert, ist, dass gute Männer und gute Frauen schweigen".

Shalom! Dein Bruder, Gerald W. Thomas in New Hebron, Mississippi

Quelle: © https://oblongmedia.net/2016/02/09/perspective-the-council-of-nicea-the-council-that-created-jesus-christ/#:~:text=Der%20Ursprung%20des,New%20Hebron%2C%20Mississippi.

Jesus von Nazareth???

Ptolemaeus VON MAURETANIEN
Kryptonym (Deckname): Jesus von Nazareth (Jesus Christus) Geburt:
etwa 10 v. d. Zw.; Tod: 40 n. d. Zw. in Rom; König von Mauretanien
(23 - 40).
Vorfahren: Juba II. VON MAURETANIEN (*52 v. d. Zw., †23 n. d. Zw.),
Juba I. VON MAURETANIEN (*etwa 85 v. d. Zw., †46 v. d. Zw.),
Hiempsal VON NUMIDIEN (120-60), Galida VON NUMIDIEN (155-88),
Manastabal VON NUMIDIEN (190-140), Masinissa VON NUMIDIEN
(238-148), Gaia VON DEN MASSYLERN (270-207), Zilamsam VON
DEN MASSYLERN (*300)
Nachkommen mit Iulia Urania VON PARTHIEN: Drusilla (*etwa 15 n.
d. Zw., †nach 50 n. d. Zw.)

**Ptolemäus war der letzte Prinz der ptolemäischen Dynastie in
Ägypten, der Sohn des vergöttlichten Pharaos und der letzte König
von Mauretanien. Er war der König der Könige und der Hoffnungs-
träger der Menschen in den römischen Provinzen. Als Enkel von
Marcus Antonius war er auch der Messias der Römer selbst. Sein
Kryptonym (Deckname): Jesus von Nazareth.**

Ptolemaeus: Sein Vater Juba II. war König von Mauretanien, seine
Mutter Kleopatra Selene war die Tochter der ägyptischen Königin
Kleopatra VII. und des römischen Triumvirn Marcus Antonius. Jesus: Alle Evangelien nennen Nazareth in Galiläa als Jesu „Heimat"
oder „Vaterstadt", und Wohnsitz seiner Eltern und Geschwister und
bezeichnen ihn darum als „Nazarener". Nazareth war damals ein un-
bedeutendes Dorf von höchstens 400 Einwohnern, wie archäologische Gebäude- und Geschirrfunde belegen. Es kommt im Tanach
nicht vor. **Diese Bedeutungslosigkeit spiegeln überlieferte Einwän-
de gegen Jesu Messianität.**

Ptolemaeus: Im Jahr 6 n. Zw. kam es zu einem Aufstand der mauri-
schen Stämme im Königreich Mauretanien. Der Aufstand konnte
erst mit Hilfe römischer Truppen niedergeschlagen werden. Es floh

dann der junge Ptolemäus mit seiner Mutter Kleopatra Selene zu den Juden im ägyptischen Alexandria?

Jesus: Die Flucht nach Ägypten war ein Ereignis aus der Kindheit Jesu, beschrieben im Matthäusevangelium.

Aus Jesu Jugendzeit überliefert das Neue Testament einen Aufenthalt des 12-Jährigen im Tempel, bei dem er die Jerusalemer Toralehrer mit seiner Bibelauslegung beeindruckte. **Lesen und schreiben konnten Kinder ärmerer jüdischer Familien nicht, sie besaßen keine Schriftrollen.** Jesu Hörer fragten sich darum: „Wie kann dieser die Schrift verstehen, obwohl er es nicht gelernt hat"?

Ptolemäus: Möglicherweise nahm Ptolemäus im Jahr 17 n. d. Zw. am Kampf gegen Aufständische im benachbarten Numidien teil. Ptolemaeus kämpfte in Numidien gegen seine Brüder. Fand hier seine Umkehr zu Gott statt, von dem er sich durch die Sünde entfernt hatte?

Jesus: „Du sollst in deinem Herzen keinen Hass gegen deinen Bruder tragen. Weise deinen Stammesgenossen zurecht, so wirst du seinetwegen keine Schuld auf dich laden. An den Kindern deines Volkes sollst du dich nicht rächen und ihnen nichts nachtragen. Du sollst deinen Nächsten lieben wie dich selbst. Ich bin der Herr".

Ptolemäus: Als sein Vater im Jahr 23 n. d. Zw. starb, folgte ihm Ptoemäus auf den Thron. Die „Krönung" eines Königs in der Antike erfolgte durch eine rituelle Salbung. Das Ritual sollte dem Herrscher göttliche Gnade und einen herausgehobenen Status unter den Menschen verleihen, ihm aber auch vor Augen führen, dass er seine Macht wiederum Gott verdankte.

Jesus: Die Taufe Jesu durch Johannes den Täufer gilt als historisches Ereignis, mit dem sein öffentliches Wirken begann.

Ptolemäus: Zusammen mit Publius Cornelius Dolabella besiegte Ptolemäus im Jahr 24 n. d. Zw. Tacfarinas, der einen Guerillakrieg numidischer und mauretanischer Stämme gegen Rom führte, und wurde dafür mit den Triumphalinsignien geehrt. Ptolemäus war durch die Römer auf dem Höhepunkt seiner Macht angekommen.

Jesus: Im Neuen Testament wurde Jesus vom Teufel in der Wüste in

Versuchung geführt: „Wieder nahm ihn der Teufel mit sich und führte ihn auf einen sehr hohen Berg; er zeigte ihm alle Reiche der Welt mit ihrer Pracht und sagte zu ihm: Das alles will ich dir geben, wenn du dich vor mir niederwirfst und mich anbetest".

Ptolemäus: Unter unbekannten Umständen lud Kaiser Caligula im Jahr 40 n. d. Zw. Ptolemäus nach Rom ein. Zur gleichen Zeit hielt sich auch eine Gesandtschaft alexandrinischer Juden in Rom auf, die nach Italien gekommen war, um sich über die Zwangsumsiedlung der Juden innerhalb der Stadt Alexandria in getrennte Wohnorte zu beschweren.

Jesus ritt im Gefolge seiner Jünger auf einem jungen Esel in Jerusalem ein, während eine Pilgermenge ihm zujubelte: „Hosanna! Gesegnet sei der, der kommt im Namen des Herrn! Gesegnet sei das Reich unseres Vaters David, das nun kommt. Hosanna in der Höhe"!

Ptolemäus: Sein eindrucksvoller Auftritt im Amphitheater löste bei Kaiser Caligula Neidgefühle aus. König Ptolemäus wurde wahrscheinlich in den weitläufigen Garten- und Bauanlagen, die das Palatinische Schloss mit dem ehemaligen Park des Maecenas verbinden, von den Schergen des Caligula verhaftet und in den Carcer Tullianus auf dem Forum Romanum gebracht, wo die alexandrinischen Juden Zeuge der Ermordung des mauretanischen Königs Ptolemäus wurden.

Jesus: Am Palmsonntag wird des Einzugs Jesu Christi in Jerusalem gedacht. Zum Zeichen seines Königtums jubelte das Volk ihm zu und streute Palmzweige auf seinen Weg. Im Mittelmeerraum gelten Palmen als Sinnbild des Lebens und des Sieges, in Israel als Symbol für die Unabhängigkeit und den siegreichen König.

Quelle: © https://www.romanodermatt.ch/ptolemaeus-von-mauretanien.

Ursprünge von Weihnachten

Sol Invictus, d. h. Unbesiegbare Sonne, war der religiöse Name, der im späten Römischen Reich für mehrere Gottheiten verwendet wurde: El-Gabal, Mithras und Sol. Aber die Sonne wurde in Rom bereits als Apollo und als Helios verehrt.

WINTER-Sonnenwende
Die Wintersonnenwende im alten julianischen Kalender fiel auf den 25. Dezember und feierte die Hochzeit der längsten Nacht mit dem kürzesten Tag. Die Wiedergeburt der Welt.

Der Begriff Sonnenwende kommt vom lateinischen solstitium, was wörtlich „stille Sonne" bedeutet, denn auf der Nordhalbkugel der Erde scheint die Sonne in den Tagen vom 22. - 24. Dezember am Himmel stehen zu bleiben, ein Phänomen, das allgegenwärtig ist, je näher man dem Äquator kommt, desto deutlicher wird es.

In diesem Zeitraum erreicht die Sonne den Punkt ihrer größten Entfernung von der Äquatorialebene, die Nacht erreicht ihre größte Ausdehnung und das Tageslicht ihr Minimum. Das heißt, es gibt die längste Nacht und den kürzesten Tag des Jahres.

Unmittelbar nach der Sonnenwende nimmt das Tageslicht allmählich zu und die Dunkelheit der Nacht nimmt ab, bis zur Sommersonnenwende im Juni wo der längste Tag des Jahres und die kürzeste Nacht stattfinden. Der Tag der Sonnenwende fällt im Allgemeinen auf den 21., aber aufgrund der scheinbaren Umkehrung der Sonnenbewegung wird er am dritten/vierten darauffolgenden Tag sichtbar. Die Sonne erreicht daher zur Wintersonnenwende ihre schwächste Phase von Licht und Wärme, um in der Dunkelheit selbst wieder zum Leben zu erwachen und „unbesiegbar" zu werden. **Kurz gesagt, am 25. Dezember wird die Sonne zum neuen „Weihnachten" des Jahres wiedergeboren.**

Die Wintersonnenwende wurde bereits von unseren Vorfahren gefeiert, beispielsweise in Stonehenge in Großbritannien sowie in Irland, Frankreich, Iran und im Val Camonica, Italien, bereits in prähistorischer und frühgeschichtlicher Zeit.

Aber der 25. Dezember ist mit dem Geburtstag oder Festtag mehrerer Gottheiten, vor Christus verbunden, die die neue Religion auf unterschiedliche Weise inspiriert haben. Die Mosaike und Fresken mit Bildern der sitzenden Isis, die Horus mit der Sonnenkrone auf dem Kopf in ihren Armen hält, scheinen viele Bilder der Madonna mit Kind mit demselben Merkmal inspiriert zu haben.

Somit war der Mithras-Kult der konkurrenzreichste Kult zum Christentum, mit dem das Christentum ein wenig verschmolz, auch weil Mithras in manchen Mythen ebenfalls von einer Jungfrau geboren wurde, zwölf Jünger hatte und den Spitznamen „der Erlöser" trug.

So wurde in Babylon um 3000 v. d. Zw. der babylonische Sonnengott Schamasch gefeiert, und anschließend galt die Göttin Ischtar mit ihrem Sohn Tammuz als Inkarnation der Sonne. Auch Ischtar wurde wie die Madonna mit einem Heiligenschein aus 12 Sternen auf ihrem Kopf dargestellt, und mit dem Kind in ihren Armen, ein Kind, das dann aufwuchs und starb, um nach drei Tagen auferstanden zu sein. Während der Wintersonnenwende wurde zu Ehren des Dionysos ein rituelles Fest namens Lenaea, „das Fest der wilden Frauen", abgehalten, bei dem der Gott gefeiert wurde, der als Kind „wiedergeboren" wurde, nachdem er in Stücke gerissen worden war. Aber es war auch der Geburtstag von Herkules und Adonis.

Der Gott Mithras, der vom römischen Militär, unter dem er sich weit verbreitete, als Sol Invictus identifiziert wurde, wurde zur Wintersonnenwende von einer Jungfrau geboren, wurde von Hirten verehrt, hatte zwölf Jünger, wurde von einem Speer getötet, der seine Seite durchbohrte, und stand auch wieder nach drei Tagen auf.

Heute stellen Weihnachten und Silvester zwei verschiedene Jahrestage dar, von denen der erste am 25. Dezember und der andere am 1. Januar gefeiert wird. Für die Römer fielen die beiden Termine zusammen, denn Weihnachten war das „NATALIS SOLIS INVICTI", das den Zyklus des neuen Jahres markierte.

Solis Natalis Invictus

Der Kult der Unbesiegbaren, der Kult von Elagabalus Sol Invictus, dem solaren Feuerballgott seiner Heimatstadt Emesa in Syrien. Elagabalus ließ auf dem Palatin einen der neuen Gottheit gewidmeten Tempel errichten.

Mit dem gewaltsamen Tod des Kaisers im Jahr 222 wurde dieser Kult in Rom nicht mehr gepflegt, auch wenn viele Kaiser noch fast ein Jahrhundert lang auf Münzen mit der Ikonographie der sonnenbestrahlten Krone abgebildet waren.

Sol Invictus erscheint auch als untergeordnete Gottheit, die mit dem Mithras-Kult verbunden ist, und wird manchmal mit dem Helios- oder Apollo-Kult verwechselt. Der Begriff „Invictus" bezieht sich auch auf Mithras selbst und auf den Gott Mars in den privaten Inschriften der Widmung-Träger und Anhänger.

Im Jahr 272 besiegte Aurelian den Hauptfeind des Reiches, Königin Zenobia vom Königreich Palmyra, dank der göttlichen Hilfe des Stadtstaates Emesa, der gerade eintraf, als sich die römischen Milizen auflösten.

Der Kaiser erzählte, er habe eine Vision vom Sonnengott von Emesa gehabt, der eingegriffen habe, um die während der Schlacht in Not geratenen Truppen aufzumuntern. Andererseits erschien Konstantin das Kreuz im Himmel, forderte ihn zum Kampf auf und versprach ihm den Sieg.

Es wird angenommen, dass Aurelian im Grunde einen klugen politischen Schachzug gemacht hat, da der Sonnenkult in allen Regionen des Reiches so präsent war. Jeder kann den Glauben wählen, den er möchte, oder denken, dass die Propaganda damals auf diese Weise betrieben wurde.

Im Jahr 274 verlegte Aurelian jedoch die Priester des Gottes Sol Invictus nach Rom und verstaatlichte den Sonnenkult von Emesa, der selbst bei Zeremonien eine Strahlenkrone trug und mit einer neuen Priesterschaft einen Tempel an den Hängen des Quirinals errichtete:

In Rom gab es die Staatsreligion aber in einer ganz besonderen Weise.

Tatsächlich wurden die offiziellen Kulte vom Staat bezahlt, aber die anderen Religionen wurden gleichermaßen respektiert und konnten offiziell mit ihnen koexistieren. Die christliche Religion wurde nicht als Religion verfolgt, sondern weil ihre Anhänger die römischen Staatsreligionen abschaffen wollten. Kurz gesagt, sie wollten jede andere Religion auf sehr undemokratische Weise stürzen.

Das Sonnenfest wurde gegen Ende des 3. Jahrhunderts zum wichtigsten Kult in Rom, aufgrund des Einflusses orientalischer Traditionen.

Dies Natalis

Aurelian weihte den Tempel des Sol Invictus am 25. Dezember 274 in einem Fest namens Dies Natalis Solis Invicti ein, „Geburtstag der unbesiegbaren Sonne", und machte den Sonnengott zur Hauptgottheit seines Reiches und er selbst trug eine Strahlenkrone. Das Fest Dies Natalis Solis Invicti gewann nach und nach immer mehr an Bedeutung, da es mit dem ältesten römischen Fest, den Saturnalien, verbunden wurde und damit seinen Abschluss fand.

Dies Natalis Solis Invicti war Teil der Saturnalien-Feierlichkeiten, die vom 17. bis 25. Dezember dauerten und mit den Larentalia oder dem Fest der Laren endeten, den Schutzgottheiten, die für den Schutz von Ernten, Straßen, Städten und Familien zuständig sind.

Die Saturnalien, eine religiöse Feier, die dem Gott Saturn gewidmet ist, der ursprünglich eine lateinische Gottheit des Ackerbaus und Beschützers der Aussaat und des Saatguts war und dann dem griechischen Gott Kronos, dem Ehemann von Rhéa, der „Erde", gleichgestellt wurde.

Auch Kaiser Konstantin war als Pontifex Maximus der Römer, ein Anhänger des Sonnengottes. Tatsächlich bildete er den Sol Invictus auf seiner offiziellen Münzprägung mit der Inschrift SOLI INVICTO COMITI „Dem unbesiegbaren Sonnengefährten", ab und definierte damit den Gott als Gefährten des Kaisers.

<u>Mit einem Dekret vom 7. März 321 legte Konstantin fest, dass der erste Tag der Woche (der Tag der Sonne, Dies Solis) der Ruhe gewidmet sein sollte!!! Damit begann der der Götzendienst!!! Bis zum heutigen Tag! Das Kontra gegen das göttliche Sabbatgebot!!!</u>

„Am ehrwürdigen Tag der Sonne sollen die Beamten und die Einwohner der Städte ruhen und alle Geschäfte geschlossen bleiben. Auf dem Land steht es den Menschen jedoch gesetzlich frei, ihre Arbeit fortzusetzen, da es häufig vorkommt, dass die Weizenernte oder die Anpflanzung von Weinbergen nicht aufgeschoben werden kann. Lass es so sein, damit durch die Leugnung des richtigen Zeitpunktes, für solche Werke nicht der vom Himmel festgelegte günstige Zeitpunkt verloren geht"!

Die Feier des Sole Invitto am 25. Dezember wird im Chronographen von 354 zusammen mit dem Zeugnis des christlichen Weihnachtsfestes bezeugt! Die ersten Zeugnisse der Feier des christlichen Weihnachtsfestes nach dem Chronographen von 354 stammen aus dem Jahr 380 dank der Predigten des Heiligen Gregor von Nissa!

Tatsächlich wird die Weihnachtsfeier Christi in den ältesten christlichen Feiertagskalendern nicht erwähnt und auch später wurde sie an ganz anderen Tagen gefeiert. Während der Herrschaft von Licinius fand die Feier am 19. Dezember statt, vielleicht dem Datum, das der astronomischen Sonnenwende im damals geltenden Kalender am nächsten kam.

Obwohl Konstantin im Gegensatz zu dem, was behauptet wird, nie zum Christentum konvertierte, machte er im Jahr 330 zum ersten Mal das Fest der Geburt Jesu offiziell, das durch ein Dekret mit dem heidnischen Fest der Geburt von Sol Invictus zusammenfiel.

Das „Unbesiegte Weihnachten" wurde so zum christlichen „Weihnachten".

Im Jahr 337 formalisierte Papst Julius I. im Namen der katholischen Kirche das Weihnachtsdatum, wie Johannes Chrysostomus ein Heiliger im Jahr 390 berichtete:

„An diesem Tag, dem 25. Dezember, wurde auch in Rom die Geburt Christi endgültig festgelegt"!???

Mitra

In Rom war Mitra vor allem der Gott der Soldaten, auch wenn er von Kaisern, Bauern, Bürokraten, Kaufleuten und Sklaven angenommen wurde, mit sehr genauen Verhaltensregeln, die auch im Sieg Mäßigung, Selbstbeherrschung und Mitgefühl erforderten. So sehr, dass Tertullian seinen christlichen Brüdern ihr unangemessenes Verhalten vorwirft und sagt:

„Wenn ihr euch nicht schämt, meine Mitstreiter Christi, wird es nicht Christus sein, der euch verurteilt, sondern die Soldaten des Mithras"!

Wie das Christentum bot auch der Mithraismus seinen Anhängern Erlösung an, denn Mithras wurde in die Welt geboren, um die Menschheit vom Bösen zu retten. Aurelian, ein Eingeborener von Dacia Ripensis und Sohn einer Sonnenpriesterin, machte den Dies Natalis Solis Invictus zum Zentrum der kaiserlichen Liturgie, dank der Verbreitung des Mithraismus in militärischen Kreisen, wo Mithras als Sohn des höchsten Gottes Sol galt: Sohn der Sonne und Sonne selbst, geboren aus einem Felsen in der Nähe eines heiligen Baumes und mit der Fackel in der Hand, Symbol des Lichts und Feuers, das er über den Kosmos verbreitete.

Der Mythos erzählt, dass einige Hirten, die bei dem übernatürlichen Ereignis anwesend waren, ihm die ersten Früchte ihrer Herden und Ernten angeboten hätten. Es gibt viele Analogien zur Geburt Christi in einer von einem Stern beleuchteten „Höhle", während die Hirten ihn anbeteten. **Mithras wurde am 25. Dezember von einer Jungfrau in einer Höhle geboren und wird am Sonntag, dem Tag der Sonne, verehrt!!!** Er war ein Erlösergott, wie Jesus, der starb und wieder auferstand, um ein Bote Gott zu werden, Mittler zwischen dem Menschen und dem Gott des Lichts, der Anführer der Gerechtigkeit gegen die dunklen Mächte des Bösen.

Der echte Sohn Gottes YAHUSHUA wurde nie in einer Höhle geboren!!!

Sun Elios

„Bevor das Jahr beginnt ", schrieb Kaiser Julian in seiner Rede über Aelius Rex, „veranstalten wir prächtige Spiele zu Ehren von Aelius, Feierlichkeiten, die Aelius dem Unbesiegbaren geweiht sind. Ach, mögen die souveränen Götter mir erlauben, diese Geheimnisse oft zu feiern", und dass der Souveräne des Universums, Helios der Erste, mir diese Gunst gewährt! Geboren von Ewigkeit um die fruchtbare Essenz des Guten, Mittler zwischen den intelligenten Göttern, selbst Mittler, gewährleistet er voll und ganz ihre Kontinuität, grenzenlose Schönheit, unerschöpflich Fruchtbarkeit, vollkommene Intelligenz und stattet sie reichlich mit allen zeitlosen Gütern aus. Die eingeladene Sonne und das Christentum.

In Rom gab es mehrere Weihnachtsfeste, beginnend mit der römischen Weihnacht, einem öffentlichen Fest, das mit dem antiken Fest der Parilia zusammenfiel und sich mit der Weihnacht der Kaiser und auch einiger Gottheiten wie Natalis Minervae fortsetzte. Das berühmteste Weihnachten war jedoch das der Unbesiegten Sonne, das von Elagabalus eingeführte Dies Natalis Solis Invicti.

>**„Es scheint klar, dass Christen das heidnische Fest der unbesiegbaren Sonne in das „Fest der Geburt Christi" „umbenannt" haben und das Datum vom 21. auf den 25. Dezember verschoben haben, um das andere zu ersetzen"<,** das in der Bevölkerung immer noch sehr verbreitet ist.

Aber zu dieser Zeit waren sowohl die Geburt einer jungfräulichen Mutter mit wundersamer Zeugung als auch die Auferstehung am dritten Tag nach dem Tod Kennzeichen der Göttlichkeit. In den Zivilisationen des östlichen Mittelmeerraums des ersten Jahrhunderts n. d. Zw. gehörten diese Wunder zu landwirtschaftlichen und solaren heidnischen Göttern.

Der Grundmythos ist das Drama des jungen Gottes, der in der Blüte seines Lebens stirbt, um die Natur mit seinem Blut zu regenerieren, aber mit dem neuen Frühlingskorn wiedergeboren wird, um sich in den „Herrn der Lebenden und der Toten" zu verwandeln „Retter der Menschheit". In Ägypten ist dieser Gott Osiris, in Persien Mithras, in Kleinasien Attis und in Griechenland Dionysos.

Doch ursprünglich ist es das Vegetationskind der Großen Mutter Natur, das zur Wintersonnenwende stirbt, um zur Frühlings-Tag undnachtgleiche wieder aufzuerstehen, wenn die Felder wieder grün werden. Anschließend stirbt der Gott und wird jedes Jahr zur Wintersonnenwende wiedergeboren.

Im Jahr 376 wurde der Mithraskult in Rom auf Anordnung des Präfekten abgeschafft. Mit dem Edikt des Kaisers Theodosius von 392, mit dem die Verfolgung heidnischer Riten begann, endeten im gesamten Reich die letzten Feierlichkeiten zu Ehren der Göttin Isis, der Mutter des Horus; und mit den Dekreten von Kaiser Justinian im Jahr 536 wurde der letzte Tempel zu Ehren von Isis in Ägypten geschlossen, was grünes Licht für christliches Weihnachten im gesamten Römischen Reich gab.

Vor dieser Heiligsprechung, während des frühen Christentums, hatte die Geburt Christi unterschiedliche Daten:
- für den heiligen Cyprian fiel sie auf den 28. März,
- für den heiligen Hippolytus auf den 23. April,
laut Clemens von Alexandria auf den 20. Mai oder den 10. Januar.
oder 6. Januar.

Dieses letzte Datum etablierte sich später im Osten und wurde von dort aus in Rom bis zu der von Konstantin beschlossenen und dann von Papst Julius I. bestätigte Änderung verwendet.

Andere christliche Kirchen, wie die orthodoxe, die koptische und die armenische Kirche, bleiben stattdessen bestehen und Feiern es am 6. Januar, wo die Epiphanie die Verkündigung der Geburt Christi darstellt.

Die Religion des Sol Invictus blieb in Mode, bis Theodosius I. am 27. Februar 380 das berühmte Edikt von Theodosius I. erließ, in dem der Kaiser das Christentum von Nicäa als einzige Staatsreligion festlegte und jeden anderen Kult praktisch verbot.

Am 3. November 383 wurde der Dies Solis, der seit fast drei Jahr-

hunderte bezeugte christliche Brauch auch Dies Dominicus, Tag des Herrn, genannt (vgl. Offenbarung 1, 16), zum obligatorischen Ruhetag erklärt für die Gerichte, für Geschäfte und die Eintreibung von Schulden, und ordnete an, dass jeder, der sich nicht an das Edikt des Theodosianischen Kodex hielt, als Sakrileg galt.

Es ist nicht erforderlich, dass die Schiedsrichter ihre Rechte geltend machen oder sich spontan entscheiden, ihre Agnitioiurgiorum zu verhängen. Und es ist nichts Notabilis, es ist wahr, es ist ein sakrilegisches Urteil, das die heilige Religion instinktiv deflexiert. Vorschlag III Nr. Nov. Aquileiae Honorio np und Evodio conss.

Die letzte Inschrift, die sich auf Sol Invictus bezieht, stammt aus dem Jahr 387 n. d. Zw. und im 5. Jahrhundert gibt es noch viele Anhänger. AD, dass Augustinus es für notwendig hielt, energisch gegen sie zu predigen.

Der christliche Apologet Epiphanius von Salamis berichtet, dass die Heiden in einigen Städten Arabiens und Ägyptens ein Fest feierten, das dem Triumph des Lichts über die Dunkelheit gewidmet war, d. h. der Geburt des von der Jungfrau Kore gezeugten Gottes Aîon.

Auch Epiphanius Aussage wird bestätigt von Kosmas von Jerusalem, der noch in der Sek. VIII n. d. Zw. erwähnt wird, als dasselbe Fest in der Nacht vom 24. auf den 25. Dezember.

Konstantin und der Sol Inivictus

Die Verwechslung zwischen heidnischen und christlichen Kulten dauerte mehrere Jahrhunderte, auch weil das Edikt von Theodosios, das andere Kulte als das Christentum unter Androhung der Enteignung von Gütern und sogar des Todes verbot, nicht zur Bekehrung von Heiden führte. Noch achtzig Jahre später, im Jahr 460, schrieb der trostlose Papst Leo I.:

„Diese Sonnenreligion wird so hoch geschätzt, dass einige Christen, bevor sie den Petersdom im Vatikan betreten, nachdem sie die Stufen hinaufgestiegen sind, sich der Sonne zuwenden". Sie neigen ihre Köpfe und verneigen sich zu Ehren des leuchtenden Sterns. Wir sind sehr beunruhigt und traurig über diese Tatsache, die sich in der heidnischen Mentalität wiederholt. Christen müssen jeden Anschein von Gehorsam gegenüber dieser Götterverehrung unterlassen. (Papst Leo I., 7. Weihnachtspredigt 460 – XXVII-4) Quelle: © Neue katholische Enzyklopädie.

„Das Datum der Wintersonnenwende wurde der Geburt Christi zugeordnet, weil an diesem Tag, als die Sonne ihre Rückkehr zum nördlichen Himmel begann, die Heiden, die Mithras verehrten, die Dies natalis Solis Invicti feierten.

Encyclopedia Americana, Ausgabe 1944:
„Weihnachten wurde laut vielen maßgeblichen Quellen in den ersten Jahrhunderten der christlichen Kirche nicht gefeiert!!! – da der christliche Brauch im Allgemeinen darin bestand, den Tod der wichtigsten Menschen und nicht den Tag ihrer Geburt zu feiern. Das Fest wurde im vierten Jahrhundert zur Erinnerung an dieses Ereignis (die Geburt Christi) eingeführt. Da der genaue Tag der Geburt Christi nicht bekannt war, ordnete die westliche Kirche im fünften Jahrhundert an, dass das Fest für immer am selben Tag gefeiert werden sollte das antike römische Fest zu Ehren der Geburt des Sonnengottes.
Neue Schaff-Herzog-Enzyklopädie des religiösen Wissens:

„Die heidnischen Feste Saturnalien und Brumalia waren zu tief im Volksbrauch verwurzelt, als das sie durch den Einfluss des Christentums abgeschafft worden wären. Das heidnische Fest mit seinen ausgelassenen Feierlichkeiten war so beliebt, dass die Christen froh waren, einen Vorwand gefunden zu haben, um die Feier fortzusetzen". Mit wenig Veränderung, sowohl im Geiste als auch in den Bräuchen beschuldigten die Christen Mesopotamiens ihre westlichen Brüder des Götzendienstes und der Anbetung der Sonne, weil sie dieses heidnische Fest übernommen hatten". BIBLIO – Georges Dumézil – Römische Feste – Genua – Il Melangolo – 1989 – Ruggero Iorio – Mitre. Der Mythos der unbesiegbaren Stärke – Marsilio – Venedig – 1998 – – George Dumezil.

Quelle: © https://www.romanoimpero.com/2011/12/dies-natalis.html?m=1.

Geschichtliche Fakten

Eines sei von vorneherein klar und deutlich und unmissverständlich sachlich festgestellt:

>„Weihnachten hat nichts, aber auch überhaupt nichts, mit Jesus Christus zu tun, und schon garnichts mit den echten wahren Sohn Gottes YAHUSHUA (YAHUschuWAH) HA MASCHIACH"!<

Der gefälschte, heidnische, Blut und Fleischlose Sohn Gottes mit Namen Jesus Christus mag vielleicht am 25. Dezember geboren sein. Doch dieser Geburtstag von Jesus wurde erst durch Papst Julius I in seiner Amtszeit 337-352 n. d. Zw. festgelegt. Es fand eine „Um-Etikettierung eines heidnischen Festes statt!

Der Name Jesus Christus existierte bis zum Konzil 325 n. d. Zw. nicht!!! Er wurde auf dem Konzil in Nicäa 20. Mai bis 25. Juli 325 erschaffen!!!

Der 25. Dezember 221 n. d. Zw. wurde zuerst von Sextus Julius Africanus als Datum der Geburt Jesu identifiziert.

Der 25. Dezember 274 n. d. Zw. wurde von Kaiser Aurelian in Rom als Datum für das heidnische Fest des Geburtstages des unbesiegbaren Sonnengottes (natalis solis invicti) ausgewählt also zur Wintersonnenwende. Quelle: © Broschüre: Ist Weihnachten Christlich? 2017 Living Church of God (Lebendige Kirche Gottes) Welt von Morgen; Seite 2.

Mit einem Dekret vom 7. März 321 n. d. Zw. legte Konstantin fest, dass der erste Tag der Woche (der Tag der Sonne, Dies Solis) der Ruhe gewidmet sein sollte!!! >„Er erschuf also den Sonntag zu Ehren des Sonnengottes als Götzendienst-Feiertag ein"!!!<

Im Jahr 337 formalisierte Papst Julius I. im Namen der katholischen Kirche das Weihnachtsdatum, wie Johannes Chrysostomos ein Heiliger im Jahr 390 berichtete: „An diesem Tag, dem 25. Dezember,

wurde auch in Rom die Geburt Christi endgültig festgelegt"!
Das Weihnachtsdatum wurde am 25. Dezember 337 und die Geburt Christi endgültig festgelegt!
Weihnachten gab es im Christentum erstmalig im Jahr 336 n. d. Zw.! Doch erst 353 n. d. Zw. beschlossen und besiegelt!

Der Geburtstag von Jesus wurde erst durch Papst Julius I in seiner Amtszeit vom 6. Februar 337 bis zum 12. April 352 n. d. Zw. festgelegt. **In seiner Amtszeit kam es zu dem Beschluss das Weihnachtsfest zu feiern um die heidnische Sonnenanbetung mit dem Christentum zu vereinen!!!** Es fand eine „Um-Etikettierung eines heidnischen Festes statt! **Als kirchlicher Festtag wurde dafür der 25. Dezember (Wintersonnenwende) bestimmt. Der Geburtstag von Sonnengott „Sol Invictus"!**

Die Feier des Sole Invitto am 25. Dezember 354 zusammen mit dem Zeugnis des christlichen Weihnachtsfestes bezeugt.

Weihnachten ist das Fest der Unbesiegbarkeit der Sonne bzw. des Sonnen-Gottes! >>>„Der oberste Sonnengott ist Satan"!!!<<<

Der Christ betreibt Götzendienst durch die Sonntags-Heiligung auf Grund einer gottlosen Menschensatzung! Sonntags-Gottesdienst ist Sonnen-Gott Anbetung!

Konstantin hat weder den Sonnengott Sol invictus noch den Gott Jupiter/Zeus aufgegeben. Er hat diese lediglich in „Jesus Christus" aufgehen lassen!!! **Wie bitte??? Wie bitte???**

„Die Kirche Roms feiert seit 354 bis heute am 25. Dezember dieses Einweihungs-Weihnachts-Fest des Henoch-Mithras als Fest des unbesiegten Sonnengottes Mithras, dem sie den Namen Jesus gab.

Verwundert es nicht, dass man dieses, im Christentum wichtige Fest 300 Jahre lang überhaupt nicht feierte???
Nach der christologischen Definition gilt Jesus als Teil eines „dreiei-

nigen Gottes". Folglich feiern Christen zu Weihnachten die „Geburt eines Teiles von Gott"!!!

Ist es nicht eigenartig, dass sich in der Bibel nicht eine Aussage vom Sohn Gottes findet, in der er erklärt, dass er Teil eines drei-einigen Gottes sei? Quelle: © http://www.ist-jesus-gott.de/ursprung-weihnachten/#wer-jesus-zu-gott-erklaerte.

Durchgesetzt hat sich das geweihte Fest zur Wintersonnenwende aber erst unter Papst Liberius im Jahre 354 und das wurde im „Chronographus anni 354" erwähnt.

Als sich die Kirchenväter 440 n. d. Zw. auf ein Datum einigten, um das Ereignis (der Geburt Christi) zu feiern, wählten sie weise das Datum der Wintersonnenwende, das bereits fest im Denken der Menschen verankert war, und das, was bereits ihr wichtigstes Fest war. **Haben Sie das bemerkt? 440 n. d. Zw. übertrugen bekennende christliche Kirchenautoritäten einfach einen alten, heidnischen Brauch, um nun Christus zu verehren – und dachten im Grunde, dass sie „christianisieren" würden, was die Heiden bereits praktizierten!!!** Quelle: © Broschüre: Ist Weihnachten Christlich? 2017 Living Church of God (Lebendige Kirche Gottes) Welt von Morgen; Seite 3.

Im deutschen Sprachraum erklärte die Synode von Mainz das Fest im Jahre 813 als Feiertag.
Quelle: © https://silo.tips/download/die-antichristlichen-feste-um-die-sonne-von-christian-koch.

Doch der echte jüdische Sohn Gottes mit dem echten Namen YAHUSHUA HA MASCHIACH ist nicht am 25. Dezember geboren, sondern am ersten Tag des neuen jüdischen Jahres am 11. September 0003. v. d. Zw. am Rosch ha Shana-Tag!!!

Das Weihnachtsfest ist älter als das Christentum!!!
Um 500 v. d. Zw. machten die Römer den 25. Dezember zum Geburtstag ihres Sonnengottes Sol und die Germanen zelebrierten ein Fest mit dem Namen Jul, was in skandinavischen Sprachen heute noch Weihnachten bedeutet.

Im Christentum galt das Sonnenwende-Fest als heidnischer Brauch. 400 Jahre n. d. Zw. verboten die damaligen Kirchenoberhäupter die Festlichkeit – ohne Erfolg. Zu stark war die gesellschaftliche Verankerung. Das Ziel der Kirche war stets, Heiden für das Christentum zu gewinnen. So entschied sie kurzerhand, das Fest Jesus zu widmen. Seither feiern die Christen statt der Wintersonnenwende den Geburtstag von Jesus am 25. Dezember.

<u>Also wurde der echte Sohn Gottes YAHUSHUA welcher der Löwe von Juda ist, zum Hasen gemacht!</u>

Satan als Sonnen-Gott

**Weihnachten hat seinen Ursprung im heidnischen Fest des unbe-
siegbaren Sonnengottes.**
<u>Es soll die Unbesiegbarkeit Satans als Sonnengott proklamieren.</u>
**Weihnachten gilt als einer der heiligsten, wenn nicht sogar als der
heiligste Tag im christlichen Kalender der westlichen Kirche.** Viele
Christen auf der ganzen Welt feiern die Geburt Christi am 25. Dezember. **Obwohl man glaubt, dass Weihnachten der Tag der Geburt Christi ist, gibt es in der Heiligen Schrift starke Argumente,
dass dies nicht der Fall ist!**
**Der 25. Dezember ist jedoch ein Tag, der nicht nur von den Chris-
ten, sondern historisch auch von den Heiden beansprucht wird,
obwohl sie ihn nicht mit demselben Namen bezeichnen. Der Grund
dafür ist, dass der 25. Dezember in der Tat seine Wurzeln im Heidentum hatte und hat. Der 25. Dezember ist unter den Heiden als
der Tag der „Eroberung der Sonne" bekannt, in der Zeit der Wintersonnenwende.**
**Der 22. Dezember ist der Tag der Wintersonnenwende, an dem die
Sonne an ihrem südlichsten Punkt steht (für die nördliche Hemisphäre). Drei Tage lang, vom 22. bis zum 24. Dezember, bleiben die
Nächte die kürzesten des Jahres, und der Tag wird nicht verlängert.**
Drei Tage lang ist es, als stünde die Sonne still, daher „stehende
Sonne" oder lateinisch „Wintersonnenwende". Am 25. Dezember jedoch geschieht in den Augen der Heiden etwas Bemerkenswertes.
Am 25. Dezember beginnt der Tag zuzunehmen, und die Nacht
nimmt ab. **Für die Heiden war das ein guter Grund, es zu feiern,
und sie feiern es immer noch als ein Fest, das der „erobernden
Sonne" gewidmet ist, denn an diesem Tag beginnt die Sonne (die
als Götze verehrt wird) die Dunkelheit der Nacht zu besiegen.**
Die Frage, die sich uns fast aufdrängt, lautet: „Wie hat die Feier der
„erobernden Sonne" begonnen?

Stonehenge das früheste heidnische Fest

Stonehenge ist eines der größten und berühmtesten Bauwerke, das zur Feier der Sommer- und Wintersonnenwende verwendet wird, indem es sich an der Sommersonnenwende (22. Juni) und an der Wintersonnenwende (22. Dezember) auf den Sonnenaufgang ausrichtet, um den längsten und den kürzesten Tag zu messen.

Bild-Autor: © https://pixabay.com/de/photos/sonnenaufgang-stonehenge-mystisch-3901312/; Igore-kik; Ira Gorelick, Belmont/USA.

Seit mehr als 4.000 Jahren steht Stonehenge wie eine neolithische Sonnenuhr und markiert den längsten und kürzesten Tag des Jahres, an dem die Sonne ins Visier genommen wird. Jedes Jahr strömen die Menschen zu dem antiken Monument in Wiltshire, England, um den Sonnenaufgang während der Wintersonnenwende zu beobachten, wenn das Bauwerk direkt auf die Sonne ausgerichtet ist. Tausende von Jahren lang, bauten die Heiden Strukturen, die als Sonnenuhr dienten, um die Positionen der Sonne zu verfolgen. Die Sonnenwenden waren die bemerkenswertesten Tage in ihrem Kalender. Stonehenge ist eines der größten und berühmtesten

Bauwerke, das zur Feier der Sommer- und Wintersonnenwende verwendet wird, indem es sich an der Sommersonnenwende (22. Juni) und an der Wintersonnenwende (22. Dezember) auf den Sonnenaufgang ausrichtet.

Als Rom die christliche Religion schuf, wusste die katholische Kirche aufgrund ihrer Unkenntnis der Heiligen Schrift nicht, wann der Sohn Gottes geboren worden war, und nahm den Tag der „erobernden Sonne", den Feiertag der heidnischen Römer, als „Weihnachten" (altenglisch crīstes mæsse) auf und so wurde der 25. Dezember zu einem offiziellen Feiertag der neuen Kirche. Leider ist es vielen Christen heute unbekannt, diesen Ursprung von Weihnachten zu sagen. Für weitere Informationen darüber, wie die heidnischen Bräuche in das Christentum gelangt sind, empfiehlt der Autor das Buch „Zwei Babylonen" von Reverend Alexander Hislop.

Reverend Alexander Hislop hat in seinem Buch den heidnischen Ursprung von Weihnachten in einem Gewand des Christentums deutlich gemacht. Über das Weihnachtsfest schreibt Hislop: Dass Weihnachten ursprünglich ein heidnisches Fest war, steht außer Zweifel. Die Jahreszeit, die Zeremonien, mit denen es gefeiert wird, beweisen seinen Ursprung. In Ägypten wurde der Sohn von Isis, dem ägyptischen Titel für die Himmelskönigin, genau zu dieser Zeit, etwa zur Zeit der Wintersonnenwende, geboren. Schon der Name, unter dem Weihnachten bei uns im Volksmund bekannt ist, der Jultag, beweist zugleich seinen heidnischen und babylonischen Ursprung. „Yule" ist der chaldäische Name für „Säugling" oder „kleines Kind". Und wie der 25. Dezember von unseren heidnischen angelsächsischen Vorfahren „Jultag" oder „Kindertag" genannt wurde, und die Nacht, die ihm vorausging, „Mutternacht", lange bevor sie mit dem Christentum in Berührung kamen, so beweist das zur Genüge seinen wahren Charakter. Weit und breit wurde dieser Geburtstag in den Bereichen des Heidentums begangen. Quelle: © Die zwei Babylons, Alexander Hislop, S. 93.

Der christliche „Kirchenvater" Tertullian schrieb weiter:
„Von uns (Heidenchristen), denen (jüdische) Sabbate, Neumonde

und Feste, die einst Gott wohlgefällig waren, fremd sind, werden jetzt die Saturnalien, die Januarfeste, die Brumalien und Matronalia besucht, wobei die Geschenke hin und her getragen werden"!!!
Seitdem erscheint „Weihnachten" im christlichen Kalender, wenn (ca. 450 n. d. Zw.) Papst Julius verfügte, dass alle Katholiken den Geburtstag Christi zur gleichen Zeit feiern mussten, als die Heiden die Saturnalien feierten (das orgiastische Fest im alten Rom zu Ehren des Saturn mit wilden Versammlungen, die mit übermäßigem Alkoholkonsum und Promiskuität verbunden waren).

>„Weihnachten ist „kein" Fest des Schöpfers YAHUWAH"<
Eines ist sicher: Weihnachten als Feiertag ist nicht unter den von YHWH - YAHUWAH in 3. Mose 23 festgelegten Zeiten zu finden, und es gibt auch keinen Beweis dafür, dass die frühen Gläubigen an YAHUSHUA den Messias jemals seinen Geburtstag oder noch schlimmer, den 25. Dezember gefeiert hatten. Dennoch können wir im Tanach (der hebräischen Schrift) eine heidnische weihnachtliche Praxis erkennen, die leider von den alten Israeliten übernommen wurde. Der Allmächtige war zornig auf sie, wie wir aus dem Buch Jeremia lesen.
Um es mit den Worten YHWHs - YAHUWAHs zu sagen:
>>>„So spricht YAHUWAH: Lernt nicht den Weg der Heiden und erschreckt nicht vor den Zeichen des Himmels, auch wenn die Heiden sich von ihnen fürchten. Denn die Bräuche der Heiden sind nichtig.
Denn ein Holz ist's, das man im Wald gehauen hat und das der Künstler, mit dem Schnitzmesser anfertigt. Er verziert es mit Silber und Gold und befestigt es mit Hämmern und Nägeln, damit es nicht wackelt, sie sind gedrechselte Palmbäume gleich, sie können nicht reden; man muss sie tragen, denn sie können nicht gehen"!<<< Jeremia 10, 2 – 5 A
Kommt Ihnen das bekannt vor? Quelle: © https://timeofreckoning.org/category/ christmas-do-not-do-it.

Was ist Weihnachten?
Herkunft bzw. geschichtliche Fakten!

Kaiser Aurelian baute dem Sonnengott einen Tempel und weihte diesen am 25. Dezember 274 ein. Das Fest nannte man „dies natalis invicti" (latein: Geburtstag des Unbesiegten). Heute wird durch die katholische Kirche im Kontext zu Weihnachten, es als „dies natalis domini" (latain: Gottes Geburtstag) tituliert! Welcher Gott???

Weihnachten ist bekannt als der Tag, an dem der Weihnachtsmann kommt, an dem das Christkind Geschenke bringt und vor allem dafür, dass an diesem Tag der Geburtstag von Jesus Christus gefeiert wird. Tatsächlich ist es biblisch belegbar, dass YAHUSHUA (YAHUschuWAH) nicht an Weihnachten, sondern im Herbst am 11. September 0003 v. d. Zw. geboren wurde. Aber warum feiern wir dann ein Götzen-Weihnachtsfest am 25. Dezember???

„Sol Invictus" (lat. „Unbesiegte Sonne") galt lange Zeit als der offizielle Sonnengötze des späteren römischen Reiches. „Sol indiges" war der Name, den er ursprünglich trug. Es gab mindestens drei Tempel des Sonnengötzen in Rom, die alle aus der früheren Republik stammten und aktiv waren. Quelle: © Steven Hijmans. Temples and priests of Sol in the city of Rome S. 381 – 427. Einige Kaiser legten besonderen Wert auf die Verbindung ihrer Herrschaft mit dem Sonnenkult, dabei ging es ihnen um die Herrschaftslegitimation. Doch wurde dessen Kult in Rom erstmals unter Kaiser Elagabalus in einem „sol-elagabal"-Kult stark gefördert und war mancherorts auch ein „sol-mithras"-Kult. Quelle: © Jaime Alvar. Romanising Oriental Gods: Myth, salvation, and ethics in the cults of Cybele, Isis, and Mithras. Translated by Richard Gordon S. 203. Schließlich gelang es dem römischen Kaiser Aurelian den Kult des „sol invictus" als offizielle Religion neben den traditionellen römischen Kulten zu etablieren. Kaiser Aurelian betrachtete den Sonnengötzen als seinen Schutzherrn, erhob ihn zum Herrn des römischen Reichs. Es herrscht allgemeines Einvernehmen darüber, dass „sol" von Kaiser Aurelian bis Kaiser Konstantin I.

von höchster Bedeutung war. Quelle: © Gaston Halsberghe The Cult of Sol Invictus. S. 155, 169. **Die letzte Inschrift, die sich auf „sol invictus" bezieht, stammt aus dem Jahr 387 n. d. Zw., und es gab im fünften Jahrhundert so viele Anhänger, dass der christliche Theologe Augustinus es für nötig hielt, gegen sie zu predigen.** Quelle: © Gaston Halsberghe. The Cult of Sol Invictus. S. 170.

Der „Historia Augusta" zufolge nahm Kaiser Elagabalus, der jugendliche Erbe der Severer, den Namen seiner Gottheit an und brachte sein Kultbild von Emesa nach Rom. Nach seiner Einsetzung als Kaiser vernachlässigte er die traditionellen römischen Staatsgötzen und machte „sol-elagabal" zum mächtigsten Götzen Roms. Dies endete mit seiner Ermordung im Jahr 222. Die „Historia Augusta" setzt den Götzen des Elagabalus mit „Jupiter" bzw. „jowe" Quelle: © Encyclopedy Brittanica: https://www.britannica.com/topic/Jupiter. **und „sol" gleich, in dem es hieß: „fuit autem helioga-bali vel iovis vel solis sacerdos" lat.: „Er war auch ein Priester des helio-gabalus oder des jowe oder des sol".** Quelle: © Historia Augusta: https://penelope.uchicago. edu/Thayer/ E. **Der römische „sol"-Kult hatte in Rom mindestens seit der frühen Republik existiert.** Quelle: © Steven Hijmans. „The sun that did not rise in the east" S. 115 – 150. **Nach seinen Siegen im Osten reformierte Kaiser Aurelian den römischen „sol"-Kult gründlich und erhob den Götzen zu einem der wichtigsten des Reiches. Gehörten die Priester des „sol" zuvor eher zu den unteren Rängen der römischen Gesellschaft.** Quelle: © Steven Hijmans. Sol: The Sun in the Art and Religions of Rome S. 18. **so waren sie nun „pontifices" (lat.: Brückenbauer; plural von „Pontifex": heutiger Titel des Papstes) und Mitglieder des von Aurelian eingerichteten Kollegiums der „Pontifices". Jeder „Pontifex" von „sol" war Mitglied der senatorischen Elite, was darauf hindeutet, dass das Priestertum von „sol" nun ein hohes Ansehen genoss. Aurelian baute auch einen neuen Tempel für „sol", der am 25. Dezember 274 eingeweiht wurde,** Quelle: © Manfred Clauss. Die römischen Kaiser – 55 historische Portraits von Caesar bis Iustinian S. 250. **womit sich die Gesamtzahl der Tempel für den Gott in Rom auf mindestens vier erhöhte.** Quelle: © Steven Hijmans. Sol: The Sun in the Art and Religions of Rome S. 18. **Er führte auch Spiele zu Ehren des Götzen ein,**

50

die ab 274 immer um den 25. Dezember stattfanden.
Die Identität des „sol invictus" von Aurelian ist seit langem Gegenstand wissenschaftlicher Debatten. Auf der Grundlage der augustischen Geschichte haben einige Gelehrte argumentiert, dass er auf „sol elagabal" von Emesa basiert. Andere, die sich auf Zosimus stützen, vermuten, dass er auf dem „šams", dem Sonnengott von Palmyra, basierte, und zwar mit der Begründung, dass Aurelian eine aus Palmyra geplünderte Kultstatue des Sonnengottes im Tempel des „sol" aufstellte und weihte. Dieser „šams" wiederrum war eine Abwandlung des babylonischen Sonnengötzen „šamaš" der parallel zum in der Bibel erwähnten Götzen „baal" angebetet wurde. Quelle: © Wikipedia: https://de.wikipedia.org/wiki/%C5%A0a.

Kaiser Konstantin I. war nach der Überwindung seines Gegners Maximian im Jahr 310 ein besonders eifriger Verehrer des „sol invictus", den er anscheinend mit „Apollo" gleichsetzte. Zuvor hatte er insbesondere den „Herkules"-Kult betrieben. Er sah sich als dessen „Pontifex Maximus" (lat. „oberster Brückenbauer"; heutiger Titel des römisch-katholischen Papstes) und als irdischen Repräsentanten des Sonnengötzen, unter dessen unablässigem Schutz er zu stehen glaubte. Seine Münzprägung lässt seine enge Verbindung mit dem Götzen erkennen. Die Kaiser stellten „sol invictus" auf ihren offiziellen Münzen dar, wie z. B. „soli invicto comiti", welche den Götzen als Begleiterin des Kaisers bezeichnet und besonders häufig von Konstantin verwendet wurde. Quelle: © Stephan Berrens. Sonnenkult und Kaisertum von den Severern bis zu Constantin I. 193–337 n. d. Zw. Historia-Einzelschriften S. 185. Die offizielle Münzprägung Konstantins trägt bis 325 Abbildungen von „sol". Verschiedene Münzen aus seiner Regierungszeit zeigen die Büste des Kaisers im Profil, gepaart mit dem Götzen, mit der Inschrift „invictus constaninus". Quelle: © Jocelyn Toynbee, Roman Medallions (reprint ed.). plate xvii, Nr. 11.

Nach seinem Sieg über den Usurpator Maxentius in der Schlacht an der Milvischen Brücke im Jahr 312 verwendete Konstantin weiterhin Sonnen-Motive, ersetzte aber die traditionelle religiöse Terminologie durch eine Unbestimmtere. So hob er auf seinem Triumphbogen den „sol invictus" noch bildlich hervor. Der Triumphbogen Konstantins wurde sorgfältig so positioniert, dass er mit der kolossalen „sol"-Statue am Kolosseum fluchtete, so dass dieser den dominierenden Hintergrund bildete, wenn man ihn aus der Richtung des Hauptzugangs zum Bogen sah. Quelle: © E. Marlowe. Framing the sun: The Arch of Constantine and the Roman cityscape. S. 223 – 242. **Es sind Verbindungen zwischen der kaiserlichen Strahlenkrone und dem „sol"-Kult deutlich. Augustus wurde posthum mit einer Strahlenkrone dargestellt, ebenso wie alle nach ihm lebenden Kaiser von Nero nach 65 n. d. Zw. bis Konstantin.** <u>Später nutze die römisch-katholische Kirche eben diese Strahlenkrone des „sol" als sogenannten „Heiligenschein" für den falschen Messias und sogenannte „Heilige" in der kirchlichen Ikonografie und Hagiografie.</u> Bis zum Konzil von Nicäa ließ er seinen Götzen „sol" auf Bildern darstellen, später wurden diese Darstellungen in „divinitas" (lat. „Göttlichkeit"), <u>nach dem Konzil in >„Jesus Christus umbenannt, den er somit mit „sol" gleichsetzte"!!!<</u> Nach dem Sieg über den Rivalen Licinius im Jahr 324 und der Erringung der Alleinherrschaft endete die Prägung von „sol"-Münzen weitgehend; die letzte überlieferte „sol"-Münze stammt aus dem Jahr 325. Quelle: © Martin Wallraff. Christus verus sol – Sonnenverehrung und Christentum in der Spätantike. S. 133, Anm.34.

Schon vor dem Konzil von Nicäa wurde der erste Tag der Woche zum Tag der Sonne – „dies solis" – der Sonntag, als römischen Ruhetag festgelegt. <u>Zunächst ein wöchentlicher Feiertag seit Kaiser Aurelian, wurde er von Kaiser Konstantin am 3. März 321 n. d. Zw. zu einem arbeitsfreien Tag erklärt!</u> So hieß es: Am ehrwürdigen Tag der Sonne sollen die Magistrate und die Bewohner der Städte ruhen, und alle Werkstätten sollen geschlossen sein. Auf dem Lande aber dürfen die in der Landwirtschaft tätigen frei und rechtmäßig ihren Beschäftigungen nachgehen, weil es oft vorkommt, dass ein anderer Tag für die Aussaat von Getreide oder die Pflanzung von Wein nicht geeignet ist; damit nicht durch Vernachlässigung des richtigen Zeitpunkts für solche Arbeiten die Gnade des Himmels verloren geht. Quelle: © Philip Schaff. From Constantine the Great to Gregory the Great, A.D.311 - 600. S. 380.

<u>Die Festlegung des Weihnachtsfestes auf den 25. Dezember erfolgte einige Zeit später.</u> Im philokalyptische Kalender von 354 n.

d. Zw., wird das Fest „dies natalis invicti" am 25. Dezember gefeiert. Quelle: © Tertullian.org: Online text of inscription.

<u>**Derselbe Kalender behauptet auch, dass „Jesus Christus" acht Tage vor dem kalendarischen Januar, also am 25. Dezember, geboren wurde.**</u> **Seit damals in der Zeit des Bischof Jaakow bar Salibi** Quelle: © Ramsay MacMullen. Christianity and Paganism in the Fourth to Eighth Centuries S. 15. **gibt es Aussagen, dass der 25. Dezember als Datum des Weihnachtsfestes kurz vor der Sonnenwende gewählt wurde, weil an diesem Tag das Fest des Götzen „sol" stattfand. Historikern zufolge wurde Weihnachten auf den 25. Dezember gelegt, weil an diesem Tag das Fest des Götzen stattfand.** Quelle: © Melkite.org: The day God took flesh.

Der Bischof Jaakow bar Salibi kommentierte:

Nach feierlichem Herkommen pflegten die Heiden am 25. Dezember das Geburtsfest des Sonnengottes zu feiern. An diesen festlichen Bräuchen ließen sie auch das Christenvolk teilnehmen. Da nun die Lehrer der Kirche die Wahrnehmung machten, dass die Christen an diesem Feste hingen, kamen sie nach reiflicher Erwägung zu dem Entschluss, an diesem Tag fortan das Fest des wahren Aufgangs zu feiern. Quelle: © Hermann Usener. Rheinisches Museum für Philologie. Band 60 S. 466. Quelle: © https://bibel-lernen. de/weihnachten-01; B. Baruch Wahl.

Das gottlose Christentum = Götzentum!

Das Christentum ist totaler Betrug und nicht vom Sohn Gottes!!!

Das Christentum des Neuen Testaments existiert schlichtweg nicht. Was man tun muss, ist, Licht auf die Verbrechen gegen das Christentum zu werfen, die über Jahrhunderte fortgesetzt und von Millionen verübt wurden (mehr oder weniger wissentlich), die dadurch auf schlaue Art unter dem Deckmantel, das Christentum zu vervollkommnen, versucht haben, Gott aus dem Christentum herauszustehlen, und es geschafft haben, aus dem Christentum das genaue Gegenteil dessen zu machen, was es im Neuen Testament war!!! Quelle: © (Attack Upon Christendom (Angriff auf das Christentum), Sören Kirkegaard, 1956, Seiten 32-33, Quelle: https://www.weltvonmorgen.org/ lesen broshuren.php?id=24&title=ruck-kehr-zum-ursprünglichen-christentum.

Der vorgenannte Text bzw. Schilderung von Sören Kirkegaard wurde hier bewusst wiederholt!

>>>„Das Christentum ist eine hybride Religion"!!!<<<
Der Gründer der Katholischen Kirche, ist Simon der Zauberer bzw. Magier! Die Synagoge Satans ist die Römische Katholische Kirche! Es ist eine Monstrosität oder hybride Verschmelzung einer Vielzahl heidnischer Religionen, und das Wissen darüber wird von ihren Anhängern ferngehalten!!! Quelle: © http://www.fossilizedcustoms.com/christianity.html.

>>>„Der griechisch-römische Glaube, der Christentum genannt wird, ist nicht vom Sohn Gottes"!!!<<<
Das Christentum ist zersplittert in über 1000 verschiedene „Konfessionen". Jeder ist vom anderen ausgeschlossen. Ein gegen sich selbst geteiltes Haus kann nicht bestehen. **Und viele, die erkennen, das etwas sehr falsch ist, untersuchen die hebräischen Wurzeln des Glaubens!!!** Dies führt dazu, dass viele Menschen von den Traditionen der Menschen abfallen und sich ihrem Schöpfer und seinem Weg nähern. Das Wort Christentum gibt es in der Heiligen

Schrift nicht!!! Die Bräuche des Christentums umfassen babyloni-sche, ägyptische, griechische und römische Muster, die die meisten Menschen nicht kennen. Quelle: © http://www. fossilizedcustoms.com/christianity.html.

>>>„Das Christentum ist ein echter Götzenkult"!!!<<<

Das Christentum gründete sich auf zwei Beinen! Von 305 v. d. Zw. bis 325 n. d. Zw. wurde der Serapis Christus als griechischer-ägyp-tischer Götze gepflegt und angebetet! Parallel entstand dann zur Zeit der Apostel des Sohnes Gottes ein weiteres Bein des heidni-schen Götzenkultes, dass Neutestamentliche Christentum auf Grundlage der dämonischen Irrlehren des Simon des Zauberer (heute Simon der Magier)!!! **Nach der Umgestaltung und Neube-nennung seiner babylonischen Mysterien Religion und erfolgreich-en Fälschung der Religion von Petrus und Johannes begann Simon Magus einen regionalen und schließlich auch globalen Feldzug zur Vermarktung seines Fabrikats Christentum.** Quelle: © https://www.dieposau-ne.de/de/articles/posts/die-ursprunge-der-romisch-katholischen-kirche-fuenfter-teil.

>>>„Das Serapis Christentum wurde von der Römisch Katholischen Kirche in ein falsches Christentum erschaffen"!!!<<<

Mit einen eigenen Rat von Bischöfen und Geistlichen begann Papst Silvester der I. die Gründung des Christentums und das Bild von Se-rapis in den Messias, Christus zu wandeln! Quelle: © Buch Spiritualität und Menschheit, Ursprung der Religionen und Geistiges Erwachen von Bernd Lübeck, Seite 67 und Walter Williams: The Historcal Origin of Christianity, Revised, Paperback – August 1, 1998, S. 27.

>>>„Gründer des römisch-katholischen Götzendienstes, war den Aposteln bekannt"!!!<<<

Der Gründer der Synagoge Satans der römisch-katholischen Kirche wird in der Heiligen Schrift in Apostelgeschichte 8, 5 – 25 geschil-dert! Den Aposteln des Sohnes Gottes war Simon der Zauberer be-kannt.

Im Jahr 313 erließ Konstantin der Große, wie er heute genannt wird, das Toleranzedikt von Mailand (Mailänder Erklärung). Diese Höchstentscheidung machte die Duldung des Christentums (das heißt, dass „Christentum" des Magus) für das gesamte Römische

Reich verpflichtend!!!

>>>„Die dämonische Irrlehre der Trinität wurde von dem Gründer der Synagoge Satans der katholischen Kirche in das Christentum implantiert"!!!<<<
Im Jahr 325 fand unter dem Vorsitz von Konstantin das Konzil von Nicäa statt. Auf dieser grundlegenden Zusammenkunft weltlicher und religiöser Führer übernahm Konstantin als offizielles Oberhaupt der Kirche die Führung des Establishments der katholischen Hierarchie. „Dieses Konzil führte formell die Dreieinigkeit als offizielle Kirchendoktrin ein – eine heidnische Lehre, die von Simon Magus aus der babylonischen Religion in das falsche Christentum mitgebracht worden war"!!!

>>>„Das Christentum hat nichts mit den Sohn Gottes und seines Vaters YAHUWAH zu tun, es ist nun über 2300 Jahre alt"!!!<<<
Die Regentschaft von Konstantin und besonders die Neuerungen des Konzils von Nicäa waren ein wichtiger Meilenstein für die katholische Religion. Es war aber auch ein wesentlicher Meilenstein für diejenigen, die nicht mit der katholischen Kirche übereinstimmten. Nach dem Konzil von Nicäa begann das Römische Reich, das Eigentum aller jener Leute zu konfiszieren, die das wahre Passah beibehielten!!!   >Antisemitismus hochgradig Pur!!!<

>>>„Das Christentum des Simon des Zauberers zeigt mit der Irrlehre Wirkung"!!!<<<
Die Bibel zeigt, dass der Apostel Paulus kämpfte, die Irrlehre des Simon Magus, wie sie sich in der zweiten Hälfte des ersten Jahrhunderts in die griechische Welt ergoss, aufzuhalten. Als Paulus starb, lief eine enorme Anzahl von Mitgliedern der wahren Gemeinde Gottes zur Religion des Magus über"!!!

>>>„Das falsche Christentum baut auf Kirchlichen Reichtum"!!!<<<
Rom wurde sehr bald die vermögendste aller „christlichen" Kirchengemeinden. Die Römische Kirche nutzte ihren Reichtum, um sich

Autorität zu kaufen, genau wie es schon Simon Magus versucht hatte.
In den Augen der Führer Roms und fast aller „Christen" war das „Christentum" des Magus jetzt die wahre Kirche und die höchste religiöse Autorität.

Nach der Umgestaltung und Neubenennung seiner babylonischen Mysterien Religion und erfolgreichen Fälschung der Religion von Petrus und Johannes begann Simon Magus einen regionalen und schließlich auch globalen Feldzug zur Vermarktung seines Fabrikats des Christentums.
Die hundert Jahre zwischen den Jahren 70 und 170 n. d. Zw. waren eine entscheidende Phase, sowohl für Gottes wahre Gemeinde, als auch für die von Simon Magus gegründete katholische Kirche. Die Aufzeichnungen aus dieser Zeit sind jedoch äußerst spärlich. „Es ist so, als sei in diesem Stadium der Geschichte ein Vorhang herabgelassen worden", erklärte Herr Armstrong. „Als sich etwa hundert Jahre später dieser Vorhang wieder hebt, sehen wir eine christliche Kirche, die sich zu Christus bekennt, Gnaden erteilt, ansonsten aber fast das genaue Gegenteil der Gemeinde Gottes von YAHUSHUAs (YAHUschuWAH) Aposteln ist". Die Geschichte zeigt klar, dass das Christentum des späten 2. Jahrhunderts sehr unterschiedlich war von dem, der ursprünglichen Gemeinde Gottes. Der Gründer des Christentums ist nachweislich Simon der Zauberer bzw. Simon der Magier! Dieser ist auch der Gründer der römisch-katholischen Kirche! (siehe Apostelgeschichte 8, 5 – 13). Die Geschichte zeigt klar, dass das Christentum des späten 2. Jahrhunderts sehr unterschiedlich war von dem der ursprünglichen Gemeinde Gottes! Das Neue Testament ist voll von Beweisen für dieses im ersten Jahrhundert auftauchenden falschen Christentum. Zum Beispiel, als der Apostel Paulus an seine Gemeinde in Galatien schrieb und feststellte: „Mich wundert, dass ihr euch so bald abwenden lasst von dem, der euch berufen hat in die Gnade des Sohnes Gottes, zu einem anderen Evangelium". Hier beklagte er den Verlust von

Mitgliedern an die „christliche" Kirche von Simon Magus (Galater 1, 6). Quelle: © https://www.dieposaune.de/de/articles/posts/die-ur-spruenge-der-romisch- katholischen-kirche-funfter-teil.

Bedenke bitte, dass Simon Magus bereits ein mächtiger religiöser Führer in Samaria war. Er war verwurzelt in den Praktiken und Lehren der babylonischen Mysterien Religion, stand unter dämonischem Einfluss und war ein Meister darin, die Leute zu täuschen. Bei der Gründung seiner eigenen Religion erhielt Simon Magus keine Offenbarung von Gott und er bemühte sich auch nicht, Gottes Wort für die Wahrheit und Lehre zu erforschen. Woher kamen also seine Lehren und Praktiken? Zunächst behielt er einige der Praktiken, Ideen und Symbole seiner eigenen babylonischen Mysterien Religion bei. Um seine Anhänger jedoch nicht zu verlieren, von denen viele Gottes wahre Evangelium miterlebt hatten, behauptete er, ein Apostel der wahren Religion zu sein, die Philippus gebracht hatte. Er verfälschte vieles von der Wahrheit, die von der wahren Gemeinde gelehrt wurde – stahl sie und verdrehte sie dann. Bedenke bitte, dass er sich Philippus tagelang angeschlossen hatte, um das Evangelium zu lernen und zu studieren.

„Er eignete sich den Namen Christus an", erklärte Herr Armstrong. Er änderte den Namen seiner babylonischen Religion „in Christentum". Er bot das Geschenk der Gnade an – die Vergebung der Sünden – was keine andere Religion jemals angeboten hatte. Aber er verdrehte die Gnade in einen Freibrief zum sündigen (Judas 4); er schaffte Gottes Gesetz ab. Spätere Literatur zeigte, dass er in Rom zu Zeiten des Claudius mit einer eigenen, neuen Bewegung wiedererschien, in der er eigenartigerweise christliche und heidnische Elemente kombinierte und er sich selbst als Gott darstellte.

Natürlich lehnt die Katholische Kirche diese Geschichte vehement ab. Die katholische Geschichte erkennt Simon Magus wohl an, behauptet aber, er sei ein Abtrünniger gewesen, ein falscher Christ und sicher kein Mann, der jemals der katholischen Religion angeschlossen war. Die katholische Kirche erkennt zwar die in Apostelgeschichte 8 geschilderten Ereignisse an, aber sie dreht die Geschichte um und lehrt, dass die katholische Religion es war, die Magus zu infiltrieren versuchte, und dass Philippus und Petrus, Mitglieder der katholischen Kirche waren. – **Wie bitte???**

Was die Ursprünge des Christentums und der Römisch-Katholischen Kirche anbelangt, so ist Apostelgeschichte 8 der Schlüssel der uns alles erschließt. (siehe Apostelgeschichte 8, 5 – 9). Simon Magus wusste, dass alle heidnischen Religionen von Königen oder Staats-Oberhäuptern beherrscht wurden. Deren Religionen dienten dazu, die Leute fest im Griff zu haben und die Herrscher an der Macht zu halten. Wer auch immer die Religion in einem Land kontrollierte, beherrschte auch die Regierung. Simon sah in dieser Gelegenheit eine universelle Religion zu errichten – er hatte die Vision von der Beherrschung der Welt, wenn er nur die Menschen zu einer universellen Religion führen könnte, die sich dann in alle Länder ausbreiten würde. Er musste etwas unternehmen, andererseits würden alle seine Anhänger sich zur Gemeinde Gottes bekehren.

Wir verstehen also von dem was hier schon beschrieben wurde, dass Simon Magus, nachdem er in Rom lebte, auch Simon Peter genannt wurde, und dass alles, was man in Rom über den Apostel Petrus sagt, sich auf Simon Magus („Simon, der selbst ernannte Gott") bezieht, der dort eine universale Kirche gründete und ihr erster Papst wurde.

Es war die Absicht von Lukas, Simon den Magus (Zauberer) selbst zu entblößen. Dies ist sein wichtiger Punkt! Lukas zeigt, dass Simon niemals ein Teil der Gemeinde Gottes war, obwohl um 62 n. d. Zw. (nach dem Tod vieler der Apostel) man vielen Christen lehrte, dass er ein wahrer Christ gewesen sei - das Haupt der einzigen wahren Christen, der Apostel der Heiden.

Der griechisch-römische Glaube, der Christentum genannt wird, ist nicht vom Sohn Gottes!

Das Christentum ist zersplittert in über 1000 verschiedene „Konfessionen". Jeder ist vom anderen ausgeschlossen. Ein gegen sich selbst geteiltes Haus kann nicht bestehen – und viele, die erkennen, das etwas sehr falsch ist, untersuchen die hebräischen Wurzeln des Glaubens. Dies führt dazu, dass viele Menschen von den Traditionen der Menschen abfallen und sich ihrem Schöpfer und seinem Weg nähern!!! Das Wort Christentum gibt es in der Heiligen Schrift nicht!!! Die Bräuche des Christentums umfassen babylonische, ägyptische, griechische und römische Muster, die die meisten Menschen nicht kennen. Quelle: © http://www.fossilizedcustoms.com/ christianity.html.

Das Christentum ist eine hybride Religion, die auf vielen Lehren von YAHUSHUA (YAHUschuWAH) HA MASCHIACH basiert, aber nicht auf derselben Quelle, die er gelehrt hat!!! Ein System von Überzeugungen basierend auf HA MASCHIACH, aber in Unwissenheit handelnd, ergeben sich ihre Bräuche aus heidnischen Symbolen und Befolgungen. Einige Jahrhunderte nach den ursprünglichen Schülern YAHUSHUAs begann der ketzerische Weg, den Simon der Magier (Simon Magus) ursprünglich eingeschlagen hatte, den wahren Glauben zu überholen, und schließlich entwickelte sich daraus der Katholizismus. (Der Gründer der Katholischen Kirche ist in der Bibel identifiziert). Die Synagoge Satans ist die Römische Katholische Kirche! Es ist eine Monstrosität oder hybride Verschmelzung einer Vielzahl heidnischer Religionen, und das Wissen darüber wird von ihren Anhängern ferngehalten. Glauben und Handeln sind oft in ihrer Philosophie getrennt. Das Wort Christentum ist in der Schrift nirgends zu finden. Enzyklopädien sagen uns, dass es sich um eine Religion handelt und dass sie von YAHUSHUA HA MASCHIACH gegründet wurde.

YAHUSHUA (YAHUschuWAH) HA MASCHIACH hat nicht das Christentum gegründet!!! Es wurde wirklich von „Simon Magus" gegründet, und sein Grab befindet sich unter dem Altar in der Kathedrale „St. Peter" in Rom. Das Thema des Christentums ist auch in der Schrift nicht zu finden. Was die Schrift als „Weg" anerkennt, ist das WORT YAHUSHUAs und die TORAH YAHUschuWAHs. Das sollte unser Weg sein; und es ist sicherlich das, was YAHUSHUA lehrte - er lehrte nicht das Christentum. Quelle:© http://www.fossili-zedc-ustoms.com/ christianity.html.

Der vorgenannte Text bzw. Schilderung wurde bewusst noch mal wiederholt!

>„Christen glauben an einen ägyptische Götzen"!!!<

>>>„Christen haben „nie" nachgeprüft was die Grundlage ihres Glaubens ist"!<<<

„Das Wort Christus heißt in keiner Weise Gesalbter und hat ursprünglich auch nicht die Bedeutung von Gesalbter und ist in keiner Weise Biblisch!!!

Christus – ein falscher Messias – als Götze!

Wahrheits-Fakten

>„Der Begriff Christus bezieht sich auf den Sonnen- und Unterwelt-Gott Serapis"!<

1. „Der Ausdruck Christus hat ursprünglich „nicht" die Bedeutung von Gesalbter"!!!
2. „Wir sehen, dass Chrestus bzw. das daraus entstandene Christus, für alles andere steht, aber nicht für den Messias, den Sohn Gottes"!!!
3. „Der Christusbegriff wurde schon mehr als 300 Jahre vor dem Erdenleben des echten Sohnes Gottes benutzt"!!!
4. „Die Bezeichnung Christus hat mit dem Sohn Gottes überhaupt nichts zu tun"!!!
5. „Bereits 420 v. d. Zw. wurde nach Herodot der Chreon bzw. Christus als das gesehen, was das Orakel bzw. der Mythos erklärte"!!!
6. „Wo der antike Monoismus (philosophisch-religiöse Lehre von der Existenz nur eines einheitlichen Grundprinzips des Seins und der Wirklichkeit) in einer weltumspannende Vernunft zunehmend alles erklärte und dann die alten Gottheiten in einem Zeus-Jupiter oder Osiris verschmolzen, für den dann Serapis stand. Und dessen Anhänger galten als Christen"!!!
7. „Wer diesen Christus als die Erfindung eines Paulus oder eines Kirchenkonstrukt hält, hat wohl den Verstand verloren"!!!
8. „Christus Pantokrator ist eine „Übertragung des Zeusbeinamens pantokrtis"!!!
9. „Das ursprünglich griechische Wort für Salben hat jedoch nicht die Bedeutung, wie es das hebräische Wort für den im Alten Bund prophezeiten Messias hat"!!!
10. „Jedoch wird jetzt der Sohn Gottes überall als Christus oder Jesus Christus bezeichnet – oft völlig unabhängig von der Salbung zu einem geistlichen Amt z. B. David, wie es im Alten Testament der Fall ist. „Der Titel Christus wird zum Namen"!!!

11. „Die Erklärung für den „Gesalbten" der Sohn Gottes ist nicht biblisch abgeleitet. Der Ausdruck Christus hat ursprünglich nicht die Bedeutung von Gesalbter"!!!
12. „Das Wort Christus steht auch nicht für das „Salben" wie es für den Erlöser zur Einsetzung in das Priester- und Königsamt zutreffen würde"!!!
13. „Das Wort Christus heißt in keiner Weise Gesalbter und hat ursprünglich auch nicht die Bedeutung von Gesalbter und ist in keiner Weise biblisch!!!

>„Christus-Gläubige sind Serapis Götzendiener"!!!<
Doch wer an einen jungen Mann als Heilsprediger festhält, der als die Christus geltende Vernunft hingestellt wurde, die bereits den alten Griechen die Orakel erklärten, der muss den Verstand verloren haben! Ebenso auch, wer diesen Christus als die Erfindung eines Paulus oder ein Kirchenkonstrukt hält. Quelle:© http://www.jesus-lebt-wirklich.de/40.html.

Serapis Gott - Ägyptische Mythologie – Christentum – Unterweltgott!

Ein zu Alexandria hoch verehrter Gott, jedoch nicht ägyptischen, sondern griechischen Ursprungs, denn er war der griechische Unterwelt-Gott, der Segenspender Pluto, mit dem Scheffel auf dem Haupt, welcher anzeigt, dass der Herrscher der Unterwelt die Nahrung aus der Erde sprossen lässt. Durch die Herrschaft der Ptolemäer ward in Ägypten eingeführt, wo ihn die Eingeborenen nur notgedrungen annahmen; doch zählte man zuletzt in Ägypten 42 Serapis-Tempel. Man hatte über seine Einführung das Märchen: Ptolemäus dem Ersten erschien im Traume ein schöner Jüngling, welcher ihm befahl, seine Bildsäule von Sinope nach Alexandrien zu holen, und ihm dabei eröffnete, er sei Serapis, der Segen und Fluch bringende Gott. Dies gelang nach Überwindung vieler Schwierigkeiten, insbesondere dadurch, dass der Gott in Sinope selbst aus seinem Tempel in das Schiff ging, und nun wurde ihm vor der Stadt Alexandria an dem Orte Rhacotis ein Tempel erbaut. Die Verpflanzung aus Asien nach Ägypten war vielleicht aus politischen Gründen geschehen, um die neue Hauptstadt des Reiches (Alexandria) zum Hauptsitz der Religion zu machen, und dieser Zweck war vollkommen gelungen, denn Serapis trat ganz an die Stelle des Osiris, nur dass er nie als leidend und sterbend betrachtet wurde; aber er galt als Gatte der Isis, als Sonnengott, Nil Gott, oberster Gott, und ward auch von den Kranken um Hilfe angefleht, so dass er zuletzt sogar mit Äskulap verschmolz. Er ist nach einer Marmorbüste im Vatikan auf unserm Bilde dargestellt als bärtiger, ernster Mann, mit Strahlen um das Haupt, ein Getreide-Maß auf demselben. Quelle: © http://www.vollmer-mythologie.de/serapis/.

De facto: Wer den Sohn Gottes als Christus bezeichnet, der hat den Verstand verloren!
Christen sind Götzenanbeter, die den Götzen Serapis verehren!
Der griechische Götze Serapis ersetzte Osiris als Gemahl der Isis, und

die Anhänger dieser Gottheit wurden Christen genannt. Quelle: © http://
www.fossilizedcustoms.com/ambassador.html.

Bereits 200 v. d. Zw. gab es heidnische Anhänger von Serapis, die
sich „Christen" nannten. Im Vatikan kann man ein original heidnisches Relief sehen, das MITHRAS mit den Worten CHRISTOS MITHRAS
zeigt, was „guter Mithras" bedeutet. Mithraismus war die Haupt Pagan Religion des alten Rom, und wurde gemischt mit den Mashiak
(Messias) von Israel durch die Kompromisse des Nicene (Nicäanisch-
her Rat, unter der Leitung von Kaiser Konstantin und seinen Sohn
Crispus (325 – 326 n. d. Zw.).

**Der Begriff Christ wurde in der griechischen Kultur mehrere hun-
dert Jahre vor der Geburt des Sohnes Gottes in Bethlehem verwendet.** Quelle: © http://www.fossillizedcustoms.com/am-bassador.html.

**Das griechische Wort „kristianos" (lateinisch Christianos) war ein
Ausdruck der Verachtung, der auf ein verwandtes Wort zurück-
geht, das die Geschichte nie revidiert hat: Französich chrétin, aus
Französisch dialektal, deformiert und geistig behinderte Person in
bestimmten Alpentälern gefunden, aus vulgären Latein* christiänus, Christ, Mensch, armer Kerl, aus Latein Christiänus, Christ, sie-
he Christian.** Quelle: © Amerikanisches Heritage ©-Wörterbuch der englischen Sprache, vierte
Ausgabe. Copyright © 2009 by Houghton Mifflin Company. Veröffentlicht Houghton Mifflin Company.

**Diejenigen, die Serapis verehren, sind Christen, und diejenigen, die
sich Bischöfe Christi nennen, haben auf Serapis geschworen! Ural-
te babylonische Einflüsse waren damals und heute in Hülle und
Fülle in Sichtweite.**
**Alexandria war die primären Ausgangspunkte für die neue Fusions-
religion, die wir heute als „Christentum" kennen.** Das Wort Christos" ist mit Krishna, Crestos und Chreston verwandt. Diese bedeuten wörtlich „scheinen", wenn sie sich auf die Sonne beziehen.
Krishna erst Sonnengottheit der hinduistischen Religion, die ursprünglich Nimrod war, die allererste Sonnengottheit.

Chrestus der Gute Gott

Das Wort Christos (griechisch: χριστός) war im vorchristlichen Griechischen kaum bekannt. Der Name Chrestos (griechisch χρηστός) jedoch war im gesamten Römischen Reich in regem Gebrauch. Menschen und Götter gab man diesen Namen lange vor der christlichen Ära. Die Namen Chrestos und Chrestoi (plural) wurden zur Beschreibung von Göttern, Orakel, Philosophen, Priestern und Helden benutzt. Beachte, der Name wird mit „e" geschrieben und nicht mit „i", wie in Christus. Zeitweise, besonders bei dem antiken griechischen Dramatiker Euripides (lebte von ca. 480 bis 406 v. d. Zw.) wurde dieser Titel als rein moralischer Begriff für „tugendhaft" verwendet.

Einige Jahre später berichtet Tacitus von demselben Ereignis, schreibt aber von den „Christiani". Sueton ordnet die Chrestiani den Iudaei zu, von denen er die Christiani (nicht Chrestiani!) wohl zu unterscheiden weiß. Er hielt Chrestus also für einen bekannten römischen Juden. Viele Historiker sind sich einig, dass es sich hierbei nicht um einen Nachfolger des Messias handelte, sondern vielmehr um einen jüdischen Radikalen, der das Königreich Gottes durch Gewalt herbeiführen wollte. Es könnte sich dabei möglicherweise um jüdische „Messianisten" gehandelt haben, die inspiriert durch das Buch Henoch und ähnlicher apokalyptisch-gnostischer Bücher mit der begeisterten und leidenschaftlichen Hoffnung auf den Zusammenbruch des Römischen Reiches infiziert wurden und die Errichtung des „Königreiches der Erwählten" erzwingen wollten.

Andere Forscher hingegen gehen davon aus, dass sich die Suetonstelle sehr wohl auf die Christusnachfolger bezieht. Für unser weiteres Studium zu den Ursprüngen des Namens Jesus Christus ist es jedoch völlig irrelevant, ob diese Juden nun „Christen" oder „Chresten" waren, denn beide Namen/Titel entspringen einer zweifelhaften Quelle als Namen für den Messias.

Das griechische Wort Chrestos wird in der ersten griechischen Übersetzung der Schriften des Alten Bundes, der Septuaginta häufiger für gut und Güte (z. B. Psalm 69, 17), aber auch für Gott (z. B. Psalm 106, 1; Jeremia 3, 11) sowie für seinen Namen (z. B. Psalm 52, 9) verwendet. Erstaunlicherweise erscheint aber auch der ominöse Titel Christus (mit „i") erstmals in dieser Übersetzung. Dieses griechische Alte Testament war später die Grundlage für die „Abschreiber" bzw. „Übersetzer" des Neuen Testaments, deren Bücher stark von der Sprache der Septuaginta beeinflusst ist. So sind viele Zitate im Neuen Testament der griechischen Übersetzung des Alten Testaments und nicht dem hebräischen Text entnommen!!! Es gilt zu bedenken, dass diese griechische Übersetzung des Alten Testaments im Umfeld des hellenistischen Alexandrias entstand, wo die griechische Philosophie bereits seinen Einfluss auf die dort lebenden Juden ausübte, welche es übersetzten. Zudem ist die Sachlage der Septuaginta nicht einheitlich, weil es Manuskripte und Abschriften und Überarbeitungen nicht nur vor unserer Zeitrechnung gibt, sondern auch danach.

So wurde beispielsweise in Psalm 2, 2 das hebräische Wort מָשִׁיחַ („Gesalbter") mit χριστός (Christos) wiedergegeben. Aquila, ein Jude, ersetzte als Antwort auf die christliche Übersetzung später das Wort χριστός (Christos) durch ἠλειμμένος, das ebenfalls „gesalbt" bedeutet. Das zeigt, dass Christos für „Gesalbter" nicht der richtige Ausdruck im Griechischen ist. Aquila hielt sich bei seiner Übersetzung wieder mehr an den hebräischen Text!

Symmachus wird für einen ebionitischen Christen oder auch für einen Samariter gehalten. Seine Übersetzung ist längst nicht so genau, wie die des Aquila. Bei Theodotion geht man davon aus, dass die Übersetzung aus dem 2. Jahrhundert n. d. Zw. eine Revision aus dem 1. Jahrhundert n. d. Zw. ist.

Problematisch ist auch, dass in der Septuaginta das Tetragramm meist mit κύριος („Herr") wiedergegeben wird, aus dem im Neuen Testament „Christus" gemacht wurde. So steht in der gefundenen Jesaja Schriftrolle von Qumran (4QpIsaa/4Q161) in Psalm 18, 32 „χρίστος Κύριος" (Christos Kyrios), anstelle des Tetragramms YHWH im ursprünglich hebräischen Text. Der gnostisch-heidnische Einfluss wird auch in dem Apokryphenbuch 3. Sirach deutlich, wo in Kapitel 47, 11 das hebräische YHWH mit Kyrios (Herr) übersetzt steht. Und im Kodex Vatikanus (möglicherweise aus Unterägypten stammend) wird es als χρίστος wiedergegeben. Auch die Psalmen Salomons benutzen den Ausdruck Χρίστος, wenn sie sich auf den zukünftigen Erlöser beziehen. Ein zusätzliches bekanntes griechisches Wort taucht in der Septuaginta (Amos 4, 13) auf: παντοκράτωρ (Pantokrator). Dieses Wort wird parallel zu Χρίστος

verwendet. <u>Der hebräische Ausdruck יהוה חוצבא (YHWH der Heerscharen) wurde durch Χρίστος παντοκράτωρ (Christos Pantokrator) ersetzt?!???</u>

Man kann deshalb davon ausgehen, dass es sich dabei um einen
Eingriff ins Alte Testament durch die christlichen Übersetzer handelt. <u>Christus Pantokrator ist eine „Übertragung des Zeusbeinamens pantokrtis"!   >„Das darf doch wohl nicht wahr sein"!!!<</u>

<u>Vom Guten Gott zum Gesalbten</u>

Wie entwickelte sich der Name Christus (mit i). Dabei spielte die
Bedeutung von Salben in die Namensfindung mit rein. <u>Das ursprünglich griechische Wort für Salben hat jedoch nicht die Bedeutung, wie es das hebräische Wort für den im Alten Bund prophezeiten Messias hat. Das Wort Christus wird häufig mit der Begründung gerechtfertigt, dass es die Bedeutung von „der Gesalbte" habe.</u> Auf den ersten Blick macht dies Sinn, denn im Griechischen
wird chrio (χρίω) für „salben" gebraucht. <u>Die Frage ist jedoch, warum man nicht einfach das hebräische Wort für Gesalbter übernommen hat? Denn die Herkunft des griechischen Wortes für salben ist fragwürdig.</u> Fragwürdig deshalb, weil es sich hierbei weniger um die Salbung für die Einsetzung in ein bestimmtes (geistlich-
es) Amt handelt. <u>Vielmehr zeigt sich bei genauerer Betrachtung,
dass dieses Wort ursprünglich für die rituelle Totensalbung der
ägyptischen Götter verwendet wurde!</u>
In den Schriften des Alten Bundes werden zwei unterschiedliche
hebräische Wörter für Salbung verwendet. Maschiach (משח) bedeutet Salbung sowohl im buchstäblichen als auch im übertragen-
en Sinn (z. B. Jesaja 61, 1; Daniel 9, 24) für ein bestimmtes Amt
oder Funktion, z. B. die Salbung zum König (2. Könige 9, 2). Ein gesalbter Priester oder König wird <u>Maschiach (משיח)</u> genannt. Das
hebräische Wort suk (סוך) hingegen, steht für das ganz normale
Einsalben oder Eincremen, z.B. nach einem Bad (Hesekiel 16, 9).
Selbst in der griechischen Übersetzung des Alten Testaments (Sep-

tuaginta) ca. 250 v. d. Zw. wird das Verbaladjektiv χριστός (christ-os) nie absolut gebraucht, sondern in der Regel mit einem Genetiv-objekt wie Gott oder Herr, oder ist mit einem auf Gott bezogenen Possessivpronomen verbunden. Das Verb χρίω (chrio) kam bei Ho-mer (ca. 700 v. d. Zw.) recht häufig vor. Es wurde dafür das Verb ἀλείφω (aleipho) verwendet. Zudem wurde das Verbaladjektiv χρίστος (Christos) für Öl oder Salbe verwendet, aber nicht im Hin-blick auf eine Person!

In den Schriften des Neuen Bundes hingegen wird es etwas kurios. Dort wird das griechische Wort myrizo (μυρίζω) für das Einsalben der Haut vor einem Begräbnis gebraucht (Markus 14, 8). Für die buchstäbliche Salbung des Hauptes (z. B. Matthäus 6, 17), zur Krankensalbung (Jakobus 5, 14) und für die Salbung der Füße und des Leichnams des Messias (z. B. Lukas 7, 38) wird das griechische Wort aleipho (ἀλείφω) verwendet (z. B. Johannes 11, 2). Es fällt auf, dass das griechische Wort chrio (χρίω), welches „balsamier-en", „salben" oder „eincremen" bedeutet, überhaupt nicht ver-wendet wird. Jedoch wird jetzt der Sohn Gottes überall als Christ-us oder Jesus Christus bezeichnet – oft völlig unabhängig von der Salbung zu einem geistlichen Amt, wie es im Alten Testament der Fall ist. Der Titel Christus wird zum Namen.

Die Erklärung für den „Gesalbten" der Sohn Gottes, ist nicht bib-lisch abgeleitet. Der Ausdruck Christus hat ursprünglich nicht die Bedeutung von Gesalbter.

Wir sehen, dass Chrestus bzw. das daraus entstandene Christus, für alles andere steht, aber nicht für den Messias, den Sohn Got-tes! Das Wort Christus steht auch nicht für das „Salben" wie es für den Erlöser zur Einsetzung in das Priester- und Königsamt zutreffen würde. Es verwundert daher kaum, dass zusammen mit der Auf-nahme des Hybridnamens (vermischter Name) Christus im Laufe der Zeit das „Salben" im Sinne des heidnischen Ritus, Eingang in die christliche Kirche fand. Christus ist auch ein Hybrid-Name!!!

Quelle: © https://www.bibel-offenbarung.org/falsche-anbetung/vom-guten-gott-zum-gesalbten.html.

Der Jesus Christus der uns als satanischer Betrug verkauft wird, hat am 25. Dezember Geburtstag!!!

Dieser Jesus Christus ist ein fleischloses und blutloses Phantom, also eine unwirkliche Erscheinung ein Trugbild!!!

Bild-Autor: © https://www.stimme.de/ueberregional/baden-wuerttemberg/nachrichten/pl/wie-aus-dem-nikolaus-der-weihnachtsmann-wurde-art-4123269.

Wenn Weihnachten der Sohn Gottes geboren sein soll, <u>dann glaubst du an einen völlig gefälschten Sohn Gottes der ohne Blut und Körper war, mit dem Namen Jesus Christus!!!</u>
<u>Jede Kirche oder Freikirche weltwelt, welcher Art auch immer, die Weihnachten feiert, sollte sich fragen ob sie eine gemeingefährliche Sekte ist?!!</u>
Durch den Fleisch und Blutlosen Jesus Christus welcher eine menschliche Erfindung von Kaiser Konstantin aus dem Jahre 325 n. d. Zw. ist, sind in den vergangenen 1700 Jahren Millionen von

Menschen betrogen und in die Hölle befördert worden!!!

>>>„**Durch diesen gefälschten Sohn Gottes mit dem „heidnischen Doppel-Hybrid-Namen Jesus Christus" wird der echte Sohn Gottes YAHUSHUA (YAHUschuWAH) HA MASCHIACH welcher ein Jude ist und war, und der echte lebendige Gott YAHUWAH auf das aller extremste verleugnet"**!!!<<

>>>„Wer mich aber verleugnet vor den Menschen, den werde ich verleugnen vor meinem Vater im Himmel"!<<< Matthäus 10, 33

>>>„Wer ist der Lügner, wenn nicht der, welcher leugnet, das YAHUSHUA (YAHUschuWAH) der HA MASCHIACH ist? Das ist der Antichrist, der den Vater und den Sohn leugnet"!<<< 1. Johannes 2, 22

Achtung der echte Name Gottes YAHUWAH steht auf den Namen des Sohnes YAHUSHUA (YAHU SCHU WAH)!!!

>>>„Daran erkennt ihr den Geist Gottes: Jeder Geist, der bekennt, das YAHUSHUA (YAHUschuWAH) HA MASCHIACH im Fleisch gekommen ist, der ist aus Gott; und jeder Geist der nicht bekennt, das YAHUSHUA (YAHUschuWAH) HA MASCHIACH im Fleisch gekommen ist, der ist nicht aus Gott. Und das ist der Geist des Antichristen, von dem ihr gehört habt, dass er kommt, und jetzt schon ist er in der Welt"!<<< 1. Johannes 4, 2 + 3

Weihnachten ein Fest zu Ehren des Sonnen-Gottes!!!

Wach auf!!! Wach auf!!!

Vive St. Nicolas

Der Nikolaus ist eine reine Kunst-Figur, also ein dämonischer Götze

<u>**Den Nikolaus gab es nicht wirklich! Die Figur ist „ein rein geistiges Konstrukt",**</u> gibt Volkskunde-Professor Werner Mezger in seinem

Buch „Sankt Nikolaus" zu Protokoll, sie ist „nichts als das fiktive Resultat eines langen ideengeschichtlichen Prozesses". Quelle: © https://www.focus.de/wissen/mensch/religion/ist-weihnachten-nur-ein-mythos-irrtum-zwei-den-heiligen-nikolaus-gab-es-wirklich_id_3462607.html.

Der heilige Nikolaus von Myra (traditionell 15. März 270 – 6. Dezember 343), auch bekannt als Nikolaus von Bari, war ein frühchristlicher Bischof griechischer Abstammung aus der Seestadt Myra in Asien Minor (griechisch: Μύρα; heutiges Demre, Türkei) während der Zeit des Römischen Reiches. Aufgrund der vielen Wunder, die seiner Fürbitte zugeschrieben werden, ist er auch als Nikolaus der Wundertäter bekannt. Der heilige Nikolaus ist der Schutzpatron der Seeleute, Kaufleute, Bogenschützen, reuigen Diebe, Kinder, Brauer, Pfandleiher, unverheirateten Menschen und Studenten in verschiedenen Städten und Ländern in ganz Europa. Sein Ruf entwickelte sich unter den Frommen, wie es für frühchristliche Heilige üblich war, und seine legendäre Gewohnheit des geheimen Schenkens führte zum traditionellen Modell des Weihnachtsmanns („Heiliger Nick") durch Sinterklaas. Quelle: © https://en.wikipedia.org/wiki/Saint_Nicholas.

Der Heilige Nikolaus – Biografischer Hintergrund

Die von den Legenden geschaffene Figur des Hl. Nikolaus geht auf die Verschmelzung zweier geschichtlicher Personen hervor. Die ältere Nikolaus, Bischof von Myra (Stadt in Lykien, Kleinasien, heutige Türkei) wurde im Jahr 270 in der Hafenstadt Patara in Lykien geboren, übernahm 300 n. d. Zw. das Bischofsamt von Myra. Nachdem er während der Christenverfolgung in Gefangenschaft geriet und misshandelt wurde, verstarb er zwischen 345 und 351 n. d. Zw. vermutlich am 6. Dezember!

Dieser verschmilzt mit seinen ebenfalls mildtätigen Namensvetter aus dem 6. Jahrhundert Nikolaus Abt von Sion und späteren Bischof von Pinara (ebenfalls in Lykien). Die verschmolzene Figur des Nikolaus war ein großer Wohltäter, so dass er sehr schnell von einfachen Ortsheiligen zunächst zu einem Hauptheiligen der griechisch-orthodoxen Kirche wurde und schließlich zum wichtigsten Heiligen der russisch-orthodoxen Kirche. Seine Stellung reicht unter den übrigen Heiligen hinsichtlich seiner räumlichen Verbreitung und volkstümlichen Verehrung nahe an die Stellung Marias heran. Bereits seit dem 8. Jahrhundert hat sich die Verehrung des Hl. Nikolaus nach Italien ausgebreitet, von wo aus sie auch im 10. Jahrhundert bis ins Deutsche Reich gelangte! Quelle: © hhtp://nikolaus-kommt-ins-haus.de/hl.nikolaus.html.

Im Jahr 1222 wurde Nikolaus von Myra im Konzil von Oxford heilig gesprochen und zum Schutzpatron der Kinder und Armen ernannt. Bereits im 4. Jahrhundert wurde der Nikolaustag allerdings schon als Feiertag begangen. Heute ist der Nikolaustag ein fester Bestandteil der Adventszeit vor Weihnachten. Quelle: © https://praxistipps.focus.de/warum-feiern-wir-nikolaus-einfach-erklaert_97612#:~:text=Am% 206.&text=Im%20Jahr%201222 %20wurde %20Nikolaus,Bestandteil%20der%20Adventszeit%20 vor%20Weihnachten.

<u>Im 10. und 11. Jahrhundert breitete sich dann der unbiblische Nikolauskult in vielen Gebieten des Abendlandes aus.</u> Der Bischof, der auch Nikolaos Thaumaturgos (der Wundertäter) genannt wurde, wurde zu einem der am meisten verehrten Heiligen und Schutzheiligen sowohl in der griechischen als auch in der römischen Kirche. Die Nikolausbräuche sind, wie Nachschlagewerke zeigen, mit jahreszeitlichen Naturmythen (Knecht Ruprecht) - also heidnischem Gedankengut - eng verbunden.
Es gibt viele Legenden über das was der heilige Nikolaus getan haben soll. Quelle: © http://flusenkram.de/GLAUBEN/WORTE/PDF_Worte/Weihnachten_ Bedeutung.pdf.

Knecht Ruprecht

Gruss vom Krampus!

Der einst als Knecht des Christkinds zu Heilig Abend auftretende alte Gevatter hat wohl noch im 19. Jahrhundert ein paar Tage vor dem Weihnachtsabend, in einen mit goldenen Äpfeln und Nüssen behangenen Pelz vermummt, in die Stuben der Kinder geschaut, sich erkundigt, ob diese auch recht brav waren, die Bescherung angekündigt, die Braven mit einer Obstspende belohnt, die Ungehorsamen mit der Rute bestraft. Weithin gilt er heute noch als recht ruppiger Geselle. Doch seine Geschichte und Herkunft reicht weiter zurück, als man sich vorstellen mag. Denn die alte Form seines Namens lautete „Hruodperaht", welcher mit „ruhmes-prächtigen" oder „Ruhmesstrahlenden" übersetzt werden kann. Dahinter verbirgt sich kein anderer als der gewaltige Sturmgott Wodan aus der germanischen Götterwelt.

In den altheidnischen Kulturen wurde zu der Wintersonnenwende alljährlich die Zeit des wiederkehrenden Lichts festlich begangen. Die einstige Tradition, einen Götterumzug zu gestalten, kann bis ins Mittelalter hinein zurückverfolgt werden. Zur vollendeten Wintersaat, um Martini, begann eine Art „Vorfest". Die Götter zogen hier auf einem Wagen oder zu Pferd durch die Gassen, empfingen Opfergaben und spendeten Segen mit dem keimenden Getreide. Da die berittenen Gottheiten sich in die Farbe des Lichts hüllten, nämlich Weiß, bildete sich alsbald das Brauchtum des Schimmelreiters heraus, welcher sich lange in Nord- und Süddeutschland erhielt. In manchen Gegenden Norddeutschlands und Schlesiens verkleideten sich drei junge Burschen als Pferd, indem sie sich unter Tierhäuten verbargen.

Blickt man noch weiter zurück in die altheidnischen Bräuche so tauchen hier zur Wintersonnenwende die Naturgötter Fro, Donar, Balder, Wodan und dessen Gemahlin Frigga, welche unter anderem als Frau Holle bekannt ist, auf der Erde auf. Da der Knecht Ruprecht in seiner eigentlichen Form des Wodan als Reiter auftrat.

Doch wann hat sich der Brauch des eigentlichen Knecht Ruprecht, welcher zu den vorweihnachtlichen Umzügen erschien, eigentlich entwickelt? Maximilian Harden datiert in seiner Publikation „Die Zukunft" von 1894 das erstmalige erscheinen des merkwürdigen Knechts auf das Jahr 1668. Zum ersten Mal taucht er als Knecht des Heiligen Christs auf. Das benannte, nachweisende Verzeichnis führt den Alten als „Kindleinfresser" auf, nach dieser Quelle trägt er den Namen Acesto.

Bereits 1680 wurde der Knecht von einem geistlichen Schriftsteller als Geist aus der Hölle bezeichnet! Der Ruprecht taucht also nun eher seltener und nur noch in bestimmten Regionen Deutschlands persönlich auf. Doch ist nachzuweisen, dass auch die Bescherung zu Heilig Abend, wie wir sie heute kennen, sich erst Anfang des 18. Jahrhunderts herauskristallisierte. Zuvor brachte der Heilige Christ seine Gaben in Bündeln, welche er vor die Betten der Kinder stellte, oder legte sie in Schüsseln. Ähnlich wie heute zum Nikolaustag, stellten die Kinder am Abend zuvor die Schüsseln auf.

Heute ist der Knecht Ruprecht nur noch als gruseliger und bestrafender Helfer des Nikolaus bekannt, in den süddeutschen Regionen lassen sich die Krampen zu den jährlich stattfindenden Läufen sehen, die der dämonischen Stilisierung des Knecht Ruprechts aus dem 17. Jahrhundert auf Grund ihrer schaurigen Maskierungen nur zu gut gerecht werden. Quelle: © Text von Carolin Eberhardt. Quelle: © https://www.deutschland-lese.de/streifzuege/feste-und braeuche/weihnachten/knecht-ruprecht/Textquellen: Herden, Maximilian (Hrsg.): Die Zukunft, Band 9, Berlin: Verlag von O. Häring, 1894. Hagen, Dr. A. (Hrsg.): Preußische Provinzial-Blätter, Band 8, Königsberg, 1849. Mannhardt, Johann Wilhelm E.: Die Götterwelt der deutschen und nordischen Völker, Berlin: Verlag von Heinrich Schindler, 1860.

Das Christkind ist eine reine Kunstfigur also ein dämonischer Götze

Das Wort Christkind bezeichnet zumeist eine Symbolfigur des Weihnachtsfestes, die dem Brauchtum zufolge den Kindern die Weihnachtsgeschenke bringt, ohne dabei gesehen zu werden.
Quelle: © https://de.wikipedia.org/wiki/Christkind.

Anfangs gab es noch kein Christkind

„Alle Jahre wieder kommt das Christkind" – bereits von Kindesbeinen an kennen die meisten christlich erzogenen Menschen diesen Ausspruch. Der Erzählung nach kommt das Christkind zu Weihnachten, um die Geschenke zu bringen. Von den Menschen ungesehen, ist danach nur das Läuten seines Glöckchens zu hören, welches verkündet, dass das Christkind da war. Quelle: © https://www.t-online.de/leben/familie /id_51581036/das-christkind-wer-ist-das-eigentlich-html.

Was wissen wir über die Entwicklung des Christkinds im christlichen Glauben?

Das Christkind ist eine international auf bestimmte Regionen begrenzte Symbolfigur von Adventszeit und Weihnachtsfest. Ursprünglich war es dort der christlichen Legende nach bereits der Geschenkebringer am Namenstag des Heiligen Nikolaus, am Nikolaustag (6. Dezember). In anderen Regionen brachte es die Gaben für die Kinder am „Tag der unschuldigen Kinder" (28. Dezember). Neue Lesart, neuer Termin! **Mit der Reformation nach dem Wirken und Leben des Martin Luther im 16. Jahrhundert führte die evangelische Kirche den Heiligabend am 24. Dezember neu als Tag der Bescherung ein.** Denn Heiligenverehrung neben Jesus Christus, etwa für den Heiligen Nikolaus, lehnt die protestantische Kirche nach den Lehren von Luther ab. Quelle: © https://www.weihnachtszeit.net/ weihnachten/ christkind/.

Zu Lebzeiten Martin Luther, also im 16. Jahrhundert, wurden die Kinder am 6. Dezember von Sankt Nikolaus beschenkt. Diese Figur geht auf den Bischof von Myra zurück, der bis zum Jahr 343 tatsächlich in der Türkei gelebt haben soll. **Luther erfindet das Christkind.** Dieser Brauch war Martin Luther ein Dorn im Auge. Weil der Reformator sämtliche katholische Heilige abschaffen wollte, die Protestanten aber nicht auf die Bescherung verzichten wollten, musste der Kirchenmann für Eratz sorgen.

Das Rätsel, wer oder was das Christkind genau ist, wurde aber bis heute nicht aufgeklärt. Quelle: © https://www.wasistwas.de/archiv-geschichte-details/ weihnachtsmann-oder-christkind-wer-bringt-die-geschenke.html.

Er verfügte, dass künftig der „heilige Christ", später als Christkind verniedlicht, am Weihnachtsabend die Geschenke bringen soll. Ob damit tatsächlich das neugeborene Jesuskind zum edlen Spender wurde, ist unklar. Zeitgenössische Abbildungen zeigen das Christkind von Anfang an als 10 bis 15-jähriges Kind von eher weiblicher als männlicher Erscheinung, meistens ausgestattet mit Engelsflügeln.

Woher stammt die historische Darstellung vom Christkind als Knaben Jesus?

Bevor sich das Christkind zur geschlechtsneutralen Erscheinung und zum bekannten Gabenbringer wandelte, wie eingangs erwähnt, sah es viele Jahrhunderte lang etwas anders aus. Es war nämlich wortwörtlich das Bild des kleinen heiligen Knaben Jesus nach der Geburt. Der Glaube nannte die Symbolfigur auch das heilige Kind, das Kindli, das Jesulein, das Jesusknäblein oder das Bornkindl.
Quelle: © https://www.weihnachtszeit.net/weihnachten/christkind/.

Eines steht unumstößlich fest:
Der echte Sohn Gottes mit dem Namen YAHUSHUA (YAHUschu-WAH) HA MASCHIACH hat mit dem falschen Sohn Gottes Jesus Christus nichts, aber auch garnichts mit zu tun!!!
YAHUSHUA ist und war auch nie das Christkind!!!
YAHUSHUA hat auch garnichts mit dem Nikolaus zu tun!!!

Des Weiteren hat der echte Sohn Gottes YAHUSHUA HA MASCHIACH nichts aber auch garnichts mit dem Weihnachtsmann zu tun.

>„Weihnachten soll die Unbesiegbarkeit Satans als Sonnengott proklamieren"!!!<

Weihnachten ist das „Fest des unbesiegbaren Sonnengottes", welcher Satan ist, der Engel des Lichtes, der Verführer und Blender!!!
Weihnachten soll die Unbesiegbarkeit Satans als Sonnengott proklamieren!
„Der Weihnachtsbaum hat mit christlicher Feier herzlich wenig zu tun, aber viel mit heidnischen Winterlicht- und Wiedergeburtsriten, die die Jahrtausende hartnäckig überdauert haben". Quelle: © The Boston Herald.
Weihnachten hat die Wurzel und den Ursprung im Mithras-Kult und in seiner Fortsetzung, dem germanischen Götterglauben.
Weihnachten ist bis heute das „Fest des unbesiegbaren Sonnengottes" Mithras und wird auch als dieses gefeiert.
Quelle: © http://flusenkram.de/GLAUBEN/WORTE/PDF_Worte/Weihnachten_Bedeutung.pdf.

>„Weihnachten hat also ursprünglich tatsächlich nichts mit dem lebendigen GOTT und der Geburt des Sohnes Gottes zu tun"!!!<
Weihnachten ist also ein „uralter heidnischer Götzendienst", der, wie viele andere heidnischen Bräuche, durch die römische Kirche in das sog. Christentum mitgeschleppt wurde! Indem die römische Kirche grundsätzlich jeden herrschenden Götzendienst übernahm, hat sie ihm lediglich ein pseudochristliches Mäntelchen umgehängt, indem sie ihn mit der Bibel rechtfertigte. So wurde z. B. der alte Mittwinternachts-Götzendienst einfach zur Feier der Geburt des CHRISTUS erklärt, der germanisch-heidnische Ostara-Kult zum Fest der Auferstehung des CHRISTUS („Ostara" ist eine germanische Frühlings- und Fruchtbarkeitsgöttin). Die gottgleiche Verehrung der kanaanitischen „Königin des Himmels" (Jeremia 7, 18) wurde auf Maria übertragen, und aus den vielen anderen Göttern der Heiden wurden einfach die katholischen Heiligen gemacht, die deren angebliche Schutzfunktionen übernehmen sollten und deshalb ebenfalls anzubeten seien. (z. B. Christopherus, Florian usw.).

Quelle: © idea-spektrum Nr. 3 vom 17.01.2001; Böhm, Hans-Jürgen: Weihnachten - was es ist, was es bringt und was es nimmt, 1999; Verf. unbek.: Die Wahrheit über Weihnachten o. Jg.; Glaubensnachrichten, 12/2002; Zeitschrift „Gute Nachrichten" Nr. 6 (November - Dezember 2002); http://www.jesusruf. de/index.php/schriftpublikationenmenu2/feste-a-feiertage/84-weihnachten-julfest-was-es-ist-was-es-bringt-und-was-es-nimmt

Der Weihnachtsbaum „Aschera"

Der Weihnachtsbaum hieß im kanaanitischen Götzendienst „Aschera"

Das Vorwort einer älteren Bibelübersetzung erläutert dazu: **„Astoreth (Griech. Astarte) = eine weibliche Gottheit, welche von den semitischen Völkern als Mondgöttin oder Königin des Himmels (auch Liebesgöttin) verehrt wurde, Aschera (Mehrzahl Ascherim, seltener Ascheroth) = ein zu Ehren der Astoreth in die Erde gepflanzter Baumstamm ohne Wurzeln aber mit stehengelassenen Zweigen, welcher gewöhnlich neben den Altären des Baal aufgerichtet wurde"!!!**

Der geschmückte Baum symbolisiert also die Wiedergeburt des Sonnengottes. In antiken Festen, die die Geburt des Sonnengottes betrafen, wurden oft Tannenbäume verwendet.

Fest steht, dass der Weihnachtsbaum nicht mit dem Christentum in die deutschen Lande einzog, sondern von der Kirche lange Zeiten als heidnischer Brauch verfolgt wurde. Mit dem Weihnachtsbaum wurde ein Symbol geschaffen, das schon in der Vorstellungswelt der ältesten Zeiten eine Rolle spielte!

Da Weihnachten also schon immer in den Mittwinternächten gefeiert wurde, ist auch das Datum rein heidnischen Ursprungs und hat ganz und gar nicht mit der Geburt des Sohnes Gottes zu tun.

Der Weihnachtsbaum ist in einer alttestamentlichen, also vorchristlichen Aufzählung ein heidnischer Kultgegenstand. Der Weihnachtsbaum hieß in dem kanaanitischen Götzendienst „Aschera".

Baal (Herr) = die höchste männliche Gottheit der semitischen Völker, der Sonnengott. Quelle: © http://flusenkram.de/GLAUBEN/WORTE/PDF_Worte/Weihnachten_Bedeutung.pdf.

„Der Weihnachtsbaum, der jetzt bei uns allgemein verbreitet ist, fand ebenfalls im heidnischen Rom und im heidnischen Ägypten allgemeine Verbreitung. In Ägypten war dieser Baum die Palme, in Rom die Tanne; dabei bezeichnete die Palme den heidnischen Messias unter dem Namen Baal-Tamar, und die Tanne versinnbildete ihn unter dem Namen Baal-Berith. **Die Mutter von Adonis, dem Sonnengott und der großen Mittler-Gottheit, soll sich auf geheimnisvolle Weise in einen Baum verwandelt haben, und als sie in diesem Zustand war, soll sie ihren göttlichen Sohn geboren haben. Daher wurde der 25. Dezember, der in Rom als der Tag gefeiert wurde, an dem der siegreiche Gott wieder auf Erden erschien, an Natalis invicti solis, dem Geburtstag der unbesiegten Sonne gefeiert.** Der Julklotz ist also der tote Baumstrunk Nimrods, der zum Sonnengott gemacht, aber von seinen Feinden abgehauen wurde; der Weihnachtsbaum ist Nimrod redivivus – der getötete Gott, der wieder ins Leben zurückkommt". Quelle: © Alexander Hislop, Von Babylon nach Rom, S. 90.

Der abgeschlagene, tote Baumstrunk, aus dem wieder neues Le-

ben erwacht. „Der Weihnachtsbaum ist unverändert das Bild des Götzen „Baal-Berit" – zur Ehre des Gotteslästerers Nimrod (als Nimrod starb war Abraham gerade etwa 9 Jahre alt) und der babylonischen Mutter der Huren, Semiramis. Sie wurde übrigens über Jahrhunderte hinweg als Weib mit einem goldenen Becher in der Hand dargestellt und angebetet (vgl. Offenbarung 17, 1 - 6).

Die Entwicklung des Weihnachtsbaumes hat keinen eindeutigen Anfang, vielmehr setzt sie sich aus verschiedenen Bräuchen verschiedener Kulturen zusammen, denen jedoch eines gemeinsam ist: die Winterzeit und die Verwendung von immergrünen Pflanzen. Bereits in der römischen Antike bekränzten die Leute ihre Häuser zum Jahreswechsel mit Lorbeerzweigen. Im heidnischen Rom stand aber auch schon die Föhre - mit anderem Namen - im Mittelpunkt einer Gedenkfeier: „Baal-Berith" – „Herr des Bundes" stellte den erschlagenen Gott dar, der zu neuem Leben kommt. Man geht davon aus, dass der Weihnachtsbaum aus der nordeuropäischen Tradition stammt. Tatsächlich liegen seine Ursprünge noch viel früher in uralten südlichen Traditionen. Die alten Ägypter sahen den immergrünen Baum als Fruchtbarkeitssymbol an. Zur Wintersonnenwende dekorierten sie ihre Häuser mit Palmenzweigen und benutzten diese, wie die Römer die Tannenzweige. Quelle: © Flynn, Tom: The Trouble With Christmas 1993, Seite 9, 37 – 40.

Zum Mittwinter dekorierten die Druiden Eichen mit Äpfeln und zündeten Kerzen an. Die Kerzen zu Ehren des Sonnengottes Balder und die Äpfel für Odin. Um nicht zu vergessen, dass die Natur nur schläft, wurden Wintergrüne Sträucher gerne ins Haus genommen und arrangiert. Die Römer schnitten und schmückten Bäume an den Saturnalien. Zum Fest der Isis (späte Dezemberwochen) wurden Palmblätter in die ägyptischen Häuser gebracht.

Der bei uns gebräuchliche Weihnachtsbaum war in gleicherweise im heidnischen Rom und heidnischen Ägypten gebräuchlich. **In Ägypten war dieser Baum eine Palme, in Rom eine Tanne. Die Palme bezeichnet den heidnischen Messias als Baal-Tamar, die Tanne verweist auf ihn als Baal-Berith!!!** Von der Mutter des Adonis, des Sonnen- und großen Vermittlergottes, wurde mystisch gesagt, sie wäre in einen Baum verwandelt worden und hätte in diesem Zustand ihren göttlichen Sohn geboren. Wenn die Mutter ein Baum war, muss der Sohn als „der Zweig" wiederzuerkennen sein. Und dazu gehört auch das ins Feuer-Werfen des Jul Scheites am Vorabend von Weihnachten und das Erscheinen des Weihnachtsbaumes am nächsten Morgen. Wie Zoro-Aschta, „der Same der Frau" der auch Ignigena oder „der Feuergeborene" genannt wird, der in der „Mutter-Nacht" ins Feuer steigen muss, damit er am nächsten Tag daraus als der „Goldene Zweig" hervorgeht, oder als der Baum, der alle göttlichen Gaben zu den Menschen bringt. Aber warum, mag man sich fragen, gelangt er ins Feuer in Form eines Scheites? Um dies zu verstehen, muss man sich daran erinnern, dass das göttliche Kind zur Wintersonnenwende als Inkarnation des großen Gottes geboren wurde (nachdem dieser Gott in Stücke gehauen wurde), in der Absicht, seinen Tod an seinen Mördern zu rächen. Der große Gott, in der Mitte seiner Macht und Herrlichkeit abgeschnitten, wurde durch einen riesigen Baum dargestellt, all seiner Äste entblößt und kurz über dem Boden abgesägt. „Ail" oder „Il", ein Symbol für Gheber, „den Mächtigen" (2. Mose 15, 15), bezeichnet auch einen weit ausladenden Baum oder einen Hirsch mit großem Geweih. Deswegen wird der große Gott zu verschiedenen Zeiten als stattlicher Baum oder als Hirsch dargestellt. Auf einer Epheser Münze ist er als auseinander gehauener Hirsch dargestellt und eine Palme ist so dargestellt, als wachse sie aus der Seite des toten Rumpfes. In Sanchuniaton wird Kronis ausdrücklich „Ilos" d. h. „Mächtiger" genannt. Der große Gott ist abgeschnitten, das Füllhorn zur linken des Baumes ist leer, aber die Palme stellt alles wieder her.

Aber die große Schlange, das Symbol des wiederbelebenden. Wie sich der Leser erinnern mag, wird Aesculap gewöhnlich mit einem Stock oder Baumstumpf an seiner Seite dargestellt, um den sich eine Schlange windet. Aesculap, windet sich um den toten Stumpf daneben sprießt ein junger Baum von einer anderen Art - ein Baum von völlig anderer Art, dazu bestimmt, niemals von feindlicher

Macht umgehauen zu werden – sogar eine Palme, das gutbekannte Symbol des Sieges. **Der Weihnachtsbaum war gewöhnlich, wie gesagt, in Rom ein anderer Baum, eben eine Tanne.** Aber genau die gleiche Idee, die der Palme zugrunde liegt, findet sich auch in der Tanne. **Heimlich stellt es den neugeborenen Gott als Baal-Berith, (Baal-Bereth, das sich von Baal-Berith, „Herr des Vertrages" nur in einem Buchstaben unterscheidet, bedeutet „Herr des Tannenbaumes") „Herr des Vertrages"** dar und das schattet die fortwährende und ewige Natur seiner Macht vor, der, nachdem er vor seinen Feinden gefallen war, sich nun triumphierend über sie alle erhoben hat.

<u>Deswegen wurde der 25. Dezember, der Tag, der in Rom als der Tag angesehen wurde, an dem der siegreiche Gott wieder erschien, als Natalis invicti solis, „der Geburtstag der unbesiegten-Sonne" genannt. Der Jul-Scheit ist der tote Stumpf Nimrods, vergöttlicht als Sonnengott, aber umgehauen von seinen Feinden. Der Weihnachtsbaum ist der wiederbelebte Nimrod - der erschlagene Gott kommt wieder zum Leben.</u>

Der Lichterbaum ist der immergrüne Weltenbaum, der nun erstrahlt. Die Weihnachtsbäume entwickelten sich zu römischer Zeit aus den pinea silva, Pinienhainen, die bei den Tempeln der Göttin lagen. In der Nacht vor einem heiligen Tag schnitten römische Priester, die „dendrophori = Baumträger" genannt wurden, eine der heiligen Pinien, schmückten sie und brachten sie in den Tempel, um daran das Bild des Attis aufzuhängen. Die Figuren und Fetische, die in späteren Jahrhunderten an diese Bäume gehängt wurden, stellten das ganze Pantheon (Gesamtheit der Gottheiten) am Weltenbaum dar.

<u>Den Weihnachtsbaum bescherten uns letztlich die Germanen. Für sie wohnten in den Bäumen gute Geister. Ein Baum im Haus schützte vor Dämonen, Hexen und Krankheiten. Der Behang war nicht Schmuck, sondern Beschwörung: Früchte sollten eine gute Ernte bringen und Tiere (als Gebäck) für gesundes Vieh sorgen. Rote Früchte galten als Zeichen des Lebenselixiers Blut. Diese Baumtradition übernahmen die Christen erst im 17.Jahrhundert.</u>

Der „christliche" Ursprung erzählt, dass der später genannte St. Bonifacius in Deutschland versuchte die Heiden zu missionieren. Er stoppte an Weihnachten die Opferung eines Jungen für den Gott Odin indem er die Eiche mit seinem Finger fällte und an dessen Stelle ein Tannenbaum erschien.

Es gibt noch ein paar andere Erzählungen. **Der erste schriftlich belegte Tannenbaum kommt aus dem Jahr 1604 in Deutschland.** Die Spitze der Tanne zeigt auf die Sonne und ursprünglich wurde der Tannenbaum mit dem Stamm an die Decke gehängt, so dass seine Spitze auf die Sonne zeigt, die nach manchen Völkern sich dann im Meer befand. Zum Beispiel die Kelten dachten so und Wasser, welches im Mittwinter aus einer Quelle geschöpft wird, hat magische und heilende Wirkungen, vor allem die Wirkung der Erneuerung wird um nachgesagt, da es von der Sonne gewärmt wurde.

Zur Feier der Wintersonnenwende wurden grüne Zweige als Schutz und Zaubermittel sowie zur Beschwörung des Sommers geschlagen. In allen Kulturen und Religionen ist der immergrüne Baum Wohnsitz der Götter und damit Zeichen des Lebens gewesen.

Die Sitte, grüne Tannenzweige ins Haus zu stellen, wird schon für 1494 im „Narrenschiff" Sebastian Brants bezeugt. **Aus dem Jahr 1535 ist überliefert, dass in Straßburg kleine Eiben, Stechpalmen und Buchsbäumchen verkauft wurden, die noch ohne Kerzen in den Stuben aufgehängt wurden.** 1605 soll es dann bereits einen mit Äpfeln geschmückten, aber noch kerzenlosen Weihnachtsbaum in Straßburg gegeben haben, der als „Gabenbaum" oder „Bescher Baum" errichtet war.

Seit dem Mittelalter wurden im Winter Zweige von Laubbäumen in das Zimmer gestellt, die um Weihnachten blühen sollten. An ihre Stelle traten später immergrüne Pflanzen, wie z.B. die Stechpalme, Kiefer, Fichte oder Lorbeer. Aus Schlesien und dem Elsass sind Nachrichten aus dem 17. Jahrhundert gekommen, nach denen man dort Bäume mit Backwerk und Obst behängte oder mit brennenden Kerzen schmückte. Bei genauerem Hinsehen bzw. Hinhören lässt sich auch der alte Sinn in den Weihnachtsliedern entdecken: So beschreibt z. B. der Text von „O Tannenbaum" die Hoffnung auf ein Wiedererwachen der Na-tur im Frühjahr, für die die immergrüne Weihnachtstanne Anlass gibt.

Der erste kerzengeschmückte Tannenbaum ist schließlich überliefert, als 1611 in Schlesien im Schloss der Herzogin Dorothea Sybille von Schlesien einer aufgestellt wurde!

Im 18. Jahrhundert wurde der Tannenbaum immer häufiger; so berichtet Lieselotte von der Pfalz 1708 von einem Buchsbäumchen mit Kerzen: „Ich weiß nicht, ob ihr ein anderes Spiel habt, das jetzt noch in ganz Deutschland üblich ist; man nennt es Christkindl. Da richtet man Tische wie Altäre her und stattet sie für jedes Kind mit allerlei Dingen aus, wie neue Kleider, Silberzeug, Puppen, Zuckerwerk und alles Mögliche. Auf diese Tische stellt man Buchsbäume und befestigt an jedem Zweig ein Kerzchen; das sieht allerliebst aus und ich möchte es heutzutage noch gern sehen. Ich erinnere mich, wie man mir zu Hannover das Christkindl zum letzten Mal (1662) kommen ließ".

Die Lichterbäume tauchen zunächst in den Wohnstuben evangelischer Familien auf - als konfessionelles Gegensymbol zur (katholischen) Weihnachtskrippe. Der preußische König Friedrich der Große (1740 - 1786) berichtet 1755 von Tannenbäumen, an denen die Eltern „vergoldete Erdäpfel" (= Kartoffeln) aufhängen, „um den Kindern eine Gestalt von Paradiesäpfeln vorzuspiegeln".

Johann Wolfgang von Goethe lernte den Weihnachtsbaum in Straßburg 1770 kennen und so ist eine der frühesten literarischen Erwähnungen in seinem „Werther" von 1774 zu finden. Trotzdem blieb der Weihnachtsbaum in Deutschland so gut wie unbekannt. **Erst nachdem der Dichter Matthias Claudius 1796 in Hamburg im Schloss von Wandsbek einen mit Kerzen geschmückten Weihnachtsbaum sah und ihn in einer Dichtung beschrieb, verbreitete er sich in Deutschland. Dass die Verbreitung relativ langsam vorrangekommen war, hatte viel damit zu tun, dass ihn viele Christen wegen seiner magischen Herkunft zunächst abgelehnt hatten.** In Berlin tauchte der erste Weihnachtsbaum um 1780 auf. Für das Jahr

1813 werden die ersten Weihnachtsbäume aus Wien und Graz gemeldet. Allgemeiner verbreitet hat sich der Christbaum in Österreich erst, seit Henriette von Nassau-Weilburg, die Gemahlin des Erzherzogs Karl, im Jahre 1816 das Weihnachtsfest mit einem kerzengeschmückten Weihnachtsbaum gefeiert hatte. Durch den deutschen Prinzgemahl Albert und der britischen Königin Victoria (1837 - 1901) kam der Weihnachtsbaum auch nach England. Aber erst vor etwa hundert Jahren eroberte er auch die anderen Länder. Ab dem 19. und 20. Jahrhundert kommt der Tannenbaum auch in die Wohnzimmer katholischer Familien. Nach 1820 kamen Thüringer Glasbläsereien hinzu, und 1850 erfand dann der Glasbläser Müller die Glaskugeln. **Heute ist der Weihnachtsbaum in fast allen Häusern und Kirchen üblich, wobei die „Weihnachtstanne" übrigens meistens eine Fichte ist! Schätzungsweise 22 bis 23 Millionen Weihnachtsbäumen werden für den Weihnachts-Kult gebraucht.**

Berühmte Christbäume stehen auf dem Petersplatz in Rom und auf dem Trafalgar Square in London. Der Papst erhält jedes Jahr einen heidnischen Weihnachtsbaum für den Petersplatz zum Geschenk. In diesem Zusammenhang ist auch noch zu erwähnen, dass erst Papst Johannes Paul II. in den siebziger Jahren anregte, in Rom doch einen großen „Christ"- Baum aufzustellen und damit den Weihnachtsbaum, der einer Weiterentwicklung des heidnischen Grünbrauchs seine Existenz verdankt und von den Frühchristen noch als „barbarisch" abgelehnt wurde, offiziell für das Christentum vereinnahmte.

Biblische Beurteilung des Weihnachtsbaums
<u>Auch der Weihnachtsbaum findet sich bereits in einer alttestamentlichen, also vorchristlichen Aufzählung heidnischer Kultgegenstände. Der Weihnachtsbaum hieß in dem kanaanitischen Götzendienst „Aschera".</u> Das Vorwort einer älteren Bibelübersetzung erläutert dazu:

„Astoreth (Griech. Astarte) = eine weibliche Gottheit, welche von den semitischen Völkern als Mondgöttin oder Königin des Himmels (auch Liebesgöttin) verehrt wurde. Aschera (Mehrzahl Ascherim, seltener Ascheroth) = ein zu Ehren der Astoreth in die Erde gepflanzter

Baumstamm ohne Wurzeln aber mit stehengelassenen Zweigen, welcher gewöhnlich neben den Altären des Baal aufgerichtet wurde. Baal (Herr) = die höchste männliche Gottheit der semitischen Völker der Sonnengott. Quelle: © Elberfelder Übersetzung Brockhaus Verlag, Wuppertal 1980, S. VII.

>**„Nun ist klar, warum auch in den Kirchen am Weihnachtsabend ne-ben dem Altar, abgeschlagene Bäume mit stehen gelassenen Zweigen aufgestellt sind. „Ebenso klar ist damit, dass jeder, der ei-nen Weihnachtsbaum schmückt oder ehrt oder seine Kinder solch-es tun lässt, jemand ist, der noch dem alten Aschera-Kult bzw. Baalsdienst anhängt"!!!<** GOTT hingegen hat in der Bibel ausdrück-lich und oftmals gesagt, dass ER solche Bäume hasst und abge-schafft haben will, und zwar besonders auch dann, wenn man IHN damit ehren wollte: **„Du sollst dir keine Aschera pflanzen, irgendein Holz neben dem Altar YHWH, deines GOTTES, den du dir machen wirst".** (5. Mose 16, 21; vgl. auch 2. Mose 34, 14; 5. Mose 7, 5 + 12 + 13; Richter 3, 7; u. 6, 25; 1. Könige 14, 15; u. 15, 13; u. 16, 33; u. 18, 19; 2. Könige 13, 6; u. 17, 16; u. 18, 4; u. 23, 4; 2. Chronik 19, 3; u. 24, 18; Jesaja 17, 8; u. 27, 9; Micha 5, 13 usw.).

Schau mal, was die Bibel in Jeremia 10, 2 - 4 über den Weihnachts-baum sagt: **„Hört das Wort, das YAHUWAH zu euch redet, o Haus Israel! So spricht YAHUWAH: Lernt nicht den Weg der Heiden und erschreckt nicht vor den Zeichen des Himmels, auch wenn die Hei-den sich vor ihnen fürchten!** (z.B. Wintersonnenwende) **Denn die Bräuche der Heiden sind nichtig. Denn ein Holz ist´s, das man im Wald gehauen hat, und das der Künstler mit dem Schnitzmesser anfertigt. Er verziert es mit Silber und Gold und befestigt es mit Hämmern und Nägeln, damit es nicht wackelt.**

Beachte, dass wir den heidnischen Götzendienst nicht lernen, noch ihre Bräuche. GOTT will nämlich niemals mit irgendwelchen heid-nischen Bräuchen verehrt werden, weshalb man auch gemäß dem **3. Gebot**. Anmmerkung.: In der Bibel ist es das dritte Gebot, in den kirchlichen Katechismen das zweite, **da die Kirchen das zweite Ge-bot der Bibel (Bilderverbot) betrügerisch unterschlagen haben, da dieses Gebot die GOTT gleiche oder -ähnliche Verehrung jeglicher** menschlicher Produkte untersagt, wodurch nämlich nicht nur die **Altarbilder in den Kirchen samt Kruzifix,** sondern auch die Anbetung von Brot und Wein (Sakramentalismus) als Götzendienst verboten ist) **niemals den Namen GOTTES mit anderen Religionen oder mit deren Gebräuchen vermischen darf,** wie es z. B. beim „Christstollen" und „Christbaum" geschieht, <u>oder wenn man einen heidnischen Götzenfesttag zum „christlichen Feiertag" umfunktioniert, indem man einen alten Götzendienst einfach mit der Geburt des Sohnes Gottes legitimiert!!!</u>

YAHUSHUA (YAHUschuWAH) HA MASCHIACH ist dazu geboren worden, dass er die Menschen gänzlich von dem Götzendienst weg bringe (1. Johannes 3, 8) und zum wahren Gottesdienst hinführe (vgl. Lukas 4, 8). <u>**Wie willst du ernsthaft seine Geburt feiern, indem du dieselbe zur Rechtfertigung des alten Götzendienstes missbrauchst und damit ins Gegenteil verkehrst?**</u> Quelle: © idea-spektrum Nr. 3 vom 17.01.2001; Böhm, Hans-Jürgen: Weihnachten - was es ist, was es bringt und was es nimmt;1999; Verf. unbek.: Die Wahrheit über Weihnachten o. Jg.;Glaubensnachrichten, 12/2002; Zeitschrift „Gute Nachrichten" Nr. 6 (November - Dezember 2002) http://www.jesusruf.de/ index.php/ schrift-publikationenmenu2/feste-a-feiertage/84-weihnachten-jul-fest-was-es-ist-was-es-bringt-und-was-es-nimmt.

Am 25. Dezember geborene Götter:

Alles Gute zum Geburtstag Horus (ca. 3000 v. d. Zw.)

Alles Gute zum Geburtstag Osiris (ca. 3000 v. d. Zw.)

Alles Gute zum Geburtstag Attis von Phrygien (um 1400 v. d. Zw.)

Alles Gute zum Geburtstag Krishna (um 1400 v. d. Zw.)

Alles Gute zum Geburtstag Zoroaster (ca. 1000 v. d. Zw.)

Alles Gute zum Geburtstag Mithra von Persien (ca. 600 v. d. Zw.)

Alles Gute zum Geburtstag Herakles (ca. 800 v. d. Zw.)

Alles Gute zum Geburtstag Dionysos (ca. 186 v. d. Zw.)

Alles Gute zum Geburtstag Tammuz (ca. 400 v. d. Zw.)

Alles Gute zum Geburtstag Adonis (ca. 200 v. d. Zw.)

Alles Gute zum Geburtstag Hermes (ca. 400 v. d. Zw.)

Quelle: © https://antwortenhier.me/q/welche-dieser-gottheiten-sollen-an-weihnachten-geboren-worden-sein-60110265786.

Weihnachtsmann

Der Weihnachtsmann hat überhaupt nichts mit dem falschen Sohn Gottes Jesus Christus zu tun, und schon garnichts mit dem echten Sohn Gottes YAHUSHUA HA MASCHIACH!!!

Der Mythos des Weihnachtsmannes wird dem leicht zu beeindruck-
enden Sinn eines Kindes als faktische Wahrheit dargestellt – **und
dann findet das Kind heraus, dass dies faktisch nie wahr gewesen
ist. Wenn das Kind dann die Wahrheit herausfindet, verfestigt sich
die Idee, dass Beweise für Übernatürliches wahrscheinlich ge-
fälscht sind.**
Manches der Symbolik des Weihnachtsmanns, wie wir ihn heute
kennen, hat seinen Ursprung in dem germanischen Gott Odin, von
dem gesagt wurde, dass er einen weißen Bart hatte. Geschenke
brachte und durch den Himmel flog. Odin verwandelte sich in den
Weihnachtsmann, gedieh zusammen mit St. Nikolaus und dem
Christkind und wurde zu einer führenden Rolle auf der Weihnachts-
bühne. Quelle: © Margaret Baker, Dicovering Christmas Customs und Folklore: A Guide to Seaso-
nal Rites Throuhout the World Entdeckung von Weihnachtsbräuchen und Folklore: Ein Leitfaden für
jahreszeitliche Riten in aller Welt, Seite 62.

Weihnachtswichtel

Als Kind erhielt ich in den 50er Jahren in einem Evangelischen Kindergarten zur Nikolauszeit einen Apfel mit so einer ähnlichen Mütze darauf als Geschenk. Also so ein Art Wichtel.

Weihnachten ist ein Fest zu Ehren Satans!!!

1. – Weihnachten wird zu Ehren eines falschen Sohnes Gottes mit Namen Jesus Christus gefeiert!

2. – Weihnachten wird zu Ehren des Urenkels Noahs, mit Namen Nimrod welcher am 25. Dezember Geburtstag hatte, gefeiert! Weihnachten ist ein Vermächtnis aus Babylon.

3. – Weihnachten wird zu Ehren des Sonnengottes gefeiert, der als erstes durch Nimrod verkörpert wurde!

4. – Weihnachten wird zu Ehren des Sonnengottes gefeiert, der ab 274 n. d. Zw. Sol invictus genannt wurde!

5. – Weihnachten wurde später zu Ehren des Götzen Mithras gefeiert, welcher dann ab 336 n. d. Zw. zu Jesus Christus umgedeutet wurde!

6. – Weihnachten wird zu Ehren des Gottes Saturn gefeiert!

7. – Weihnachten wird zu Ehren des Sonnengottes Horus gefeiert, der durch Kaiser Konstantin 325 n. d. Zw. zu Jesus Christus kreiert wurde!

Es war 300 Jahre n. d. Zw., bevor die Römische Kirche Weihnachten feierte, und erst während des fünften Jahrhunderts, wurde befohlen, dass Weihnachten im ganzen Reich als offizielle Festlichkeit zur Ehre „Christi" einzuhalten sei. Quelle: © https://rcg.org/de/broschuren/ttoocde. html.

„Weihnachten wurde weder vom Sohn Gottes oder den Aposteln eingeführt, noch gründet es sich auf die Autorität der Bibel. Es wurde erst später vom Heidentum übernommen"! Quelle: © https://www. bibeloffenbarung.org/falsche-anbetung/der-heidnische-ursprung-von-weihnachten.-html.

In Deutschland war Weihnachten bis zum 7. Jahrhundert noch unbekannt. Erst 813 n. d. Zw. wurde durch die Synode von Mainz eine offizielle Weihnachtsfeier angeordnet. Die Geburt „Jesu" wurde auf den 25. Dezember festgesetzt, der bereits mit dem Abend des 24., dem sog. „Heiligen Abend" oder „Weih-Nacht", beginnt. Quelle: © https://www.bibel-offenbarung.org/falsche-anbetung/der-heidnische-ursprung-von-weihnachten.-html.

>„Wie konnte ein Tag, der nirgends in der Bibel erwähnt wird, plötzlich zu einem sogenannten „christlichen" Hauptfeiertag des Jahres werden – ein Tag, der nie von YAHUSHUA, den Aposteln oder von der Urgemeinde gefeiert wurde? Weihnachten ist eines der Lügen und Fabeln, vor denen der Apostel Paulus warnte, dass sie bald auf die Gemeinde zukommen würden! Quelle: © https://www.bibel-offenbarung.org/falsche-anbetung/der-heidnische-ursprung-von-weih-nachten.-html.

>>>„Und sie werden ihre Ohren von der Wahrheit abwenden und sich den Legenden zuwenden"!<<< 2. Timotheus 4, 4

>>>„Der Geist aber sagt ausdrücklich, dass in späteren Zeiten etliche vom Glauben abfallen und sich irreführenden Geistern und Lehren der Dämonen zuwenden"!<<< 1. Timotheus 4, 1

>>>„Lasst euch von niemanden in irgendeiner Weise verführen! Denn es muss unbedingt zuerst der Abfall kommen und der Mensch der Sünde geoffenbart werden der Sohn des Verderbens"!<<< 2. Thessalonicher 2, 3

>>>„Denn das weiß ich, dass nach meinem Abschied räuberische Wölfe zu euch hineinkommen werden, die die Herde nicht schonen; und aus eurer eigenen Mitte werden Männer aufstehen, die verkehrte Dinge reden, um die Jünger abzuziehen in ihre Gefolgschaft"! <<< Apostelgeschichte 20, 29 + 30

„Tatsächlich wurde die Wintersonnenwende oder Brumalia, welches bisher das Fest Mithras und der unbesiegten Sonne (Sol Invictus) war, mit der Geburt Jesu im Jahre 354 n. d. Zw. durch Bischof Liberius von Rom in Übereinstimmung gebracht. Dieser Schritt

wurde unternommen, um die neue Lehre anzupassen. Das neue Fest Christi Messe (engl. Christmas) zum Zeitpunkt der Wintersonnenwende wurde 379 n. d. Zw. nach Konstantinopel gebracht und 506 n. d. Zw. wurde es im Gesetzbuch des Alarich als ein öffentlicher Feiertag festgeschrieben. Wie wir gesehen haben, wurde der neue Glaube der Christenheit zur Zeit Konstantins als gleichbedeutend mit dem Glauben an die unbesiegbare Sonne gesehen, dessen Feiertag zusammen mit dem Tag des Mithras, auch die Wintersonnenwende war. Der Name der Saturnalien starb aus, die Feierlichkeit, wie z.B. das Schmücken der Häuser mit einem immergrünen Baum, das Austauschen von Geschenken und das Feiern, wurden an Weihnachten gebunden"! Quelle: © A History of Pagan Europe, The Roman Empire, The Legacy, S. 76. Quelle: © https://www.bibel-offenbarung.org/falsche-anbetung/der-heid-nische-ursprung-von-weihnachten.-html.

<u>Der 25. Dezember – Es ist „nicht" der Geburtstag unseres Erlösers, sondern es war vielmehr der Tag und die Zeit, in der die Heiden jahrhundertelang die Geburt des Sonnengottes feierten. Eine Untersuchung dieses Themas zeigt, wie weit die vom Glauben abgefallenen Kirchenführer gingen, um die Christenheit und das Heidentum miteinander in eine einzige, abgefallene Religion zu vereinigen. Sie gingen sogar soweit, die Geburt Christi auf ein Datum festzusetzen, um sie mit den heidnischen Geburtstagsfeierlichkeiten des Sonnengottes zu harmonisieren.</u> Im fünften Jahrhundert gebot die Römisch-Katholische Kirche, dass die Geburt Christi für immer am 25. Dezember gefeiert werden soll – der Tag des alten römischen Festes der Geburt der Sonne". Quelle: © Encyclopedia Americana, Bd. 6, S. 623; Quelle: © https://www.bibel-offenbarung.org/falsche-anbetung/der-heidnische-ursprung-von-weih-nachten.-html.

Ein falscher Sohn Gottes mit Namen Jesus Christus

>„Alles was mit Jesus Christus zu tun haben soll, und dann noch auf Weihnachten bezogen wird, ist der abartigste Betrug der Menschheitsgeschichte"!!!< Adelheid Sonnenschein

Der 25. Dezember ist nicht der Geburtstag des echten Sohnes Gottes YAHUSHUA

Wie die Autorin schon in ihrem Buch: Der echte Name des echten Sohnes Gottes ist nie, nie, nie Jesus Christus feststellt, handelt es sich bei dem Jesus Christus um einen gefälschten Sohn Gottes! Sie geht auch in ihrem Buch: Kennst du mich wirklich den echten Sohn Gottes YAHUSHUA noch intensiver auf die falschen Christusse ein. Der falsche und auch der richtige Sohn Gottes sind nie, nie, nie am 24. oder 25. Dezember geboren.

Ein verhängnisvolles Unheil und Götzendienst zu Ehren Satans begann nach der Sintflut!

Alles fing an mit SEMIRAMIS der Mutter und Frau Nimrods
Semiramis ist in der Bibel zwar nicht benannt, da sie aber wohl die Enkelin von Noah und seiner Frau war, ist sie deswegen maßgeblich für die heutigen Weltreligionen ausschlaggebend. Die Sintflut begann ca. im Jahre 1656 nach der Schöpfung. Oder 2455 Jahre v. d. Zw.! Von der Sintflut bis zur Geburt des Sohnes Gottes waren es 40 Generationen.

>>>„Und dies sind die Söhne Hams: Kusch, Mizraim, Put und Kanaan. Und die Söhne des Kuschs: Seba, Hawila, Sabta, Ragma und Sabtecha. Und die Söhne Ragmas: Scheba und Dedan. Auch zeugte

Kusch Nimrod; der war der erste Gewalthaber auf der Erden. Er war ein gewaltiger Jäger vor YAHUWAH; daher sagt man: Ein gewaltiger Jäger vor YAHUWAH wie Nimrod"! Und der Anfang seines Königreiches war Babel, sowie Erek, Akkad und Kalne im Land Sinear"!<<< 1.
Mose 10, 6 – 10

Kusch war ein Sohn von Ham. Ham war ein Sohn von Noah. Also war Kusch der Enkel von Noah, sein Sohn Nimrod der Urenkel von Noah. Kusch (Enkel von Noah) heiratete Semiramis (Enkelin von Noah), die dann die Mutter von Nimrod (Ur-Enkel von Noah) war. **Und nun fängt die abstruse Geschichte an, die uns bis auf den heutigen Tag an den Fersen haftet wie ein lästiges Kaugummi!** Semiramis heiratete also Kusch, Noahs Enkel und gebar Nimrod. Semiramis war logischerweise auch die Enkelin von Noahs Frau. Während des Turmbaus zu Babel war sie die Ehefrau von Kusch und die Mutter von Nimrod. Durch die Ereignisse der Sprachverwirrung und während des Turmbaus verlor Kusch seinen Macht-Status. Semiramis wollte den Turm nicht zusammen mit ihrem Ehemann verlassen. Sie hat also das Unfassbare getan: sie heiratete ihren eigenen Sohn! Durch die Heirat mit Nimrod konnte Semiramis ihre Position der Autorität in Babylon halten, jedenfalls so lange wie ihr Ehemann an der Macht blieb. Als er schließlich starb, stand sie wieder in der Gefahr, alles zu verlieren, was sie hatte. Schließlich wurde Nimrod tatsächlich getötet. Eine jüdische Legende sagt, dass sein Vater, Kusch ihn getötet hat, aber wahrscheinlicher ist, dass es sein Großonkel Sem war, der unter dem Eindruck der erlebten Sintflut wohl gottesfürchtig geblieben war. Es heißt, Sem habe als Warnung, die Taten Nimrods nicht nachzuahmen, den Körper Nimrods in Stücke gehackt und an die umliegenden Völker versandt. Nachdem Nimrod umgebracht worden war, hatte Semiramis alle Körperteile, die in das ganze Reich Uruk versandt worden waren, wieder eingesammelt, bis auf ein Teil, das nicht mehr aufzufinden war. Das fehlende Teil war sein Fortpflanzungsorgan. Semiramis behauptete, dass Nimrod nicht wieder lebendig werden könne ohne dieses Teil. Sie erzählte dem Volk von

Babylon, dass Nimrod deshalb zur Sonne aufgestiegen sei und zu „Baal", dem Sonnengott geworden sei. Semiramis verkündete außerdem, dass Baal in Form einer Flamme weiterhin auf Erden anwesend sei, wenn während des Gottesdienstes eine Kerze oder eine Lampe angezündet würde. **Mit Satans Unterstützung wurde Semiramis zu einer Gottheit, der Tochter der Fisch-Göttin Atargatis** (da die Fische während der Sintflut nicht vernichtet worden waren), außerdem verband sie sich mit den Tauben der Ischtar oder Astarte.

Quelle © Semiramis flusenkram.de/GLAUBEN/WORTE/Worte_Name_Semiramis.html 2/3.

Semiramis behauptete, völlig makellos geschaffen worden zu sein. Sie lehrte, dass der Mond eine Göttin sei, die über einen Zyklus von 28 Tagen wanderte. Und wenn sie voll war, einen Eisprung hatte. Weiter behauptete sie, dass sie mit einem riesigen Mond-Ei aus dem Mond herabgekommen und in den Euphrat gefallen sei. Dies sei während des ersten Vollmonds nach der Frühjahrs-Tag-und-Nachtgleiche passiert. Semiramis wurde bekannt als „Ishtar", was im Englischen wie „Easter" = „Ostern" ausgesprochen wird, und ihr Mond-Ei wurde bekannt als „Ishtar"-Ei = „Easter"-Egg = Osterei. Sie wurde dann im Zuge der Vermischung babylonischer Menschen in andere Kulturen dort bekannt unter den Namen Isis, Diana, Artemis, Astarte, Kybele usw.! Die verschiedenen Namen resultieren aus den heute unterschiedlichen Sprachen. Semiramis wurde bald schwanger (Vater unbekannt) und behauptete, dass ihre Schwangerschaft durch die Strahlen des Sonnen-Gottes Baal, von denen sie berührt worden war, verursacht worden wäre. Den Sohn, den sie dann zur Welt brachte, nannte sie Tammuz. Tammuz wurde, wie sein (angeblicher) Vater, ein Jäger. Eines Tages wurde Tammuz während der Jagd von einem Wildschwein getötet. Semiramis sponn ihre Geschichte weiter und erklärte, Tammuz sei nun aufgestiegen zu seinem Vater, Baal, und die beiden würden nun durch die Flamme der heiligen Kerze oder Lampe als Vater, Sohn und Geist mit den Anbetern verbunden sein. **Inzwischen wurde Semiramis als „Mutter Gottes" und „Königin des Himmels" verehrt.** Sie erzählte den Gläubigen, dass etwas von dem Blut von Tammuz, als er vom Wildschwein getötet worden war, **auf den Stumpf eines immergrünen Baumes getropft sei, und der Baumstumpf sich daraufhin innerhalb einer Nacht zu einem völlig neuen Baum entwickelt habe. Dies mache den immergrünen Baum heilig, durch das Blut des Tammuz.** Sie ordnete außerdem jährlich einen 40 Tage-Zeitraum an, beginnend mit dem Jahrestag des Todes von Tammuz. Während dieser Zeit durfte kein Fleisch gegessen werden. Anbeter waren gehalten, über die heiligen Mysterien des Baal und des Tammuz zu meditieren. Die Anfangsbuchstaben von „Tam-Muz" wurden in hebräischer Schrift als aufrechtes Zeichen des Kreuzes geschrieben und als „Tau" ausgesprochen. Das Zeichen des Kreuzes war somit der Anfangsbuchstabe des babylonischen Gottes „Tammuz" oder auch „Bacchus" oder „Nimrod". Babylonier mussten das Zeichen des „T" vor ihrem Herzen machen, wenn sie anbeteten. Außerdem aßen sie heilige Kuchen mit dem Zeichen eines „T" oder eines Kreuzes oben drauf. Das Zeichen des Kreuzes wurde seit dem als magisches Symbol verwandt, um das Böse abzuwenden. Jedes Jahr am ersten Sonntag nach dem ersten Vollmond nach der Frühjahrs-Tag-und-Nacht-Gleiche wurde ein Fest veranstaltet. Man nannte es den „Ishtar"-Sonntag = „Easter"-Sunday = „Oster-Sonntag". Sie verkündete außerdem dass, weil Tammuz von einem Schwein getötet worden sei, an diesem Oster-Sonntag jeweils ein Schwein gegessen werden müsse. 1. Mose 3, 15: „Und ich will Feindschaft setzen zwischen dir und dem Weibe und zwischen deinen (der Schlange) Nachkommen und ihren Nachkommen, er wird dir den Kopf zertreten, und du wirst ihn in die Ferse stechen". Den Menschen von Babylon war bekannt, was im Garten Eden passiert war. Semiramis musste die Autorität in Babylon behalten, sie glaubte, dass, wenn sie die Menschen davon überzeugen könnte, dass ihr ungeborener Sohn derjenige sei, der „der Schlange den Kopf zertreten" würde, sie ihren Status als Königin erfolgreich beibehalten könne. Sie wollte also die Menschen dazu bringen zu denken, dass dieses ungeborene Kind der „verheißene Same" war, von dem Noah gesprochen hatte, derjenige der die Welt vom Fluch der Schlange retten würde. Sie wollte, dass ihr Kind als der wiedergeborene Nimrod bekannt würde! Ihr Kind wurde also zum wiedergeborenen Nimrod. Sie verkündete, dass sie mit keinem Mann geschlafen habe, aber trotzdem schwanger geworden sei und dass sie das Kind durch den Geist des Nimrods empfangen habe. Sie erklärte den Menschen, dass es ein Segen sei, dass Nimrod getötet worden war, weil er für die Sünden der Welt gestorben sei und den Tod besiegt habe. **>„Sie behauptete, dass ihr Sohn sowohl „Gott der Vater" war, als auch „Gott der Sohn" sei"!!!<** (Katholische Kirche und Trinitätslehre läßt grüßen) **Wie bitte? Wie bitte?** Das Volk von Babylon sahen sie fortan als „die große Mutter", die Jungfrau, die einen Gott geboren hatte. Die Menschen glaubten, dass jetzt Nimrod ihr Retter war, ihr ikarnierter Gott, und dass er durch seinen Tod sie alle vom Fluch des Garten Edens errettet habe. Eine Legende besagt, dass Semiramis bei ihrem Tod in eine Taube verwandelt wurde. **Die Geburt der Sonne, der 25. Dezember wurde seit Jahrhunderten vor der Geburt des Sohnes Gottes schon auf der ganzen Welt gefeiert als der Geburtstag von Tammuz (oder dem wiedergeborenen Nimrod), dem Sohn des Sonnengottes.** Er wurde als Inkarnation der Sonne betrachtet und der 25. war der erste zu beobachtende Tag, an dem die Sonne am Himmel zum Mittag hin aufsteigt, also erklärten die Heiden diesen Tag zum Geburtstag der Sonne. Die Sonne erreicht ihren niedrigsten Winkel am Himmel am 21. Dezember (der Wintersonnenwende, und der 25. war der erste Tag, an dem man beobachten konnte dass sie am Himmel zum Mittag hinaufstieg. Quelle: © flusenkram.de/GLAUBEN/WOR-TE/ Worte_Name_Semiramis.html 3/3 .

Der Sonnengott

Semiramis war ins Leben gekommen, so sagte man. Andere Sonnengötter, die an diesem Tag geboren wurden, hießen Mithra, Osiris, Horus, Hercules, Bacchus, Adonis und Jupiter. Der 25. Dezember wurde allmählich bekannt als der Geburtstag Christi. Die Heiden beobachteten ihr Fest der Saturnalien in der letzten Woche im Dezember, eine Zeit in der sie die Arbeit unterbrachen, Geschenke austauschten, Sklaven schlemmten zusammen mit ihren Herren, und die Kirchenväter überlegten sich, dass wenn sie die zwei Feste miteinander verschmelzen würden, mehr Menschen zum christlichen Glauben übertreten würden. **Im 5. Jahrhundert n. d. Zw., ordnete die katholische Kirche an, dass die Geburt Christi fortan am 25. Dezember zu beobachten sei, dem Tag des alten römischen Festes der Geburt des Sol (einem Namen des Sonnengottes).** Die päpstliche Kirche setzte an diesem Tag eine spezielle Messe fest, die „Christ-Messe", und so wurde der 25. Dezember zu „Christ's Mass" = „Christ-Messe" = „Christmas", und so wurde der 25. Dezember zur „Weihe-Nacht" = „Weihnacht". Die Yule log wurden im Feuer verbrannt, zusammen mit dem immergrünen Baum mit Kerzenlichtern. **Alles stammt von der heidnischen Anbetung, Nimrods Tod repräsentierend, während sein Geist weiterhin in der Sonne lebt, und in seinem Sohn Tammuz wieder lebendig wurde. Ein Teil des religiösen Rituals beinhaltet das Fällen eines jungen, immergrünen Baumes welches den Baum „tötet", als eine Weise des Angedenkens an den vorzeitigen Tod von Tammuz.** YAHUSHUA begann seinen Dienst ungefähr im Alter von 30 Jahren (Lukas 3, 23). Dies war das anerkannte Alter für einen Priester, bevor er ein offizieller Diener unter dem Alten Testament werden konnte (2. Mose 4, 3). Folgerichtig muss seine Geburt im Herbst gewesen sein. **Das Weihnachtsfest stellt also eine satanische Fälschung der Wahrheit Gottes dar und wurde bis zum heutigen Tage tatsächlich zum „Großen Betrug"!** Quelle: © 2013 Fluse I Flusenkam.

Nimrods Gott war Satan

Nimrod der erste Sonnen-Gott

Nimrod lebte von 2324 bis 2279 vor der Zeitenwende und sein Ge-burtstag ist der 25. Dezember!!! __Der Weihnachtsgeist ist nicht christlich, weil er nicht von Sohn Gottes herrührt!!!__ Er kommt aus einer Zeit, die viele Jahrhunderte vor der christlichen Ära liegt. __Kurz__ nach der Sintflut nahm dieser Geist mit der ganzen Weihnachtsfeier seinen Anfang. **Es begann mit Nimrod, einem Ur-Enkel Noahs einem bösen, rücksichtslosen Diktator, der für den großen, organisierten, weltlichen Abfall von Gott, wie er bis auf diesen Tag angedauert hat, verantwortlich ist!** Gott und alle Anständigkeit missachtend, nahm Nimrod seine eigene Mutter Semiramis zum Weibe. Nach seinem vorzeitigen Tode lehrte Semiramis, zugleich seine Mutter und sein Weib, die Lüge, ihr Gatte und Sohn sei ein Geistgott. **Sie behauptete, ein ausgewachsener immergrüner Baum sei über Nacht aus einem toten Baumstumpf entsprungen, was das hervorgehen des toten Nimrods zu neuem Leben versinnbildliche. Sie lehrte, dass am Jahrestag seiner Geburt, das heißt am 25. Dezember, Nimrod den immergrünen Baum besuchen und Geschenke darauf zurücklassen werde.** Professor Hislop, ein Historiker, sagt: „Nun ist der Julblock der tote Stumpf des Nimrod, des als Sonnengott vergöttert wird, der aber durch seine Feinde nieder gehauen worden ist; **der Christbaum ist Nimrod redivivus — der erschlagene, zu neuem Leben erstandene Gott".** Quelle: © The Two Babylons, Seite 97 + 98. Quelle: © https://wol.jw.org/de/wol/d/r 10/ lp-x/1954921.

Nimrod – Die Geburt des Sonnengottes

Weihnachten hat seinen Ursprung in dem korrupten und teuflischen System, das in der Bibelprophetie durchgehend als Babylon bezeichnet wird!!! Die Wurzeln liegen im antiken Babylon mit dem ersten Machthaber Nimrod, nicht lange nach der Sintflut. Satan, der Ur-Rebell und Vater der Lüge, hat die Menschen durch diesen babylonischen Irrgarten bis zum heutigen Tag geführt, verführt und verwirrt. Durch Nimrod, der seinen Schöpfer ablehnte, konnte Satan wirken und seinen teuflischen Plan ausführen. Nimrod, der Enkel Hams und der Großenkel Noahs, war der Gründer des babylonischen Systems, welches seither die Menschheit fest im Griff hat. Es sind die, von Menschen regierten Reiche und Regierungen, die auf einem konkurrierenden und gewinnorientierten ökonomischen System basieren. Nimrod ließ den Turm zu Babel, die Hauptstadt Babylon, das antike Ninive und viele weitere Städte erbauen. Er war es, der das erste weltliche Königreich errichtete.

Der Name Nimrod leitet sich vom hebräischen Wort „marad" ab und bedeutet „er rebellierte". Die Bibel berichtet von Nimrod als den „ersten Gewalthaber auf Erden" (1. Mose 10, 8). **Nimrods Gott war Satan!** Er war so verdorben, dass er, den Überlieferungen zufolge, seine eigene Mutter heiratete. Semiramis, seine sogenannte Mutter-Frau, verbreitete nach seinem Tod die Lehre vom Überleben Nimrods als ein Geistwesen. **Sie behauptete, dass ein ausgewachsener immergrüner Baum über Nacht aus einem toten Baumstumpf erwuchs, welches die Auferweckung Nimrods aus dem Tod symbolisierte. Weiter propagierte Semiramis dem Volk, dass Nimrod an seinem Geburtstag jedes Jahr diesen immergrünen Baum besuchen und Geschenke dort hinterlegen würde. Es war der 25. Dezember an dem Nimrod geboren wurde.**

Semiramis wurde so zur „Himmelskönigin" und Nimrod wurde zum falschen Messias, der Sohn Baals, des Sonnengottes. Nimrod wurde wiedergeboren als Tammuz. Dieses babylonische System „Mutter mit Kind" (Semiramis und Nimrod wiedergeboren) wurde zum Hauptobjekt der Anbetung. Nach der Sprachenverwirrung in Babel verteilten sich die Menschen über die ganze Welt und nahmen die Religion Nimrods mit.

Diese Art der heidnischen Götzenverehrung hat sich seither über die ganze Welt ausgebreitet. Die Namen variieren je nach Land, Sprache und Kultur. In Ägypten waren es Isis und Osiris, in Griechenland Aphrodite und Adonis, im heidnischen Rom Fortuna und Jupiter. Sogar in China, Japan und Tibet findet man dieses Gegenstück der Madonna, lange vor der Geburt des Sohnes Gottes! **Im Grunde sind alle heidnischen Götter nichts anderes als „Reinkarnationen" Nimrods, die alle für sich in Anspruch nehmen, dass sie am 25. Dezember ihren Geburtstag haben.**

„Nimrod, der Sonnengott, ist in seiner vergötterten Form als Baal bekannt. Die Mythologie offenbart die Tatsache, dass der Gott Baal und die Göttin die Himmelskönigin allgemein unter verschiedenen

Namen und Titel angebetet wurden. Die Geschichte bestätigt, dass Nimrod und seine Frau Semiramis die Prototypen für alle Götter und Göttinnen, die alle nachfolgenden Kulturen und Gesellschaften durchdrangen". Quelle: © https://www.lebendige-fische.de/die-christlichen-feste/weihnachten-und-advent/ u. (David, Terrell, World Religions, von www.thebabylonmatrix.com/ index.php?title =911:Occult_symbolism_VII; vgl. auch Alexander Hislop, Von Babylon nach Rom).

Bei Weihnachten dreht sich alles um die Geburt von Tammuz

Tammuz, Sohn von Nimrod und Samiramis; ein Sonnengott
Quelle: © https://hablemosdemitologias.com/c-mitologia-mesopotamica/tammuz/.

Bei Weihnachten dreht sich alles um Tammuz
Die Tradition der Jahreszeit lässt sich auf die Feier der Wintersonnenwende zurückführen. Es ist dann, wenn die Tage länger werden, da die Sonne in der nördlichen Hemisphäre höher zu steigen scheint. In der okkulten Welt des alten Babylons war dies eine Zeit, um die Rückkehr der Sonne zu feiern, symbolisch für die Reinkarnation von Nimrods Sohn Tammuz.

>>>„Und er führte mich zu dem Eingang des Tores am Haus YAHU-WAHs, das gegen Norden liegt; und siehe, dort saßen Frauen, die den Tammuz beweinten. Da sprach er zu mir: Hast du das gesehen, Menschensohn? Du wirst noch mehr und größere Gräuel sehen als diese"!<<< Hesekiel 8, 14 – 15

Der Legende nach wurde Semiramis am 25. Dezember auf übernatürliche Weise schwanger und gebar einen Sohn Tammuz. Nach dem Tod ihres Mannes Nimrod heiratete sie inzestuös Tammuz, weil sie glaubte, er sei eine Reinkarnation von ihm. Semiramis schuf die babylonische Doktrin von Nimrod, die ihn als Geist vergötterte, der behauptete, dass ein immergrüner Baum über Nacht aus einem toten Baumstumpf hervorgesprossen sei, was das Hervorkommen seines Geistes symbolisierte, der neues Leben brachte. Jedes Jahr zu seinem Geburtstag (25. Dezember) besuchte er den immergrünen Baum mit Geschenken.

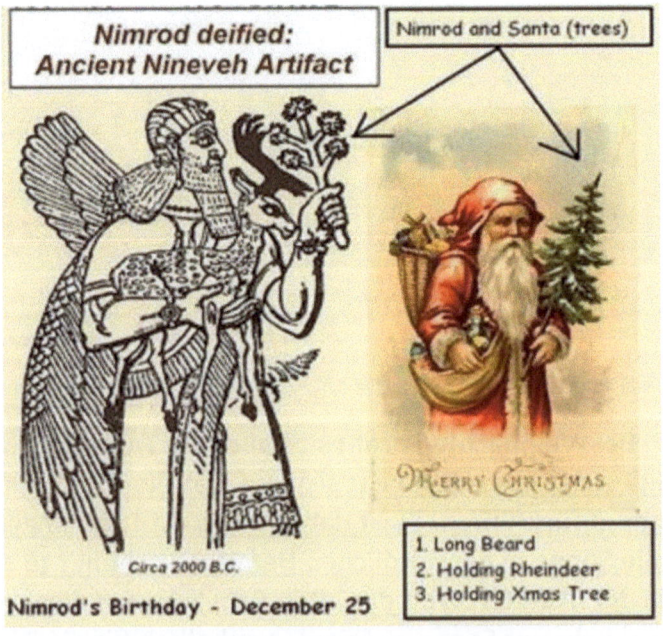

Der Geburtstag von Nimrod

Weihnachten ist der Geburtstag von Nimrod und die Tradition der Menschen war es, in den Wald zu gehen und einen immergrünen Baum zu fällen, ihn zu schmücken und Geschenke darunter zu legen.

>>>„Denn die Bräuche der Heiden sind nichtig. Denn ein Holz ist's, das man im Wald gehauen hat und die Künstler mit dem Schnitzmesser anfertigt"!<<< Jeremia 10, 3

>>>„Ihr erglüht für die Götzen unter jeden grünen Baum, ihr opfert die Kinder in den Bachtälern unter Felsenklüften"!<<< Jesaja 57, 5

Nimrod alias Weihnachtsmann
Hier sind einige weitere Bibelstellen, die sich auf den Götzendienst immergrüner Bäume beziehen, die Gott als Gräuel ansieht. Lesen Sie die umgebenden Verse, sie können ein klares Verständnis davon bekommen, was er auf die Frage seines Volkes nach heidnischen Traditionen antwortet und praktiziert.

>>>„Denn sie bauten auch Höhen und Gedenksteine und Aschera-Standbilder auf allen hohen Hügeln und unter allen grünen Bäumen "!<<< 1. Könige 14, 23

>>>„Und sie errichteten sich Gedenksteine und Aschera-Standbilder auf allen hohen Hügeln und unter allen grünen Bäumen"!<<< 2. Könige 17, 10

>>>„Und er opferte und räucherte auf den Höhen und auf den Hügeln und unter allen grünen Bäumen"!<<< 2. Chronik 28, 4

>>>„Alle Orte, wo die Heidenvölker, die ihr aus ihrem Besitz vertreiben werdet, ihren Göttern gedient haben, sollt ihr vollständig zerstören; es sei auf hohen Bergen oder auf Hügeln oder unter allerlei grünen Bäumen"!<<< 5. Mose 12, 2

>>>„Denn vor langer Zeit habe ich dein Joch zerbrochen und deine Bande zerrissen; aber du hast gesagt: Ich will nicht dienen! Ja, du hast dich auf allen hohen Hügeln und unter allen grünen Bäumen als

113

Hure hingestreckt"!<<< <small>Jeremia 2, 20</small>

>>>„Und YAHUWAH sprach zu mir in den Tagen des Königs Josia: Hast du gesehen, was Israel, die Abtrünnige, getan hat? Sie ist auf jedem hohen Berg und unter jeden grünen Baum gelaufen und hat dort Hurerei getrieben"!<<< <small>Jeremia 3, 6</small>

>>>„Nun erkenne deine Schuld, dass du YAHUWAH, deinen Gott, die Treue gebrochen hast und hierher und dorthin zu den Fremden gelaufen bist unter jedem grünen Baum; aber auf meine Stimme habt ihr nicht gehört! – spricht YAHUWAH"!<<< <small>Jeremia 3, 13</small>

>>>„Wie sie an ihre Kinder gedenken, so auch an ihre Altäre und ihre Astarten bei den grünen Bäumen und auf den hohen Hügeln"!<<<
<small>Jeremia 17, 2</small>

>>>„Dann werdet ihr erkennen, dass ich YAHUWAH bin, wenn ihre Erschlagenen mitten unter ihren Götzen um ihre Altäre her liegen werden, auf allen hohen Hügeln, auf allen Berggipfeln, unter allen grünen Bäumen und unter allen dichtbelaubten Terebinthen, an den Stätten, wo sie allen ihren Götzen lieblichen Geruch dargebracht haben"!<<< <small>Hesekiel 6, 13</small>

>>>„Denn als ich sie in das Land gebracht hatte, betreffs dessen ich geschworen hatte, dass ich es ihnen geben wolle, da ersahen sie jeden hohen Hügel und jeden dichtbelaubten Baum und schlachteten dort ihre Opfer und brachten dort ihre Gaben dar, um mich zu ärgern, und legten dort ihr lieblich duftendes Räucherwerk nieder und gossen dort ihre Trankopfer aus"!<<< <small>Hesekiel 20, 28</small>

Überlieferung des Menschen
Viele verstehen nicht, dass die Anbetung Gottes in menschengemachten weltlichen Traditionen vergeblich ist. Viele, die ihre Anbetung auf diese Weise auf Gott richten, kennen die Ursprünge, Traditionen und Praktiken des Weihnachtsfestes nicht!!!
<small>Quelle: © https://discover.hubpages.com/religion-philosophy/Christmas-is-about-Another-Jesus.</small>

Die Wahrheit über Weihnachten

Schriftliche Tatsache oder Fiktion

Wir sind in einer Welt von Bräuchen aufgewachsen. Haben wir diese jemals hinterfragt. Wir haben es einfach übernommen. Schaf in stinkt???
Nun, nicht genau. Aber von Natur aus neigen wir dazu, der Masse zu folgen, ob richtig oder falsch. Schafe folgen anderen zum schlachten. Die Menschen sollten überprüfen, wohin sie gehen!!!

Wie und wann entstand Weihnachten?
Feiern wir Weihnachten wirklich den Geburtstag des Sohnes Gottes YAHUSHUA (YAHUschuWAH) HA MASCHIACH. Wurde der Sohn Gottes am 25. Dezember geboren?
Haben die Urapostel, die den Sohn Gottes persönlich kannten und von ihm belehrt wurden, am 25. Dezember seinen Geburtstag gefeiert?
Haben sie es überhaupt gefeiert? Wenn Weihnachten der wichtigste christliche Feiertag ist, warum feiern ihn dann so viele Nichtchristen? Warum tauschen Menschen zur Weihnachtszeit Geschenke mit Familienmitgliedern, Freunden, Verwandten aus? Lag es daran, dass die Weisen dem MESSIAS Geschenke überreichten?
Die Antwort mag sie überraschen. **Die meisten Menschen haben viele Dinge über Weihnachten „angenommen", die nicht wahr sind!!!**
Das Wort „Weihnachten" bedeutet „Christusmesse" oder, wie es abgekürzt wurde, „Christmesse". **>„Es kam zu Nichtchristen und Protestanten aus der römisch-katholischen Kirche"!!!<**
Und woher haben sie es? **Sie haben es „nicht" aus dem Neuen Testament. Sie haben es „nicht" aus der Heiligen Schrift bekommen! Sie bekamen es „nicht" von den ursprünglichen Aposteln, die persönlich vom Messias unterrichtet wurden. Weihnachten lässt sich bis ins vierte Jahrhundert von der römischen Kirche und dem Hei-**

dentum zurückverfolgen. **Da das Weihnachtsfest ist von der römisch-katholischen Kirche zu uns gekommen und es hat keine andere Autorität als die der römisch-katholischen Kirche hat!** Wollen
wir uns die katholische Enzyklopädie, Ausgabe 1911, ansehen, die
von dieser Kirche herausgegeben wurde. Unter der Überschrift
„Weihnachten", finden sie: __„Weihnachten gehörte nicht zu den
frühesten Festen der Kirche. Der erste Beweis für das Fest stammt
aus Ägypten. „Heidnische Bräuche, die sich um die Januarkalender
drehten, wurden von Weihnachten angezogen".__ **Und in derselben
Enzyklopädie finden wir unter der Überschrift „Geburtstag", dass
der frühe katholische Vater, Origenes, diese Wahrheit anerkannte:
„In der Heiligen Schrift wird von niemandem berichtet, dass er an
seinem Geburtstag ein Fest gefeiert oder ein großes Bankett abgehalten hat.**

In der Encyclopedia Britannica, Ausgabe 1946, steht: „Weihnachten
(d. h. die Messe Christi). **Weihnachten gehörte „nicht" zu den frühesten Festen der Kirche". Sie wurde nicht von Christus oder den
Aposteln oder durch biblische Autorität eingesetzt.** Es wurde später vom Heidentum aufgegriffen. In der Encyclopedia Americana,
Ausgabe 1944, heißt es: Weihnachten: Laut vielen Behörden war
und wurde es in den ersten Jahrhunderten der christlichen Kirche
nicht gefeiert, da der christliche Brauch im Allgemeinen darin bestand, den Tod bemerkenswerter Personen und nicht ihre Geburt zu
feiern". __Im fünften Jahrhundert ordnete die westliche Kirche an, es
für immer am Tag des alten römischen Festes der Geburt von Sol
zu feiern, da kein sicheres Wissen über den Tag der Geburt des
Sohnes Gottes existierte". „Jetzt beachten"! Diese anerkannten
historischen Autoritäten zeigen, dass Weihnachten von Christen in
den ersten zwei- oder dreihundert Jahren nicht gefeiert wurde –
eine Zeitspanne, die länger ist als die gesamte Geschichte der Vereinigten Staaten als Nation!__

Saturnalien und Brumalien
Die New Schaff-Herzog Encyclopedia of Religious Knowledge er-

116

klärt in ihrem Artikel über „Weihnachten" deutlich: <u>„Wie sehr das</u> <u>Datum des Festes von den heidnischen Brumalia (25. Dez.) nach</u> <u>den Saturnalien (17. - 24. Dez.) abhing, und feiert den kürzesten</u> <u>Tag im Jahr und die „neue Sonne", nicht genau bestimmt werden</u> <u>können. Die heidnischen Saturnalia und Brumalia waren zu tief im</u> <u>Volksbrauch verankert, um durch christlichen Einfluss beiseite ge-</u> <u>schoben zu werden!</u> Das heidnische Fest mit seinem Aufruhr und seiner Fröhlichkeit war so beliebt, dass die Christen froh über einen Vorwand waren, um seine Feier mit wenig Änderung in Geist und Art fortzusetzen. Christliche Prediger des Westens und des Nahen Ostens protestierten gegen die ungehörige Frivolität, mit der der Geburtstag von MESSIAS gefeiert wurde.

Denken sie daran, die römische Welt war heidnisch gewesen. Vor dem vierten Jahrhundert gab es nur wenige Christen, obwohl sie zunahmen, und wurden von der Regierung und von Heiden ver- folgt. Aber mit der Ankunft von Konstantin als Kaiser, der im vier- ten Jahrhundert das Katholische Christentum dem Heidentum gleichstellte, begannen die Menschen der römischen Welt, dieses heute populäre Christentum zu Hunderttausenden zu akzeptier- en. Aber denken sie daran, dass diese Leute in heidnischen Bräu- chen aufgewachsen waren, deren Hauptgrund dieses götzendie- nerische Fest am 25. Dezember war. Es war ein Fest der Fröhlich- keit mit seinem besonderen Geist. Sie haben es genossen! Sie woll- ten es nicht aufgeben! Nun erklärt derselbe Artikel in der New Schaff-Herzog Encyclopedia of Religious Knowledge, wie **die Aner- kennung des Sonntags durch Konstantin, der der Tag der heidni- schen Sonnenanbetung gewesen war, und wie der Einfluss des heidnischen Manichäismus, der den SOHN Gottes mit der physi- schen SONNE identifizierte, um zum Geburtstag des SOHNES GOT- TES machte. Und so „festigte sich Weihnachten in unserer westli- chen Welt! Wir nennen es vielleicht bei einem anderen Namen, aber es ist immer noch dasselbe alte heidnische Fest der Sonnen- anbetung!** Die einzige Änderung besteht darin, wie wir es nennen! <u>>„Man kann einen Hasen einen „Löwen" nennen, aber es ist trotz-</u>

dem ein Hase"!!!< Nochmals aus der Encyclopedia Britannica: „Bestimmte Lateiner haben möglicherweise bereits 354 den Geburtstag vom 6. Januar auf den 25. Dezember verlegt, was damals ein Mithrasfest war, der Geburtstag der unbesiegten SONNE. Die Syrer und Armenier, die am 6. Januar festhielten, beschuldigten die Römer der Sonnenanbetung und des Götzendienstes und behauptete, dass das Fest des 25. Dezember von Schülern des Cerinthus erfunden worden war".

Der wirkliche Ursprung von Weihnachten

<u>**Aber wenn wir Weihnachten von den Katholiken bekommen haben und diese es vom Heidentum bekommen haben, woher haben die Heiden es bekommen? Wo, wann und was war sein wirklicher Ursprung? Es ist ein Hauptbrauch des korrupten Systems, das durch biblische Prophezeiungen und Lehren unter dem Namen Babylon angeprangert wird. Und es begann und entstand im ursprünglichen Babylon des alten NIMROD!**</u>

Ja, es stammt aus Wurzeln, deren Anfang kurz diesseits der Sintflut war! NIMROD, Enkel von HAM, Sohn von NOAH, war der eigentliche Gründer des Systems von Babylon, das die Welt seitdem erfasst hat – das System des organisierten Wettbewerbs – der von Menschen regierten Regierungen und Imperien, basierend auf das wettbewerbsfähige und gewinnbringende Ökonomie System. NIMROD baute den Turm von Babel, das ursprüngliche Babylon, das alte Ninive, viele andere Städte. Er organisierte das erste Königreich der Welt. Der Name NIMROD, auf Hebräisch, leitet sich von „Marad" ab, was „er rebellierte" bedeutet. Aus vielen alten Schriften ist viel über diesen Mann zu erfahren, der den großen organisierten weltlichen Abfall von GOTT YAHUWAH begann, der diese Welt bis jetzt beherrscht. NIMROD war so böse, dass er seine eigene Mutter geheiratet hat, deren Name Semiramis war. **Nach dem frühen Tod von NIMROD verbreitete seine sogenannte Mutter-Ehefrau Semiramis die böse Lehre vom Überleben von NIMROD als Geistwesen. Sie** behauptete, ein ausgewachsener immergrüner Baum sei über Nacht aus einem toten Baumstumpf gewachsen, was das Hervorspringen des toten NIMROD zu neuem Leben symbolisierte. An jedem Jahrestag seiner Geburt, behauptete Semiramis, würde NIMROD den immergrünen Baum besuchen und Geschenke darauf hinterlassen. **Der 25. Dezember war der Geburtstag von NIMROD. Dies ist der eigentliche Ursprung des Weihnachtsbaums"!!!** Durch das Planen und Entwerfen von Semiramis wurde sie zur babylonischen „Königin des Himmels" (Jeremia 44, 17 - 25) und NIMROD wurde unter verschiedenen Namen der „göttliche Sohn des Himmels". **Über Generationen hinweg wurde NIMROD in dieser götzendienerischen Anbetung zum falschen Messias, Sohn von Baal, dem Sonnengott.**

In diesem falschen babylonischen System wurden „Mutter und Kind" (die wiedergeborenen Semiramis und NIMROD) zu Hauptobjekten der Anbetung. Diese Anbetung von „Mutter und Kind" verbreitete sich über die ganze Welt. Die Namen variierten in verschiedenen Ländern und Sprachen. In Ägypten waren es Isis und Osiris. In Asien Kybele und Deoius. Im heidnischen Rom, Fortuna und Jupiterpuer. Sogar in Griechenland, China, Japan, Tibet findet man das Gegenstück zur Madonna, lange vor der Geburt von YAHUSHUA (YAHschuWAH)! So wurden im vierten und fünften Jahrhundert als die Heiden der römischen Welt das neue populäre „Christentum" zu Hunderttausenden „akzeptierten", ihre alten heidnischen Bräuche und Überzeugungen mit sich trugen und sie lediglich mit christlich klingenden Namen, der Madonna und „Mutter und Kind" umhüllten. Ihre Idee wurde auch populär, besonders zur Weihnachtszeit. Wir sind schockiert, als wir die Wahrheit erfahren – einige nehmen leider Anstoß an der Wahrheit! Aber GOTT YAHUWAH befiehlt seinen treuen Dienern: „Schreie laut, schone nicht, erhebe deine Stimme wie eine Posaune und zeige meinem Volk ihre Übertretung"! So schockierend diese Tatsachen auch sind, sie sind Tatsachen der Geschichte und der Heiligen Schrift!

„Uns, die wir in solch einer babylonischen Welt geboren wurden, unser ganzes Leben lang mit diesen Dingen aufgewachsen und durchdrungen sind, wurde gelehrt, diese Dinge als heilig und geheiligt zu verehren. Wir haben nie hinterfragt, woher sie kamen – ob sie aus der Heiligen Schrift oder aus heidnischer Abgötterei stammten"!!! „Der eigentliche Ursprung von Weihnachten geht auf das alte Babylon zurück. Es ist mit dem organisierten Abfall verbunden, mit dem der Teufel die Welt über viele Jahrhunderte hinweg ausgetrickst und getäuscht hat"!

In Ägypten wurde immer geglaubt, dass der Sohn von Isis (ägyptischer Name für „Königin des Himmels" am 25. Dezember geboren wurde. Das Heidentum feierte diesen berühmten Geburtstag über Jahrhunderte vor der Geburt YAHUSHUAs, in den meisten Teilen der bekannten Welt. Der 25. Dezember ist nicht der Geburtstag von YAHUSHUA! Die Apostel und die frühe wahre Versammlung feierten zu keiner Zeit den Geburtstag des Sohnes Gottes. Es gibt in der Schrift kein Gebot oder keine Anweisung, Geburtstage zu feiern – vielmehr ist das Feiern von Geburtstagen ein heidnischer, kein messianischer Brauch, ob sie es glauben oder nicht!

„So wurden die alten götzendienerischen „chaldäischen Mysterien", die von dieser Frau von NIMROD gegründet wurden, durch die heidnischen Religionen unter neuen christlich klingenden Namen weitergegeben"!

„Yule" bedeutet „Rad", ein heidnisches Symbol der Sonne. Doch heute sprechen bekennende Christen von der „heiligen Weihnachtszeit"!
Der Weihnachtsbaum stammt aus Ägypten und stammt aus einer Zeit, die lange vor der messianischen Ära liegt"!

Quelle: © https://www.yhwhslearningchannel.org/2019/11/26/the-truth-about-christmas/.

Alles über Weihnachten

Weihnachten gab es im Christentum erstmalig im Jahr 336 n. d. Zw.! Quelle: © http://www.ist-jesus-gott.de/ursprung-weihnachten/.

In Deutschland war Weihnachten bis zum 7. Jahrhundert noch unbekannt. Erst 813 n. d. Zw. wurde durch die Synode von Mainz eine offizielle Weihnachtsfeier angeordnet. Die Geburt „Jesu" wurde auf den 25. Dezember festgesetzt, der bereits mit dem Abend des 24., dem sog. „Heiligen Abend" oder „Weih-Nacht" beginnt. Quelle: © https://www.lebendige-fische.de/die-christlichen-feste/weihnachten-und-advent/.

Einführung des christlichen Weihnachten

Kaiser Aurelian setzte 273 n. d. Zw. den babylonischen Bel-Marduk unter dem Namen Sol invictus („unbesiegbare Sonne") als Reichsgott ein. Sein Fest war am 25. Dezember. **Der Dezember ist der Hauptmonat der heidnischen Feste und der 25. Dezember der Höhepunkt der Winterfeiern. Der Bischof von Rom setzte erstmals dieses „Fest des unbesiegbaren Sonnengottes" als die Geburt des Messias im Jahre 354 n. d. Zw. auf den 25. Dezember fest. Dies gegen den starken Widerstand der Gläubigen, war diesen doch die Bedeutung dieses Festes bekannt.** Widerstand bot unter andere leitende Männer wie Origenes, Arnobius, Clemens Alexander und Epiphanius. Zuvor wurden die Christen unter Kaiser Konstantin im Jahre 313 n. d. Zw. gleichberechtigt neben anderen Religionen anerkannt. **Auf dem Konzil zu Nicäa 325 n. d. Zw. wurden von den Kirchenvätern die kirchlichen Feiertage bewusst von den jüdischen Feiertagen getrennt!** Die Kirche begann ihre Machtposition auszubauen. Doch die innerliche Distanz zum Judentum begann schon früher. **Die katholische Kirche begann das Weihnachtsfest über die gesamte Erde zu verbreiten**. Die Catholic Encyclopaedia, ein Werk, das von dieser Kirche im Jahre 1911 herausgegeben wurde, hält unter der Überschrift Christmas (Weihnachten) fest: **Weihnachten zählte nicht zu den Festen der frühen Kirche!!!** Erste Nachweise für das Fest kommt aus Ägypten. Und weiter heißt es: „Heidnische Bräuche, die sich zeitlich um die Zeit des Januars bewegten, wurden zu Weihnachten gemacht". Im evangelischen Kirchenlexikon, 1959, 3. Band, steht auf Seite 1742 folgendes geschrieben: **„Die Kirche der Märtyrerzeit lehnte ein solches Fest entschieden ab, mit Hinblick auf die heidnischen Feste von Geburtstagen der Götter nebst den Kulthandlungen, die mit diesen Festen verbunden waren"!** Weihnachten wurde 360 bereits in Nordafrika, etwa 370 in Oberitalien, um 375 im Orient und 380 in Spanien gefeiert. 381 wurde es auf dem zweiten Konzil von Konstantinopel unter Kaiser Theodosius zum Dogma, Glaubenssatz, erklärt. Im 7. und 8. Jahrhundert setzte sich der Brauch, das Fest am 25. Dezember zu feiern, auch in Deutschland durch. 813 erklärte die Mainzer Synode diesen Tag offiziell zum „festum nativitas Christi". Mit ihm begann damals das Kalenderjahr. Der 1. Januar wurde erst etwa 800 Jahre später mit Einführung des Gregorianischen Kalenders also Anno 1582 zum Jahresbeginn. Im Verlaufe der „Christianisierung" hat das Weihnachtsfest dann seine heutige weltweite Verbreitung gefunden. **Wieso aber waren die ersten Gläubigen gegen das Weihnachtsfest, wenn es doch durch den Kaiser und später auch durch den Bischof von Rom als Fest der Geburt von Jesus Christus eingeführt und gefeiert wurde???**

Der Ursprung von Weihnachten

Weihnachten beruht auf einem alten Dativ Plural mittelhochdeutsch zu wihen nahten (in den heiligen Nächten). **Damit waren ursprünglich die schon in germanischer Zeit als heilig gefeierte Mittwinternächte gemeint.** Die Nacht vom 21. zum 22. Dezember ist die längste des Jahres, danach werden allmählich die Tage wieder länger, ehe zur Sommersonnenwende der Trend umgekehrt verläuft. **Am 25. Dezember feiern die Mithras Anhänger seit jeher die Geburt des Mithras.** Auch die Geburt von Osiris, dem Sonnengott Ägyptens, wurde an diesem Tag gefeiert. **Mithras („Vertrag, Freundschaft") ist ein babylonischer (iranischer) Bundesgott, Gott der Eide und Ver-**

träge, Kriegsgott und Schutzgott der höheren Stände, Spender von Fruchtbarkeit, Frieden und Sieg. In späterer Zeit ist er auch Totenrichter sowie Licht- und Sonnengott. **Mithras, der aus dem Felsen geborene Lichtgott, gehört zu den Yazata, seine Geschwister sind der Rashnu und die Daena.** Er ist die Sonne, die auf seinem goldenen Wagen von vier weißen Pferden über den Himmel zog. **Im griechisch-römischen Raum nannte man ihn Mithras, den Gott der staatlichen Ordnung.** Besonders beliebt war er bei den Soldaten, die ihn als Gott der Soldaten und der Männerbünde verehrten. Dargestellt ist er als Stiertöter, flankiert von den Fackelträgern Cautes und Cautapathes. Im Mithras-Mysterienkult galt er als Bezwinger des Urstiers Geush Urvan, den er einst tötete. Aus dem Leib des Stiers gingen alle Tiere und Pflanzen hervor, in seinem Blut sind die Menschen gesegnet, er ist daher ihr Heilsbringer. Der 25. Dezember, der Tag der Sonnenwende, war in vielen Kulturen ein besonders wichtiger Tag. Im vorderasiatischen Mithraskult wurde an diesem Tag die Geburt des indischen Lichtgottes gefeiert. Bei den Ägyptern wurde mit dem Isis-kult die Geburt des Horus auf diesen Tag gelegt. Die Römer begingen ihre feierlichen Saturnalien zu Ehren des Gottes Saturn, des unbesiegbaren Sonnengottes. Die Germanen feierten im norddeutschen Raum bis hinauf nach Skandinavien ihr Mittwinterfest oder Julfest, zugleich ein Toten- und Fruchtbarkeitsfest. Um diese Feste ranken sich allerlei Geisterglauben, der sich in der Tradition, gerade in abgelegenen Gegenden wie beispielsweise in den Alpen, bis heute gehalten hat. Da sowohl in Rom als auch das asiatische, ägyptische und römische Fest mit großem Pomp gefeiert wurde, versuchte **Papst Hyppolit bereits um 217 das Fest der Geburt Christi auf diesen Tag, den 25. Dezember zu verlegen.** Man verwies darauf, dass schon das Alte Testament den erwarteten Erlöser als „Sonne der Gerechtigkeit" bezeichnet. Außerdem habe sich Christus selbst das „Licht der Welt" genannt, der als das „wahre Licht, das jeden Menschen erleuchtet", in Symbol der Sonnengöttin Mithras erlegt den Stier. Daneben die beiden Fackelträger Cautes und Cautapathes.

Bild-Autor: © https://pixabay.com/de/photos/mithras-opfer-bull-mythologie-gott-5422267/ Denis Doukhan, Denis Doukhan, SERVON/France.

Den Höhepunkt der dunklen Zeit bildet Jul, das Weihnachtsfest. So ist interessant, dass gerade die Swastika ein zentrales Symbol im Sonnenkult ist und darin eine wichtige Anwendung findet. Es wird behauptet, dass die Swastika das älteste Symbol der uns bekannten Menschheitsgeschichte ist. Es gilt bei seinen Anhängern als heiliges, immer gültiges, göttliches Symbol, welches aus vorgeschichtlichen Kulturen und Religionen in die heutige Zeit überliefert wurde und wird als gemeinsames Erbe der Menschheit, als das Bindeglied fast aller entwickelten Kulturen verstanden. Es erstaunt aus diesem Hintergrund ebenso wenig, dass die Symbole der Sonne mit dem Löwen, der Schlange, dem Stier und dem Kreuz **(„T" für Tammuz, der in Babylon als Sonnengott verehrt wurde, um das Kreuz mit Tammuz zu identifizieren, wurde ein Kreis auf dem Kreuz gemacht oder das Kreuz auf eine Sonnenscheibe gemalt)** miteinander verbunden werden. Ebenso das Siegel Salomos, welches als Hexagramm bekannt ist. Dieses zeigt den Davidstern umgeben von einem Sonnenrad. Dieses Symbol erscheint auch mit der Swastika zusammen. Die Ikonographie des Löwen war in vielen orientalischen Kulturen ein Sonnensymbol und Archetypus der Königswürde. Daneben wurde die Gestalt des Löwen auch von verschiedenen Göttinnen angenommen, wie etwa der Sachmet oder der Mehit von This. In Ägypten wie auch in Mesopotamien galt der Löwe als solares Tier. Von daher verwundert es nicht, wenn der Gott Harachte mit Löwenkopf dargestellt wurde. Als Sinnbildnis der Sonne symbolisiert der Löwe den Tod am Abend und die Wiedergeburt am Morgen. Diese oft benützten Symbole weisen auf Satan hin, auch genannt als Engel des Lichtes. Satan steht in Feindschaft wider Gott und sein Volk. **>„Es ist offensichtlich, dass Hitler als frommer Katholik unter dem Zeichen der Swastika die Aufgabe des katholischen Ordens Equestris ausführte. Das Hakenkreuz bzw. Nazi-Symbol ist die Swastika"!!!** Dieser damals durch die Kreuzritter und Hitler, später durch die gezielte Judenvernichtung. Nach wie vor hat der Orden Equestris vom Papst her den „heiligen Auftrag", Jerusalem zu „christianisieren". Dieser Auftrag verfolgt das Ziel, den Juden das von Gott verheißene Erbe streitig zu machen, besser gesagt, an sich zu reißen. Dazu ein Zitat aus Hitlers Buch „Mein Kampf": „Ich tue nur, was die Kirche seit fünfzehnhundert Jahren tut, allerdings gründlicher". Swastika mit Sonnenrad Swastika und Hexagramm (Davidstern mit einem Sonnenrad umschlossen). Ab dem 25. Dezember bis zum 6. Januar, der uns als Dreikönigstag bekannt ist, folgen die Zwölfnächte, Zwischennächte, Unternächte, Rauhnächte oder Rauchnächte. Zwölf erklärt sich aus der Anzahl der Nächte. Rauh- und Rauch sollen entweder auf das zottelige Äußere der in dieser Zeit umherziehenden Wesen oder auf die Sitte des Räucherns während dieser Zeit deuten. Insbesondere soll in den Zwölfen die wilde Jagd brausen, der von Wotan und Frau Gode oder dem „Wilden Jäger" geführte Toten Zug. Nicht nur Wotan, auch die Holda (in Nord- und Mitteldeutschland) oder Perchta (Süddeutschland) genannte Göttin braust auf diese Weise als Anführerin des Geisterheeres durch die Zwölf, der dunkelsten Jahreszeit um Mittwinter. Die Seelen Verstorbener sollen das Gefolge bilden (Totenheer), ferner eilen 24 (2x12) schwarze Hunde bellend voraus. Im christianisierten Volksglauben ist der wilde Jäger Anführer eines Zuges schrecklicher Gestalten, kopflose Menschen, missgestaltete Tiere und Hexen, denen man tunlichst ausweichen sollte. **Dabei hilft der getreue Eckart (Nikolaus),** der dem Zug mit weißem Bart und Stab voranschreiten soll und Passanten warnt, die sich am Wegesrand mit dem Gesicht nach unten, zu Boden werfen sollten. Die in diesem Zeitraum zwischen den Jahren erscheinenden wiederkehrenden Seelen und Geister werden bewirtet oder durch Räuchern, Lärmen oder mit Kreuzeszeichen abgewehrt. Man soll in dieser Zeit weder spinnen noch backen oder braten. Als Lostage werden diese Nächte für eine Prognose des kommenden Jahres genutzt. Das finnische Ministerium für Auswärtige Angelegenheiten, Presse- und Kulturabteilung, beschreibt in ihrer Infobroschüre Silvester folgendermaßen: „Der 31. Dezember ist eine Art Wiederholung von Weihnachten, bei der viel Weihnachtliches noch einmal in vollen Zügen genossen wird. Aber Silvester ist auch eine Zeit für allerlei magischen Zauber. So wird das Glück des kommenden Jahres vorhergesagt. Mit Hilfe von kleinen, unter Tassen versteckten Gegenständen oder beim Zinngießen, bei dem ein geschmolzenes Stück Zinn in einen Eimer mit kalten Wasser gegossen wird. Aus dem Schatten, den die erstarrte Zinnfigur an die Wand wirft, liest man die Weissagung für das kommende Jahr. Jede der zwölf Nächte entspricht dabei einem der zwölf Monate. Was immer man in diesen Nächten träumt, soll erfüllt werden. In diesen zwölf Weihenächten um die Jahreswende glaubte man, dass die Götter den Menschen sehr nahe waren, insbesondere die germanische Liebesgöttin Freia. Sie liebt es bis in die Häuser zu kommen. Um zu erkennen, ob die Göttin zu Besuch war, türmte man kleine Salz und Mehlhäufchen in die Diele. Waren sie am Morgen verwischt, so war Freia mit ihrem Gewand hinübergestreift. Dieser Aberglaube führte noch bis in jüngste Zeit. In den zwölf Rauhnächten ruhte jegliche Arbeit, das Essen wurde vorgearbeitet, und durchwachte still die Nächte bis der Sonnenlauf erneut aufstieg. **Wie ersichtlich, wird die Sonne dem „Herr der Heerscharen" (Swastika), „Erlöser", „Mittler", „Löwen", „Tammuz-Kreuz", dem Swastika und dem „Siegel Salomos" (Davidstern mit Sonnenrad) gleichgesetzt, ebenso dem „aus dem Felsen geborene Bundesgott Mithras"!** Mithras erlegte den Stier, aus welchem Leib alle Tiere und Pflanzen hervorkommen und durch dessen Blut die Menschen gesegnet sein sollen. Sein Geburtstag wird am 25. Dezember gefeiert. Er gilt deshalb als „Heilsbringer". Welch ein Gräuel! Hat doch vielmehr mit der Geburt von YAHUSHUA HA Maschiach das Ende der Herrschaft Satans begonnen, denn es steht in 1. Johannes 3, 8: „Dazu ist der Sohn Gottes erschienen, **(Swastika „Jerusalemer Kreuz" des katholischen „Ordo Equestris" (Kreuzritter) Jungfrau (Virgo oder Maria) als Himmelskönigin,** dass er die Werke des Teufels zerstöre", sondern YAHUSHUA sprach in Johannes 1, 5 „das Licht scheint in der Finsternis, und die Finsternis hat es nicht erfasst", ebenso kurz vor seinem Tod am Pfahl: „Es ist vollbracht"! **Dass das Kreuz zum Hauptsymbol der Christen wurde, zeigt welches erschreckende Ausmaß die Leichtfertigkeit und Verblendung erreicht hat! So ist YAHUSHUA nicht an einem Kreuz sondern aller Wahrscheinlichkeit an einem Pfahl gestorben, wie auch Mose die Schlange an den Pfahl hängte und der Stab beim Pharao zur Schlange wurde, damit er die Schlangen der Finsternis fressen (besiegen und vernichten) konnte!** Es ist derselbe Stab, der dem Volke Gottes so oft zur Hilfe geworden ist, so z. B. bei der Durchquerung des Schilfmeeres und auch später in der Wüste. Dieser Stab wurde zum Segen für welche die glaubten, und zum Fluch für die Ungläubigen (4. Mose 20, 12). Zur Gnade und zur Errettung des Volkes Gottes für welche, die in Freiheit zum Throne Gottes kamen Esther 5, 2. **Bei all diesen Informationen über den heidnischen Ursprung des Weihnachtsfestes verwundert es nicht, dass Satansanbeter und Hexen nach wie vor den 25. Dezember in Ehren halten!!!** Die Zeitung San Francisco Chronicle vom 21. Dezember 1991 zitierte eine Frau, die als Hexe und erfolgreiche heidnische Autorin gilt, mit den

Worten: „Es ist einer unserer aufreibendsten Feiertage. Wir bleiben die ganze Nacht auf. Ein Mitglied der Gruppe „Covenant of the Goddess" (Bund der Göttin) sagte: „Wir zelebrieren ein Ritual. Angehörige unseres Klerus führen ein Mysterienspiel auf, das von der Geburt des Sonnenkindes handelt". Bezeichnender Weise geschehen an Weihnachten die meisten Selbstmorde (Menschenopfer) **was im Lichte des wahren Ursprungs von Weihnachten nicht mehr verwunderlich ist.** Bräuche um Weihnachten, ihr Ursprung und ihre Bedeutung: Heutzutage lernen Schulkinder schon im 2. Grundschuljahr in einem Deutsch-Lesebuch: „Weißt du, warum wir Weihnachten Plätzchen backen? Viele Weihnachtsbräuche stammen aus vorchristlicher Zeit und gehen auf alten Geisterglauben zurück. Vor allem die langen Nächte zur Mittwinterzeit dachten sich die Menschen erfüllt mit dem Spuk böser Geister. Sie stellten sich ein Heer wilder Geister vor, das durch die Lüfte jagte. Sie malten sich Schreckgestalten aus mit zottigem Pelz, mit langen Krallen, glühenden Augen, mit Höckern und Hörner. Um sich davor zu schützen, musste man Zaubersprüche oder Zaubermittel anwenden und Opfer bringen. Zum Beispiel hat man Opferbrote gebacken für die Götter oder die Naturgewalten. Diese Brote wurden in den Wind gehängt, ins Feuer gelegt oder ins Wasser geworfen, um Unheil abzuwenden. In christlicher Zeit wurden die Opferbrote dann zu Weihnachtsbroten. Der Christstollen wird bis auf den heutigen Tag in Brot Form gebacken. Außer solchen Broten wurden den Göttern von jeher Früchte und Tiere geopfert. Es gab Zeiten, in denen die Menschen aber auch Backwerk in Tiergestalt anfertigten und den Göttern darbrachten. Auf diese Weise konnten sie ihre wertvollen Tiere behalten, und die Götter waren auch mit den Tiergebilden zufrieden! Tierbilder haben sich in der Bäckerei über Jahrhunderte erhalten. Und auch bei den Weihnachtsplätzchen finden wir neben Sternen, Herzen und Engeln immer wieder Tierformen, die wahrscheinlich eine Erinnerung an die alten Opfertiere sind". Quelle: © Mein Lesebuch 2 B", Bayer. Schulbuchverlag, München 1989, S. 191. Hiermit wird den Kindern heutiger Tage nicht nur der heidnische Hintergrund erklärt, sondern sie werden im Weiteren sogar suggestiv zur Nachahmung des heidnischen Aberglaubens animiert, indem es in demselben Lehrbuch nur einige Blätter weiter heißt: „Gibt es bei euch zu Hause auch eine Schweinchen Form? Wann werden bei euch die gebackenen Schweinchen geschlachtet, die Kamele und Schäfchen? Weißt du, warum Weihnachtsplätzchen in solchen Formen gebacken werden"? Quelle: © Ebd. S. 220.

„Geschmückte Bäume gehörten über Jahrhunderte hinweg zu den heidnischen Festen". Quelle: © Church Christmas Tab. Stechpalmenzweige waren bei den Kelten beliebt; sie sollten „während der Wintersonnenwende für ein gutes Benehmen der Hauskobolde sorgen. Sie würden das Böse abwenden, bei der Traumdeutung helfen und das Haus vor Blitzen schützen". Quelle: © Beautiful British Columbia. Der Mistelzweig „stammt von den Druiden in England, die ihn bei merkwürdigen Kulthandlungen in Verbindung mit dämonischen und okkulten Kräften benutzten". Quelle: © Church Christmas Tab. **Am 25. Dezember „feierten die Mithras Anhänger die Geburt des Mithras. Für den 25. Dezember als Tag der Geburt Christi gibt es absolut keine biblische Grundlage"!!!** Quelle: © Isaac Asimov. Der Austausch von Geschenken war Bestandteil der Saturnalien. „Es wurde erwartet, dass man bei diesem Fest allen seinen Freunden Geschenke machte". Quelle: © Ancient Italy and Modern Religion. **Der Stern „auf der Baumspitze wurde 5.000 Jahre vor der Geburt Christi im Osten als Symbol der Reinheit, der Güte und des Friedens verehrt".** Quelle: © United Church Herald. **Die Kerze „kommt nicht aus dem christlichen Altarraum. Wir haben sie von einem viel älteren Altar genommen, der Druideneiche".** Quelle: © United Church Herald. **Der Weihnachtsmann ist „der alten germanischen Mythologie entlehnt: Thor war ein älterer Mann, herzlich und freundlich, stämmig gebaut und mit einem langen weißen Bart. Er fuhr in einem Wagen und sollte angeblich im Nordland leben. Sein Element war das Feuer, seine Farbe Rot. Die Feuerstelle eines jeden Hauses war ihm geweiht, und er sollte durch den Kamin zu ihr hinuntersteigen".** Quelle: © United Church Herald. Ischtar galt als „Morgenstern und wurde als „Muttergöttin mit Kind an der Brust" dargestellt, was uns unweigerlich an Maria mit dem Jesuskind erinnert. Ihr Gatte war Tammuz (Tammuz hat als Zeichen das Kreuz), der das babylonische Gegenstück zu Adonis ist. Ihr wurde das Ischtar-Tor von Babylon geweiht. Aschera, Astarte, Ostara, Ishtar, Ischtar. Als Nimrod, der Erbauer des Turmes von Babel, getötet wurde, wurde er als abgeschlagener Baum dargestellt. **Bis heute wird seine Wiedergeburt als „neuer Zweig" (Christbaum) gefeiert, der durch die lebensspendende Kraft der Schlange aus dem Baumstumpf sprießt. In Ägypten war dieser Baum eine Palme, in Rom die Tanne. Dabei bezeichnete die Palme den heidnischen Messias unter dem Namen Baal-Tamar und die Tanne versinnbildete ihn unter dem Namen Baal-Berith.** Die Mutter von Adonis, dem Sonnengott und der großen Mittler-Gottheit, soll sich auf geheimnisvolle Weise in einen Baum verwandelt haben, und als sie in diesem Zustand war, soll sie ihren göttlichen Sohn geboren haben. Das Kind Adonis wuchs im Stamm heran und wurde durch aufsprengen der Rinde geboren. Meyers Lexikon erklärt dazu: „Baumläufer – Baumpflanzungen. Bezieht sich ferner die Sitte der Griechen und Römer, dem Schutzgeist des Neugeborenen einen Baum zu pflanzen, demselben einen Altar und persönlichen Kultus zu widmen, ihn mit Wein zu begießen und mit Binden zu umkränzen". In England wird Weihnachten durch das Verbrennen des „Yule log" gefeiert, dass die Vernichtung Nimrods symbolisiert. **Der kürzeste Tag im Jahr, einer der kleinen Hexen-Sabbate, wird am oder um den 21. Dezember gefeiert. Yule ist abgeleitet vom Norwegischen „Jul", was gleichbedeutend ist mit „Rad". Dieses Fest symbolisierte auch seit jeher die Wiedergeburt des Sonnengottes, welcher von der Mutter Erde erneut der Erde geschenkt wird.** In Deutschland wird die Asche des „Yule Log", einem Holzscheit, geschmückt mit Kerzen, welches zu Yule angezündet wird, über die Felder verteilt (wie geweihter Samen), um eine reiche Ernte im nächsten Jahr sicherzustellen. Der Christbaum ist wiederum das Symbol für den „neuen Zweig", der gesprossen ist. Diese Symbolik ist weit verbreitet und wird sogar bei den alten indianischen Kulturen Südamerikas gefunden! Auch Tieropfer wurden an diesem Tag dargebracht: Üblicherweise Tiere wie Schweine und Gänse. **Für die Germanen war die Gans ein Symbol-**

tier ihres obersten Gottes Wotan und sie stand für den Geist der Vegetation. **Die Gans galt als Symbol und heiliges Tier des ägyptischen Geb.** Es heißt, dass sie ein Ei gelegt habe, aus dem die Sonne ausgebrütet wurde. Geb galt als der dritte göttliche König, der nach einer langen Regentschaft das Zepter seinem Sohn Osiris übergab. **Bereits in Babylon wurden Gänse als Opfertiere verwendet.** Beide Tiere (Gänse und Schweine) werden noch immer gerne als Weihnachtessen in Europa gegessen. **Die Weihnachtsgans ist in Zentraleuropa sehr beliebt und der „Christmas gammon",** (Schweinefleisch) wird in England zu Weihnachten verzerrt. **Der Weihnachtsbaum wird meist behängt mit Äpfeln und Nüssen. Es sind die Früchte der ältesten Kulturpflanzen der nordischen Völker.** Ihre Lebenskraft nahm man als Sinnbild. Der Apfel ist das Sinnbild des Lebens und der Sonne. In der germanischen Sagenwelt kennen wir die Äpfel der „Iduna", die das Leben geben sollen. **Neben diesen Früchten dienen Süßigkeiten und Gebäck in mancherlei Form zur Verzierung des Baumes.** Oft finden sich unter den Gebäckformen Runen oder Sinnbildgestalten. **Die verschiedenen Formen der weihnachtlichen Festgebäcke sind nichts Zufälliges, sondern gehen auf älteste Sinnbilder unseres Volkes zurück.** So finden wir Sinnbilder der Sonne und ihres Laufes, Sinnbilder der Fruchtbarkeit und Sinnbilder des Lebens. Von Brauch und Glauben unserer Ahnen kann man aus diesen Festgebäcken noch manches lesen. Baumstumpf erhält neue Kraft durch die Schlange (Nimrod's Wiedergeburt) **Yule Log Adventkranz, Julrad Advent kommt aus dem Lateinischen „adventus" = „Ankunft der Gottheit im Tempel, bezeichnet den ersten offiziellen Besuch eines Fürsten nach der Übernahme der Herrschaft".** Quelle: © Rias-Bucher, B., Das Weihnachts-ABC., 2001, S. 10. Nach der Ankunft in Rom ließ vor allem Kaiser Hadrian 117-138 n. d. Zw. viele Münzen auf seine zahlreichen ausgedehnten Reisen prägen, die auch Reisemünzen genannt werden. Es existiert eine ganze Serie von Groß- und Mittelbronzen, die auf den Vorderseiten die Büste Hadrians im Lorbeerkranz, auf den Rückseiten den Kaiser zeigen. Die Adventus-Münzen wurden in verschiedenen Nominalen ausgegeben. **Seit En-**

de des 5. Jh. ist bekannt, dass Advent gefeiert wird. Allerdings bestand der Advent damals aus einer vierzigtägigen Fastenzeit (die vierzig Tage des Fastens stehen mit dem Andenken an den Tod und an die Auferstehung von Tammuz in Verbindung), die mit dem Erscheinungsfest am 6. Januar endete. Die damalige Fastenzeit diente zur Taufvorbereitung. **Erst 1570 setzte Pius V. für die gesamte Kirche fest, diesen römischen Brauch, den Advent, am vierten Sonntag vor dem Fest zu beginnen. In Rom hielt eine Adventsliturgie im 6. Jahrhundert Einzug. Gregor, der Große, setzte erstmals die Zahl der Adventssonntage auf vier fest. Im 13. Jahrhundert wurde die römische Liturgie durch den Franziskanerorden (Inquisitoren) weit verbreitet. „Aus den grünbleibenden Nadelhölzern, Tanne, Fichte, Eibe, Föhre, Lärche Arve und Wacholder, je nachdem, welche in der Gegend anzutreffen sind, wird der Weihnachtskranz geflochten. Die Vierteilung des Kranzes entspricht dem nordischen Radkreuz-Julkors und stellt die vier Jahreszeiten dar. Mit roten Bändern wird er in der Stube aufgehängt. Vier Kerzen erstrahlen in den Abendstunden. Rot ist der Schmuck des Julkranzes nach der Farbe des Blutes, des Lichtes, des Lebens und der Liebe.** Der Kranz selbst aber ist das Symbol des ewigen Lebens. **Er ist in unserem Brauchtum ein immer wiederkehrendes Sinnbild. Wir legen ihn unseren Toten auf die Gräber und erfreuen uns an ihm als Mai-Kranz, Brautkranz und Erntekranz. Man stellt den Baum am besten in einen holzgeschnitzten Weihnachtsbaumständer.** Dieser radkreuzförmige, vierspeichige Ständer bedeutet das Rad des Lebens und das Rad der Zeit. Seine vier Speichen zeigen die Drachenköpfe, die nach der Edda Dichtung am Lebensbaum nagen. Unter dem Weihnachtsbaum stellt man für Kinder einen Weihnachtsgarten auf, der aus Moos leicht hergestellt werden kann. **Ein Knusperhäuschen und Märchengestalten dürfen nicht fehlen; ich denke an Frau Holle, Dornröschen oder Schneewittchen mit den Zwergen oder Waldmännlein.** Das sind Dinge, die das Kind liebt. Heimatliebe und Verbundenheit mit allem Leben in Wald und Flur wird geweckt, wenn dazu noch Figuren von Tieren des deutschen Waldes, Rehe, Hasen,

Füchse, Wildschweine, Eichhörnchen oder unsere Haustiere unter dem Baum ihren Platz finden". **Dazu das Zitat von Adolf Hitler anlässlich der Saarkundgebung 26. 08. 1934 am Ehrenbreitstein bei Koblenz: „Der Nationalsozialismus ist weder antikirchlich noch antireligiös, sondern im Gegenteil, er steht auf dem Boden eines wirklichen Christentums"???**

Nun ist die Frage was für ein Christentum? Wahrscheinlich das römisch-katholische Kirche-Christentum welches die Synagoge Satans ist. Denn Hitlier war ja Katholik. Mit dem echten Sohn Gottes YAHUSHUAH hat das nichts mit zu tun!!! Adelheid Sonnenschein

Der Julbogen. Er symbolisiert den Sonnenlauf - die Sonne zieht zur Wintersonnenwende ihre kleinste Bahn. Er symbolisiert diesen kleinsten Bogen. An seinem Fuße weilen das „Menschenpaar mit Kind" – sie symbolisieren die germanischen Menschen im Jahreslauf und sind der Ursprung des bekannten Adventskranz (Julrad). An der Spitze prangt das Sonnenrad (eine Sonnenspirale z. B. aus Salzteig, Holz etc). Die Lebens Rune und Todes Rune stehen für Leben und Tod. Werden und vergehen, das alte Jahr stirbt, das neue Jahr wird geboren – im Moment der Sonnenwende. Hier kommt auch zum Ausdruck, dass alles Leben vergeht und neues immer wieder entsteht: Die Sonne stirbt nie, sie wird immer wieder neu geboren. Die verschiedenen Sonnensymbole wie Spirale, Doppelspirale und Sonnenrad versinnbildlichen alle die heilige Sonne, als Lebensbringerin. Äpfel und Nüsse am Julbogen symbolisieren das Leben und die Sonne, die rotgelben Äpfel (rot wie das Sonnenlicht) speichern Leben auch über den Winter, ebenso wie die Nüsse das Leben, also lebenswichtige Nahrung den Winter über speichern, daher sind sie in dieser Zeit heilig. Oft hängen am Julbogen noch Symbole der Elemente, wie Windmühle für Luft, Fisch für Wasser, Odal oder Urd-Zeichen für die Erde. Die vier Kerzen symbolisieren wie beim Kranz die vier Jahreszeiten, die Abschnitte des Jahres, die vier Vorweihnachtswochen und sind mit ihrem Schein auch Symbol des Lichtes, der Sonne.

Mistelzweig

Unter den heidnischen Völkern des Altertums war der Mistelzweig ein Sinnbild des Festes der Wintersonnenwende gewesen, weil er wegen seiner angeblichen übernatürlichen Heilkräfte der Sonne geweiht gewesen war. Die heidnische Sitte, sich unter dem Mistelzweig zu küssen, leitete die Nacht der lauten Trinkgelage ein, eine Feier zum Tode der alten Sonne sowie zur Geburt der neuen Sonne am Tag der Wintersonnenwende. Der Mistelzweig war der Göttin Frigga heilig, Göttin der Liebe und Mutter des Sonnengottes Balder. **Die Teutonen und Kelten feierten im November ihren Totenkult (daher stammt unser heutiger Totensonntag).** Von Mitte Dezember bis Mitte Januar feierten sie dann die Wintersonnenwende mit verschiedenen Feuerriten. Dabei schmückten sie ihre Häuser mit Efeu und Misteln (nur selten mit Tannenzweigen), weil diese Pflanzen für sie Symbole des Lebens waren. Noch heute brennt während der Weihnachtstage in Skandinavien der hölzerne Julblock, dessen angekohlten Reste früher zum Schutz für das Haus aufbewahrt wurden. Das Holz stammt von einem Baum, in dessen Zweigen die Mistel wächst. Gleichermaßen wurden auch die Zweige und Beeren der Stechpalme (Ilex) dem Sonnengott geweiht. Der Mistelzweig aber ist in Wirklichkeit nichts weiter als ein pflanzlicher Parasit.

Kerzen

__Selbst das Anzünden von Feuer und Kerzen als christliche Zeremonie ist lediglich eine Fortsetzung der heidnischen Sitten mit anderen Mitteln,__ **um den abnehmenden Sonnengott zu ermutigen, aus der tiefsten südlichen Himmelsposition wieder hervorzutreten.** In Persien wurden Kerzen im ganzen Haus zu Ehren von Mithras dem Sonnen- und Lichtgott angezündet. Bei den Saturnalien entzündeten die Römer Kerzen an Bäumen. Die Druiden entzündeten Kerzen für ihren Sonnengott Balder. Für alle alten Völker bedeutet ein neuneues Licht neues Leben. In den Rauhnächten sollte das Licht, die Frau Percht, (Frau Holle) die Winterkönigin zurückführen. Vor allem nach dem Mittwinter bis zum Lichterfest sollte das Licht der Kerzen die Sonne unterstützen.

Weihnachtsstern

Die Ägypter glaubten, dass bestimmte Götter die Sterne lenken. In China wurden die Sternbilder angebetet. Babylonier schrieben drei Sterne, wenn sie Gottheit schreiben wollten. In vielen Traditionen wird das Fest erst begonnen, wenn der erste Stern am Himmel leuchtet. Im Mithras Kult galt die Auffassung, dass die Seele des Menschen nach dem Tod zu den Sternen aufsteigen werde. Der Aufstieg zu dem Ewigen, den Fixsternen, geschieht nach der Mithras Lehre über die Planeten. Sie bewegen sich und tragen die Seele zu dem ewigen Fixsternhimmel hinauf. Eine besondere Rolle spielt dabei die Sonne, auch sie wird als Planet angesehen. In ihrem Gang durch das Jahr schneidet sie zweimal den Himmelsäquator, zur Tag- und Nachtgleiche im März und im September. Diese Schnittpunkte sind gleichsam die Umsteigestationen der Seele in die Fixsternwelt. Deshalb wurden zu diesen beiden Zeitpunkten auch die Hauptfeste des Mithras Kultes gefeiert. Mithras teilt die Hälften des Jahres, er besetzt die Position der Mitte und wurde deshalb auch im übertragenen Sinne „der Mittler" genannt. Ebenso teilt er die Mitte des Monats, die nun auch zum Mithras Feiertag wurde. Mithras ist der Mittler zwischen Himmel und Erde. Auf den Mithras Darstellungen spielen die zwölf Sternbilder des Fixsternhimmels und die Planeten eine große Rolle. Interessant ist die Geburtsgeschichte des Mithras, der aus einer Höhle von den Hirten begrüßt hervorgetreten sei. Bemerkenswert ist auch die Benennung der Mithras Priester. Sie nannten sich in der persischen Tradition Magier wie die Magier aus dem Morgenland bei YAHUSHUA. Manch andere setzen die Weisen mit der dreifaltigen Göttin gleich.

Gebäck und Christstollen

Schon bei den Germanen gab es süßes Backwerk zum Mitwinterfest. Damals diente es allerdings nicht nur zum eigenen Gaumengenuss, sondern auch zum Besänftigen der bösen Mächte. Die Gebäckspezialitäten sind in jeder Gegend anders und tragen auch ihre speziellen Namen. Der Christstollen und die Lebkuchen sind am bekanntesten. Hutzelbrot, Ausstecherle und Springerle sind typische Backwaren in Süddeutschland zur Weihnachtszeit. Im Gegensatz zu heute, wo es schon ab September Weihnachtsgebäck in den Kaufhäusern zu kaufen gibt, war es früher üblich erst kurz vor Weihnachten mit dem Backen anzufangen und zu Heilig Abend gab es dann die ersten Weihnachts-Plätzchen. Die Deutschen haben den „Heiligen Abend" auch „Dickbauch" genannt. Einer von den typischen deutschen Aberglauben heißt, dass jemand, wer nicht gut am „Heiligen Abend" isst, während der Nachtzeit von Dämonen heimgesucht wird. Deshalb genießen alle unterschiedlichen Gerichte (Mahlzeiten) wie Spanferkel, Reisbrei oder süßer Zimt, weiße Wurst, Makkaroni und andere regionale Gerichte. Am Weihnachtstag machen die Deutschen ein Bankett mit Gänsebraten, „Christstollen" (Kuchen mit Nüssen, Rosinen und Zitrone), Lebkuchen, Marzipan und „Dresdener Stollen" (schwerer Kuchen voller Obst). Der Heiligabend war und ist zum Teil noch bei manchen ausgenommen, da er noch zur Fastenzeit gehört. Erst nach Mitternacht oder der Christmette, somit zu Beginn des Weihnachtsfestes, gibt es etwas Kräftiges zu essen. Die Völlerei galt auch als „kulinarischer Abwehrzauber" gegen böse Geister. Sie sollte dazu verhelfen das ganze Jahr keinen Hunger leiden zu müssen.

Das weihnachtliche Beschenken

Für die alten Römer waren die „Saturnalien" (17. - 23. Dezember) eine Zeit extravaganter Dekadenz, in der Sklaven und Herren für ein paar Tage die Rollen tauschten, die Herren ihre Diener bedienen mussten und Beamte reichhaltig beschenkt wurden, etwa mit Tonfiguren oder Münzen. Diesen Brauch des Schenkens zum Jahresende übernahmen die Germanen gegen Ende des 9. Jahrhunderts. Zu den an die Saturnalien anschließenden „Sigillarien", dem Fest der Puppen (22. Dezember) waren die Kleinen an der Reihe - sie erhielten Spielsachen und Leckereien. **Die „Brumalien" (25. Dezember) galten als das Fest des „Sol Invictus", des Mithras, des unbesiegten**

Sonnengottes!!! Laut dem Dichter Lukian alles in allem eine Zeit zum „Trinken und Betrunkensein, Lärmen, Spielen und Tanzen, der Ernennung von Königen und Bewirtung der Sklaven" - und zwar bis zum Neujahrstag, also unserem neuzeitlichen Silvesterrummel inklusive. Während der Saturnalien ruhten die Geschäfte, Schulen und Gerichte blieben geschlossen. Man besuchte einander und überbrachte Geschenke, wie kleine Kuchen und Kerzen. Sonst verbotene Glücksspiele wie Würfeln waren in dieser Woche erlaubt. Zur Erinnerung an den glücklichen Naturzustand des Menschen in Freiheit und Gleichheit waren alle sozialen Rangunterschiede vorübergehend aufgehoben, und bei dem öffentlichen Festmahl auf Staatskosten bedienten gar die Herren ihre Sklaven. (* 280 - † 337). **Teilweise sind Bräuche der Saturnalien immer noch in vielen Teilen der Welt in den verschiedenen Formen von Karneval lebendig.**
Nachfolgendes Zitat stammt aus der Bibliotheca Sacra, Bd. 12, S. 153 - 155: **„Das gegenseitige Beschenken unter Freunden ist für das Weihnachtsfest wie für die Saturnalien gleichermaßen charakteristisch und muss von den Christen aus dem Heidentum übernommen worden sein, wie den mahnenden Aussagen Tertullians klar zu entnehmen ist".**
Das römische Fest des Saturns am 17. Dezember ist - der Jahreszeit entsprechend - ein Opferfest des patriarchalen Heroskönigs, der in die Unterwelt gesandt wurde, um dort mit seinem göttlichen Ebenbild eins zu werden. Eine Sage sagt, dass Saturn geweissagt worden war, dass eines seiner Kinder ihn vom Thron stürzen würde. In der antiken Mythologie wird geschildert, wie er daraufhin, um dies zu verhindern, seine eigenen Kinder erbarmungslos verschlingt. Wo auch immer im alten Italien der Saturnus verehrt wurde, gab es den Brauch, einen Mann zu wählen, der für ein Jahr die Rolle des Saturns übernahm und dessen althergebrachte Privilegien genoss. Danach starb er - entweder von eigener Hand oder durch Messer, später durch eine symbolische Hinrichtung - um im Frühjahr wiederzukehren. Obgleich die wirkliche Hinrichtung des Opfers nach und nach durch eine symbolische ersetzt wurde, gab man das Fest nie-

mals auf; zu christlicher Zeit bildete es schließlich einen Teil des winterlichen Karnevals. Bei der vorgetäuschten Exekution des Karnevalsprinzen handelt es sich um einen Überrest der alten Saturnalien, bei denen der Heroskönig den Opfertod starb. Das Fest dauerte bis zum Ende des Monats und ist die römische Version aller Karnevalsfeiern, die im alten Matriarchat aber in der Nacht zum 6. Januar begannen, an Koreion, dem Fest der Kore. **>„Nikolaus, Weihnachtsmann, Ruprecht Sankt Nikolaus entstand aus mehreren archetypischen Göttern"!!!<** Odin ritt um die Mittwinterzeit auf seinem Pferd Sleipnir und brachte entweder Belohnungen oder Strafe. Thor dagegen, in Rot gekleidet, kämpfte an Mittwinter gegen die Frostgeister. Und der Wode ritt mit seinen Scharen von 13 Reitern durch die Winternächte auf der Suche nach seiner Perchta und vertrieb die bösen Geister. Wer ihm half, wurde von ihm oder Ruprecht, einem seiner Reiter belohnt. Hertha stieg auf die Erde hinab und brachte Geschenke. Die italienische Befana bringt den Kindern Geschenken zu dieser Zeit. Auch vom Saturn Eichenkönig, der zu Mittwinter regiert, hat der Nikolaus vieles übernommen. Dieser trägt ein grünes Gewand und einen Kranz aus Stechpalmen mit ihren roten leuchtenden Beeren. Aus dieser Form der alten Gottheiten wurde dann der grüne Jäger, der im christlichen Glauben den Teufel darstellt. **Später wurde aus all diesen Gottheiten Sankt Nikolaus - der angeblich existiert haben soll, so wie alle Heiligen die den früheren Göttern ähneln. Nikolaus Anfang Dezember werden vielerorts noch Nikolausbräuche gepflegt. Nikolaus war wahrscheinlich im 4. Jahrhundert Bischof von Myra in Lykien (Türkei).** Um seine Gestalt ranken Legenden, die ihn als Schutzheiligen und Freund der Kinder darstellen. Er gehört zu den 14 Nothelfern oder Heiligen, „denen in katholichen Kirchen viele Altäre geweiht sind". **In Deutschland wurde die Nikolaus-Legende mit offensichtlich älteren „heidnischen Dezembergestalten" verquickt.** So war zum Beispiel in Schwaben der „Pelzmärte" bekannt, der in Dezembernächten umherzog, die Kinder erschreckte und sie mit Äpfeln und Nüssen beschenkte. **Der Nikolaus ist so zu einer sonderbaren Mischung aus Heiligem und Naturgott-**

heiten geworden!!! Schon im 6. Jahrhundert war die Nikolauskirche in Myra, die über der ursprünglichen Grabkapelle errichtet wurde, eines der bedeutendsten Heiligtümer der byzantinischen Christenheit und das Ziel großer Pilgerscharen.

Weihnachtsmann

Der Weihnachtsmann ist der alten germanischen Mythologie entlehnt: „Thor war ein älterer Mann, herzlich und freundlich, stämmig gebaut und mit einem langen weißen Bart. Thor ist der Sohn Odins und der Jörd, die göttlich personifizierte Erde. Er fuhr in einem Wagen und sollte angeblich im Nordland leben. Sein Element war das Feuer, seine Farbe Rot. Die Feuerstelle eines jeden Hauses war ihm geweiht, und er sollte durch den Kamin zu ihr hinuntersteigen". Quelle: © United Church Herald. **Erst 1931 wurde sein heutiges Erscheinungsbild festgelegt.** Die Firma Coca Cola beauftragte den Zeichner Haddon Sundblom, den Weihnachtsmann für eine Anzeige zu gestalten. **Die Gestalt des Weihnachtsmannes wurde aus der germanischen Mythologie entlehnt und stellt den Gott Thor dar.** Sundblom wird sich, da er schwedische Wurzeln hat, seiner nordischen Götterwelt erinnert haben. In dieser wird Thor als älterer, korpulenter Mann, der stets freundlich ist und einen langen weißen Bart hat, beschrieben. **<u>In Deutschland und Skandinavien verschmolz das Märchen vom Weihnachtsmann mit den Götterlegenden, besonders mit Thor/ Donar, dem Wettergott, der mit seinem Rentierschlitten über den Himmel fährt und durch den Kamin in die Häuser der Menschen fährt.</u>** Thor's Hammer (Irminsul) Thor Ruprecht. Der 6. Julmond (röm.: Dezember) ist der Tag des alten Wanderers und Weltvaters. Wotan (Wodan, Odin) selbst zieht durch die Lüfte und verteilt an die Menschen seine Gaben. Doch auch als Mahner und Richter ist er bekannt. Dieser Glaube an den fahrenden, richtenden Gott gründet in den Vorstellungen unserer Vorfahren, dass Gott Wotan auf seinem achtbeinigen Pferd Sleipnir als Führer des wilden Heeres zur Weihnachtszeit durch den Himmel brauste. **Dieser Gott Wotan trug auch den Beinamen „Hruod Percht" (= „Ruhmreicher Percht" = „Rup-**

recht") und tritt auch in den Edda-Mythen als Weltenwanderer auf. Er galt als der Lenker der Schlachten des Schicksals, der Fruchtbarkeit und der Winde. **Die Christen haben dies umgefälscht in den „Nikolaus"!**
Dieser wird zurückgeführt auf den historischen „Heiligen Nikolaus Bischof von Myra", der im Jahre 300 im türkischen Myra im Lande Lykien, an der Südküste Kleinasiens lebte. Ruprecht ist ein Helfer der Eltern, welcher den Kindern Geschenke und mit dem „Schlag" mit der Lebensrute Heil für das kommende Jahr brachte. Maria, Mutter Gottes: Da Weihnachten die Geschichte über die Geburt Jesu durch die Jungfrau Maria umfasst, möchte ich auch kurz auf das „Mysterium Maria" Bezug nehmen, welches das Geheimnis Babylons offenbart. Dazu Offenbarung 17, 5. „Und sie hatte an ihrer Stirn einen Namen geschrieben, ein Geheimnis: Babylon, die große, die Mutter der Huren und der Gräuel der Erde". **Vorweg muss richtiggestellt werden, dass die Mutter von YAHUSHUA nicht Maria sondern Mirjam hieß. Maria ist ein von mehreren gezielten Übersetzungsfehler durch die Kirche, welche im Lauf der Zeit die jüdische Wurzel und Symbolik mit der Heidnischen ersetzte. „Maria mit dem Jesuskind hat daher ebenso wenig seinen Ursprung im christlichen Glauben, sondern ist in allen Religionen zu finden"!** Seinen Ursprung hat der Kult der „Mutter mit dem Kind" im alten Babylon, bei Semiramis, welche als Himmelskönigin bekannt war.
Die Geschichte berichtet, dass Nimrod nach dem Turmbau zu Babel nach Ägypten floh, wo er versuchte, sein zerbrochenes Reich wieder zu errichten. Einige Jahre später wurde er getötet. Nach seinem Tod verbreitete Semiramis das Gerücht, dass das Kind, das sie im folgenden Dezember gebar, kein anderer als dieser wiedergeborene Nimrod war. Die Wintersonnenwende, die im Altertum um den 25. Dezember stattfand, war auf der Nordhalbkugel der kürzeste Tag des Jahres und markierte die Zeit, ab der die Tage wieder länger wurden. **Semiramis assoziierte Nimrod mit dem Sonnengott und rief diesen Tag zum Geburtstag der Sonne aus.** So haben wir aus Assyrien, Ägypten und Griechenland eine Anhäufung von überwältigen-

den Beweisen, die alle zeigen, dass das Kind, das in den Armen der Gottesmutter in all diesen Ländern als Ninus oder Nin (der Sohn) verehrt wurde, kein anderer als Nimrod war, der Sohn von Kusch!!! **Mithras der Sonnengott und Maria die Himmelskönigin. >„Wie wir sehen, hat Weihnachten rein gar nichts mit der Heiligen Schrift und dem Glauben an YAHUSHUA HA MASCHIACH zu tun"!!!<** Begonnen hat dieser Kult bei Nimrod, dem ersten Gewaltherrscher auf Erden und Bauherrn des Turmes zu Babel. Nimrods Bezeichnung war „gewaltiger Jäger". Noch heute wird in den zwölf Nächten zwischen dem Geburtstag der Mithras und dem 6. Januar (Ende der „vierzig Tage des Fastens" zum Andenken an den Tod und an die Auferstehung von Tammuz) der Toten Zug vom „wilden Jäger" angeführt. Um nochmals zu wiederholen: **Der Sonnengott wird folgendermaßen bezeichnet: „Herr der Heerscharen" (Bedeutung der Sonnen-Swastika), „Erlöser", „Mittler" und „Löwe", er steht in direkter Verbindung mit dem „Tammuz-Kreuz", „Siegel Salomos" (Davidstern mit Sonnenrad), dem „Swasitka" (Hakenkreuz, u.a. Nazisymbol) und gilt als Bundesgott Mithras, der aus dem Felsen geboren wurde".** Mithras erlegte den Stier, aus welchem Leib alle Tiere und Pflanzen hervorkommen und „durch dessen Blut die Menschen gesegnet" sein sollen. Mithras, dessen „Geburtstag am 25. Dezember" gefeiert wird, gilt deshalb als „Heilsbringer". **Dazu kommt noch der babylonische Kult mit der „jungfräulichen Mutter" Maria (Semiramis), welche den Messias geboren haben soll.** Satan, trotz seiner Finsternis bekannt als „Engel des Lichts", versucht mit diesen Verdrehungen Gottes Volk in den Götzendienst und damit unter das Gericht zu bringen (Hesekiel 14, 2 - 11). Geschickt formt er den Gottes-Dienst in den Götzen-Dienst und bedient sich für sein Täuschungsmanöver seit jeher umfassend der biblischen Symbolik. **Schon im alten Bund hat sich YAHUWAH über Weihnachten und seine Bräuche geäußert. Dies mit aller Deutlichkeit. So unter anderem in Bezug auf den Weihnachtsbaum, der in der Kirche neben dem Altar aufgestellt wird und im alten Bund die Bezeichnung „Aschera" hatte** 5. Mose 16, 21. Du sollst dir keine

Aschera pflanzen, irgendeinen Baum neben dem Altar YAHUWAHs, deines Gottes, den du dir machen wirst. Richter 6, 25. Und es geschah in jener Nacht, da sprach YAHUWAH zu ihm: Nimm einen Stier von den Rindern, die deinem Vater gehören, und zwar den zweiten Stier, den siebenjährigen! Und reiße den Altar des Baal, der deinem Vater gehört, nieder und die Aschera, die dabei steht, haue um 1. Könige 16, 33. Auch machte Ahab die Aschera. Und Ahab fuhr fort, YAHUWAH, den Gott Israels, zum Zorn zu reizen, mehr als alle Könige von Israel, die vor ihm gewesen waren 1. Könige 18, 19. Und nun sende hin, versammle ganz Israel zu mir an den Berg Karmel und die 450 Propheten des Baals und die 400 Propheten der Aschera, die am Tisch Isebels essen! Da sandte Ahab unter allen Söhnen Israel umher und versammelte die Propheten an den Berg Karmel. Und Elia trat zum ganzen Volk hin und sagte: Wie lange hinkt ihr auf beiden Seiten? Wenn YAHUWAH der wahre Gott ist, dann folgt ihm nach; wenn aber der Baal, dann folgt ihm nach! Aber das Volk antwortete ihm kein Wort. Da sagte Elia zum Volk: Ich allein bin übriggeblieben als Prophet YAHUWAHs, aber die Propheten des Baal sind 450 Mann. Man gebe uns nun zwei Stiere! Sie sollen sich den einen von den Stieren auswählen, ihn in Stücke zerschneiden und aufs Holz legen, aber sie sollen kein Feuer daran legen. Und ich werde den anderen Stier zurichten und aufs Holz legen, und auch ich werde kein Feuer daran legen. Dann ruft ihr den Namen eures Gottes an, und ich, ich werde den Namen YAHUWAHs anrufen. Und der Gott, der mit Feuer antwortet, der ist der wahre Gott. Da antwortete das ganze Volk und sagte: Das Wort ist gut. (Dies war zweierlei, ein Spott gegen Baal, der als Stier abgebildet wurde und als Gott der Sonne und des Feuers galt) 2. Könige 18, 1 – 4: Und es geschah im dritten Jahr Hoseas, des Sohnes Elas, des Königs von Israel, da wurde Hiskia König, der Sohn des Ahas, des Königs von Juda. 25 Jahre war er alt, als er König wurde, und er regierte 29 Jahre in Jerusalem; und der Name seiner Mutter war Abi, die Tochter Secharjas. Und er tat, was recht war in den Augen YAHUWAHs, nach allem, was sein Vater David getan hatte. Er beseitigte die Höhen und zertrümmerte

die Gedenksteine und rottete die Aschera aus und schlug die eherne Schlange, die Mose gemacht hatte, in Stücke. Denn bis zu jenen Tagen hatten die Söhne Israel ihr Rauchopfer dargebracht, und man nannte sie Nehuschtan Jesaja 14, 28. Im Todesjahr des Königs Ahas geschah dieser Ausspruch: Freue dich nicht, ganz Philistäa, dass der Stock zerbrochen ist, der dich schlug!
Denn aus der Wurzel der Schlange wird eine Otter hervorkommen, und ihre Frucht wird eine fliegende feurige Schlange sein. Da werden die Erstgeborenen der Geringen weiden und die Armen sich in Sicherheit lagern. Aber deine Wurzel werde ich durch Hunger töten, und deinen Überrest werde ich erschlagen. Heule, Tor! Schrei um Hilfe, Stadt! Verzage, ganz Philistäa! Denn von Norden her kommt Rauch, und keiner sondert sich ab von seinen Scharen. Und was antwortet man den Boten der Nation? Ja, YAHUWAH hat die Grundmauern Zions gelegt, und darin finden die Elenden seines Volkes Zuflucht. **Heute heißt die Schlange mit Flügel am Stab „Caduceus" und weißt ebenso auf Mithras, auf die Jungfrau Maria und den Sonnengott hin.** Sie gilt heute als Symbol für die Medizin (irdische Heilung) und wird auch als „Engel des Heilens" genannt. **YAHUWAH hat der Schlange im Paradies die Beine weggenommen, so dass sie sich wünscht, Flügel zu haben. Dem entgegen wurde die Schlange mitsamt ihrer Kraft (Gift) besiegt als YAHUSHUA (YAHUschuWAH) am Pfahl auf Golgatha für die Sünden der Menschen starb** 1. Korinther 15, 55. „Wo ist, o Tod, dein Sieg? Wo ist, o Tod, dein Stachel"? Weiter heißt es in Hiob 26, 13 „Durch seinen Hauch wird der Himmel heiter, seine Hand hat die schnelle Schlange durchbohrt". **Wir sehen aber, welche Stellung dieser von Gott verhasste Baals-Kult seit tausenden von Jahren in unserer Gesellschaft innehat. Bis heute wird ihm zu Ehren das „Fest des unbesiegbaren Sonnengottes" gefeiert. >„Die meisten Gläubigen reden sich damit heraus, dass sie Weihnachten zur Ehre Gottes feiern und nicht vorhaben, dieses Fest dem Sonnengott zu widmen. Dies mag so sein. Die Schrift sagt uns jedoch klar, dass YAHUWAH die Feste des Baals hasst und wir uns von diesen trennen sollen. Mit demselben Etikettenschwindel**

hatten einst schon die Israeliten nach dem Auszug aus Ägypten ihren Götzendienst bei der Anbetung des goldenen Kalbes betrieben, indem nämlich dieser alte Götzendienst, den sie aus Ägypten mitgeschleppt hatten, als ein Fest YAHUWAHs ausgegeben wurde. Der Name Gottes wurde damit als Etikett und Legitimation für den Götzendienst missbraucht. Dabei wurde kurzerhand Moses als gottgemäßer Führer des Volkes abgesetzt und der Götzenmacher Aaron als neuer Führer eingesetzt 2. Mose 32, 3. So riss sich denn das ganze Volk die goldenen Ringe ab, die an ihren Ohren hingen, und sie brachten sie zu Aaron. **Der nahm alles aus ihrer Hand, formte es mit einem Meißel und machte Caduceus der „Engel des Heilens". Auch als Mithras oder Maria bekannt. Virgo die Himmelskönigin (15 Sterne/Caduceus/Irminsul) Caduceus (Nobel-Preis) ein gegossenes Kalb daraus.** Und sie sagten: Das sind deine Götter, Israel, die dich aus dem Land Ägypten heraufgeführt haben. Als Aaron das sah, baute er einen Altar vor ihm, und Aaron rief aus und sagte: Ein Fest für YAHUWAH ist morgen! So standen sie am folgenden Tag früh auf, opferten Brandopfer und brachten Heilsopfer dar. Und das Volk setzte sich nieder, um zu essen und zu trinken. Dann standen sie auf, um sich zu belustigen 1. Könige 14, 15. Und YAHUWAH wird Israel schlagen, dass es schwankt, wie das Rohr im Wasser schwankt. Und er wird Israel ausreißen aus diesem guten Land, das er ihren Vätern gegeben hat, und wird sie zerstreuen jenseits des Stromes, weil sie ihre Ascherim gemacht haben und damit YAHUWAH zum Zorn reizen 2. Chronik 24, 18. Und sie verließen das Haus YAHUWAHs, des Gottes ihrer Väter, und dienten den Ascherim und den Götzenbildern. Da kam ein Zorn YAHUWAH über Juda und Jerusalem wegen dieser ihrer Schuld Markus 7, 9. Und er sprach zu ihnen: Trefflich hebt ihr das Gebot Gottes auf, damit ihr eure Überlieferung haltet 5. Mose 12, 29 – 31. Wenn YAHUWAH, dein Gott, die Nationen ausrottet, zu denen du kommst, um sie vor dir zu vertreiben, und du vertreibst sie und wohnst in ihrem Land, so hüte dich, dass du dich ja nicht verführen lässt, es ihnen nachzutun, nachdem sie vor dir vernichtet sind, und dass du nicht nach ihren Göttern fragst, indem du sagst: Wie dienten diese Nationen ihren Göttern? Auch ich will es so tun! YAHUWAH, deinem Gott, sollst du so etwas nicht antun. Denn alles, was YAHUWAH ein Gräuel ist, was er hasst, haben sie für ihre Götter getan; denn sogar ihre Söhne und ihre Töchter haben sie für ihre Götter im Feuer verbrannt 2. Mose 20, 3 – 6. Du sollst keine andern Götter haben neben mir. Du sollst dir kein Götterbild machen, auch keinerlei Abbild dessen, was oben im Himmel oder was unten auf der Erde oder was in den Wassern unter der Erde ist. Du sollst dich vor ihnen nicht niederwerfen und ihnen nicht dienen. Denn ich, YAHUWAH, dein Gott, bin ein eifersüchtiger Gott, der die Schuld der Väter heimsucht an den Kindern, an der dritten und vierten Generation von denen, die mich hassen, der aber Gnade erweist an Tausenden von Generationen von denen, die mich lieben und meine Gebote halten 1. Korinther 10, 14 – 21. Darum, meine Geliebten, flieht vor den Götzendienst! Ich rede zu Verständigen. Beurteilt ihr, was ich sage! Der Kelch der Segnung, den wir segnen, ist er nicht die Gemeinschaft des Blutes des Messias? Das Brot, das wir brechen, ist es nicht die Gemeinschaft des Leibes des Messias? Denn ein Brot, ein Leib sind wir, die vielen, denn wir alle nehmen teil an dem einen Brot. Seht auf das Israel nach dem Fleisch! Sind nicht die, welche die Schlachtopfer essen, in Gemeinschaft mit dem Altar? Was sage ich nun? Dass es einen Götzen geopferte sei? Oder dass ein Götzenbild etwas sei? Nein, sondern dass das, was sie opfern, das opfern sie den Dämonen und nicht Gott. Ich will aber nicht, dass ihr Gemeinschaft habt mit den Dämonen. Ihr könnt nicht YAHUSHUAs Kelch trinken und der Dämonen Kelch; ihr könnt nicht am Tisch YAHUSHUAs teilnehmen und am Tisch der Dämonen. Oder wollen wir YAHUSHUA zur Eifersucht reizen? Sind wir etwa stärker als er? **>„Somit muss uns klar sein, dass Gott die Feste der Aschera und des Baal hasst, und damit auch Weihnachten als das „Fest des unbesiegbaren Sonnengottes"!!!<** Wir können nicht Gott und dem Baal dienen 1. Könige 18, 21. „Und Elia trat zum ganzen Volk hin und sagte: Wie lange hinkt ihr auf beiden Seiten? Wenn YAHUWAH der wahre Gott ist, dann folgt ihm nach; wenn aber der Baal, dann folgt ihm nach! Aber das Volk antwortete ihm kein Wort". Haben wir dazu auch nichts mehr zu sagen? Oder machen wir es wie Josia? Er bemerkte zwar erst nach 18 Jahren, welch Gräuel (u.a. Ascherim und Baal) sich im Tempel YAHUWAHs befand. Dann aber machte er ohne zu zögern diesem Götzendienst und Gräuel ein Ende und zerstörte sämtliche Götzenbilder, Geräte und Altäre (Höhen). Josia entschied sich den Weg YAHUWAHs zu gehen. Er wollte sich nach Gottes Ordnungen richten. Nachdem er Juda konsequent vom Götzendienste gereinigt hatte schloss er einen Bund mit YAHUWAH 2. Chronik 34, 31 und feierte das Passah mit dem ganzen Volk 2. Chronik 35 u. 2. Könige 22, 1. Acht Jahre war Josia alt, als er König wurde, und er regierte 31 Jahre in Jerusalem; und der Name seiner Mutter war Jedida, die Tochter Adajas aus Bozkat. Und er tat, was recht war in den Augen YAHUWAHs. Er ging ganz den Weg seines Vaters David und wich nicht zur Rechten noch zur Linken ab. Und der König stand auf dem erhöhten Standort und schloss den Bund vor YAHUWAH.um YAHUWAH nachzufolgen und seine Gebote und seine Zeugnisse und seine Ordnungen zu bewahren mit ganzem Herzen und mit ganzer Seele, um die Worte dieses Bundes zu erfüllen, die in diesem Buch aufgeschrieben sind. Und das ganze Volk trat in den Bund ein. Und der König befahl dem Hohepriester Hilkija und den Priestern zweiten Ranges und den Hütern der Schwelle, aus dem Tempelraum YAHUWAHs alle Geräte hinauszubringen, die für den Baal und die Aschera und das ganze Heer des Himmels gemacht worden waren. Dann verbrannte er sie außerhalb Jerusalems in den Terrassengärten am Kidron und ließ ihren Staub nach Bethel bringen. **Und er machte den Götzenpriestern ein Ende, die die Könige von Juda eingesetzt hatten und die auf den Höhen, in den Städten von Juda und in der Umgebung von Jerusalem Rauchopfer darbrachten und die, die dem Baal, der Sonne und dem Mond und dem Tierkreisbild und dem ganzen Heer des Himmels Rauchopfer darbrachten.** Und er brachte die Aschera aus dem Haus des YAHUWAHs hinaus nach draußen vor Jerusalem in das Bach Tal des Kidron; und er verbrannte sie im Bachtal des Kidron und zermalmte sie zu Staub und warf ihren Staub auf die Gräber der Söhne des Volkes. Und er riss die Häuser der Tempelhurer nieder, die sich im Haus YAHUWAHs befanden, in denen die Frauen Gewänder für die Aschera webten. Und er ließ alle Priester aus den Städten Judas kommen und machte die Höhen unrein, wo die Priester Rauchopfer dargebracht hatten, von Geba bis Beerscheba. Und er riss die Höhen der Dämonen nieder, die am Eingang des Tores Joschuas, des Obersten der Stadt, waren, auf der linken Seite, wenn man zum Stadttor hineinkommt.

Chanukka, das jüdische Lichterfest

Die Juden feiern im Dezember am 25. Kislew Chanukka. Chanukka bedeutet „Widmung" oder „Weihe" und wird daher auch das „Fest der Tempelweihe" genannt Johannes 10, 22. Es ist ein biblisches Fest, das an den Sieg der Makkabäer über die Syrer im Jahre 165 v. d. Zw. erinnert. Zu dieser Zeit wurde der Tempel in Jerusalem neu geweiht, nachdem er von dem heidnischen Tyrannen Antiochus IV, König von Syrien, verunreinigt worden war Daniel 11, 31. Im Allerheiligsten des Tempels ließ er eine Zeus-Statue aufstellen und täglich ein Schwein opfern. Er schreckte nicht davor zurück, ein Schwein auf dem Altar YAHUWAHs zu schlachten, um sich über ihn und den Glauben und die Anbetung des jüdischen Volkes lustig zu machen. Die Überlieferung besagt, dass als die makkabäischen (jüdischen) Rebellen ankamen, um den Tempel zu reinigen, fanden sie eine Tagesration des Heiligen Öls für den Leuchter des Tempels vor. Das Öl reichte auf wundersamer Weise für acht Tage aus. Aus diesem Grund wird Chanukka auch „das Lichterfest" genannt. Seit den Tagen des Judas Makkabäus wird Chanukka gefeiert, indem acht Tage lang Kerzen angezündet werden - als Erinnerung an dieses Wunder. Für Chanukka abgesehen von Chanukkafeiern (vor allem für Kinder) und Geschenken wird während der acht Abende dieses Festes zuhause ein besonderer Kerzenleuchter benutzt, der Chanukkia genannt wird. Seit dem 19. Jahrhundert ist die Form eines achtarmigen Leuchters verbreitet. Älter ist die Form eines Bänkchens mit acht Öllämpchen oder heute acht Kerzenhaltern. Man braucht keine besondere Chanukkia, um die Mitzwa zu erfüllen – es würden acht in einer Reihe aufgestellte Kerzen reichen – doch eine schöne Chanukkia erhöht natürlich die Freude des Festes. Eine neunte Kerze wird dazu verwendet, die anderen anzuzünden. Sie wird Schmasch genannt.

Somit wird der Chanukka-Leuchter neunarmig. Dieser Brauch ist aber eindeutig heidnisch inspiriert, ist doch Schmasch nichts anderes als der Name des akkadichen Sonnengottes, ein Baal also. Wir feiern darum unser Chanukka mit acht Kerzen. Acht ist die Schlüsselzahl in den Festen YAHUWAHs. Nach derselben Ordnung, nach der den sieben Tagen als der Neubeginn der Woche der achte folgt, so verhält es sich auch mit den sieben Hauptfesten Israels, zu denen als achtes der Shabbat kommt.

„Der achte Tag". Chanukka weist auf diesen achten Tag hin. Selbst YAHUSHUA war an Chanukka, dem „Fest der Tempelweihe" im Tempel: Johannes 10, 22. „Es war damals das Fest der Tempelweihe in Jerusalem; es war Winter. Und YAHUSHUA ging in dem Tempel umher, in der Säulenhalle Salomos. Da umringten ihn die Juden und sprachen zu ihm: Bis wann hältst du unsere Seele hin? Wenn du der Messias bist, so sage es uns frei heraus. YAHUSHUA antwortete ihnen: Ich habe es euch gesagt, und ihr glaubt nicht. Die Werke, die ich in dem Namen meines Vaters tue, diese zeugen von mir; aber ihr glaubt nicht, denn ihr seid nicht von meinen Schafen, wie ich euch gesagt habe. Meine Schafe hören meine Stimme, und ich kenne sie, und sie folgen mir und ich gebe ihnen ewiges Leben, und sie gehen nicht verloren in Ewigkeit, und niemand wird sie aus meiner Hand rauben. Mein Vater, der sie mir gegeben hat, ist grösser als alle, und niemand kann sie aus der Hand meines Vaters rauben. „Ich und der Vater sind eins". Ebenso spricht YAHUSHUA in Johannes 8, 12 „Ich bin das Licht der Welt; wer mir nachfolgt, wird nicht in der Finsternis wandeln, sondern wird das Licht des Lebens haben". Möge uns YAHUWAH Gnade geben, dass wir erkennen, welch Gräuel die heidnischen Feste und das „Fest des unbesiegbaren Sonnengottes" sind. Gott hasst diese Feste. Eben wegen diesen kam das Gericht über

Gottes Volk. Nachdem Josia den ganzen Baals-Dienst zerstört hatte feierte er mit dem Volk das Passah. YAHUSHUA ist ebenso unser Passahlamm und in ihm haben wir Vergebung. Trennen wir uns ebenso wie Josia von den Festen des Baals und bitten wir Gott um Vergebung. Proklamieren wir die Herrschaft unserer Gottes YAHU-WAHs: „SCHEMA ISRAEL

Höre, Israel: YAHUWAH ist unser Gott, YAHUWAH ist EINER"! 5. Mose 6, 4. Quelle: © Publiziert von Jesusruf, Autor: Roland Odenwald; http://flusenkram.de/ GLAUBEN/WORTE/ PDF Worte /Weihnachten_Bedeutung.pdf.

Weihnachten ein Fest aus Satans Märchenstunde

Überall denken die Menschen, Weihnachten sei das hervorragendste christliche Fest. Heutzutage nehmen sie sogar an, JESUS sei am 25. Dezember geboren und die Bibel würde diesen Tag aussondern, damit er von den Christen besonders gefeiert wird. Das versuchen religiöse Funktionäre uns heute nach wie vor in ihren kirchlichen Märchenstunden zu erzählen. DOCH DAS IST EINE TÄUSCHUNG und infame Lüge! Es gibt bestimmte Fakten, die wir kennen sollten. Lasst uns, die wir angeblich eine christliche Nation sind, aufhören, in Unwissenheit zu leben!!!

Was wissen wir eigentlich über den Ursprung des Weihnachtsbaumes, vom Brauchtum des Nikolaus, des Adventkranzes, dem Mistelzweig und dem Brauchtum gegenseitigen Beschenkens? Der vorliegende Artikel wird einige interessante Tatsachen aufdecken.

Was bedeutet der Begriff „Weihnachten"?

Den einfachsten Ausgangspunkt für die Frage, was Weihnachten überhaupt ist, bietet das Wort selbst. In einem Herkunftswörterbuch heißt es dazu: „Die seit der zweiten Hälfte des 12. Jhds. belegte Zusammensetzung **Wihe-Naht** besteht aus dem untergegangenen Adjektiv **weich** „heilig" und dem Substantiv „Nacht". Die Form Weihnachten **wihen nahten** beruht auf einem alten Dativ Plural mittelhochdeutsch **ze wihen nahten** „in den heiligen Nächten". Damit waren ursprünglich die schon in germanischer Zeit als heilig gefeierte Mittwinternächte gemeint". Quelle: © Das Herkunftswörter-buch Band 7 Duden 1963, S. 759.

Andere Bezeichnungen für den Begriff „Weihnachten" sind Winter Solstice, Mother's Night, Alban Arthan, Yuletide, Rauhnacht, Modranect, Modraniht, matrum noctem.

Die Wintersonnenwende, also die Julnacht, ist die längste Nacht des Jahres. Das Julfest ist ein Wendepunkt, ein Anfang. An diesem Tag feiern die Heiden die Rückkehr von Licht und Leben, denn ab jetzt werden die Tage wieder länger. Nach Ansicht der Heiden liegt die Göttin in den Wehen und bringt das Sonnenbaby zur Welt. Der Geburtstag des Sonnengottes ist der Tag des Triumphes des Lichts über die Dunkelheit. Die meisten vorchristlichen Mysterienkulte feierten die Geburt des göttlichen Kindes zur Wintersonnenwende. Somit lautet der alte Name im angelsächsischen Raum für diese Nacht „Modraniht" was Mutter-Nacht bedeutet.

Welche waren alle diese geheimnisvollen Mütter, vor denen die Heiden Ehrfurcht empfanden? Die großen Göttinnen in aller Welt gebaren wie in einem einzigen göttlichen Akt eine neue Welt.

Weihnachten wurde demnach von den Germanen schon in vorchristlicher Zeit gefeiert, was bedeutet, dass es eigentlich garnichts mit der Geburt des Sohnes-Gottes zu tun hat: man feierte die Mittwinternächte (Wintersonnenwende).

Da das Weihnachtsfest von der katholischen Kirche über die gesamte Erde verbreitet wurde, sollte man doch davon ausgehen können, dass sie sicherlich kompetent genug ist, als Informationsquelle herangezogen zu werden. Sehen wir uns daher einmal die Catholic Encyclopedia an, ein Werk, das von dieser Kirche im Jahre 1911 herausgegeben wurde. Unter der Überschrift Christmas (Weihnachten) ist zu lesen:

„Weihnachten zählte „nicht" zu den Festen der frühen Kirche. Erste Nachweise für das Fest kommen aus Ägypten". Und weiter heißt es: „Heidnische Bräuche, die sich zeitlich um die Zeit des Januars bewegten, wurden zu Weihnachten gemacht".

Die Encyclopedia Americana erläutert: „Die römischen Saturnalien (ein Fest, das Saturn, dem Gott des Ackerbaus, gewidmet war und mit dem man die wiedererlangte Kraft der Sonne feierte) fanden ebenfalls zu dieser Zeit statt, und einige Weihnachtsbräuche wurzeln, wie man annimmt, in diesem alten heidnischen Fest". Quelle: © 1977, Bd. 6, S. 666.

Nach der Hypothese, die H. Usener aufstellte und die meisten Gelehrten heute anerkennen, legte man die Geburt Christi auf den Tag der Wintersonnenwende fest (25. Dezember nach dem Julianischen

Kalender, 6. Januar nach dem ägyptischen Kalender). **Die Mithra Verehrer feiern an dem Tag, an dem die Sonne den südlichen Wendekreis passiert und nach Norden zurückzukehren beginnt, das Fest „Dies natalis solis invicti" (Geburtstag der unbesiegten Sonne). Am 25. Dezember 274 n. d. Zw. ließ Aurelian den Sonnengott als „Herrn des Reiches" ausrufen und weihte ihm auf dem Marsfeld einen Tempel. Das Weihnachtsfest kam zu einer Zeit auf, als der Sonnenkult in Rom besonders eifrig betrieben wurde".** Quelle: ©
1967, Bd. III, S. 656.

Im evangelischen Kirchenlexikon, 1959, 3. Band, steht auf Seite 1742 folgendes geschrieben: **„Die Kirche der Märtyrerzeit lehnte ein solches Fest entschieden ab mit Hinblick auf die heidnischen Feste von Geburtstagen der Götter nebst den Kulthandlungen, die mit diesen Festen verbunden waren".**

In Religion, in Geschichte und Gegenwart, 3. Auflage, heißt es zum Thema Weihnachten: „Weihnachten ist der deutsche Name für das Fest der Geburt Christi. Dieser Name ist wahrscheinlich heidnischen Ursprungs und bezeichnet die geweihten Nächte um die Wintersonnenwende. Die Weihnachtsfeier, die am 25. Dezember begangen wird, wurde erst im zweiten Drittel des vierten Jahrhunderts regelmäßig beobachtet. Bis ins vierte Jahrhundert war der Widerstand zum Teil sehr stark, da man es für eine heidnische Sitte hielt, die Geburtstage der Könige festlich zu begehen. Widerstand boten unter anderen Männern wie Origenes, Arnobius, Clemens Alexander und Epiphanius". „Trotzdem hat sich die Feier von Christi Geburt rasch durchgesetzt, und zwar offenbar aus dogmatischen Gründen. **„Der Ursprung des Weihnachtsfestes verweist auf die Kirche Roms. Dass der römische Bischof den 25. Dezember zur Feier der Geburt Christi bestimmt hatte, hat seinen möglichen Grund darin, dass der Kaiser Aurelian (270-275) diesen Tag zum Fest der Sonne ausersehen hatte".**

Durchsetzen konnte es aber erst Papst Liberius erst im Jahr 354. Zum Dogma, Glaubenssatz, wurde es auf dem 2. Konzil von Konstantinopel 381 unter Kaiser Theodosius erklärt. Im 7. und 8. Jahrhun-

dert setzte sich der Brauch, das christlich-heidnische Fest am 25. Dezember zu feiern auch in Deutschland durch. **Die Mainzer Synode erklärt 813 diesen Tag offiziell zum „festum nativitas Christi".** Mit ihm begann damals das Kalenderjahr. **Der erste Januar wurde erst ca. 800 Jahre später mit Einführung des Gregorianischen Kalenders zum Jahresbeginn.** Im Verlaufe der Christianisierung der Menschheit hat das Weihnachtsfest dann seine heutige weltweite Verbreitung gefunden. Der christlich-heidnische Weihnachtsfestkreis beginnt mit der vierwöchigen Vorbereitungszeit des Advents und reicht in den katholischen Bereichen bis zum 06. 01. („Dreikönig"). Die griechisch-orthodoxen Kirchen feiern das heidnische Weihnachtsfest erst am 06. 01., die Armenier am 18./19. 01.!
<u>Während der ersten drei Jahrhunderte kannte die christliche Gemeinde den Geburtstag ihres Heilands überhaupt nicht!</u> Im 4. Jahrhundert gab es eine lange Diskussion über ein mögliches Datum. Manche waren für den populären Tag des Koreion, an dem die Göttin in Alexandria den neuen Aion gebar. Heute heißt dieser Tag Epiphanias und ist in der armenisch-christlichen Kirche noch immer der offizielle Geburtstag von Jesus und wird in der griechisch-orthodoxen Kirche feierlicher begangen als Weihnachten.
<u>Der eigentliche Name, unter dem Weihnachten gemeinhin bekannt ist, nämlich Jul-Fest, ist heidnischen und babylonischen Ursprungs!!!</u> Der altgermanische Festname Jul (engl. yule, isl. jól) ist ein Mehrzahlwort, denn er bezeichnet sowohl das eigentliche Mittwinterfest als auch die Tage, die mit ihm verbunden sind, d. h. die Zeit bis zum Jahresbeginn. **<u>Auch der Name Weihnachten ist heidnisch.</u>** Jul ist die weihevolle Nacht, in der Baldur wiedergeboren wird. Die Sonne hat den südlichen Wendekreis erreicht und kehrt in den Norden zurück. Der Zweig, der Baldur den Tod brachte, die Mistel, wird zum Heilssymbol. Licht und Wärme, die nun kommen werden, feiern wir durch ein Feuer oder durch viel Kerzenlicht.
<u>„Jul" bedeutet in Chaldäisch „Säugling" oder „kleines Kind" (Von Eöl, „Säugling".</u> In Schottland und besonders in den Lowlands werden die Jul-Kekse auch Nûrkekse genannt (das „u" wird genauso

ausgesprochen, wie das „u" im französischen). Im Chaldäischen bezeichnet Noûr die „Geburt". Demnach sind Nûr-Kekse „Geburtstags Kuchen". Die skandinavischen Göttinnen, Nornen genannt, welche die Bestimmung der Geburt eines Kindes festlegen, leiten ihren Namen nachweislich von dem chaldäischen Wort „Nor", „Kind", ab. Und der 25. Dezember wurde von den heidnischen Angelsachsen „Jul-Tag" oder „Kinder-Tag" genannt und die vorausgehende Nacht „Mutter-Nacht", lange bevor sie mit dem Christentum in Kontakt kamen. Das beweist ausreichend seinen wirklichen Charakter. Dieser Geburtstag wurde weit und breit in den heidnischen Reichen beobachtet. Gewöhnlich wurde geglaubt, dieses Fest diene nur einem astronomischen Zweck, würde sich nur auf die Vollendung des Jahreslaufs der Sonne beziehen, auf den Anfang eines neuen Kreislaufs. Aber es ist unzweifelhaft bewiesen, dass das fragliche Fest auf mehr als nur dies anspielt - es ist das Gedächtnis nicht nur der fiktiven Geburt der Sonne in der Wiederkehr ihres Kreislaufs, sondern der Geburtstag des großen Befreiers. Unter den Sabäern in Arabien, die den Mond und nicht die Sonne als das sichtbare Objekt der Anbetung verehrten, wurde zur selben Zeit ein Geburtstagsfest gefeiert. So lesen wir in Stanly's Sabean Philosophy: Am 24. des zehnten Monats, das ist der Dezember nach unserem Kalender, **„feierten die Araber den Geburtstag des Herrn - das ist der Mond". Der Herr des Mondes war das Hauptobjekt der Verehrung Arabiens und gemäß dieser Aussage wurde er am 24. Dezember geboren, was klar und deutlich zeigt, die Geburt hat nicht notwendigerweise etwas mit dem Jahreslauf der Sonne zu tun.** Es ist wert, besonders vermerkt zu werden, dass wenn der Weihnachtstag unter den alten Sachsen (in England) die Beobachtung eines Geburtsfestes irgendeines Herrn der Himmlischen Heere war, dann muss das hier genau den gleichen Grund haben, wie in Arabien. **Die Sachsen verehrten bekannter Weise die Sonne als weibliche Gottheit und den Mond als männliche.** Quelle: © Sharon Turner Bd. 1, S. 21. Turner zitiert ein arabisches Gedicht, das zeigt, die Sonne wurde in Arabien als weiblich und der Mond als männlich angesehen, genauso wie bei den Angelsachsen. Der Name des Mondes schien im Osten Meni gewesen zu sein, das scheint die natürlichste Interpretation der göttlichen Aussage zu sein, die wir in Jesaja 65, 11 finden: „Ihr aber seid es, die YHWH verlassen, die meinen heiligen Berg vergessen, die für den Gott des „Glücks" (Gad) einen Tisch herrichten und die für den Gott des „Schicksals" (Meni) gemischten Wein einfüllen". Es gibt Gründe zu glauben, dass sich „Glück" oder Gad auf den Sonnengott und „Schicksal" oder Meni auf den Mondgott bezieht. Der Name Gad bezieht sich in erster Linie auf den Kriegs-Gott, der den Angriff darstellt. Aber es stellt auch den „Versammler" dar und beide Ideen wurden auf Nimrod bezogen, dessen Haupteigenschaften die des Sonnengottes waren, da er der erste große Krieger war. Und unter dem Namen Phoroneus wurde er als der verehrt, der als erstes die Menschheit in eine soziale Gemeinde versammelte. Der Name Meni, „der Zähler", scheint andererseits ein Synonym für Kusch oder Cus zu sein, der neben der Bedeutung „zudecken" oder „verbergen" auch „zählen oder Zahl" bedeutet. Die korrekte Bedeutung des Namens Kusch ist „der Zählende" oder „der Rechner", während Nimrod, der Sohn, als der „Mächtige" der Verbreiter des babylonischen Götzendienstes mit Gewalt und Macht war, war er als Hermes der wirkliche Kopf dieses Systems des Götzendienstes, von dem gesagt wird, er „lehrte die Menschen die korrekte Art, der Gottheit mit Gebet und Opfern näher zu kommen". Auch waren Götzendienst und Astronomie innig verbunden, was ihm effektvolles Handeln ermöglichte, dafür war es unentbehrlich, dass er hervorragendes Geschick in der Wissenschaft der Zahlen hatte. Von Hermes (das ist Kusch) wird gesagt, er hätte als erstes die Zahlen entdeckt und die Kunst des Rechnens, der Geometrie, Astronomie und der Spiele Schach und Hasard. Und es kommt aller Wahrscheinlichkeit von der Beziehung zur Bedeutung des Namens Kuschs her, dass ihn manche „Zahl, der Vater der Götter und Menschen" nennen. Der Name Meni ist die chaldäische Form des hebräischen „Mene", „zählen", wobei im Chaldäischen oft ein i anstelle eines e am Schluss steht. So wie wir nach Gesenius Gründe zu der Annahme gefunden haben, dass Nebo, der große prophetische

Gott Babylons, derselbe war wie Hermes, zeigt der besondere Nachdruck des ersten Wortes des göttlichen Strafurteils, welches das Schicksal Belschazzars besiegelte, der den uranfänglichen Gott darstellte: „Mene Mene Tekel und Parsin", die heimliche Aussage: „der Zähler ist gezählt". Wie der Becher das besondere Symbol Kuschs war und daher das Ausgießen von Trankopfern für ihn als dem Gott des Bechers passte und wie er der große Göttliche war, so passte auch die Vergöttlichung, was das kommende Jahr anbetrifft, welches Jerome mit der Gottheit verbindet, auf die sich Jesaja bezieht. Hermes, in Ägypten der „Zähler", wurde mit dem Mond identifiziert, dem Zähler der Monate. Er wurde „Herr des Mondes" genannt und als der „Spender der Zeit" bezeichnet, erhielt einen „Palmzweig als Zeichen eines Jahres". Wenn also Gad der „Sonnen-Gott" war, dann bezieht sich Meni natürlich auf den „Herrn des Mondes". Sogar dort, wo die Sonne das bevorzugte Objekt der Anbetung war, ob in Babylon selbst oder anderswo, wurde sie auf diesem Fest nicht bloß als Tagesgestirn verehrt, sondern als Inkarnation Gottes. Es war ein wichtiger Grundsatz des babylonischen Systems, dass die Sonne oder Baal der einzige Gott war. Wenn Tammuz als Verkörperung Gottes angebetet wurde, dann bedeutet das, er war auch die Verkörperung der Sonne. In der hinduistischen Mythologie, die hauptsächlich von Babylon beeinflusst ist, kommt dies deutlich zum Ausdruck. Surja oder die Sonne wird verkörpert dargestellt und ist zu dem Zweck geboren, die Feinde Gottes zu unterwerfen, die ohne eine solche Geburt nicht hätten unterworfen werden können. Col. Kennedy, ein ausgezeichneter Sanskrit Gelehrter, leitet die Brahmins von Babylon ab. Beachte, der eigentliche Name Surja, der der Sonne überall in Indien gegeben wird, ist mit dieser Geburt verbunden. Obwohl das Wort ursprünglich eine andere Bedeutung hat, wurde es nachweislich von den Priestern mit dem chaldäischen Wort „Zero" identifiziert und weckte die Idee der Geburt des Sonnen-Gottes. Der pracritische Name steht dem Namen des verheißenen „Samens" der Schrift noch näher, es ist „Suro." In einem früheren Kapitel wurde gezeigt, dass in Ägypten ebenfalls die Sonne so dargestellt wurde, als sei sie von einer Göttin geboren worden war.

Das Datum des Weihnachtsfestes

Das Buch 4000 Years of Christmas sagt über die Wahl des 25. Dezembers als den Tag der Geburt Christi:
„Dieser Tag war nicht nur den heidnischen Römern heilig, sondern auch einer Religion aus Persien, die in dieser Zeit zu den größten Konkurrenten des Christentums zählte!!! Diese persische Religion war der Mithraismus, dessen Nachfolger die Sonne verehrten und an diesem Tag ihre Rückkehr zur Stärke feierten". Quelle: © Earl and Alice Count, 1997, Seite 37.

Kitto sagt, dass der „erste Regen im Herbst" fällt, „das ist im September oder Oktober". Das würde die Zeit, in der die Herden vom Feld in den Stall gebracht wurden, früher ansetzen, als ich es im Text getan habe, aber zweifellos geschah es nicht später, gemäß dem Zeugnis Maimonides, der die jüdischen Gebräuche sehr genau kannte. Das würde auch erklären, warum in Bethlehem selbst keine Unterkunft mehr zu erhalten war (Lukas 2, 7). Nach dem jüdischen Historiker Josephus war Jerusalem normalerweise eine Stadt mit etwa 120.000 Einwohnern gewesen. Während der Feste konnte diese Stadt durchaus auf die Zahl von 2 Millionen Juden anwachsen. Diese Menschenmassen waren nicht nur allein in Jerusalem unterzubringen. Die benachbarten Städte wie auch das 8 Kilometer entfernte Bethlehem boten den Reisenden entsprechende Unterkunftsmöglichkeiten an. Sollte die Reise von Mirjam und Joseph tatsächlich dazu gedient haben, neben der Einschreibung auch dem Herbstfest beizuwohnen, läge der Schluss durchaus nahe, dass YAHUSHUA in jenem Herbst zur Welt gekommen war. Wenn der allmächtige Schöpfer beabsichtigt hätte, den Geburtstag feierlich zu beobachten, dann hätte er mit Sicherheit uns das korrekte Datum ebenso auch wissen lassen!
Josef zog mit MIrjam etwa vier Wochen vor der Geburt nach Jerusalem, um noch vor den hohen jüdischen Festen dort zu sein. Denn für jeden männlichen Israeliten war es Pflicht, zu den Festen im

Tempel zu erscheinen. Gleichzeitig konnten sie damit ihre Registrierung bei der Volkszählung verbinden. Der Weg von Jerusalem nach Bethlehem ist nicht weit.

Vielmehr hat die römische Kirche einst das Datum des 25. Dezember einfach von den Heiden übernommen, da auch die Römer wie viele andere Heiden, die vor der Erscheinung des Sohnes Gottes, Sonne, Mond und Sterne noch unmittelbar anbeteten, die Wintersonnenwende zu Ehren ihres Sonnengottes „sol" (= Sonne) feierten (der 25. Dezember wurde schon im Jahre 46 v. d. Zw. von Julius Cäsar als Wintersonnenwendetag im Julianischen Kalender festgesetzt). Dasselbe Fest wurde bereits bei den alten Babyloniern gefeiert und war dort dem Gott „Bel" gewidmet. Dies kann man sogar in einem gewöhnlichen Lexikon nachlesen:

„Sol (lat. Sonne), der vom griech. Helios entsprechende röm. Sonnengott, dem ein Tempel auf dem Quirinal (einer der 7 Hügel Roms, Sitz des Königs) geweiht war. **Kaiser Aurelian setzte (273) den babylonischen Bel unter dem Namen Sol invictus („die unbesiegbare Sonne") als Reichsgott ein. Sein Fest war am 25.12"!** Quelle: © dtv-Lexikon 1977.

Im Großen Brockhaus, 16. Auflage, lesen wir unter dem Stichwort Weihnachten: „Das Fest der Geburt des Messias; es hat sich erst im 4. Jahrhundert gegen starke Widerstände eingebürgert und geht vom Sonnenjahr aus. **Bei der Entstehung des Weihnachtsfestes haben die heidnischen Feiern des Sol Invictus Pate gestanden.** Andererseits wurde der 25. Dezember als Tag der Wintersonnenwende auf das in dem Messias angebrochene Weltenlicht gedeutet und so die Symbolik des Sol Invictus auf den Erlöser übertragen".

Kirchenpolitische Überlegungen
Es mag ziemlich dreist sein, im Rahmen der Versöhnung der Heiden, und um die Zahl der nominellen Anhänger der Christenheit zu erhöhen, wurde dasselbe Fest in die römische Kirche übernommen, es wurde ihm nur ein christlicher Name gegeben!!! Die Tendenz der Christenheit, sich mit dem Heidentum auf halbem Wege zu tref-

fen, zeigte sich schon sehr früh. Wir finden Tertullian im Jahr 230 n. d. Zw. bitterlich klagen über die Unbeständigkeit der Jünger Christi in dieser Hinsicht und vergleicht es mit der strikten Treue der Heiden gegenüber ihrem Aberglauben. „Bei uns", so sagt er, „die wir Fremde in Bezug auf den Sabbat, des Neumondes und der Feste sind, obwohl einst von Gott anerkannt, sind die Saturnalien, das Fest des Januars, der Brumalia und Matronalia jetzt üblich. Gaben werden hin und her getragen, der Neujahrstag wird mit Getöse begangen und Bankette werden mit Aufruhr abgehalten. Oh wie viel glaubensvoller halten die Heiden an ihrer Religion fest, die besondere Sorge tragen, nichts von den Christen zu übernehmen". Aufrichtige Männer stemmten sich gegen den Strom, aber trotz ihrer Anstrengungen hielt die Abtrünnigkeit an, bis die Kirche außer einem kleinen Rest vom heidnischen Aberglauben überschwemmt war. Christliche Prediger des Ostens nannten diesen Entscheid eine offenkundige Leichtfertigkeit. **Die mesopotamischen Christen nannten ihre westlichen Brüder sogar Götzendiener und Sonnenanbeter!**
Tertulian, der berühmte Kirchenvater, schrieb deshalb im 3. Jahrh. den Christen: „Den Juden macht der Heilige Geist ihre Feste zum Vorwurf". Er sagte ferner: „Eure Sabbate, heißt es, Neumonde und Zeremonien hasst meine Seele. Von uns Christen aber, die die Sabbate, Neumonde und die ehemals gottwohlgefälligen Tage nichts angehen, werden Saturnalien (25.Dezember), Janusfeste (Neujahr), Wintersonnenwenden und Matronalien gefeiert. Geschenke strömen zusammen und die Neujahrsgelder klingeln. Spiele und Gastmähler werden laut. Da verfährt denn doch der heidnische Glaube gegen seine Leute besser. Der nimmt keinen christlichen Feiertag für sich in Anspruch. Die Heiden würden weder den Sonntag noch Pfingsten mitmachen, selbst wenn sie ihnen bekannt wären, denn sie würden fürchten, für Christen gehalten zu werden. Wir aber scheuen uns nicht, uns als Heiden bezeichnen zu lassen".
<u>**Dass Weihnachten ursprünglich ein heidnisches Fest war, steht außer Zweifel!!!**</u> Die Zeit im Jahr und die Zeremonien, die damit in Verbindung stehen, beweisen seinen Ursprung. In Ägypten wurde

der Sohn der Isis - der ägyptische Titel der Himmelskönigin - zu genau derselben Zeit geboren, „zur Zeit der Wintersonnenwende". (Plutarch bestätigt, dass die ägyptischen Priester behaupteten, dass die Geburt des vergöttlichten Sohnes der Isis Ende Dezember verfrüht war. Aber das ist nachweislich nur das Gegenstück zur klassischen Erzählung des Bacchus, der, als seine Mutter Semele vom Feuer Joves verzehrt wurde, als Embryo vor den Flammen gerettet wurde).

Sol Invictus und Mithras
Was ist nun unter Sol Invictus zu verstehen? In der 17. Auflage des Großen Brockhauses heißt es dazu: „Sol Invictus (lat.: die unbesiegbare Sonne), Name, unter dem Kaiser Aurelian im Jahre 274 n. d. Zw. den babylonischen Bel als Reichsgott einsetzte. Sein Fest war am 25. Dezember".

Das antike Rom und seine Provinzen feierten den ganzen Winter hindurch immer wieder Feste. Vom 17. bis zum 19. (maximal bis zum 23. Dez.) gab es (in erster Linie für die Reichen) die sog. „Saturnalien" zu Ehren des Fruchtbarkeitsgottes Saturnus. Es war kein astronomisches Fest, das die Heiden zur Wintersonnwende feierten. Dieses Fest wurde in Rom das Fest des Saturns genannt und die Art und Weise, wie es gefeiert wurde, zeigt, woher es stammt. Das Fest dauerte, wie es von Caligula bestimmt wurde, fünf Tage (später wurde es auf sieben Tage verlängert), die Zügel wurden zugunsten von Trunkenheit und Vergnügungen ausgelassen, Sklaven erhielten eine zeitweilige Gleichberechtigung und genossen alle Arten von Freiheit (Wenn Saturn oder Kronos, wie wir sahen, Phoroneus, „der Gleichberechtigte (Emancipator)" war, entsprach die „zeitweilige Gleichberechtigung" der Sklaven bei diesem Fest genau dem ihm zugeschriebenen Charakter) zusammen mit ihren Herren. (Siehe Statius, seine Worte sind: „Saturnus mihi compede exoluta Et multo gravidus mero December Et ridens jocus, et sales protervi Adsint.") Das war genau die Art und Weise, wie das Fest des Besäufnisses, oder mit anderen Worten das Fest des Bacchus, im Monat Thebeth (das entspricht dem Dezember) in Babylon gefeiert wurde. „Es war für die Herren Brauch, „sagt Berosus, „während der fünf Tage ihren Dienern untertan zu sein, einer von ihnen regierte das Haus und war in Purpur gekleidet wie ein König". Diese „in Purpur gewandeten" Diener wurden „Zoganes" (Von „Tzohkh", „Scherz und Ausgelassenheit", und „anesh", „Mann", oder vielleicht mag „anes" nur den „Tuenden" bezeichnen, von an „tätig". Für die Eingeweihten hat es eine andere Bedeutung) genannt. **„Der Mann des Scherzes und Ausgelassenheit", was die exakte Antwort auf den „Herrn der Unordnung" darstellt, der im finsteren Mittelalter in allen päpstlich regierten Ländern gewählt wurde, um die Vergnügungen von Weihnachten zu bekommen.** Nach etlichen anderen Festen folgte am 6. Jänner die Dionysosfeste, die an Ausgelassenheit alle anderen übertrafen.

>>>„Es kann kein Zweifel bestehen, dass das heidnische Fest zur Wintersonnenwende - oder mit anderen Worten Weihnachten - zu Ehren der Geburt des babylonischen Messias Nimrod abgehalten wurde"!!!<<< Die Betrachtung eines anderen großen Festes im päpstlichen Kalender gibt die stärkste Bestätigung zu dem eben gesagten. Jenes Fest, Maria Verkündigung, in England Lady-Day genannt, wurde in Rom am 25. März gefeiert, angeblich als Andenken an die wunderbare Empfängnis unseres Herrn im Leib der Jungfrau, an dem Tag, an dem der Engel zu ihr gesandt wurde, um ihr die außerordentliche Ehre mitzuteilen, die ihr als der Mutter des Messias zuteilwurde. **>>>„Denn schon bevor der Sohn Gottes empfangen oder gar geboren war, stand das Datum im päpstlichen Kalender fest, als „Ankündigung der Jungfrau" wurde es im heidnischen Rom in Verehrung der Cybele gefeiert, der Mutter des babylonischen Messias!!!<<<** Quelle: © Ammianus Marcellinus, Bd.23, S.355 und Macrob Bd.1, S.47. Diese Tatsache steht in einem Absatz, der Licht auf ein Fest in Ägypten wirft, welches bis jetzt noch nicht befriedigend behandelt wurde. Dieses Fest wurde abgehalten in Erinnerung an „den Eingang des Osiris in den Mond". Nun, Osiris war, wie Surya in Indien, die Sonne. Der Mond andererseits, obgleich meistens das Symbol des

Gottes Hermes oder Thoth, war auch das Symbol der Göttin Isis, der Himmelskönigin. Der Gelehrte Bunsen scheint darüber zu disputieren, aber seine eigenen Eingeständnisse zeigen, dass er es nicht verstand. Und Jeremia 44, 17 scheint in diesem Punkt entschieden zu sein. Der Eingang des Osiris in den Mond war genaugenommen der der Sonne, mit der Isis - die Himmelskönigin – schwanger ging, damit er, wie der indische Surya, zur gegebenen Zeit als Befreier geboren würde. Deshalb wird der Name Osiris, wie Isis die griechische Form von H'ischa, „die Frau" ist, bis auf den heutigen Tag auf ägyptischen Monumenten Hesiri, „der Same", gelesen. Das ist kein Einwand gegen die Aussage, dass Osiris gewöhnlich als Ehemann der Isis dargestellt wird, denn wie wir bereits gesehen haben, ist Osiris sowohl der Sohn, als auch der Ehemann. Dieses Fest fand in Ägypten im März als Frauen-Tag statt, oder als das erste große Fest der Cybele, es wurde auch im selben Monat im heidnischen Rom abgehalten. Wir haben gesehen, der gebräuchliche Titel der Cybele in Rom war Domina, oder „Frau", in Babylon war es Beltis und daher kommt zweifellos der Name Lady-Day - Frauen-Tag - bis auf uns.

>„Es ist offenkundig, dass Maria Verkündigung und Weihnachten in enger Beziehung zueinander standen. Zwischen dem 25. März und dem 25. Dezember liegen exakt neun Monate. Wenn der falsche Messias im März empfangen und im Dezember geboren wurde, kann dann irgendjemand auch nur einen Moment glauben, dass die Empfängnis und Geburt des wahren Messias so synchron geschah, nicht nur im selben Monat, sondern auf den Tag genau? Das ist unglaubhaft!!! Mariä Verkündigung und Weihnachten sind mithin rein babylonisch!!! In der Folge – Satanisch!!!**

Zu Anfang des 4. Jhd. beschloss man, am 6. Jänner nicht mehr nur der Taufe JESU, sondern auch seiner Geburt in Form eines Festtages zu gedenken. Wenig früher hatte man nämlich begonnen, den 6. Jänner als Tauftag JESU, als Epiphanie des Gottessohnes (griech. „epiphaneia" = „Erscheinung"), zu feiern. Da nun auch der Geburt JESU gedacht werden sollte, verlängerte man ganz einfach das Fest, so dass es vom Abend des 5. Jänner bis zum frühen Morgen des 7.

Jänner dauerte. Da wurde gesungen, getanzt, getrunken und gespeist.

Nach dem Konzil von Nicäa, das Konstantin im Jahre 325 einberufen ließ, und bei dem er persönlich den Vorsitz führte, fasste man unter anderem den Entschluss, dass die Geburt JESU gesondert gefeiert werden müsse. Der Geburtstag Mithras ist ein Tag, der wie bereits erwähnt, bekannt ist als „Natalis Solis Invicti" („Der Geburtstag der unbesiegbaren Sonne") und der von dem „christlichen" Eroberer Konstantin bis zu seinem Tode in ganz Rom gefeiert wurde. **Er erließ durch einen Beschluss, der diesen Tag zu einem „heiligen" Tag machte (denn Mithras Nachfolger nannten sich jetzt Christen")!!! Wie bitte???** Schreibt doch ein christlicher Schreiber: „Das Datum von Xmas/Weihnachtstag: Adoption des 25. Dez. um Weihnachten zu feiern (Christmass) die „Mass" (Opfer des „Christos") ein Wort, das Sonne bedeutet, jeden Morgen bei Sonnenaufgang ist wahrscheinlich das deutlichste Beispiel dafür, wie die Sonnenanbetung des Sonnengottes Mithras Einfluss nahm auf die christliche Liturgie und ihren Kalender. Es ist eine bekannte Tastsache, dass der heidnische Feiertag für Natalis Solis Invicti am 25. Dez. gehalten wurde".

Im Filiokalianischen Kalender (354 n. d. Zw.) wurde der 25. Dez. als Novalis Invictis bezeichnet, dem Geburtstag des Unbesiegbaren. Julian der Abtrünnige, ein Neffe Konstantins und ein Frommer des Mithras, sagt in Bezug auf dieses heidnische Fest: „Vor dem Beginn des Jahres, am Ende des Monate der zur Ehre Saturns ist (Dezember), feiern wir es zur Ehre Helios (der Sonne) mit den brillantesten Spielen und wir weihen es zum Fest der unbesiegbaren Sonne. Quelle: © Julian, die Gebete des Julian, Hymne auf König Helios, 155, Seite 429 in Sammuele Bachiocci's Buch, „Vom Samstag zum Sonntag".

Auch etliche Kirchenmänner des Westens waren auf die Idee gekommen, dass es notwendig sei, dem Mithras-Fest am 25. Dezember mit einem „christlichen Fest" Konkurrenz zu machen. Außerdem bot die theologische Auseinandersetzung um das Menschsein JESU (hinweisend auf Geburt) und die Gottheit JESU (hinweisend auf Taufe), die auf jenem Konzil ausgetragen wurde, einen günstigen Anlass dazu offensichtlich nicht. Angenommen, selbst wenn sie seine Bedeutung neu interpretiert hätten, wäre doch seine Bedeutung gleichbedeutend einem Betrug ihres Glaubens. Das haben die „Kirchenväter" sehr vorsichtig vermeiden wollen. Augustinus und Leo der Große, z. B., haben heftig solche Christen kritisiert, die die Sonne an Weihnachten anbeteten, anstelle der Geburt des Sohnes Gottes zu gedenken gemäß Augustin. Quelle: © Sermin in nativate Domini, 7, PL 38, 10007 und 1032 wie Sammuele Bachiochi in „Vom Samstag zum Sonntag", Seite 257-258, Rom 1977, 14. Auflage. **Dieser Autor verbringt nicht weniger als 15 Seiten damit, die Quellen zu erklären, die beweisen, dass Weihnachten schon Jahrhunderte vor der Geburt unseres Erlösers existierte und zur Ehre von Mithras gehalten wurde und nicht anders herum!!!**

Tertullian musste sich selbst vor vielen verteidigen, die die Christen zu jener Zeit kritisierten, weil sie den Sonntag feierten und der „Sonnenanbetung" angeklagt wurden – und das geschah schon im Jahre 197 n. d. Zw. in seinem Buch, „Zu den Heiden" und wird ebenso von Bachiochi auf Seite 248 zitiert. Mit anderen Worten, sogar schon im 2. Jahrhundert wurden Christen dafür angeklagt, den „Sonnengott" anzubeten, so sehr, dass Tertullian ein ganzes Buch schreiben musste, um dies zu widerlegen, während wie Bachiochi aufzeigt, „er (Tertullian) seitenweise ohne Ende, die Christen dafür kritisierte, dass sie heidnische Feste in ihren eigenen Versammlungen feierten" (Seite 252). Bachiochi zitiert ebenfalls F. Cumont in seinem Buch, „Mithras Mysterien", 1956, Seite 167 wo gesagt wird: „Jeden Tag in der Woche wurde der Planet für den dieser Tag heilig war, an einem festen Platz in der Krypta (Mithracum) angerufen und Sunda, dem die Sonne vorstand, war besonders heilig. Bachiochi erwähnte auch einen anderen christlichen Schreiber, Justin den Märtyrer, der in seinem Buch Apologia 67 nicht weniger als dreimal „den Tag der Sonne" erwähnte. Bachiochi schreibt weiter: Christus die Sonne. In zahlreichen heidnischen bildhaften Darstellungen, die zu uns gelangten, wird Mithra als ein Mann porträtiert mit einer Körperverletzung am Hinterkopf. Es ist eine bekannte Tatsache, dass dieses Bildnis der Sonne in der primitiven christlichen Kunst benutzt wurde und in der Literatur, um Christus darzustellen, den „wahren Sohn der Gerechtigkeit". In dem am frühesten bekanntesten Mosaik, dass man unter dem Altar des Heiligen Petrus fand, im kleinen Mausoleum M. oder dem Iulli, wird Christus als die Sonne (Helios) in einem Feuerwagen mit fliegender Robe aufsteigend und einem Heiligenschein um seinen Kopf herum dargestellt, von dem sieben Strahlen ausgingen, die wie ein „T" geformt waren (Anspielung auf das Kreuz)

Quelle: © (Siehe E. Kirschbaum, „Heiliger Petrus und das Heilige Grab des Paulus", 1959, Seite 35.

von Bachiochi zitiert und anderen Autoren, die das Thema von Mithras und seiner Sonntags-Anbetung behandeln. Aber ich glaube, dass jene, die die Wahrheit wissen wollen, nicht streitsüchtig sind, und das was wir aufgezeigt haben, ausreichen wird. So können wir den wahren Ursprung von Weihnachten erkennen (Christus=Sonne; Mass=Opfer). Wir haben auch die enge Beziehung zwischen Xmas/ Weihnachten und dem Geburtstag von Mithra, dem Sonntag gesehen, den Tag der Solis Invictis (Unbesiegbare Sonne). **Wir können leicht begreifen, dass die „Eucharisten" der Mithraischen Kirche, die Mithra anbeten und nicht JESUS CHRISTUS als „Opfer", sowie der „Gott" Sonne, sichtbar aufgeht und für alle in einem Behälter ist, indem die Hostie aufbewahrt wird, die die Form der Sonnenstrahlen hat, die der Mithraische heidnische Priester hochhält, so dass ihr „Gott" von allen gesehen werden kann. Wenn die „Hostie" nicht den „Sonnengott" darstellen würde, warum sollte es in solchem Behälter, der von Sonnenstrahlen geformt ist, aufbewahrt und hochgehalten wird?** Ein anderes unbemerktes Symbol für Mithra in der christlichen Kirche Roms ist das Zucchetto, ein der Kippah ähnliches weißes kleines Mützchen, welches das Haupt der Kardinäle des Vatikans auf ihrem Kopf tragen. Was für eine Form hat das Zucchetto? Wieso die Form der Sonne, natürlich ihres „Gottes" Mithra! So, wenn die Protestantische und die Evangelikale Kirche der „Heiligen Kommunion" mit einer Hostie gedenken, wie die Anglikaner und die Lutheraner auch oder mit gemeinsamem Brot, dann kopieren sie nur blindlings die Mithrasanbetung, ohne seine Bedeutung zu verstehen.

Jetzt aber wieder zurück zum Weihnachtsfest: Dem Festkalender des römischen Chronographen zufolge ist das Weihnachtsfest in Rom erstmals für das Jahr 354 bezeugt, danach auch im Osten. An die Stelle des Geburtstagsfestes der „unbesiegbaren Sonne" (Sol Invictus oder Mithras) war nun also der Geburtstag der „Sonne der Gerechtigkeit" getreten. Ambrosius (ca. 339 - 397, ab 374 Bischof von Mailand; er strebte stets eine enge Verbindung zwischen Kirche und Staat an und diente dadurch nicht immer GOTT) ließ sich durch Spekulation und Willkür leiten, als er später zur Rechtfertigung des neu hinzugekommenen Weihnachtsfestes den Tag der Wintersonnenwende (damals fälschlicherweise für den 25. Dezember gehalten) wählte und ihn auf das in JESUS CHRISTUS angebrochene Weltenlicht deutete. **Das astronomisch richtige Datum der Wintersonnenwende („bruma" (Latein) bedeutet Winter-Solstitium) ist jedoch der 22. Dezember, also 3 Tage voher. Seit dem 6. und 7. Jhd. beinhaltet Weihnachten die Feier von drei verschiedenen Messen (Christmesse, Engelmesse und die eigentliche Festmesse),** eine 8-tägige Festwoche und einen eigenen Weihnachtsfestkreis (1. Advent). Dies sind alles bloß menschliche Erfindungen! **Im Brauchtum verlagerte sich die Weihnachtsfeier zunehmend auf den Abend des 24. Dezember, im alten Rom ein Festtag der „Brumalien" (die Brumalien dauerten vom 22. Dezember bis zum 31. Dezember).**

Viel vom Glauben und Brauch des römischen Heidentums und der Germanen ist die Weihnachtssitte übergegangen. „Jul" war ein altgermanisches Mittwinterfest, dessen Namensbedeutung unsicher ist; es kann entweder als „Rad" (der Sonne) oder als „Besprechung" verstanden werden. Unklar ist auch, wie das Fest im Zusammenhang mit der Wintersonnenwende stand. Die Bräuche des Julfestes wurden teilweise vom Weihnachtsfest übernommen; z. B. das Aufstellen eines grünen Nadelbaumes. Älteste Belege für den Weihnachtsbaum stammen aus Deutschland; sie gehen auf den Anfang des 16. Jhd. zurück. Am stärksten haben sich die Jul-Bräuche in Norddeutschland, Skandinavien und Großbritannien erhalten. In einigen nordischen Ländern ist „Jul" bis heute die übliche Bezeichnung für das Weihnachtsfest geblieben. Bekannte skandinavische Sitten sind der Julblock (ein brennender großer Holzklotz), der Julklapp (ein umständlich verpacktes Scherzgeschenk, das man mit dem Ruf „Julklapp!" ins Zimmer wirft) und der Julbock (eine Maskengestalt; in Norwegen Vorgänger des Weihnachtsmannes). Der Julbock ging vom protestantischen Bereich aus und übernahm als Personifizierung des weihnachtlichen Gabenbringers die Rolle des Nikolaus (erstmals belegt durch Bilder des 19. Jhd. Die häusliche Weihnachtsfeier mit der Bescherung der Kinder führte im 16. Jhd. die führende Gesellschaftsschicht unter den Protestanten ein. Wie im alten Rom anlässlich des Mithrasfestes (und der „Saturnalien") gab es nun auch unter den Protestanten eine Bescherung. >>>**„Der Brauch, einander zu beschenken, war und ist also attraktiver als die Entscheidung, sich selbst GOTT, dem Schöpfer des ganzen Universums, als lebendiges Schlachtopfer hinzugeben"!!!**<<< (Römer 12, 1 + 2) Die als kirchliche Volksschauspieler beliebten Weihnachtsspiele kamen erst im Mittelalter auf: das Krippenspiel, später das Hirten- und Dreikönigsspiel (manchmal mit vorausgehendem Prophetenspiel). Weihnachtsspiele sind in lateinischer Fassung erstmals in der „Beneditbeurer Handschrift" (13. Jhd.) dokumentiert. Das „St. Galler Spiel von der Kindheit JESU", das Ende des 13. Jhds. entstand, ist das erste volkssprachliche Weihnachtsspiel. Die Weihnachtslieder, die wir heute kennen, entstammen meist dem 18. und 19. Jhds! Da die ersten Christen wussten, dass das Alte Testament jeglichen heidnischen Bilderkult verboten hatte, verzichteten sie nicht nur auf jede Art von Bilderverehrung, sondern auch auf die Herstellung und Aufstellung von Bildern! Ihre Kunst stand daher in vollkommener Harmonie mit ihrem Glauben. Im 4. Jhd. ist dann leider eine Abkehr von dieser bibeltreuen Einstellung gegenüber dem Bild als Kultgegenstand und der erste Ansatz zur Bilderverehrung zu beobachten. Nachdem im Jahre 391 das Christentum unter Theodosius I. zur Staatsreligion erklärt worden war, nimmt die Bilderverehrung besonders zu. Bezeichnenderweise gefiel es GOTT, nur Matthäus und Lukas zum Bericht über die Geburt des Sohnes Gottes zu Bethlehem zu inspirieren. Für die Gläubigen der ersten Jahrhunderte war die Geburt des Sohnes Gottes ohne jede zentrale Bedeutung. Doch schon bald darauf tauchten die ersten bildhaften Darstellungen auf. Die ältesten davon stammen in erster Linie aus der Sarkophag (deckel)plastik (zu Beginn des 4. Jhds.) und sind uns aus dem Westteil des Römerreiches, aus Italien (hauptsächlich Rom) und Gallien überliefert. **Wenn in jene bildhaften Darstellungen neben den Hirten auch noch Ochs und Esel in die Krippenszenen hineingenommen werden, so entspricht dies bereits nicht mehr dem biblischen Text!!! vgl. Lukas 2, 16. Zu jener Zeit bleibt die Darstellung der Anbetung des Kindes durch die Magier (Matthäus 2, 11) noch vom Krippenmotiv getrennt.** Doch schon im zweiten Viertel des 4. Jhds. werden beide Szenen zu einer einzigen verknüpft, **>>>„obwohl weder Matthäus noch Lukas berichten, dass Hirten und Magier an der Geburtsstelle YAHUSHUAs zusammenkamen"!!!<<<**

An diesen Darstellungen kann man auch erkennen, was mit der Person Maria geschah. **Im Gefolge der Verkündigung des Dogmas über Maria als „Gottesgebärerin" (Konzil von Ephesus, 431) erhält sie in den Geburtsszenen JESU stets einen besonderen Platz,** während sie in den ältesten Krippenmotiven (4. Jhd.) völlig fehlt! Bei den oströmischen Denkmälern tritt dieser Wandel besonders deutlich ab dem 6. Jhd. hervor. **Anliegen der Darstellung ist nun nicht mehr ausschließlich die Geburt des Sohnes Gottes, sondern auch die Verehrung der „Gottesgebärerin". Die Entwicklung des „Madonnenbildes" nimmt hier ihren Ausgang. Aus dieser ungeistlichen Wurzel, die hier aufgedeckt vor unseren Augen liegt, entspross sehr bald danach der Marienkult mit all seinen Widersprüchen zum Neuen Testament.** Als der Streit zwischen Bilderfeinden und Bilderfreunden im Jahre 843 durch Kaiserin Theodora endgültig für die letzteren entschieden worden war, fraß der Bilderkult wie ein Krebsgeschwür weiter um sich. So sind uns zahlreiche Krippendarstellungen überliefert, die den „Stall von Bethlehem" mit einem „Kruzifix" versehen ist. **Dies zeugt jedoch nur von einer den Aberglauben fördernden Frömmelei und hat mit den historischen Tatsachen nichts**

zu tun!!! Ganz abgesehen davon, dass das Aussehen der dargestellten Personen unmöglich der Wahrheit entsprechen kann (niemand weiß, wie sie wirklich aussahen, denn GOTT hat es in seiner Weisheit vor uns verborgen), ist auch die Darstellung des Kruzifix (= plastische Darstellung JESU am Kreuz) unbiblisch, und zwar aus zwei Gründen: **Erstens hing der JESUS nicht mit einem Lendentuch am Kreuz, sondern - bloßgelegt wie ein Verbrecher - völlig nackt,** und zweitens sagt die Bibel nichts über die genaue Form des Kreuzes, an dem der Sohn Gottes starb, aus!

Um die heidnischen Vorbedingungen zur Entstehung jener Feste besser verstehen zu können, sollen nun einige wichtige Einzelheiten über die Hauptgottheit des großen römischen Reiches, des Mithras oder Sol Invictus, dargelegt werden. Dieser Reichsgott kristallisierte sich im Laufe der ersten nachchristlichen Jahrhunderte aus dem römischen Polytheismus, zu dem viele Götter und Göttinnen gehörten (vgl. griech. oder ägyptische Religion), heraus.

Mithras, der römische Sonnengott

„Mithras" bedeutet „Vertrag". Als indoiranischer Gott des Rechts und der staatlichen Ordnung wird er erstmals in einem im frühen 14. Jh. v. d. Zw. in akkadischer Sprache abgeschlossenen Vertrag zwischen Hethitern und Mitanni in Bogazköy (östlich vom heutigen Ankara, Türkei) unter den Schwurgöttern erwähnt. Etwas später findet er auch in den indischen Weden Erwähnung. In Indien stand er als „Mitra" in enger Beziehung zu „Waruna", dem Gott, der über das ethische Verhalten wachte, während er im alten Iran als „Mithra" der göttliche Herr von Männerbünden war. Ab ca. 1000 v. d. Zw. wurde er dort als Sonnengott verehrt. Zeitweise schmälerte Zarathustra seinen Einfluss zugunsten des Gottes Ahura Masda, aber durch König Artaxerxes II. (um 400 v. d. Zw.) fand er dann erneut offizielle Anerkennung. Nach dem Tode Alexanders des Großen (356 - 323; er kam 336 an die Macht) setzte man in Kleinasien Mithras dem griechischen Gott „Apollon/Helios" gleich. Seit der Arsakidenherrschaft im Iran (247 v. d. Zw.) griff der Kult dieses persischen

Lichtgottes mehr und mehr auf Mesopotamien und von dort auf das Römerreich über. Mithras wird meist als Überwinder der Urstiers, aus dessen vergossenem Blut alles Leben hervorgeht, dargestellt. Diese Darstellung galt als Sinnbild sowohl für den Kampf des Lichtes gegen die Dämonen der Finsternis (Mithras war daher Beschützer des Vertrages, Eides, der Wahrheit) als auch für die Geburt des Mithras selbst. Aus dem Glauben an ihn entwickelten sich reiche Kultbräuche, wozu auch die Mithras-Mysterien gehörten. Diese feierte man in dunklen Höhlen, die das Dunkel der irdischen Welt symbolisierten. Mithras war zugleich ein Gott der Wahrheit und Rechtschaffenheit sowie ein Sieg verleihender Gott der Heere. Um 67 v. d. Zw. gelangte der Mithraskult mit kilikischen Seeräubern (die gegen Ende der röm. Republik den Römern die Herrschaft der Meere streitig machten) nach Griechenland und verbreitete sich im 1. Jh. n. d. Zw. durch römische Soldaten zuerst in Rom, dann Pannonien, Germanien und Britannien. In diesem ersten nachchristlichen Jahrhundert hatte er im römischen Reich bereits die Bedeutung eines mit der Sonne in Verbindung stehenden Erlösergottes. Seine Verehrung wurde zur bevorzugten Religion der Soldaten, weshalb seine Heiligtümer, die „Mithraden", vornehmlich in Garnisonsorten, insbesondere in den nördlichen Grenzprovinzen, entstanden. Ein Miträum ist ein meist unterirdischer, verhältnismäßig kleiner, langgestreckter Raum, der für die Kultteilnehmer zu beiden Seiten mit Steinbänken flankiert ist und eine Apsis mit Altar aufweist. Im Mittelpunkt des Kultes, von dem Frauen ausgeschlossen waren, stand die Tötung eines Stiers. Diese wurzelt in dem Mythos einer Stiertötung durch den jugendlichen Gott und sollte der Förderung des Lebens sowie der Erlösung dienen. Im nachchristlichen Rom und in den Standlagern der römischen Legionen gab es zahlreiche Miträen. Die meisten jener Kultstätten dürften sich in Deutschland befunden haben (Trier, Dieburg, Neuenheim bei Heidelberg, Heddernheim bei Frankfurt/Main, Osterburken, Saalburg, u.a.m.). Erhalten geblieben sind solche in Deutschland, nicht aber im Iran.

Schon im 2. Jhd. n. d. Zw. drang diese Soldatenreligion bis zu den oberen Gesellschaftsschichten vor. Commodus (161 - 192; ab 180 Kaiser) ließ sich in die Mysterien des Mithras einweihen, und die Gunst seiner Nachfolger scheint diesem Kult sicher gewesen zu sein. **Im 2. und 3. Jh. hatte die Mithras-Religion im römischen Imperium die gleiche Bedeutung wie das Christentum.** Nach der Ermordung des christenfeindlichen Caracalla (186 - 217; ab 211 Kaiser) riefen die syrischen Truppen im Jahre 218 dessen vermeintlichen Sohn, den erst 14-jährigen, in Emesa (heute Homs, Syrien) gebürtigen Oberpriester des syrischen Sonnengottes Elagabal, zum Kaiser aus. Elagabal war der Stadtgott von Emesa. Diesen setzten die Griechen mit Helios gleich und nannten ihn „Heliogabalos". Der neue Kaiser gab sich den Namen „Elagabal" und erhob 219 seinen Gott „Sol Invictus Heliogabalus" zur Reichsgottheit. Als zu jener Zeit in Rom der Tempel dieses syrischen Sonnengottes unter orgiastischen Feiern eingeweiht wurde, stand der als Baals Priester geschminkte Kaiser vor dessen Altar. Vier Jahre nach seinem Regierungsantritt wurde der inzwischen 18-jährige Kaiser von seiner Garde ermordet, durch den Straßenkot geschliffen und in den Tiber geworfen. Aber die Religion des Sonnengottes lebte weiter. Somit war der römische Sonnengott „Sol" (gr. „Helios"), den man in klassischer Zeit mit Apoll und später mit Mithras identifiziert hatte, durch diesen Kaiser zum Hauptgott im Römerreich geworden, was die Verdrängung von Jupiter zur Folge hatte.

Nach der Identifizierung Mitras mit „Sol Invictus" (unbesiegbare Sonne) wurde unter Kaiser Valerian (253 - 259) der Mithraskult zur Staatsreligion erhoben und unter Kaiser Aurelian (270 - 275) der 25. Dezember, der Geburtstag des Sonnengottes, zum Staatsfeiertag erklärt. Feuer wurden entzündet, das Gesinde mit Kerzen und Tonfiguren beschenkt, das Haus mit grünen Kränzen geschmückt, es wurde den ganzen Tag getanzt und getrunken, es ging fröhlich her. Und daraus entstand bald danach das Weihnachtsfest!

Die Anhänger des Mithras sollten gegen das Prinzip des Bösen, gegen das Reich Ahrimans ohne Unterlass kämpfen; das Gute lag für sie in der Tat. Die Mysterien des Mithras befriedigten die Sehnsucht nach Unsterblichkeit und nährten die Zuversicht, dass schließlich und endlich doch die Gerechtigkeit siegen würde.

Der Mithrasdienst und das Christentum waren ihrem Wesen nach ähnlich, so dass es zwischen den beiden einen hartnäckigen Kampf gab. Auch die Mithras-Anhänger nannten sich Brüder und bildeten Gemeinschaften. Sie kannten eine Art Taufe, versammelten sich meist sonntags, predigten eine imperative Moral, zählten zu den wichtigsten Tugenden Enthaltsamkeit und Keuschheit, Entsagung und Selbstbeherrschung. Sie glaubten ebenfalls an die Existenz eines Himmels in überirdischen Regionen und einer von Dämonen bevölkerten Hölle, sie setzten an den Anfang der Geschichte eine Sintflut, sie glaubten an die Unsterblichkeit der Seele, an eine Vergeltung im Jenseits, an ein Jüngstes Gericht und an eine Auferstehung der Toten im Zusammenhang mit dem Untergang der Welt durch Feuer etc.!

Die christliche Lehre wies zwar einige grundlegende Ähnlichkeiten mit dem Mitras-Glauben auf, aber sie beruhte auf tatsächlicher Offenbarung GOTTES und auf historischen Tatsachen. Und deshalb war auch ihr inneres Verständnis ein anderes. Außerdem war die biblische Lehre fern von jeglichem Mythos! Der markanteste Unterschied zum Mithrasglauben lag natürlich darin, dass die Gläubigen in ihrem YAHUSHUA HA MASCHIACH einen wirklichen Erlöser hatten, einen der zur Sündenvergebung und Errettung ihre Sünden ans Kreuz getragen hatte (1. Petrus 2, 24; Matthäus 26, 28; Markus 10, 45). So konnten alle, die an Ihn glaubten, das ewige Leben durch ihn empfangen (Römer 5, 6 - 10; 2. Timotheus 1, 8 - 10).

Bereits im 1. Jhd. flammten in verschiedenen Gegenden des Römerreiches immer wieder Christenverfolgungen auf; z. B. in der Regierungszeit von Kaiser Nero (54 - 68), Domitian (81 - 96), Marc Aurel (161 - 180), Septimius Severus (193 - 211) und des bereits erwähnten Valerian, um nur einige zu nennen. Die Christenverfolgungen blieben jedoch auf gewisse Teile des Imperiums beschränkt; z. B. auf Rom, Teile Kleinasiens, Galliens, Nordafrikas. Decius (ca. 200 - 251, ab 249 Kaiser) ordnete die ersten systematischen Christenverfolgungen im ganzen Reich an, und Diocletian (243 - 313, 284/5 - 305 Kaiser) setzte die Bemühungen seines Vorgängers, alles Christliche auszurotten, mit der Absicht fort, nach der Erneuerung des Reiches auch eine Glaubenseinheit zu erzwingen. Denn die verhassten und verfolgten Christen, für die es keine anderen Götter gab und die sich überall in den Städten und Gemeinschaften absonderten (siehe 2. Korinther 6, 14 - 7, 1), weil „alles" (Zirkusspiele etc.) mit „heidnischen" Kulthandlungen verbunden war, schienen das ganze Unheil des 3. Jhds. durch ihre Verachtung der alten Götter herbeigerufen zu haben. Noch im Jahre 308 wurde im Zuge eines römischen Kaisertreffens in Carnuntum (ein Standort für römische Streitkräfte, heute ein Ruinenfeld ca. 40 km östlich von Wien) ein Mithräum eingeweiht. Drei Jahre später, nämlich im Jahre 311, gaben die Kaiser mit Galerius den Kampf gegen die Christen, allerdings nur widerwillig auf, und erließen ein Toleranzedikt. Bis dahin waren Abertausend von Christen, entschiedenen Nachfolgern der Lehre YAHUSHUA HA MASCHIACHs als Märtyrer ins jenseitige Himmelreich eingegangen. Nun aber begann eine zunehmende Annäherung des Christentums an die Welt wie ein Krebs um sich zu fressen, was schließlich zur Folge hatte, das das Christentum zur Staatsreligion „aufstieg".

Das Christentum als Staatsreligion

Der Bischof von Rom setzte erstmals die Feier der „Geburt Christi" im Jahre 354 n. d. Zw. auf den 25. Dezember fest!!! Zuvor wurden die Christen unter Kaiser Konstantin im Jahre 313 n. d. Zw. gleichberechtigt neben anderen Religionen anerkannt. **>>>„Auf dem Konzil zu Nicäa wurden 325 n. d. Zw. von den Kirchenvätern die kirchlichen Feiertage bewusst von den jüdischen Feiertagen getrennt"! <<< Die Kirche begann ihre Machtposition auszubauen. Doch die innerliche Distanz zum Judentum begann schon früher!**
Das riesige, hierarchisch aufgebaute Beamtenkorps war nach Kompetenzen, Rang und Titel gegliedert. **Über allen thronte die „geheiligte Person" des absolutistisch regierenden Kaisers, der durch Herrschertracht und höfischem Zeremoniell göttlich erhöht war.**

Daran änderte sich nur wenig, als sich, beginnend mit Konstantin I., die Kaiser zum Christentum bekannten (die Jahre zwischen 361 – 363 waren eine Ausnahme), und **als Jesus Christus zum neuen Schutzgott erhoben wurde.** Konstantin (ca. 280 - 337, ab 306 Kaiser und ab 324 Alleinherrscher) behielt sein Leben lang heidnische Herrscherattribute und -funktionen bei. **Er war zum Beispiel der oberste Priester einer nichtchristlichen Religion, der „Pontifex Maximus" (größter Brückenbauer).** Das war ein sakraler Titel, den schon in altrömischer Zeit der Vorsteher des Priesterkollegiums trug. Die römischen Kaiser (ab Augustus) behielten ihn bis zu Gratian (382) bei. **Keineswegs siegte Konstantin, wie irrgeführte Mitglieder verschiedener Traditionskirchen meinen, im Zeichen des Kreuzes** („en touto nika" = „in diesem (Zeichen) siege"! Vgl. Römer 13, 12; 2. Korinther 10, 3 + 4; Epheser 6, 10 - 19) und dadurch viel Blut vergoss! >>>**„Das Kreuz ist kein christliches Symbol, weil die Bibel weder die genaue Form des Kreuzes, an dem YAHUSHUA starb, beschreibt** (jede Mutmaßung ist willkürlich), **noch eine Aussage darüber macht, dass man ein solches Symbol im Urchristentum verwendete.** Auch andere Schriftquellen aus urchristlicher Zeit schweigen über das Aussehen des Kreuzes YAHUSHUAs und dessen Verwendung als KultSymbol. Gewalttätigkeit, taktische Verschlagenheit, und eine Härte, die nicht einmal vor dem Mord an seiner eigenen Frau, Fausta, und an seinem eigenen Sohn zurückschreckte, das waren die Eigenschaften, die Konstantin charakterisierten. Auch liebte er Pomp und Glanz sowie Eitelkeit. Das Experiment, die bisher verfolgte Kirche als religiöse Organisation einer starken Minderheit in den Staat einzubauen, gelang, ohne dass den Bischöfen bewusst geworden war, welche Gefahren in dieser „staatlichen Umarmung" lagen. Durch Konstantins Gunstbeweise erhielten führende christliche Persönlichkeiten Privilegien verschiedenster Art, und Kirchenbauten wie z. B. die alte Peterskirche in Rom und die Lateranbasilika entstanden. Das Grundstück für die Lateranbasilika war Erbbesitz der Kaiserin Fausta, die dort einen Palast bewohnte. Nachdem der Kaiser sie aber in Trier hatte ertränken lassen, schenkte er ihren Besitz der Kirche.

Der Chronograph des Jahres 354 ist eine 354 n. d. Zw. entstandene Ausgabe eines Kalenderwerkes und Staatshandbuches, das für die Bevölkerung Roms bestimmt war. Er enthält einen Kalenderteil, Ostertafeln (312 - 345, mit Ergänzung bis 411), einen Katalog der Bischöfe Roms mit Angabe ihrer Amtsdauer (230 - 354), ein Verzeichnis der Märtyrer Roms, eine Stadtchronik von Rom (bis 325) und eine Weltchronik. Dieser nach offiziellen Quellen zusammengestellte Chronograph des Dionysius Philocalus erwähnt eine nicht geringe Anzahl von religiösen Festen, die angeblich von König Numa (2. König Roms, nach der Legende 715 - 672 v. d. Zw.) eingeführt und damals in Rom als Feste des Staates gefeiert wurden. Selbst in dem von Polemius Silvius ein Jahrhundert später aufgestellten Kalender (von 448) waren diese zum allergrößten Teil noch verzeichnet. Also waren es die ältesten Kulte, die sich erhalten hatten!

Daraus ist klar zu erkennen, dass der Glaube an die alten Götter noch tief im Volk verwurzelt war. Und dieser Glaube blieb lebendig, solange seine Kulte in den überlieferten Formen (die mit dem ganzen öffentlichen und privaten Leben in einem gewissen Zusammenhang standen) fortdauerten, allen bedeutenden Momenten im Leben des einen wie des anderen Weihe und Verklärung gaben und Sinn, Gemüt und Phantasie aufs mannigfachste immer wieder in Anspruch nahmen und fesselten; solange die Tempel die Beter einluden; solange sehr zahlreiche Feiertage, Festlichkeiten und religiöse Zeremonie aller Art (wie Opfer, Prozessionen, Bittgesänge, Schauspiele) an die Macht, Größe und Herrlichkeit der Götter sowie an ihr Verhältnis zu den Menschen ständig auf das eindringlichste erinnerten. Solange dies alles so blieb, konnte der Glaube der Menschen unmöglich von den Bahnen weichen, die ihm die Tradition so vieler Jahrhunderte vorzeichnete und die unzählige Generationen irrtümlicherweise für solche hielten, die zur Wahrheit führen.

>>>**„Selbst die „Katholische Enzyklopädie berichtet: „Weihnachten gehörte nicht zu den ersten Festen der Kirche!!!<<<** Irenäus und **Tertullian hatte es nicht auf der Liste der Feste.** Quelle: © The Catholic Encyclopedia, Bd.3, S.724, Art.: Christmas. In Wahrheit jedoch hatte Tertullian „Weih-

175

nachten" nicht nur „nicht auf der Liste der Feste", >>>„sondern er verurteilte das Feiern dieses Festes ganz entschieden als heidnischen Götzendienst"!<<< So schrieb er: „Den Juden macht der Heilige Geist ihre Feste zum Vorwurf (Jesaja 1, 13). Von uns Gläubigen aber, denen die ehemals wohlgefälligen Tage nichts angehen, werden Saturnalien, Brumalien und Wintersonnenwenden gefeiert. Da verfährt der heidnische Glaube gegen seine Leute besser. Der nimmt keinen christlichen Feiertag für sich in Anspruch, denn sie würden fürchten, für Christen gehalten zu werden. Wir aber scheuen uns nicht, uns als Heiden bezeichnen zu lassen". Quelle: © Über den Götzendienst Bd. I, Kp. 14. **Wie war es möglich gewesen, dass dieser heidnische Brauch vom Christentum aufgenommen werden konnte?** Die New Schaff-Herzog Encyclopedia of Religious Knowledge gibt zu Weihnachten folgende Erklärung: **Inwieweit das Datum dieses Festes vom heidnischen Brumalia (25. Dezember) (= Fest der Wintersonnenwende (bruma); Name der Saturnalia in der Spätzeit, als der Zusammenhang des Festes mit Saturn vergessen war - der 25. Dezember) abhängig war, das den Saturnalien (17. - 24. Dezember] (= röm. Saturnfest am 17. Dezember, nach der Überlieferung aus der Königszeit oder der frühen Republik stammend.** Die Saturnalien waren wohl ein Bauernfest gewesen: am 17. Dezember war die Feldarbeit vorüber, und Herren und Sklaven feierten diesen Anlass durch eine Art Karneval, an dem der Unterschied zwischen Herren und Sklaven aufgehoben war. Man beschenkte sich auch gegenseitig mit Kerzen und tönenden Puppen. Allerdings gehen alle uns erhaltenen Berichte schon von der Gleichsetzung Saturns mit dem griech. Kronos und der Saturnalien mit der griech. Kronia aus. Livius berichtet, im Jahre 217 v. d. Zw. sei ein öffentliches Festmahl sowie Tag- und Nachtfeiern am 17. Dezember gestiftet worden. Der Sinn dieser Textstelle ist umstritten, doch kann es sich wohl nur um die Umbildung eines älteren Festes handeln. Unter Augustus dauerte dieses Fest nicht mehr einen, sondern drei Tage, später bis zu sieben Tage, vom 17. bis zum 23. Dezember. Erhalten hat es sich als volkstümliche Lustbarkeit bis zum Ende der Antike. Quelle: © Lexikon der antiken Welt, Bd. 3, S. 2706/7, Weltbild Verlag

1995. „Die heidnischen Saturnalien und Brumalia waren zu tief mit den Bräuchen der Bevölkerung verwurzelt gewesen, als dass sie durch den christlichen Einfluss hätten beseitigt werden können. Die heidnischen Feste mit ihrem Rummel und ihrem Frohsinn waren so beliebt gewesen, dass die Christen froh gewesen waren, nun eine Entschuldigung gefunden zu haben, diese Feste auch weiterhin zu feiern, auch wenn dem Geist und der Form nach geringfügige Änderungen vorgenommen worden waren". „Christliche Prediger des Westens wie auch des Nahen Ostens protestierten gegen eine solch ungehörige Leichtfertigkeit, mit der der Geburtstag Christi begangen wurde, während Christen aus Mesopotamien ihre westlichen Brüder sogar des Götzendienstes und der Sonnenverehrung beschuldigten, weil sie dieses heidnische Fest ins Christentum übernommen hatten".

Adventkranz, Mistelzweig und Julklotz

Zu der auffälligsten Kleinpflanze des Weihnachtsfestes gehört die Mistel. Woher stammt nun der Brauch, zu Weihnachten ebenso auch Mistelzweige aufzuhängen? Historisch gesehen wird der Mistel Magie und Fruchtbarkeit zugeschrieben. Mistelzweige wurden einst in der Hochzeitsnacht über das Ehebett gebunden. Der moderne Gebrauch der Mistel als gesellschaftliches Aphrodisiakum ist damit eindeutig verbunden. Unter den heidnischen Völkern des Altertums war der Mistelzweig ein Sinnbild des Festes der Wintersonnenwende gewesen, weil er wegen seiner angeblichen übernatürlichen Heilkräfte der Sonne geweiht gewesen war.

Die heidnische Sitte, sich unter dem Mistelzweig zu küssen, leitete die Nacht der lauten Trinkgelage ein, eine Feier zum Tode der alten Sonne sowie zur Geburt der neuen Sonne am Tag der Wintersonnenwende. Quelle: © Flynn, Tom: The Trouble With Christmas 1993, Seite 19, 37 – 40. Dem Brauch des Küssens geht eine alte Legende voraus: Der Mistelzweig war der Göttin Frigga heilig, Göttin der Liebe und Mutter des Sonnengottes Balder. Balder erschrak seine Mutter indem er ihr einen Traum über den Tod schilderte. Würde der Sonnengott sterben, würde alles Leben auf der Erde sterben.

Frigga lief sofort zur Luft, Wasser, Feuer, Erde und zu jedem Tier und jeder Pflanze und holte sich von allen das Versprechen, ihrem Sohn nicht weh zu tun. Aber sie hatte eine Pflanze vergessen - die Mistel.

Loki, der trotz seines Namens gerne das Dunkle darstellt und uns Herausforderungen bringt, war auf Balder eifersüchtig und sah seine große Chance ihn zu zerstören. Er machte einen Pfeil aus einem Mistelzweig und gab Hoder, dem blinden Wintergott, der Balder niederschoss. Drei Tage lang versuchten alle Götter ihn wieder zum Leben zu erwecken. Mit der Kraft der Liebe schaffte es Frigga schließlich. Frigga weinte vor Freude und ihre Tränen wurden zu weißen Beeren auf dem Mistelzweig. In ihrem Glück küsst sie jeden, der unter dem Mistelzweig steht. Und sie sprach: „Nie wieder soll der Mistelzweig Leid zufügen. Jeder der unter ihm steht soll einen Liebesbeweis erhalten - einen Kuss. Bei den Druiden durfte der heilige Mistelzweig niemals die Erde berühren. Eine Frau die unter dem Mistelzweig steht darf den Kuss nicht abwehren. Wer unter dem Mistelzweig nicht geküsst wird, darf nicht erwarten innerhalb des nächsten Jahres zu heiraten. In Wirklichkeit ist der Mistelzweig nichts weiter als ein pflanzlicher Parasit. Ebenso wurden aber auch die Zweige und Beeren der Stechpalme (Ilex) dem Sonnengott geweiht. **Jene Mistel wurzelt im druidischen Aberglauben, der, wie wir gesehen haben, aus Babylon stammt,** und stellt den Messias dar, den „Mann - Zweig". Die Mistel wurde als ein göttlicher Zweig betrachtet. In der skandinavischen Sage von Balder ist der Mistelzweig durch den beweinten Gott bedeutungsvoll geworden. Die druidischen und die skandinavischen Mythen sind etwas unterschiedlich, aber sogar in der skandinavischen Sage findet sich der Beweis, dass dem Mistelzweig erstaunliche Macht zugeschrieben wurde. Er war in der Lage alles zu tun, was sonst kein anderes Geschöpf auf der Welt tun konnte. Er erschlug die Gottheit, welche die Angelsachsen so betrachteten, als wäre die „Herrschaft" ihres „Himmels" davon „abhängig". All das ist notwendig, um die scheinbare Unvereinbarkeit zu entwirren und zu verstehen, warum der „Zweig" so viel Macht hat wie die symbolische Entsprechung des wahren Messias. Dem Bacchus der Griechen wird nachweislich zugeschrieben, dass er als „Same der Schlange" auf die Welt kam, wenn von ihm gesagt wird, er sei als Folge des Verkehres seiner Mutter mit Jupiter zur Welt gekommen, der zu diesem Zeitpunkt in Form einer Schlange auftrat. Wenn die Eigenschaft des Balder dieselbe war, läuft seine Geschichte darauf hinaus, dass der „Same der Schlange" vom „Samen der Frau" geschlagen wurde. Diese Geschichte musste natürlich mit seinen Feinden entstehen. Aber die Götzendiener übernahmen, was sie nicht abstreiten konnten, nachweislich mit der Absicht, es weg zu erklären. Ein Zweig, der vom Himmel kam und auf einem Baum wächst, der aus der Erde sprießt. Mit dem einpflanzen des himmlischen Zweiges in den irdischen Baum löste sich also die Sünde auf, als sie sich vereinigten und somit wurde der Mistelzweig das Andenken an die Wiedervereinigung Gottes mit den Menschen.

>>>„Der Julklotz ist in Wahrheit ein Sonnenklotz. Jul bedeutet so viel wie Rad (Adentskranz), ein heidnisches Symbol für die Sonne "!<<<

Selbst das Anzünden von Feuern und Kerzen als christliche Zeremonie ist lediglich eine Fortsetzung der heidnischen Sitten mit anderen Mitteln, um den abnehmenden Sonnengott zu ermutigen, aus der tiefsten südlichen Himmelsposition wieder hervorzutreten.

Im Meyers Konversationslexikon, 4. Auflage, heißt es: „Die, wie es scheint, schon aus altkeltischen Zeiten stammende und in England noch heute bestehende Sitte, das Haus zur Julzeit mit grünen Mistelbüschen zu schmücken, und verschiedene Zeremonien, die sich ehemals im ganzen nördlichen Europa bis nach Frankreich **und den slawischen Ländern an den brennenden Julblock knüpften (den man zusammen mit den gelöschten Zweigen als Lebens- und Fruchtbarkeitssymbol bis zum nächsten Julfest aufbewahrte), deuten darauf hin, dass der brennende Baum (der Weihnachtsbaum) ursprünglich als ein Symbol der zu Weihnachten neugeborenen Sonne und Naturkraft galt.** In den christlichen Zeiten wurde derselbe dann zum Symbol des neugeborenen Heils; daher die im germanischen Märchen in der Weihnachtszeit blühenden Apfelbäume (zur Erinnerung an die durch den Apfelbaum in die Welt gekommene und durch den Heiland getilgte Sünde)". Der in Skandinavien übliche Julbock (z. B. aus Stroh) ist ein Symbol der kommenden Fruchtbarkeit und des Schutzes durch Thor, dessen heiliges Tier er ist. Weil es das Familienfest ist, bei dem auch die Ahnen dabei sind, derer man dabei gedenkt und die in der Überlieferung als wilde Jagd mit Odin durch die Rauhnächte reiten, gehört Jul zu den wichtigsten heidnischen Festen. Als Wende des Jahres ist es sogar das wichtigste Fest, an dem alles endet und neu beginnt. Daher werden bei der Julfeier alle Feuer und Lichter gelöscht und neu entzündet. Haus und Hof werden mit Räucherwerk gereinigt.

Das weihnachtliche Beschenken

Was den wichtigsten Aspekt des Weihnachtsfestes anbelangt, das Schenken und beschenkt zu werden, so wird so mancher einwenden, kann doch sicherlich nicht gegen die Bibel gerichtet sein. Hatten nicht schon die Weisen aus dem Morgenland zur Geburt des Erlösers Geschenke dabei gehabt? Eine weitere Überraschung steht ihnen hiermit bevor. Sehen wir uns zunächst einmal den Ursprung gegenseitigen Beschenkens an. Anschließend lassen wir die Bibel zu Worte kommen. Nachfolgendes Zitat stammt aus der Bibliotheca Sacra, Bd. 12, S. 153 - 155: **„Das gegenseitige Beschenken unter Freunden ist für das Weihnachtsfest wie für die Saturnalien gleichermaßen charakteristisch und muss von den Christen aus dem Heidentum übernommen worden sein, wie den mahnenden Aussagen Tertullians klar zu entnehmen ist". Tatsache ist, dass dieser tief verwurzelte Brauch gegenseitigen Beschenkens unter Freunden und Angehörigen zur Weihnachtszeit NICHTS mit der Geburt YAHUSHUAs tun hat. Mit den Geschenken wird weder der Geburtstag des Sohnes geehrt noch einer anderen Sache gedacht.**
Hier ein Beispiel dazu. Nehmen wir einmal an, eine Ihnen nahestehende Person hätte nun Geburtstag. Sie möchten dieser Person eine Freude bereiten. Würden sie etwa jetzt hingehen, sich ausgiebig mit

Geschenken eindecken, um andere Menschen statt des Gratulanten zu beschenken bzw. sich selbst von anderen beschenken zu lassen? Eine absurde Geschichte, oder? Doch genau das spielt sich jedes Jahr zu Weihnachten ab!

Nun zur Bibel. Wir lesen: **„Da der Erlöser geboren war zu Bethlehem im jüdischen Lande zur Zeit des Königs Herodes, siehe, da kamen Weise vom Morgenland nach Jerusalem und sprachen: Wo ist der neugeborene König der Juden und gingen in das Haus und fanden das Kindlein mit Mirjam, seiner Mutter, und fielen nieder und beteten es an und taten ihre Schätze auf und schenkten Ihm Gold, Weihrauch und Myrrhe"** Matthäus 2, 1 - 11

Zu beachten ist, dass die Weisen nach dem Erlöser als dem neugeborenen König der Juden forschten. Warum brachten sie ihm Geschenke dar? Um seinen Geburtstag etwa zu feiern? Keineswegs. Sie kamen Monate nach seiner Geburt, um ihn aufzusuchen. Und überreichten sie ihre Geschenke, um uns ein Beispiel zu geben? Auch das kann nicht zutreffen. Sie tauschten nämlich die Geschenke nicht untereinander aus, sondern brachten Gold, Weihrauch und Myrrhe ihm dar. Und mit welcher Absicht taten sie dies? Dazu nun von Adam Clarke in dem Commentary, Bd. 5, S. 46: „Bei den Völkern des Ostens nähert man sich Königen oder hochgestellten Persönlichkeiten nie, ohne ihnen ein Geschenk zu überreichen. Diese Sitte ist oft auch im Alten Testament erwähnt und hat sich im Osten und im Gebiet der Südseeinseln bis heute erhalten".

An keiner Stelle ist hier von einem neuen biblischen Brauch die Rede, um den Geburtstag des Erlösers nun zum Anlass zu nehmen, sich gegenseitig zu beschenken. Die Weisen folgten lediglich einer Sitte, um einen König zu beschenken. **<u>Der Brauch des gegenseitigen Beschenkens zu Weihnachten ist biblisch „nicht" begründet!!!</u> Zur Symbolik des Weihnachtsbaums und seines Schmucks die immergrüne Tanne** symbolisiert Fruchtbarkeit und Unsterblichkeit, bis heute gilt grün als die Farbe der Hoffnung - im ursprünglichen Kontext die Hoffnung auf das Wiedererwachen der Natur im Frühjahr und auf die Wiederkehr der Lebenszyklen (vgl. den Text von „O Tannenbaum").

Grüner Zweig

Lebensrute, Glücks- und Segenbringer, auch als Geschenkbeigabe verwendet. Wir finden diese Bedeutung heute noch in der Redewendung „Auf (k)einen grünen Zweig kommen" = (Kein) Glück haben. Die Abwehr von Bösem ist eine weitere Funktion des grünen Zweiges, wobei schwer zu sagen ist, ob der Abwehrgedanke ursprünglich ist oder schon auf christlicher Umdeutung beruht. Dennoch sind die beiden Seiten, Segen und dadurch Abwehr, untrennbar miteinander verbunden.

(Kerzen-) Licht

Nachfolger der in den Mittwinternächten brennenden Kerze, die mit der allgemeinen Festbeleuchtung des christlichen Weihnachtsfestes „verschmolz". Nach vorchristlichem Glauben sollte die Kerze den Verstorbenen helfen, in den Mittwinternächten den Weg nach Hause zurück zu finden. Auch wurde die Überwindung der dunkelsten Jahreszeit durch die Wintersonnenwende mit brennenden Feuern gefeiert: Damit wurde die Wiederkehr der Sonne beschwört, deren wärmendes Licht ein Sinnbild des Lebens darstellt und für alle Lebensprozesse auf der Erde notwendig ist. Im Christentum symbolisiert Christus das Licht, die Hoffnung auf ein Ende der Finsternis bzw. stellt selbst das Licht in der Finsternis dar.

Äpfel

Früchte sind Sinnbilder der Fruchtbarkeit. Da der Apfel eine bis zum Winter haltbare Frucht in den nordeuropäischen Breitengraden ist, bot er sich als Baumschmuck an. Im „Christentum" wurde der Apfel als Frucht der Versuchung uminterpretiert und wächst angeblich am Baum der Erkenntnis. Vereinzelt wurden seit dem Mittelalter zu Weihnachten vor den Portalen der Kirchen Stücke aufgeführt, in denen die Vertreibung aus dem Paradies nachgespielt wurde. Dazu wurden Paradiesbäume (oft Laubbäume) aufgestellt, die natürlich mit Äpfeln geschmückt waren.

Die Kerzen

Schon vor der Geburt des Sohnes Gottes wurden Kerzen im ganzen Haus zu dieser Zeit angezündet: In Skandinavien um den Frost zu vertreiben, in Persien zu Ehren von Mithras dem Gott des Lichtes. Bei den Saturnalien entzündeten die Römer Kerzen an Bäumen. Die Druiden entzündeten Kerzen für ihren Sonnengott Balder. Für alle alten Völker bedeutet ein neues Licht neues Leben. Im Mittelalter stellten die Leute Kerzen in der Nacht vor Weihnachten an die Fenster, damit das Christkind den Weg findet. In den Rauhnächten sollte das Licht, die Frau Percht (Frau Holle) die Winterkönigin zurückführen. Vor allem nach Mittwinter bis zum Lichterfest sollte das Licht der Kerzen die Sonne unterstützen - also umgekehrt wie bei uns jetzt, wo die Lichter vor allem vor den Weihenächten überall in den Straßen glänzen und danach abgehängt werden.

Weitere Weihnachtsbräuche

Andere Weihnachtsbräuche dagegen stammen nicht aus dem Heidentum, sondern entwickelten sich im Laufe der Jahrhunderte. So kommen die Spekulatius (Bedeutung des Namens ist nicht bekannt) aus den Niederlanden. Die erste Krippe stellte Franz von Assisi 1224 n. d. Zw. auf. **Die Weisen aus dem Morgenland sind übrigens dort fehl am Platz! YAHUSHUA wurde nämlich 33 Tage nach seiner Geburt in Jerusalem im Tempel dargestellt (Lukas 2, 22 + 23; 3. Mose 12, 1 - 8). Danach zogen Mirjam und Josef nach Bethlehem (Beit Lechem) in ein Haus (Matthäus 2, 11), und erst dann trafen die Weisen ein!!!**

Die in Christchurch (Neuseeland) erscheinende Zeitung „The Press" schrieb einen Artikel im Dezember 1990 unter dem Titel **„Die sechs Legenden über Weihnachten"**

Darin hieß es:

„1. LEGENDE: Sankt Nikolaus, der am Nordpol wohnt, fliegt am Heiligen Abend rund um die Erde und teilt an brave kleine Mädchen und Jungen Geschenke aus.

Niemand will ein Spielverderber sein, aber das kann doch einfach nicht stimmen, oder? In einer einzigen Nacht so viele Häuser besuchen und so viel Kuchen essen und Portwein trinken? Und was ist, wenn ein Haus keinen Kamin hat? **Nein, das ist reine Lügendichtung!**

2. LEGENDE: >>>„Der 25. Dezember ist der Geburtstag Christi. Das kann nicht wahr sein"!<<< Im Lukasasevangelium heißt es, dass YAHUSHUA in Bethlehem geboren wurde, als Hirten im Freien nachts ihre Herden hüteten. In dieser Gegend von Palästina beträgt die Temperatur im Dezember tagsüber im Durchschnitt 7 Grad Celsius, und nachts ist sie wesentlich niedriger. Im Bergland fällt häufig kalter Regen, und manchmal schneit es sogar. Die Hirten hielten sich dort auf, wo sich die Schafe in dieser Jahreszeit schon immer aufgehalten haben - in einem Schafstall.

3. LEGENDE: >>>„Das erste Weihnachtsfest wurde in Bethlehem gefeiert, als Christus geboren wurde"!<<< Wie aus einem alten Dokument hervorgeht, scheint es in Wirklichkeit zum ersten mal 336 in Rom gefeiert worden zu sein. Es breitete sich im Osten und Westen aus, bis es schließlich Mitte des 5. Jahrhunderts von der Kirche in Jerusalem angenommen wurde.

In gewissem Sinne entstand das Weihnachtsfest schrittweise, wobei lediglich der Name des Festes geändert wurde: Ähnliche Festgelage und Schwelgereien wurden unter den Heiden der nördlichen Hemisphäre schon Jahrhunderte vor Christus, Ende Dezember in Verbindung mit den Wintersonnenwendfeiern veranstaltet. Die Verbindung der Geburt Christi mit diesen heidnisch begründeten Festgelagen stieß bei der Geistlichkeit offenbar nicht auf Widerstand, da sie anscheinend weniger an der Wahrheit oder der theologischen Reinheit interessiert war als daran, ihre Herde zu vergrößern und somit auch ihre Macht. Es ist daher nicht zu verwundern, dass die Puritaner in Schottland, England und Neuengland im 17. Jahrhundert bestrebt waren, das Weihnachtsfest als eine Weiterführung „der Nichtigkeiten und Schwelgereien der Heiden" abzuschaffen.

Die jährlichen Rufe „Wir wollen Christus seinen Platz im Christfest

zurückgeben" klingen sehr hohl; in Wirklichkeit wollte Christus nie etwas damit zu tun haben!!!

4. LEGENDE: Der Brauch, zu Weihnachten Geschenke zu machen, geht darauf zurück, dass Jesus Gaben dargebracht wurden: Gold, duftendes Harz und Myrrhe. Tatsache ist, dass man in Verbindung mit den Sonnenwendefeiern schon Jahrhunderte vor Christus am 25. u. 26. Dezember Geschenke austauschte. Die alten Römer beschenkten sich gegenseitig anlässlich der Saturnalien, des Festes zu Ehren des Gottes Saturn. Auf alle Fälle beschenkten sich die Magier nicht gegenseitig, sondern brachten dem Sohn Gottes Gaben, wie es damals Sitte war, wenn man angesehene Leute besuchte. Aus dem Matthäusevangelium geht hervor, dass sie an den Sohn Gottes interessiert waren, da er der künftige König der Juden sein sollte.

5. LEGENDE: Sowohl die „drei Weisen" als auch die Hirten huldigten dem in der Krippe liegenden Jesus. Wer auch immer die kitschigen Krippenszenen anfertigt, die die Hirten zusammen mit den „Weisen" im Stall darstellen, hat die Bibel nicht richtig gelesen!!! Im Matthäusevangelium heißt es deutlich, dass Jesus zu dem Zeitpunkt, als die „Weisen" ihn fanden, in einem Haus waren; wahrscheinlich war es gut zwei Jahre nach seiner Geburt. In dem Bericht über den Besuch der Magier bezeichnet Matthäus Jesus außerdem als kleines Kind, nicht als Säugling. Er war zu diesem Zeitpunkt nicht mehr in Windeln gewickelt, und die Hirten waren schon lange zu ihren Herden zurückgekehrt. Man denke auch daran, dass Herodes, als er den Messias zu töten suchte, von dem Datum ausging, das ihm die Magier angaben, und er daher befahl, alle Knaben im Alter von zwei Jahren und darunter zu töten. Hätte er einen solch schrecklichen, um nicht zu sagen äußerst unpopulären Befehl erlassen, wenn er gewusst hätte, dass sein Opfer nur ein paar Wochen alt war??? Übrigens geht aus der Bibel nicht hervor, wie viele Magier es waren. Im Evangelium wird das griechische Wort mágoi gebraucht, von dem das Wort „Magie" abgeleitet wird.

6. LEGENDE: Weihnachten ist eine Zeit des Friedens auf Erden und

des Wohlgefallens an allen Menschen. In der Tat ein edler Gedan-ke, aber nicht das, was die Bibel sagt.

Übersetzungen des Lukasevangeliums mit einer Zwischenzeilenlese-art des griechischen Textes lassen erkennen, dass die Menge der En-gel, die den Hirten erschien, in Wirklichkeit sagte: **„Frieden auf Er-den unter Menschen guten Willens"**. Und das ist der Unterschied. **Ein Tag im Jahr, der sich durch Trinkgelage, Schwelgereien und Ge-schäftemacherei auszeichnet, macht einen Menschen nicht zu ein-em Christen; nach der Bibel wird nicht unter denen Frieden herr-schen, die ein falsches Datum als Geburtstag des Sohnes Gottes feiern, sondern unter denen, die seine Lehren befolgen - und zwar das ganze Jahr hindurch".**

Gibt es eine Rechtfertigung des Weihnachts-Kultes?

Nachfolgend nun ein Argument, das gerne vorgebracht wird, um das Feiern eines solchen Festes am Ende doch noch zu rechtfertigen: **„Na schön, es mag durchaus seine Richtigkeit haben, dass Weih-nachten ursprünglich ein heidnischer Brauch gewesen ist; doch heute feiern wir dieses Fest nicht mehr im Sinne des Sonnenkultes, um einen Götzen gar zu ehren, sondern begehen dieses Fest im Sinne der Liebe und der Versöhnung, um unseren Erlöser nur zu ehren"???** Die Bibel sagt aber folgendes zu einer solchen Geistes-haltung: „so hüte dich, dass du dich nicht verführen lässt, es ihnen (den Heiden) nachzutun und dass du nicht fragst nach ihren Götzen und sprichst: Wie haben die Völker ihren Götzen gedient? Ebenso will auch ich es tun! So sollst du YAHUWAH, deinem Schöpfer, nicht dienen; denn sie haben ihren Götzen alles getan, was dem Schöpfer YAHUWAH ein Gräuel ist und was er hasst". (5. Mose 12, 30 - 31) Unser GOTT wünscht es nicht, dass der Mensch sich eigener Maß-stäbe bedient, wie Ihm zu dienen ist!

>>>„Der allmächtige Schöpfer macht in seinem Anleitungsbuch, der Bibel, unmissverständlich klar, dass diese Art der Ehrung Ihm vollends verpönt und geradezu abscheulich ist, selbst wenn der Mensch in guten Absichten gewillt ist, Ihn auf Heidenart zu ehr-

> en"!<<<
> >>>„Weihnachten ist dem himmlischen Vater ebenso ein Gräuel!
> Dieses Fest ehrt nicht Ihn, sondern lediglich heidnische Götzen
> bzw. Dämonen!!!!!!!

Der Messias sagte einst: „GOTT ist Geist, und die ihn anbeten, die müssen ihn im Geist und in der Wahrheit anbeten" Johannes 4, 24. Und was ist die Wahrheit? Des Schöpfers Wort, die Bibel, ist die Wahrheit (Johannes 17, 17). **Und hier erfahren sie auch, dass YAHUWAH sich grundsätzlich von einer Anbetung distanziert, die unter dem Deckmantel heidnischer Bräuche und Götzendienste vollzogen wird.**

Bei anderer Gelegenheit sagte der Sohn Gottes: **„Vergeblich dienen sie mir, weil sie lehren solche Lehren, die nichts als Menschengebote sind"** Matthäus 15, 9.

Das Feiern der Weihnachtstage ist ausschließlich menschlichen Traditionen zu verdanken. Das Wort GOTTES verbietet eine Beobachtung solcher Tage. Weiter sagte nämlich der Messias: **„Gar fein hebt ihr GOTTES Gebot auf, auf dass ihr eure Satzungen haltet"!** Markus 7, 9.

Die Zürcher Bibel gibt diesen Vers wie folgt wieder:

„Prächtig verwerft ihr das Gebot GOTTES, um Überlieferungen zu befolgen".

Millionen Menschen verhalten sich genau in dieser Richtung und missachten das klare und deutliche Wort GOTTES, sich heidnischer Sitten und Gebräuche zu enthalten. Die meisten Menschen messen diesem Gebot ohnehin keine Bedeutung mehr bei, sondern folgen einzig und allein menschlichen Traditionen oder ihren eigenen Vorstellungen. Täusche dich bitte nicht. GOTT hat zwar den Menschen mit einem freien Willen ausgestattet und erlaubt ihm sogar, dass er sich Ihm widersetzen kann. Ebenso wird Gott auch nicht einschreiten, wenn du der Menge zu falschen Zwecken folgen wirst (2. Mose 23, 2), um menschlichen Traditionen nachzugehen.

Doch nach wie vor gilt immer noch die Aussage, dass sie genau das ernten werden, was von Ihnen ausgesät wurde! **Jeder wird vor dem Richterstuhl nach den biblischen Maßstäben eines Tages beurteilt werden. Dabei wird die persönliche Meinung von völlig untergeordneter Bedeutung sein.** Hinsichtlich des Weihnachtsfestes und dessen Beobachtung handelt es sich nicht um eine Banalität, wie man meinen könnte. Vielmehr geht es darum, ob sie ebenfalls gewillt sind, ihrem GOTT, Glauben und Gehorsam auch dann schenken zu wollen, selbst wenn ihnen einige seiner Entscheidungen nicht immer einsichtig erscheinen mögen. Da wir nun wissen, was Weihnachten ist, lässt es sich auch leicht sagen, was es bringt und was es nimmt.

Ist die Weihnachtsfeier Götzendienst?
Jeder Götzendienst bringt in erster Linie denen etwas, die die Götzen machen bzw. für deren Verehrung sorgen; das sind im Falle „Weihnachten" vor allem die Kirchen und die Geschäftsleute. Da man bei jedem Götzendienst die Autorität des wahren GOTTES auf die Götzenmacher zu übertragen sucht (vgl. das Papsttum), bringt auch der Weihnachts-Gottesdienst in erster Linie seinen oberen Götzenpriestern Macht und Einfluss. **So hat die römisch katholische Kirche ursprünglich durch den Etikettenschwindel, in welchem ein altes heidnisches Fest als Fest der Geburt des CHRISTUS ausgegeben wurde, den Heiden einen nahtlosen Übergang in das kirchliche sog. Christentum geschaffen, wodurch die römische katholische Kirche schließlich Staatskirche im Römischen Reich werden konnte und dementsprechend an Macht und Einfluss gewann!!!** So konnten nämlich die Heiden ihren alten Götzendienst weiterbetreiben, während sie von der römischen Kirche gerechtfertigt und als „Christen" anerkannt wurden, die dafür zunehmend über den Glauben der Heiden und schließlich über die Menschen selbst herrschen konnte. Mit demselben Etikettenschwindel hatten einst schon die Israeliten nach dem Auszug aus Ägypten ihren Götzendienst bei der Anbetung des goldenen Kalbes betrieben, indem nämlich dieser alte Götzendienst, den sie aus Ägypten mitgeschleppt hatten, als ein „Fest dem

HERRN" ausgegeben wurde (2. Moser 32, 4 + 5): Der Name GOTTES wurde einfach als Etikett und Legitimation für den Götzendienst missbraucht. Dabei wurde Moses als gottgemäßer Führer des Volkes abgesetzt und der Götzenmacher Aaron als neuer Führer eingesetzt. **Noch heute dient der alte heidnische Weihnachts-Götzendienst, der wie ehedem als ein „Fest des HERRN" ausgegeben wird, dazu den staatlichen Kirchen ihre Kirchengebäude zu füllen, womit die staatlichen Kirchen ihren Einfluss auf die Menschen und ihre politische Macht zu erhalten suchen. Sie haben nämlich den Sohn Gottes als Führer des Volkes GOTTES abgesetzt und ihre Kirchenobersten als neue Führer eingesetzt!!!** Und weil es wohl nichts gibt was mehr Geld bringt als die Ausnutzung einer religiösen Motivation, eignet sich besonders der Weihnachts-Götzendienst aufgrund seiner großen Beliebtheit vorzüglich dazu, sowohl die Kirchen- als auch die Geschäftskassen zu füllen. **Den religiösen Vertretern eines Götzendienstes bringt also ihr Götzendienst vor allem Macht, den materiellen Vertretern desselben Geldes. Die Masse des Volkes hingegen lebt in und von den Illusionen, die ihnen die Götzenpriester und Geschäftsleute beschert (suggeriert) haben, nämlich: Ein „christliches Fest" (Fest des HERRN) gefeiert und ein sichtbares Zeichen von Liebe (obligatorische Geschenke an Verwandte und Bekannte) gegeben zu haben, während sie mit Tannenduft, Glöckchengebimmel, leise rieselndem Schnee (wenigstens dem Liedtext nach), Lebkuchen und Festessen tagelang in fleischlichen Lüsten und Sentimentalitäten vor sich hinschwelkt.** Da wir nun wissen was Weihnachten ist und was es bringt, ist nur noch die Frage offen, was es nimmt. **>„Als erstes ist hier zu sagen, dass Weihnachten dem Menschen den Blick für die Wahrheit GOTTES nimmt"!!!< Da er schon im Kindesalter durchschaut, dass dieses angeblich „christliche Fest" nur auf einer Lüge (vom Weihnachtsmann bzw. „Christkindlein", das die Geschenke bringe), beruht. Ist dem Kind der Weihnachtsmann u. ä. als Lüge offenbar, so wird es auch bald dem Sohn Gottes, dem dieses Fest vorgeblich ge-**

widmet ist, als Märchen abtun. Da auch dialogisch geschulte Menschen diesen Zusammenhang leicht durchschauen, haben selbst die Parteifunktionäre im ehemaligen Ostblock am Weihnachtsfest festgehalten, da sie die Menschen als erklärte Atheisten bewusst zur Gottlosigkeit erziehen wollten.

Im Weiteren verhindert das Weihnachtsfest den Frieden. So heißt es nämlich schon im Alten Testament bzgl. der Weihnachtsbäume (Ascherim):

„Und sie verließen das Haus YAHUWAHs, des GOTTES ihrer Väter, und dienten den Ascherim und den Götzenbildern. Da kam ein Zorn über Juda und Jerusalem, um dieser ihrer Verschuldung willen". 2. Chronik. 24, 18

>>>„Wer meint, dass er heute in Frieden mit GOTT leben kann, während er götzendienerische Bräuche übt und gegen den erklärten Willen GOTTES handelt, der irrt. Denn auch YAHUSHUA sagt ausdrücklich, dass der Zorn GOTTES auf demjenigen bleibt, der IHM nicht gehorcht (Johannes 3, 36), wobei es „keine" mildernde Umstände und keine Rechtfertigung gibt, wenn man sich dabei „Christ" oder gar „wiedergeborener Christ" nennt - im Gegenteil. Wer meint, im Glauben zu stehen, der wird durch diesen Götzendienst fallen (vgl. 1. Korinther 10, 7 + 11 + 12). Hat man aber keinen echten Frieden mit GOTT, so hat man ihn auch nicht mit seinen Mitmenschen. Daran ändert sich auch dann nichts, wenn du dir jedes Jahr von einem staatlichen Religionsbeamten vorlesen lässt: „Ich verkündige euch eine große Freude die euch heute wiederfahren ist denn heute der Heiland geboren". Der „Heiland" ist dazu geboren, die Menschen von ihren Sünden zu heilen (= zu erretten, Matthäus 1, 12).

>>>„Wann willst du dich endlich von dem Weihnachts-Götzendienst heilen lassen"???<<<

Würde es den Sohn Gottes damit verherrlichen, seinen Geburtstag zu feiern, so würde auch der Auftrag dazu im Neuen Testament zu finden sein, denn alles, was den Sohn Gottes verherrlicht, hat der Heilige Geist hier mitgeteilt! (Johannes 16, 13 + 14). Echte Gläubige sind Priester Gottes (1. Petrus. 2, 5 - 9), deshalb dürfen sie vor GOTT auch nur mit heiligem Feuer hintreten! Wer mit fremdem Feuer, **„das er ihnen nicht geboten hat", vor ihn tritt, lästert GOTT!** (3. Mose 10, 1 - 3f). Die Heiden verehrten ihren Sonnengott, indem sie dessen Geburtstag feierten. – GOTT aber sagt: **Hüte dich, ihnen nachzutun - ein Gräuel ist es!** (5. Mose 12, 30f). Fazit: Die Bibel sagt ganz deutlich: **„Daher kennen wir von nun an niemand nach dem Fleische; wenn wir aber auch den Sohn Gottes nach dem Fleische gekannt haben, so kennen wir ihn doch nicht mehr also".** 2. Korin-ther 5, 16

Deswegen legte man die Geburt JESU, wie oben beschrieben, will-kürlich mit den heidnischen Saturnalien zusammen!!! >„GOTT will Weihnachten nicht"!!!< Dass wir den Sohn Gottes nicht mehr nach dem Fleisch kennen sollen, ist die beste Begründung dafür, dass entschiedene biblisch Gläubige kein Weihnachten feiern!!!

YAHUSHUA gebot aber folgendes: **„Darum gehet hin und machet zu Jüngern alle Völker und lehret sie halten alles, was ich euch befoh-len habe"** (Matthäus 28, 19 - 20). Weihnachten zu feiern hat YAHU-SHUA aber nie befohlen; ganz im Gegenteil, er deutete niemals auch nur im Entferntesten an, dass seine Nachfolger die Autorität hätten, neue Tage der Anbetung einzurichten.

Daher sollten wir verstehen, dass es für das Feiern von Weihnachten keine biblische Grundlage gibt. **Sowohl Weihnachten als auch Ost-ern sind kommerzialisierte heidnische Festlichkeiten!**

Wo beginnt Götzendienst?

1. Der Götzendienst beginnt nach dem Zeugnis der Schrift nicht erst beim Kniefall vor einem Bild. Der Fluch beginnt bereits beim aufstel-len oder Herstellen eines Götzenbildes. Lies 5. Mose 27, 15 und 4, 23 + 24. **„Du sollst keinen Gräuel (Götzenbild) (nur schon) in dein Haus bringen, damit du nicht wie er dem Bann verfällst. Du sollst es als abscheulich verabscheuen Gebanntes ist es"** (5. Mose 27, 25 - 26).

2. Götzendienst meint: „Das Treten einer sichtbaren Darstellung an-stelle des unsichtbaren Gottes, der man Verehrung darbringt, die in

Wahrheit YAHUWAH zukommt". „Oh Tannenbaum, oh Tannenbaum, wie grün sind deine Blätter".

3. Götzendienst ist auch dann Götzendienst, wenn aus Unwissenheit
gehandelt wird (Epheser 5, 5; Kolosser 3, 3). Eine bloße Liebe zum
Geld nennt die Bibel bereits Götzendienst. 1. Samuel 15, 29: Eigenliebe, Widerspenstigkeit und Ungehorsam sind auch Götzendienst.

4. Die abscheulichste Form des Götzendienstes ist das Verehren
fremder Gegenstände im Namen Gottes: **„Habt ihr mir vierzig Jahre
in der Wüste Schlachtopfer und Speisopfer dargebracht, Haus Israel"?** (Amos 5, 21 - 26). <u>**GOTTES Herz blutet Jahrtausende lang über
solchem Treiben.**</u> Wie oft klagt er in den Heiligen Schriften: **„und die
Höhen kamen nicht hinweg?"** Sie opferten fremden Göttern und
den Dämonen (1. Korinther 10, 20), und solches im Namen YAHU-
WAHs!

Die Früchte des Weihnachtsfestes

„An den Früchten sollt ihr erkennen": Lasst uns an folgenden Früchten erkennen, ob der ganze „Baum" gut oder faul ist. Zu keiner Zeit
des Jahres fördert ein Unternehmen mehr „Einheit" zwischen Gottlosen und Gottesfürchtigen. Unter dem Baum singen plötzlich alle
zusammen „dem Herrn" - anschließend geht die Verachtung und die
Gottlosigkeit weiter. Fördert ein Fest mehr Streit und Trennung (Fa-
milienskandale gibt es vor allem an Weihnachten). Die Kassen etlich-
er Gemeinden und Missionswerke sind zu keiner Zeit des Jahres so
leer - im Namen GOTTES beraubt man Ihn! Und trotz dieser offen-
sichtlichen Missstände müssen wir objektiv feststellen: Mit keiner
Tradition sind auch Christen mehr verwurzelt als mit der Weih-
nachtstradition. Pfingst- und Osterfest mögen dahinfallen, was aber
wäre Weihnachten ohne den Lichterbaum und ohne alles Drum und
Dran? Was wäre Weihnachten ohne Heiligabend und ohne den 25.
Dezember und ohne Geschenke und ohne Zweiglein u.a.m.? Wenn
du jetzt innerliche Schwierigkeiten bekommst, dann lass dir zum
Schluss etwas über Götzendienst sagen. Götzendienst mit „schwere
Fehler" zu beschreiben, ist eine starke Untertreibung. Erinnern wir

uns daran, was die Bibel zum Götzendienst sagt: **„Du sollst kein Gräuel (Götzenbild) (nur schon) in dein Haus bringen, damit du nicht wie er dem Bann verfällst. Du sollst es als abscheulich verabscheuen, Gebanntes ist es".** 5. Mose 27, 25 - 26. Aufgrund des biblischen Zeugnisses kann man klar erkennen, wie GOTT die „schweren Fehler" der sog. „Kirchenväter" beurteilt. Im Übrigen ist es eine schwache Argumentation, wenn man die Verantwortung auf die sog. „Kirchenväter" schiebt. Das erinnert mich stark an folgende biblische Begebenheit: **„Da sprach YAHUWAH: Wer hat dir gesagt, dass du nackt bist? Hast du etwa von dem Baum gegessen, von dem ich dir geboten habe, du solltest nicht davon essen? Da antwortete der Mensch: Die Frau, die du mir zur Seite gegeben hast, die gab mir von dem Baum, und ich aß! Da sprach Gott YAHUWAH zu der Frau: Warum hast du das getan? Die Frau antwortete: Die Schlange hat mich verführt; da habe ich gegessen"!** (1. Mose 3, 11 - 13). Auch hier wird die Schuld auf andere geschoben.

„Zum Glück wissen viele Christen nichts von den Hintergründen der Namensgebung und Terminierung des Festes der Geburt und der Auferstehung des Sohnes Gottes".

<u>Ist das wirklich Glück, wenn viele Christen nichts von den heidnischen Hintergründen „christlicher" Feste wissen? Götzendienst ist auch dann Götzendienst, wenn aus Unwissenheit gehandelt wird (Epheser 5, 5; Kolosser 3, 3).</u> Eine bloße Liebe zum Geld nennt die Bibel bereits Götzendienst. 1. Samuel 15, 29: Eigenliebe, Widerspenstigkeit und Ungehorsam sind auch Götzendienst. „Doch selbst wenn es der Fall ist, kann man davon ausgehen, dass kein Christ auf die Idee kommt, in diesen Tagen der Göttin Ostera oder auch Nimrod zu opfern". Das wäre ja auch wirklich starker Tobak, wenn ein „Christ" auf die Idee kommen würde, Ostera oder Nimrod zu opfern. Da kann man ja noch froh sein, dass **die „Christen" nur „indirekt" Ostera und Nimrod opfern, weil sie ihre Feste begehen.**
Wie oft klagt der lebendige Gott in den Heiligen Schriften: **„...und die Höhen kamen nicht hinweg?"** Sie opferten fremden Göttern und den Dämonen (1. Korinther 10, 20), und solches im Namen YA-

HUWAHs!

Zu 1. Brauchen Christen wirklich heidnische und dämonische Festlichkeiten, damit sie an die Gnadenwirkungen GOTTES erinnert werden? Selbstverständlich können wir uns über die Liebe GOTTES gar nicht genug Gedanken machen – aber müssen „Christen" deshalb wirklich Götzendienst ausüben?

Zu 2. Selbstverständlich wurden bei der Christianisierung der Germanen heidnische mit „christlichen" Inhalten vermischt. Das Wort GOTTES sagt zu solch einer unseligen Verbindung: **„Was sage ich nun? Dass ein Götze etwas sei, oder dass ein Götzenopfer etwas sei? Nein, sondern dass die Heiden das, was sie opfern, den Dämonen opfern und nicht Gott! Ich will aber nicht, dass ihr in Gemeinschaft mit den Dämonen seid. Ihr könnt nicht den Kelch des Herrn trinken und den Kelch der Dämonen; ihr könnt nicht am Tisch des Herrn teilhaben und am Tisch der Dämonen! Oder wollen wir den Herrn zur Eifersucht reizen? Sind wir etwa stärker als er"?** 1. Korinther 10, 19 - 22

Die Bibel sagt, dass GOTT weder über den Götzendienst der „Väter" noch über den Götzendienst der „Söhne" und „Töchter" hinwegsieht. <u>**Natürlich hätte Luther gegen den Götzendienst vorgehen sollen. Aber was macht der „große Reformator"? Er übernimmt den Götzendienst und führt sogar noch neuen Götzendienst ein!!!**</u> Die Einheit der Gemeinde YAHUSHUAs wird nicht dadurch bewahrt, dass man sich einig ist, gemeinsam Götzendienst zu betreiben. Dieses „Argument" hat einen machtpolitischen Hintergrund, weil sonst viele treue Kirchensteuerzahler ihre Kirche verlassen würden. (siehe 1. Petrus 4, 17 + 18; 1. Johannes 2, 5 + 6).

Quelle: © http://www.jesusruf.de/index.php/schriftpublikationenmenu2/feste-a-feiertage/84-weihnachten-julfest-was-es-ist-was-es-bringt-und-was-es-nimmt. Quelle: idea-spektrum Nr. 3 vom 17. 01. 2001 Böhm, Hans-Jürgen: Weihnachten - was es ist, was es bringt und was es nimmt.

Sol invictus der Sonnengott ist Satan

Weihnachten – Fest des römischen Sonnengottes
Das Christentum ist eine synkretistische Religion, sie ist aus heidnischen Kulten zusammengesetzt!!!
Alles begann mit einem Krieg in Syrien: Die Initialzündung für das heutige Weihnachtsfest war eine Schlacht im palmyrenischen Reich, dessen Hauptstadt Palmyra (arabisch Tadmur) im heutigen Syrien liegt. Der römische Kaiser Aurelian besiegte dort im Jahr 272 die palmyrenischen Truppen und nahm deren Führerin Zenobia gefangen. **Zum Dank für diesen Sieg erklärte Aurelian den 25. Dezember – den Geburtstag des unbesiegbaren Sonnengottes Sol invictus** – zum reichsweiten Feiertag. Dabei knüpfte Aurelian an die bestehende Sol-Verehrung des Mithraskultes an, der ursprünglich aus Persien und Ägypten stammte.

Kaiser Konstantin brachte die Wende

Für heutige Europäer klingt der Mithraskult ziemlich vertraut: Mithras wurde vom Vatergott ausgesandt, das Böse in der Welt zu besiegen. Vor seinem Tod und seiner Auferstehung nahm er mit zwölf Anhängern ein letztes Abendmahl ein. Als Sol Invictus wurde Mithras mit Strahlenkranz und Heiligenschein dargestellt. Seine Anhänger glaubten an Himmel und Hölle, das letzte Gericht, die Dreifaltigkeit Gottes, die Unsterblichkeit der Seele und die Auferstehung. Der Mithraskult kannte die Sakramente der Taufe, Firmung und Kommunion sowie Messfeiern mit Hostien und Weihwasser. Das Oberhaupt hieß „Papa" und trug eine Mitra, die Vorläuferin der Bischofsmütze. Wegen dieser Ähnlichkeit traten das Christentum und der Mithraskult im römischen Reich in Konkurrenz. Wobei vorerst der Mithraskult dominierte. Doch das sollte sich bald ändern: Ein halbes Jahrhundert nach der Schlacht von Palmyra und der Einsetzung des Feiertages für Sol Invictus durch Kaiser Aurelian erklärten die Christen den Geburtstag des römischen Sonnengottes zum Geburtstag ihres Meisters und Lehrers Christus. **Das Weihnachtsfest am 25. Dezem-**

ber war aus dem heidnischen Feiertag geboren. **Diese wundersame Geburt war nur möglich wegen der sogenannten „Konstantinischen Wende", welche das Schicksal Europas entscheidend prägte.**

Der heidnische Sonnengott wurde umfunktioniert

Im Jahr 312 griff Kaiser Konstantin die Stadt Rom an, um deren Besetzer Maxentius zu vertreiben. Bei der Milvischen Brücke kam es zur Schlacht. Obwohl zahlenmässig unterlegen, siegten Konstantins Truppen. Wie die Legende berichtet, hatte er am Vorabend der Schlacht eine Vision des Kreuzes Christi und führte seinen Sieg darauf zurück. Diese Christus-Vision brachte die Wende für das Christentum und den Sieg über den Mithraskult. Bereits im Jahr 313 kam es zum Edikt von Mailand, mit welchem der weströmische Kaiser Konstantin und der oströmische Kaiser Licinius die Religionsfreiheit ausriefen.

Im Jahr 325 lud Kaiser Konstantin zum Konzil von Nicäa ein, wo der Geburtstag des römischen Sonnengottes Sol invictus in den Geburtstag von Jesus Christus umfunktioniert wurde!!! Weihnachten war aus dem Geburtstag des heidnischen Sonnengottes geboren, dessen Wurzeln noch viel weiter zurückreichten, nämlich in die Zeit der Perser und Ägypter. Bereits der Pharao Amenophis IV. huldigte 1400 Jahre vor unserer Zeitrechnung dem Sonnengott Aton. Aber auch die Kelten und viele andere Völker feierten den Tag der Sonnenwende.

Katholische Kreise liefern biblische Erklärung

Interessant ist es, wie sich katholische Kreise das Datum des 25. Dezember erklären. Zum Beispiel das „unabhängige katholische Nachrichtenportal" www.kath. de. Dort wird das Konzil von Nicäa zwar erwähnt, aber von einer Transformation des Geburtstages des heidnischen Sonnengottes ist nirgends die Rede. Vielmehr liefert das katholische Internetportal eine biblische Erklärung: Gemäß dem Evangelisten Lukas wurde Jesus sechs Monate nach Johannes dem Täufer geboren. Zudem steht im Johannesevangelium der Satz: „Er muss wachsen, ich aber muss kleiner werden". Daraus zieht das katholische Internetportal den kühnen Schluss: „Dieses Wort wurde auf die Sonne bezogen. **Nach dem Fest des Täufers nimmt die Sonne ab, nach dem Fest der Geburt Christi nimmt die Sonne zu. Daher liegt das Geburtsfest des Täufers auf dem Tag der Sommersonnenwende, der Geburtstag Jesu auf dem der Wintersonnenwende". Was eine perverse Lüge!!!**

Tausendjähriger Schatten senkte sich über Europa

Nach der Konstantinischen Wende setzte der Siegeszug des Christentums ein. Im Jahr 337 ließ sich Kaiser Konstantin angeblich taufen und 392 erklärte Kaiser Theodosius das Christentum zur alleinigen Staatsreligion. Er verbot die heidnischen Religionen und im Jahr 394 sogar die olympischen Spiele zu Ehren der griechischen Götter. Die Christen übernahmen nicht nur den Weihnachtstag aus dem Mithras Kult, sondern auch zahlreiche, andere Rituale. Die Tempel des Mithras Kultus hingegen wurden zerstört und die Priester getötet. Über den heidnischen Altären entstanden die christlichen. Aber der Sonnengott Sol invictus lebte in den Darstellungen von Christus mit Strahlenkranz und Heiligenschein fort. Das Heidentum als Steinbruch für das Christentum: Was die Christen als heidnisch verdammten, transformierten sie ohne Skrupel in ihre eigenen Kulte. Mit dem Mithras Kult wurde auch die antike Kultur zu Grabe getragen. Im Jahre 529 befahl Kaiser Justinian I. die Schließung der Platonischen Akademie in Athen. Ein tausendjähriger Schatten senkte sich über Europa. Quelle © https://www.infosperber.ch/gesellschaft/ethnien-religionen/ weihnachten-fest-des-roemischen-sonnengottes/Kurt Marti/24.12.2016, Abdruckerlaubnis vom 13. Juli 2023 von Herrn Urs P. Gasche, Redaktor Infosperber.

Der allergrößte Irrtum!!!

Schon vor dem Christentum wurde ein heidnisches Fest zur Verehrung des Sonnengottes gefeiert. Die erste - und weitaus bekanntere - ist diejenige, dass sich das Datum aus dem Bezug zum Geburtsfest des römischen Gottes „Sol Invictus" („Unbesiegbarer Sonnengott") ergab. Dessen Geburtstag feierte man am kürzesten Tag des

Jahres, der Wintersonnenwende: Die Winterdunkelheit konnte die Sonne nicht besiegen, die daraufhin wieder ihren Siegeszug begann und die Tage wieder länger werden ließ. Nach der Kalenderreform des Julius Caesar war dieser Tag der 25. Dezember. Da die Deutung von YAHUSHUA HA MASCHIACHs als Licht oder Sonne für Christen schon in den Evangelien und aus alttestamentlichen Prophetien bekannt war, lag es auch nahe, dieses Fest im Zuge des aufstrebenden Christentums umzudeuten. Quelle: © https://www.ntv.de/wissen/Den-ersten-Christen-war-Weihnachten-egal-article16637226.html.

„Das bekannte Sonnenfest Natalis Invicti (die Geburt der unbesiegten Sonne) welches am 25. Dezember gefeiert wurde, hat einen starken Einfluss auf unser Datum im Dezember". Quelle: © "The Catholic Encyclopedia", New York, Robert Appleton Co., 1911, S.725. Dieses Zitat kommt von R. Woodrow, op. cit. S. 143. Der 25. Dezember ist „nicht" der Geburtstag YAHUSHUAs sondern der Tag, an dem die Heiden die Geburt der Sonne feierten. Nachdem diese Heiden sich zum Christentum bekehrten, brachten sie ihre heidnischen Gebräuche mit. Die Kirche zog es vor, anstatt einen festen Standpunkt zu vertreten und gegen diese Gebräuche zu kämpfen, diese zu „verchristlichen". <u>So wurde die „Geburt des Sonnen-Gottes" zur „Geburt des Sohnes Gottes".</u> Offensichtlich ist dies eine der vielen heidnischen Gebräuche und Traditionen, die von einer großen Anzahl von Christen befolgt wird. Quelle: © http://www.diebibelonline.de/Wurde-Jesus-wirklich-am-25.-Dezember-gebo-en.html.

„Der größte heidnische religiöse Kult, der den 25. Dezember in der römischen und griechischen Welt als Feiertag erhob, war der heidnische Sonnenanbetungs-Mithraismus! Dieses Winterfest wurde auch „die Geburt" genannt – die „Geburt der Sonne". Quelle: © J. Frazer: „The Golden Bough", New York, Macmillan Co., 1935 Sp.471. <u>Sogar eine so konservative Quelle wie „The Catholic Encyclopedia" gibt zu, dass dieses Himmelsfest der Grund dafür war, dass man anfing, die Geburt eines Jesus Christus am 25. Dezember zu feiern.</u>
Dazu kommt natürlich, dass es schon gut bekannt ist, dass der 25. Dezember eine heidnische und römische Ursache hat. Im Römisch-

en Reich was es das Datum der Sonnen-Wiedergeburt, das zur Wintersonnenwende gefeiert wurde. Als das Christentum vom römischen Reich adoptiert wurde, war es bequem und passend, diese heidnische Observanz zur Geburt des Messias umzusetzen – um die Menschenmassen zu gewinnen. Quelle: © http://www.zum-leben.de/aktuelles/ v/a/war-die-geburt-jesu-zu-sukkot-und-nicht-zu-weihnachten/.

Der Name des falschen Sohnes Gottes ist Jesus Christus!!!

Der gefälschte Sohn Gottes hat am 25. Dezember Geburtstag!!! Der echte Sohn Gottes YAHUSHUA (YAHUschuWAH) HA MASCHIACH ist nicht am 25. Dezember geboren und schon gar nicht im Jahre 0000!!! Die echten ersten Gläubigen also die YAHUSHUAisten haben den Geburtstag des echten Sohnes Gottes nicht gefeiert!!!

Dass Jesus Christus allerdings am 25. Dezember geboren sei, ist eine willkürliche Festsetzung des skythischen Mönchs Dionysius Exiguus, der in Rom lebte und annahm, dass der Sohn Gottes am 25. März des Jahres 0001 empfangen wurde und demnach am 25. Dezember desselben Jahres geboren sein musste. Quelle: © https:// bibelbund.de/2014/11/hat-sich-lukas-mit-der-volkszaehlung-bei-der-geburt-von-jesus-geirrt /leicht überarbeitete Version November 2014.

Die Feier des Weihnachtsfestes bildete sich erst im Lauf des 4. Jahrhunderts heraus!
Quelle: © Veröffentlicht am 12. November 2016 aus Bibel und Gemeinde 113, Band 4 (2013), Seite 5 - 7. Karl Heinz Vanheiden Jg. 48, verh., zwei Kinder. Er ist Publizist, Bibellehrer und Bibelübersetzer; Mitglied im ständigen Ausschuss; von 1998-2013 Schriftleiter des Bibelbundes. Seit 2014 Theologischer Referent des Bibelbundes. Quelle: https://bibelbund.de/2016/11/irrtum-was-wirklich-geschah.

<u>Um den Götzen zu enttarnen, der an Weihnachten verehrt wird, ist es notwendig, die heidnischen Ursprünge dieses Festes zu erforschen.</u> Kurz nach der Sintflut begann man den 25. Dezember als Geburtstag des Tammuz zu feiern, der als Reinkarnation Nimrods galt. Die modernen Weihnachtstraditionen stammen direkt aus dem antiken Babylon und dem heidnischen Rom. Die heidnischen Römer ehrten den Gott Saturn mit dem einwöchigen Fest der Saturnalien im Dezember. Saturn, der römische Gott der Zeit und der Ernte, wurde für gewöhnlich mit einer Sense in der Hand abgebildet. Von allen heidnischen Göttern galt er als der grausamste und bösartigste. Er verlangte Kinderopfer.

Nicht nur die Römer verehrten diesen bösartigen Gott. Der Saturn-kult beherrschte das religiöse Denken in der antiken Welt. In Rebell-ion gegen den Himmel beteten selbst die Israeliten den Saturn an. **Wenn die Israeliten den Glauben an ihren Schöpfer verließen, wandten sie sich oft dem Götzen Saturn zu, den die Bibel als Kiun, Moloch oder Rephan erwähnt!!!** Sogar die Israeliten brachten ihre Kinder diesem abscheulichen, blutdurstigen Gott als Opfer dar. „Sa-turn beherrschte bald (auch) das afrikanische Heidentum unter dem Namen Baal – Hammon ehrte man ihn im phönizischen Karthago durch Kinderopfer. Obwohl er als Fruchtbarkeitsgott galt, war Sa-turn-Baal rücksichtslos in seiner Forderung nach Opfern". Quelle: © Quodvultdeus of Carthage, translation and commentaries, Thomas Macy Finn, S. 14 u. 15.

Die wichtigsten Fakten zum 25. Dezember und dem Weihnachtsfest

Die Tatsachen die sich auf eine Geburt Christi beziehen sind alles andere als christlich!!! Sie haben auch nichts mit dem echten Sohn Gottes YAHUSHUA (YAHUschuWAH) HA MASCHIACH zu tun!!! Dieses besagte Christfest beruht auf die römischen Saturnalien und Brumalien. Also eine Zeit der Anbetung des Gottes Saturns!!!
Quelle: © Broschüre Gute Nachrichten, 53195 Bonn; © 2013 Vereinte Kirche Gottes e. V.

Brumalien

Brumalien (abgeleitet von latein bruma Wintersonnenwende) waren in der Antike zu Ehren des Dionysos bzw. des Bacchus gefeierte Festtage. Im römischen Festkalender begannen die von Romulus eingesetzten Brumalien am 24. November und dauerten bis zum 25. Dezember. Die Feier der Brumalien und das entsprechende Brauchtum wurden 692 durch die Trullanische Synode verboten (Ka-non 62). Quelle: © https://dewiki.de/Lexikon/Brumalien.

Wo liegt der Ursprung von Weihnachten?
Jährlich feiern Menschen rund um den Globus am 25. Dezember den Geburtstag von Jesus. Das Fest ist aber viel älter als das Chri-

stentum.

Der Ursprung von Weihnachten liegt im Fest der Wintersonnenwende. Schon in der Antike hatten die Ägypter und andere Hochkulturen den 21. Dezember – Tag der Wintersonnenwende – zum Anlass genommen, die Geburtstage ihrer Sonnengottheiten zu feiern. **Um 500 v. d. Zw. machten die Römer den 25. Dezember zum Geburtstag ihres Sonnengottes Sol und die Germanen zelebrierten ein Fest mit dem Namen Jul, was in skandinavischen Sprachen heute noch Weihnachten bedeutet.**
Im Christentum galt das Sonnenwende-Fest als heidnischer Brauch. 400 Jahre n. d. Zw. verboten die damaligen Kirchenoberhäupter die Festlichkeit – ohne Erfolg.
Zu stark war die gesellschaftliche Verankerung. **Das Ziel der Kirche war stets, Heiden für das Christentum zu gewinnen. So entschied sie kurzerhand, das Fest Jesus zu widmen. Seither feiern die Christen statt der Wintersonnenwende den Geburtstag von Jesus am 25. Dezember.**
So fand in der Zeit, als der echte Sohn Gottes geboren wurde, eine Volkszählung statt. Solche Erhebungen wurden traditionellerweise in der Zeit nach der Ernte, also im September oder Oktober durchgeführt!!!
Quelle: © https://www.srf.ch/sendungen/einstein/einstein/wo-liegt-der-ursprung-von-weihnachten.

Das Wort Weihnachten taucht in der Bibel nicht auf. Dieses Fest geht auf die Saturnalien zurück, die um die Wintersonnenwende zu ehrendes des Gottes Saturn gefeiert wurden!!! Diese Feierlichkeiten des Gottes der Landwirtschaft zeichneten sich durch ihre Trinkgelage und durch das Austauschen von Geschenken aus. Am 25. Dezember 274 erklärte der römische Kaiser Aurelius den Sonnengott Mithras zum obersten Schutzgott des Reiches.
Quelle: © https://www.pcmthdietempelherren.org/content/spiritualitaet---religion---mystik/das-christentum-und-die-templer/weihnachten-und-wintersonnenwende/.

Im Jahre 274 n. d. Zw. brachte der römische Kaiser Aurelian den unbesiegten Sonnengott Mithras von seinen Schlachten in Kleinasien nach Hause ins Römische Reich. Quelle: © https://www.watson.ch/wissen/ history/520347972-warum-wir-heute-heiligabend-feiern-wie-aus-einer-orgie-weihnachten-wurde.

In einer Zeit politischer Kompromisse erschien es logisch den 25. Dezember durch eine christliche Feier zu ersetzen.

„Das Weihnachtsfest wird zum ersten Mal auf dem Kalender von Philokalos erwähnt, der 336 n. d. Zw. in Rom erstellt wurde". Quelle: © J. G. Frazer, Le Rameau d'or. **„Gegen 330 n. d. Zw. fiel die Wahl auf den 25. Dezember, um die heidnischen Feste zur Wintersonnen- wende zu verschleiern.** In der Antike wurde in dieser Jahreszeit schon immer gefeiert: zu den Saturnalien in Rom zu Ehren des alten Herrschers der Zeit Saturn oder zu „Sol Invictus" (unbesiegbare Son- ne), ein Kult des Gottes Mithras, der aus Persien kam". Quelle: © Nadine Cretin, Fêtes et traditions occiden-tales.

Das Mithras Fest der siegreichen Sonne und „Natalis Invicti" (Sol In- victus), der Geburt des erlösenden Gottes, der der Natur das Leben zurückgibt, wurde nach und nach durch das Fest der Geburt Christi ersetzt.

<u>**Das Weihnachtsfest hat seinen Ursprung daher in einer Zeit, zu der in Rom der Sonnenkult besonders stark ausgeprägt war. Diese Aus- führungen bestätigen, dass dieses Fest seinen Ursprung weder in der Bibel noch in den Bräuchen der Urchristen hat!!!**</u> Quelle: © http://lou- vrebibel.de/consultation/56.

<u>**Aber wer den Sinn des Weihnachtsfestes und seinen Ursprung ver- stehen will, muss mit den Göttern anfangen, für die dieses Fest veranstaltet wurde. Der Mithras Kult identifizierte den höchsten Weihegrad mit der Sonne.**</u>

<u>**Der römische Mithras ist der unbesiegte Sonnengott, ist Sol Invict- us. Dies ist die hundertfach zum Ausdruck gebrachte Botschaft der Weihinschriften vom 2. bis zum 6. Jahrhundert, sei es für Sol Invic- tus Mithras, für Deus Sol Invictus Mithras, für Deus Sol Mithras oder Sol Mithras. Seitdem wir den römischen Mithras-Kult epigra- phisch fassen können, ist der dort verehrte Gott der unbesiegte Sonnengott Mithras.**</u> Mithras ist in dem Pantheon der antiken Gött- er einer unter vielen, mit vielen verwandt, mit vielen identisch. Wir sollten uns hüten, in dieser Vielzahl und in der synkretistischen An-

gleichung der Göttergestalten Schwäche und Dekadenz zu sehen. Der Mithras-Kult ist ein Beispiel für den Bilderreichtum der Antike, des antiken Denkens, des antiken Menschen und die Wirkung von Symbolen, für das symbolhafte, das heißt in Symbolen verhaftete Existenz. Er gehört zu den Mysterien, wie die antike Welt jene Kulte nannte, die den Eingeweihten Heil verhießen.

Es ist die Mithras-Legende, die Geschichte des heilbringenden Wirkens von Mithras, die mit der Geburt beginnt und mit seiner Himmelfahrt endet, welche die Menschen in ihren Bann zieht. Begründet wurde dieser Mythos in Persien aus dem altiranischen Mithras Kult, der seinen Ursprung mit der Ur-Gottheit Ahura Mazda verbindet.

Das was Mithras ist und kann, so die Botschaft, vermag er vom ersten Augenblick seiner Existenz an. Bereits bei seiner Geburt „aus dem Nichts" ist Mithras der Weltherrscher, der Kosmokrator (Welt Beherrscher). **Die Geburt des Mithras, des Lichts, des Sonnengottes, wurde am 25. Dezember gefeiert, dem gleichen Tag an dem der Isis-Osiris-Kult die Geburt des Lichtkindes Horus feiert!!!**

Noch im 6. Jahrhundert schildert ein syrischer Geschichtsschreiber der orthodoxen Kirche treffend die Entwicklung dieses Festtages zum Geburtstag „Christi": **„Die Heiden pflegten nämlich am 25. Dezember das Fest des Geburtstages der Sonne zu feiern und zu Ehren dieses Tages Feuer und Lichter anzuzünden.** Zu diesen Riten luden sie sogar das Christenvolk ein. Da nun die Lehrer der Kirche wahrnahmen, dass sich die Christen sehr gern zur Teilnahme verleiten ließen und auch zu diesem Aberglauben übertraten, beschlossen sie sogleich, am selben Tage das Fest der „wahren Geburt" zu begehen".

>>>„Bei näherer Betrachtung wird man schnell feststellen können, dass das Christentum tatsächlich nichts ist, als eine billige Kopie der Mithras-Verehrung"!!!<<< Von den vielen Wundern die Mithras vollbrachte, sei hier nur das Wasserwunder erwähnt. Mithras richtet seinen gespannten Bogen auf eine Felswand, vor der das Volk kauert und um Wasser fleht. Als der Pfeil die Wand berührt, strömt Wasser hervor und alle können trinken. Dieses Wunder gehört zu jenen Wandermythen, die aus Gegenden stammen, in denen Dürre herrscht und das Gedeihen von Mensch und Natur vom spärlichen Regen abhängt.

Aber am deutlichsten wird die Entlarvung des Christenkultes als Imitat an der fast unverändert übernommenen Liturgie der Sol-Invictus Feierlichkeiten. Quelle: © https://www.pcmthdietempelherren.org/content/spiritualitaet--religion--mystik/das-chri-stentum-und-die-templer/weihnachten-und-wintersonnen-wende/.

Weihnachten ist ein christliches Fest - das glauben zumindest fast alle Menschen auf unserem Planeten. Viele Christen sind sogar überzeugt, dass Weihnachten ein biblisches, heiliges und gesegnetes Fest ist. Welch eine satanische Verblendung!!! Wenn man jedoch diese Feier bis zu ihren Ursprüngen zurückverfolgt, kann man erkennen, dass Weihnachten alles andere als ein „christliches" Fest ist. Im Gegenteil, nicht nur die Bibel warnt davor, sondern auch zahlreiche Enzyklopädien, Geschichtsbücher und Kommentare bestätigen den tiefen heidnischen Ursprung dieses angeblich christlichen Festes.

So schreibt z.B. die Encyclopedia Britannica von 1946 unter „Christmas": **„Weihnachten wurde weder von Christus oder den Aposteln eingeführt, noch gründet es sich auf die Autorität der Bibel. Es wurde erst später vom Heidentum übernommen"!**

Sogar die Katholische Kirche bestätigt den heidnischen Charakter dieses Festes in der Catholic Encyclopedia: „Weihnachten zählt nicht zu den Festen der frühen Kirche. Erste Nachweise für das Fest kommen aus Ägypten.

In Deutschland war Weihnachten bis zum 7. Jahrhundert noch unbekannt. Erst 813 n. d. Zw. wurde durch die Synode von Mainz eine offizielle Weihnachtsfeier angeordnet. Die Geburt „Jesu" wurde auf den 25. Dezember festgesetzt, der bereits mit dem Abend des 24., dem sog. „Heiligen Abend" oder „Weih-Nacht" beginnt.

>„Wie konnte ein Tag, der nirgends in der Bibel erwähnt wird, plötzlich zu einem sog. „christlichen" Hauptfeiertag des Jahres werden – ein Tag, der nie vom Messias oder den Aposteln oder der Ur-Gemeinde gefeiert wurde? Weihnachten ist eines der Lügen und Fabeln, vor denen der Apostel Paulus warnte, dass sie bald auf die Gemeinde zukommen würden!!!

>>>„Denn es wird eine Zeit kommen, da werden sie die gesunde Lehre nicht ertragen, sondern sich selbst nach ihren eigenen Lüsten Lehrer beschaffen, weil sie empfindliche Ohren haben; und sie werden ihre Ohren von der Wahrheit abwenden und sich dem Legenden (Märchen) zuwenden"!<<< 2. Timotheus 4, 3 + 4

>>>„Der Geist aber sagt ausdrücklich, dass in späteren Zeiten etliche vom Glauben abfallen und sich irreführenden Geistern und Lehren der Dämonen zuwenden werden"!<<< 1. Timotheus 4, 1

>>>„Lasst euch von niemand in irgendeiner Weise verführen! Denn es muss unbedingt zuerst der Abfall kommen und der Mensch der Sünde geoffenbart werden, der Sohn des Verderbens"!<<< 2. Thessalonicher 2, 3

>>>„Denn das weiß ich, dass nach meinem Abschied räuberische Wölfe zu euch hineinkommen werden, die die Herde nicht schonen; und aus eurer eigenen Mitte werden Männer (Frauen) aufstehen, die verkehrte Dinge reden, um die Jünger abzuziehen in ihre Gefolgschaft"!<<< Apostelgeschichte 20, 29 + 30

Was sagt aber Gott YAHUWAH zum Weihnachtsbaum in seinem Wort?

>>>„Lernt nicht den Weg der Heiden und erschreckt nicht vor den Zeichen des Himmels, auch wenn die Heiden sich vor ihnen fürchten! Denn die Bräuche der Heiden sind nichtig. Denn ein Holz ist's,

das man im Wald gehauen hat und das der Künstler mit dem Schnitzmesser anfertigt. Er verziert es mit Silber und Gold und befestigt es mit Hämmern und Nägeln, damit es nicht wackelt; sie sind gedrechselten Palmbäumen gleich, sie können nicht reden; man muss sie tragen, denn sie können nicht gehen. Fürchtet euch nicht vor ihnen, denn sie können nichts Böses tun, und auch Gutes zu tun steht nicht in ihrer Macht"!<<< Jeremia 10, 2 – 5

>>>„Darum sollt du den Gräuel nicht in dein Haus bringen, dass du nicht dem gleichen Bann anheimfällst, wie er; als Scheusal und als Gräuel sollst du es verabscheuen, denn es ist dem Bann verfallen"!<
<< 5. Mose 7, 26

>**„Wegen der heidnischen götzendienerischen Praktiken verbannte YAHUWAH die Kanaaniter aus dem verheißenen Land. Sie waren Baals-Anbeter. Dieser Götze war auch bekannt als Nimrod, Tammuz, der Sonnengott, Mithras. Sie hatten einen immergrünen Baum in ihre Wohnungen geholt und angebetet und benutzten ihn als Symbol für ihren Götzen Baal oder Saturn"!<**

>>>„Ihr sollt euch durch all diese Dinge nicht verunreinigen. Denn durch das alles haben sich die Heiden verunreinigt, die ich vor euch her austreibe, und dadurch ist das Land verunreinigt worden, und ich suchte ihre Schuld an ihm heim, so dass das Land seine Einwohner ausspeit. Ihr aber sollt meine Satzungen und Rechtsbestimmungen halten und keinen dieser Gräuel verüben, weder der Einheimische noch der Fremdling, der in eurer Mitte wohnt. Denn all diese Gräuel haben die Leute dieses Landes getan, die vor euch waren, so dass das Land verunreinigt worden ist. Damit euch nun das nicht ausspeie, wenn ihr es verunreinigt, wie es die Heiden ausgepieen hat, die vor euch gewesen sind. Denn jeder, der einen dieser Gräuel tut – die Seelen, die dergleichen verüben, sollen ausgerottet werden aus der Mitte ihres Volkes. So haltet denn meine Verordnungen, das ihr keinen von den gräulichen Gebräuchen übt, die man vor euch geübt hat, und euch nicht durch sie verunreinigt. Ich YAHU-

Weihnachten – Ein Kompromiss Konstantins und der Kirche mit den Heiden

Vor dem vierten Jahrhundert waren die Christen im Römischen Reich in der Minderzahl und wurden von den heidnisch-römischen Machthabern verfolgt und oft sogar hingerichtet. Mit dem heidnischen Kaiser Konstantin jedoch, der sich proforma zum Christentum bekehrte, wurde die christliche Religion gleichbedeutend mit dem Heidentum und machte die christlichen Glaubenslehren populär unter den Heiden. Als Rom langsam eine christliche Nation wurde, stand die neu gegründete christliche Kirche den heidnischen Traditionen der Römer, Germanen und anderen nordischen Völkerstämmen gegenüber. Kaiser Konstantin machte sich Gedanken über die Einheit und Stabilität seines Reiches. Er betrieb eine sehr kluge Politik, indem er die heidnischen Praktiken mit den „christlichen" Glaubenslehren verband, um die heidnische Kirche mit der Römischen zu vereinen. Er versuchte den Übertritt für die Heiden zum Christentum so einfach wie möglich zu machen und sie durften damit ihre geliebten Feste behalten. Dazu arbeitete er „Hand in Hand" mit den katholischen Bischöfen Roms. Um die Macht über das Römische Reich nicht zu verlieren und möglichst viele Heiden zu christianisieren, hat die Kirche viele Kompromisse mit der heidnischen Religion Roms gemacht. Anstelle diese heidnischen Bräuche, wie die Saturnalien, abzuschaffen, integrierte man diese Feier in die eigene Religion.

Weihnachten war eine der unheiligen Verbindungen, in der die Bibel-Wahrheit mit den heidnischen Lügen und Mysterien vermischt wurde!!!

„Diese Tendenz der Christen, dem Heidentum auf halbem Wege entgegenzukommen, war sehr früh entwickelt, und Tertullian beklagte bitterlich schon zu seiner Zeit, etwa im Jahre 230, die Inkonsequenz der Jünger Christi in dieser Hinsicht und stellte diese der strikten Treue der Heiden zu ihrem eigenen Aberglauben gegenüber.

„Von uns", sagt er, die wir Sabbaten und Neumonden und Festen fremd sind, die einst Gott angenehm waren, werden jetzt die Saturnalien, die Januarfeste, die Brumalien und Matronalien besucht; Geschenke werden hin- und hergetragen, lärmend werden Neujahrsgeschenke gemacht, und Sportkämpfe und Festessen werden spektakulär gefeiert; oh, wie überaus treu sind die Heiden ihrer Religion, die besonders darauf achten, keine Feierlichkeit von den Christen zu übernehmen. Quelle: © Alexander Hislop, Buch: Von Babylon nach Rom, S. 86.

Als nun die römische Welt während des vierten und fünften Jahrhunderts das neue und populäre Christentum akzeptierte, wurden die heidnischen Praktiken und der götzendienerische Glaube einfach beibehalten und man stülpte ihnen einfach „christliche" Namen über. Treffend schreibt der Historikers Will Durant in seinem Werk „The Story of Civilization", Band III, S. 595: „Das Christentum hat das Heidentum nicht zerstört; sondern adaptierte (passte es an) es".

Das Christentum hat sich also an das Heidentum angepasst – anstatt sich davon zu distanzieren. Leider hat sich das bis heute so fortgesetzt!
Auch die meisten Christen machen sich keine Gedanken darüber, dass sie durch das Feiern der heidnischen Feste Götzendienst betreiben und sich vom Gott YAHUWAH weg und zum „Gott dieser Welt" Satan hinwenden!!!
Quelle: © http://www.bibel-offenbarung.org/falsche-anbetung/der-heidnische-ursprung-von-weihnachten.html https://www.lebendige-fische.de/die-christlichen-feste/weihnachten-und-advent/.

Das Haupt-Kernstück dieses Buches!

Einleitende Gedanken zur Geburt des echten Sohnes Gottes

Das Jahr der Geburt YAHUSHUA (YAHUschuWAH) ist nicht schwer zu bestimmen, wenn wir zulassen, dass bei unserer Beurteilung alle biblischen und historischen Informationen berücksichtigt werden! Was war das genaue Geburtsjahr YAHUSHUAs (YAHUschuWAHs) des echten Sohnes Gottes?

Die neuen Beweise, die vorgelegt werden, werden die Geschichte der Geburt des echten Sohnes Gottes zu einer viel vernünftigeren und interessanteren Darstellung machen, als die meisten Erzählungen bisher geliefert haben.

Seit der Einführung von Computern zur Untersuchung astronomischer Phänomene in der Vergangenheit wurden in den letzten zwanzig Jahren große Fortschritte bei der Bestimmung der tatsächlichen Chronologie dieser historischen Ereignisse der Vergangenheit gemacht. Diese Möglichkeiten standen früheren Historikern und Theologen nicht zur Verfügung, die versuchten herauszufinden, was der Stern von Bethlehem wirklich war.

Deshalb ist es mit diesen neuen Erkenntnissen, die auf aktuellen wissenschaftlichen Auswertungen basieren, viel einfacher geworden, den „Stern" zu finden, der die Weisen zum Sohn Gottes als Kind führte. Die Identifizierung des Bethlehem-Sterns ist ein Ereignis, für das die Astronomie Beweise liefern kann. Es ist werden hier historische und biblische Beweise (zusammen mit den astronomischen), zur Identifizierung ermöglicht.

Eines ist sicher. Die astronomischen und historischen Informationen machen die Zeit der Geburt des Sohnes Gottes lebendiger als je zuvor. Ob die Menschen heute diese planetarischen/stellaren Ereignisse aus der frührömischen, mesopotamischen oder palästinensischen Perspektive oder sogar aus einer modernen säkularen Perspektive betrachten möchten, wir haben jetzt klare Beweise dafür, dass es einmal (zu Beginn unserer Ära) ein einzigartiges Erscheinungsbild eines großartigen „Sterns, der die Welt in Erstaunen versetzte, gegeben hat".

Wenn moderne Historiker die historischen Ereignisse in dieser frühen Periode des Römischen Reiches richtig bewerten wollen, müssen sie über beträchtliche Kenntnisse der astrologischen Konzepte verfügen, die die Menschen dieser Generation beherrschten. Vereinfacht gesagt, betrachteten die meisten Menschen um das 1. Jahrh. unserer Zeitrechnung astrologische Interpretationen als verlässliche wissenschaftliche Orientierungshilfen für das Verständnis der meisten historischen Ereignisse, insbesondere derjenigen, an denen die Herrscher der verschiedenen Länder beteiligt waren. <u>Die korrekte Datierung der Geburt YAHUSHUAs (YAHUschuWAHs) ist in erster Linie eine chronologische Angelegenheit! Was man tun muss ist, alle Untersuchungsmöglichkeiten zu nutzen, die chronologische Beweise (oder sogar Hinweise) enthalten, die einen angemessenen chronologischen Hintergrund für dieses historische Ereignis vernünftigerweise ermitteln können. Die wichtigsten Beweise stammen von Personen, die Augenzeugen waren (oder Informationen von Augenzeugen aufzeichneten). Aus diesem Grund sind die Informationen in der Bibel selbst so wichtig für das Verständnis der Chronologie der Geburt YAHUSHUAs (YAHUschuWAH). Und die Informationen in der Bibel enttäuschen uns nicht!</u>

>>>„Nachdem viele es unternommen haben, einen Bericht über die Tatsachen abzufassen, die unter uns völlig erwiesen sind, wie sie uns diejenigen überliefert haben, die von Anfang an Augenzeugen und Diener des Wortes gewesen sind, so schien es auch mir gut, der ich allem von Anfang an genau nachgegangen bin, es dir der Reihe nach zu beschreiben, vortrefflichster Theophilus, damit du die Gewissheit der Dinge erkennst, in denen du unterrichtet worden bist"!<<<

Marias Verkündigung, ein Hochfest der Römisch Katholischen Kirche

Damit der Jesus am 25. Dezember geboren wurde, erfand die Römisch Katholische Kirche das Hochfest von Marias Verkündigung! Gemäß dieser erfundenen Lügengeschichte soll der Engel Gabriel genau am 25. März Maria verkündigt haben, das sie einen Sohn Gottes gebären würde!

Das katholische Hochfest der Verkündung des Herrn wird am 25. März begangen – also genau neun Monate vor Weihnachten, der Geburt Jesu Christi am 25. Dezember. Grundlage bildet der Besuch des Erzengels Gabriel bei Maria nach Lukas 1, 26 - 38. Der Engel verkündet Maria, dass sie auserkoren wurde, Gottes Sohn zur Welt zu bringen.

Dieser Festtag wird von der orthodoxen Kirche bereits seit ca. 550 n. d. Zw. gefeiert. Im 7. Jahrhundert wurde er schließlich auch in der katholischen Liturgie verankert. Damals lag der Termin auf dem Tag der Feier zum Frühlingsbeginn (damaliger Frauentag), weshalb zahlreiche Bauernregeln noch heute Marias Verkündung als einen guten Tag für den Beginn der Aussaat beschreiben. Zu den römisch-katholischen Hochfesten gehört die Verkündung des Herrn allerdings erst seit der Kalenderreform 1969. Quelle: © https://www.vivat.de/magazin/jahreskreis/ wwitere-gedenk-und-feiertage/mariae-verk-uendigung/.

Diese Behauptung das der Sohn Gottes zu Weihnachten geboren sein soll, kann man nur unter massivesten Lügen behaupten, wenn man die Heilige Schrift nicht richtig liest, und den echten jüdischen Sohn Gottes wegleugnet!!! Adelheid Sonnenschein

Ankündigung der Schwangerschaft durch den Engel Gabriel an Mirjam

Im **Dezember 0004 v. d. Zw.**, im sechsten Monat (nach der Zeugung von Johannes) wird Gabriel zu Mirjam, der Cousine von Elisabeth, gesandt. YAHUSHUA wurde in Mirjam zum Chanukka-Fest dem 8 Tage dauernden Lichterfest empfangen. Dieses Fest beginnt am 25.

Tag des Monats Kislew, also ca. am 10. Dezember. Der Engel Gabriel besucht Mirjam die zukünftige Mutter des Sohnes Gottes YAHU-SHUA. **YAHUSHUA wurde in Mirjam zu Chanukkah empfangen also ca. am 10. Dezember!**

YAHUSHUA ist das Licht der Welt.

Chanukka (hebräisch חנוכה / הֲנֻכָּה , Weihung, Einweihung (xanʊˈkaː) Schreibweisen: Chanukkah, Hanukkah) oder Lichterfest ist ein acht Tage dauerndes, jährlich gefeiertes jüdisches Fest zum Gedenken an die Wiedereinweihung des zweiten Tempels (des Tempels) in Jerusalem im Jahr 164 v. d. Zw.! Es beginnt am 25. Tag des Monats <u>Kislew </u>(November/Dezember).

>>>„Ich bin das Licht der Welt. Wer mir nachfolgt, wird nicht in der Finsternis wandeln, sondern er wird das Licht des Lebens haben"!<<
< Johannes 8, 12 B + C

>>>„Solange ich in der Welt bin, bin ich das Licht der Welt"!<<< Johannes 9, 5

>>>„Ich bin als ein Licht in die Welt gekommen, damit jeder, der an mich glaubt, nicht in der Finsternis bleibt"!<<< Johannes 12, 46

>>>„Im sechsten Monat aber wurde der Engel Gabriel von Gott in eine Stadt Galiläas namens Nazareth gesandt, zu einer Jungfrau, die verlobt war mit einem Mann namens Joseph, aus dem Haus Davids; und der Name der Jungfrau war Mirjam. Und der Engel kam zu ihr herein und sprach: Sei gegrüßt, du Begnadigte! YAHUWAH ist mit dir, du Gesegnete unter den Frauen! Als sie ihn aber sah, erschrak sie über sein Wort und dachte darüber nach, was das für ein Gruß sei. Und der Engel sprach zu ihr: Fürchte dich nicht, Mirjam! Denn du hast Gnade bei Gott gefunden. Und siehe, du wirst schwanger werden und einen Sohn gebären; und sollst ihm den Namen YAHU-SHUA (YAHUschuWAH) geben"!<<< Lukas 1, 26 – 31

>>>„Dieser wird groß sein und Sohn des Höchsten genannt werden;

und Gott YAHUWAH wird ihm den Thron seines Vaters David geben; und er wird regieren über das Haus Jakobs in Ewigkeit, und sein Reich wird kein Ende haben. Mirjam aber sprach zu dem Engel: Wie kann das sein, da ich von keinem Mann weiß? Und der Engel antwortete und sprach zu ihr: Der Heilige Geist (Geist des Vaters YAHU-WAH) wird über dich kommen, und die Kraft des Höchsten wird dich überschatten. Darum wird auch das Heilige, das geboren wird, Gottes Sohn genannt werden! Und siehe, Elisabeth, deine Verwandte, hat auch einen Sohn empfangen in ihrem Alter und ist jetzt im sechsten Monat, sie, die vorher unfruchtbar genannt wurde"!<<< Lukas 1, 32 – 36

Der Erretter wurde im jüdischen Bethlehem von einer jüdischen Jungfrau geboren, die Hebräisch (oder vielleicht Aramäisch) sprach, einen semitischen Dialekt. **Er wurde in einer Gesellschaft geboren, in der Hebräisch die allgemein verbreitete Sprache war.**

Die Bibel zeigt, dass jedes Mal, wenn aus dem Himmel zu Menschen gesprochen wurde, es sich stets um Menschen handelte, die des hebräischen Mächtigen waren. Hebräisch wurde zweifelsohne im Garten Eden gesprochen. Die Bibel ist ein hebräisches Buch, das mit Geist erfüllten hebräischen Schreibern gegeben wurde. Die einzige Sprache, die während der ersten 1757 Jahre bis zur Sprachverwirrung beim Turmbau zu Babel gesprochen wurde, war Hebräisch. Wir müssen daher daraus schließen, dass die himmlische Sprache Hebräisch ist.

Der weitere Beweis dass im Himmel hebräisch gesprochen wird ist aus Apostelgeschichte 26, 14 zu entnehmen:

>>>„Als wir aber alle zur Erde fielen, hörte ich eine Stimme zu mir reden und in hebräischer Sprache sagen: Saul, Saul! Was verfolgst du mich"?<<< Apostelgeschichte 26, 14 A

Angesichts all dieser Tatsachen müssen wir uns fragen, warum die Bibel den Erretter „Jesus" nennt, „welcher weder ein jüdischer noch hebräischer Name ist"? In keiner Sprache gibt es für den Na-

men Jesus eine Übersetzung!!!

Warum sollte eine jüdische Jungfrau, deren Muttersprache Hebräisch war, die in einer jüdischen Gemeinde unter Hebräern lebte, zu welcher der himmlische Bote Gabriel gesprochen hatte, **ihrem neugeborenen Kind einen hybriden Namen geben, eine Mischung aus griechisch und lateinisch, einen Namen, der weder in der einen noch in der anderen Sprache Erlöser oder Retter bedeutet?** Das griechische Wort für Retter ist soter, während der lateinische Ausdruck gerettet wird heißt. Kein Bestandteil ist davon in „Jesus" zu finden, ein Name, der keine etymologische Bedeutung hat.
>„Erinnern wir uns, dass der Engel sagte, dass sein Name in Beziehung zu seinem Auftrag als Retter steht"!!!<

>„Der Name des Sohnes Gottes beinhaltet seinen Auftrag den er zu erfüllen hatte"!!!<

>>>„Sie wird aber einen Sohn gebären, und du sollst ihn den Namen YAHUSHUA (YAHUschuWAH) (nicht Jesus) geben, denn er wird sein Volk retten von ihren Sünden"!<<< Matthäus 1, 21

>>>„Die Aufgabenstellung wird genau beschrieben: Denn er YAHUSHUA (YAHUschuWAH) wird sein Volk retten von ihren Sünden"!!!
<<<
Wenn in der Bibel der Name Jesus steht ist das pure Fälschung auf höchster Ebene!!!

Die Treueeid-Erteilung (Volkszählung) des Kaiser Augustus

>>>„Es begab sich aber in jenen Tagen, dass ein Befehl ausging von dem Kaiser Augustus (Augustus war ein Titel des römischen Kaisers; gemeint ist Gajus Julius Caesar Octavianus (27 v. – 14 n. d. Zw.), dass der ganze Erdkreis (Römische Reich) sich erfassen lassen sollte"!<<<

Lukas 2, 1

Kaiser Augustus Gaius Octavius thurinus lebte vom 23. Sept. 63 v. d. Zw. bis 19. Aug. 14 n. d. Zw.! Er war Alleinherrscher des römischen Reiches von 31 v. bis 14 n. d. Zeitenwende! Lukas 2, 1 A

>>>„Diese Erfassung war die erste und geschah, als Kyrenius (Publius Sulpicius Quirinius (*um 45 v. d. Zw.; †21 n. d. Zw.) Statthalter in Syrien war"!<<< Lukas 2, 2

Inschrift bestätigt die These: Schließlich noch folgender Hinweis: Zugleich mit der Einschreibung in Steuerlisten musste das jüdische Volk Kaiser Augustus und Herodes dem Großen einen Treueid leisten (vgl. Josephus, Antiquitates XVII, 2,4). Nun ist bemerkenswert, dass eine Inschrift aus dem Jahr 3 v. d. Zw. gefunden wurde, die von einem Treueid handelt, den die „Bürger von Paphlagonien und die römischen Kaufleute, die bei ihnen wohnten, leisteten"!

Quelle: © Lewis and Reinhold, Roman Civilization, Bd. 2, S. 34f.
Quelle: © http://www.jesus.ch/information/feiertage/weihnachten/magazin/history_special/ 126218-das_geburtsjahr_jesu_bibel_und_historische_hinweise_stimmen_ueberein.html.

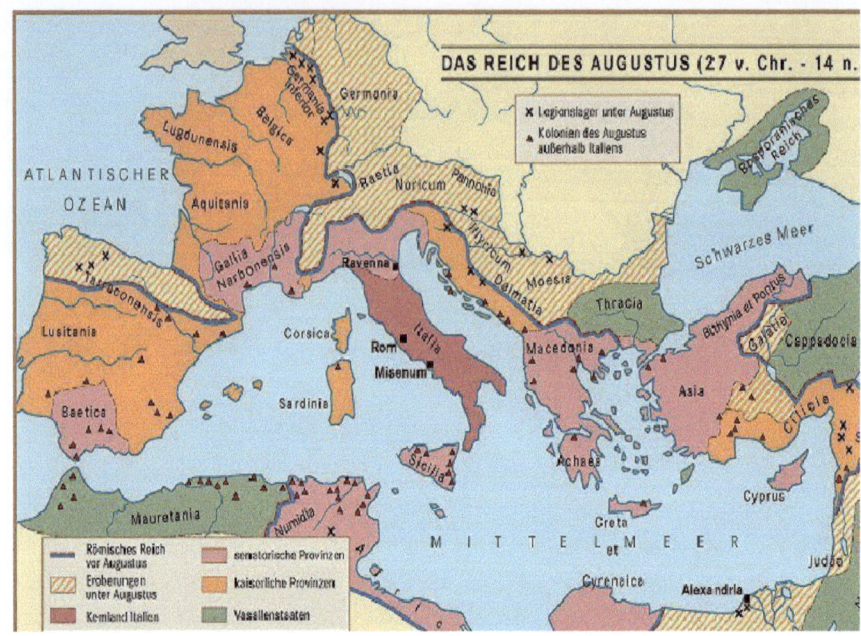

DAS REICH DES AUGUSTUS (27 v. Chr. - 14 n.

Quelle: Bild-Autor: © www.novaesium.de; Prof. Dr. Ulrich Menzel - Die Ordnung der Welt (ulrich-men-zel.de); https://ulrich-menzel.de/odw/27v.chr._u4.html.

Die Volkszählung des Statthalters Publius Sulpicius Quirinius fand als 1. Volkszählung in der Zeit von Jahre 4 bis 1 v. d. Zw. statt. Der Sohn Gottes ist nachweislich im Jahr 3 v. d. Zw. geboren! Diese Erfassung war die erste und geschah, als Kyrenius Statthalter in Syrien war. Lukas 2, 2

Bild-Autor: © https://de.wikipedia.org/wiki/Publius_Sulpicius_Quirinius. https://commons. Wikime-
dia.org/wiki/File:Meister_der_Kahriye-Cami-Kirche_in_Istanbul_005.jpg. Gemeinfrei. Die erste Volkszählung im Römischen Reich zur Zeit der Geburt des Sohnes Gottes YAHUSHUA. Mirjam und Josef bei
der Einschreibung vor Quirinius, byzantinisches Mosaik, 14. Jahrhundert.

221

Publius Sulpicius Quirinus war über Syrien (coelesyria) der bestellte Landpfleger, ein Patrizier Roms, ein Bruder des römischen Kaisers Augustus, sowie der ältere Bruder des römischen Hauptmannes Cornelius. Er lebte von 45 v. - 21. n. d. Zw.! Lukas 2, 2

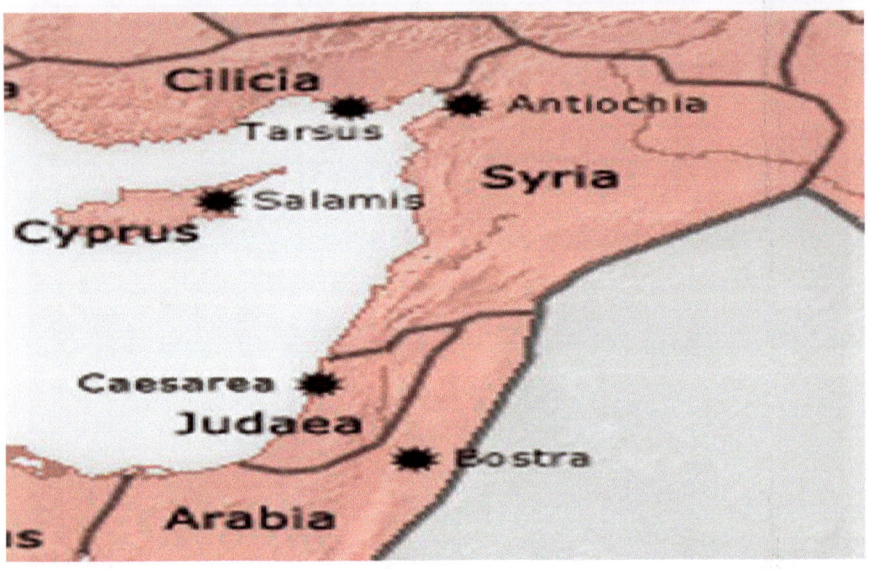

Man weiß außerdem aus einem von Augustus selbst verfassten Bericht seiner Taten, dass ihm Volkszählungen sehr wichtig waren. 8 v. d. Zw. hat er einen Zensus für alle römischen Bürger angeordnet. Um 3 v. d. Zw. stolz berichten zu können, dass nun alle römischen Bürger ihm die Treue geschworen haben und ihn als Vater des Landes anerkennen.

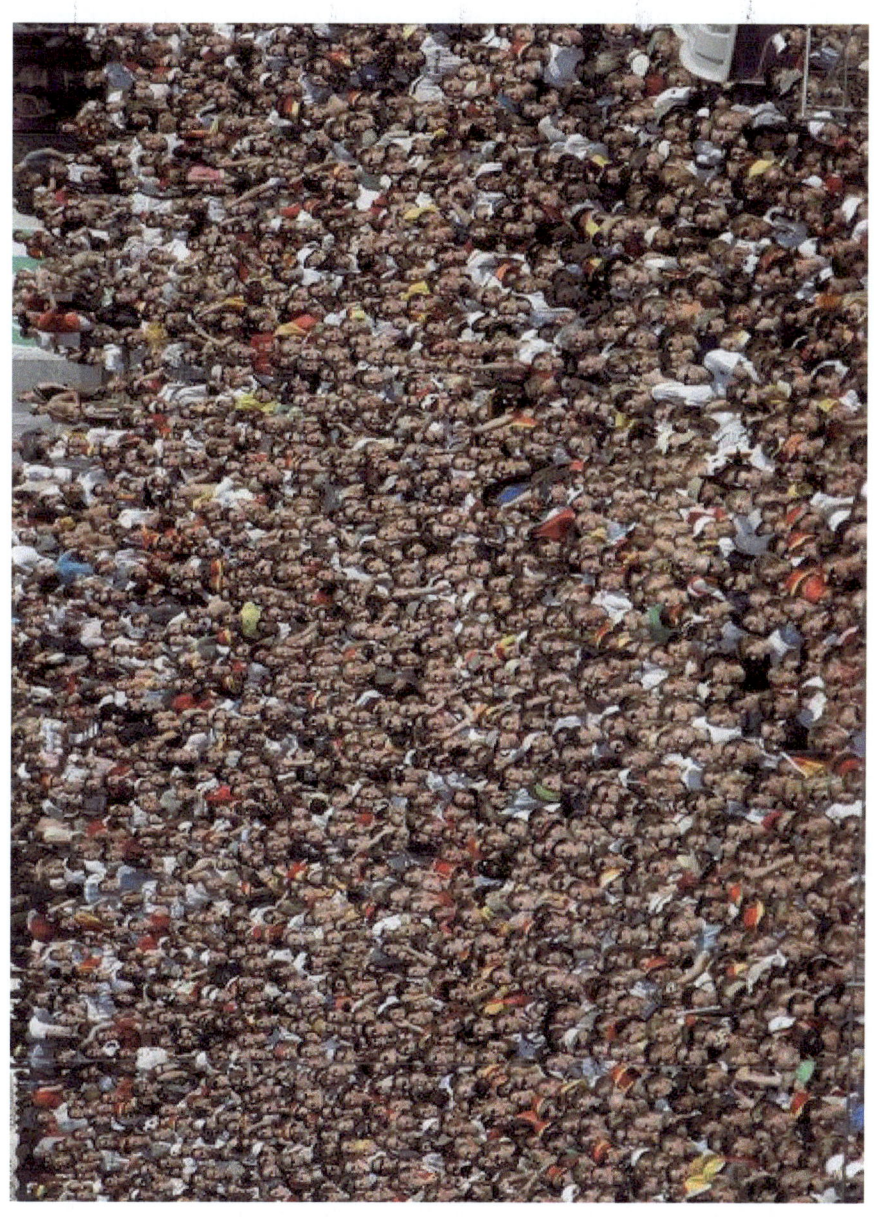

Bild-Autor: © https://pixabay.com/get/54e1d1434f5aab14f1dc8460822a34761d39dfed4e507441752f
7dd69744c6/crowd-2140587_640.jpg; Bild-Autor: Ganossi, Deutschland.

**Die Reise von Josef und Mirjam nach Bethlehem zur „Volkszähl-
ung" fand >>„ganz am Ende des jüdischen Ziviljahres statt"<< – ein
passender Zeitpunkt für die Registrierung der Völker. Es war im
Sommer und bevor der Regen einsetzte, sonst wäre es schwierig
gewesen!**

Im Jahr 0003 v. d. Zw. erließ Augustus ein Dekret, das „das gesamte über das Reich verstreute römische Volk" verpflichtete, seine Zu-
stimmung zu registrieren, damit Augustus den prestigeträchtigsten
Titel seiner Karriere, den Pater Patriae, erhalten sollte.

Diese Registrierung von Menschen in allen Teilen des Reiches war
ein Eid, in dem Einzelpersonen Kaiser Augustus zum „Vater des Landes" erklärten. **Dieser Eid wurde im Sommer 3 v. d. Zw. abgelegt
und war von allen römischen Bürgern und anderen hochrangigen
Vertretern der mit Rom verbundenen Königreiche erforderlich.**

Quelle: © Res Gestae des Augustus, 35.1.

Wenn der von Josephus erwähnte Treueeid Joseph und Mirjam nach
Bethlehem brachte, dann macht es Sinn, warum Josef, Mirjam begleiten musste. Bei einer regulären Volkszählung hätte Mirjam Joseph nicht begleiten müssen, und Joseph hätte auch nicht so weit
reisen müssen. Einige haben vermutet, dass sowohl Joseph als auch
Mirjam Nachkommen Davids waren und legitime Anspruchsberech-
tigte auf den Thron Israels waren (wenn es einen solchen Thron gegeben hätte). Es war leicht zu erkennen, warum sowohl von Mirjam
als auch von Josef erwartet wurde, dass sie den Treueeid gegenüber
Augustus unterschrieben. Alle „königlichen Antragsteller" wären besonders für den Treueeid ausgewählt worden.

**Lukas erzählt uns, dass sowohl Josef als auch Mirjam nach Bethle-
hem gingen, weil er als Angehöriger des Hauses David galt.** Während alle anderen zweifellos „**in ihre eigene Stadt**" (Lukas 2, 3) in ihre eigene Nachbarschaft gingen, mussten sich diejenigen, **die könig-
lich jüdischer Abstammung waren, aus politischen Gründen in
Bethlehem registrieren lassen.** Diese Anforderung würde es Herodes ermöglichen zu wissen, wer alle Anwärter auf den königlichen
Thron Davids in Judäa war. Er wollte unbedingt wissen, wer all die-

se Leute waren (um sie weiterhin in völlig unpolitischen Funktionen unterworfen zu halten), damit seine eigene Dynastie überleben konnte. Dies war zu diesem Zeitpunkt der Geschichte besonders wichtig, da damals unter den Juden große messianische Erwartungen bestanden. Die Registrierung der Nachkommen Davids in Bethlehem, der Stadt Davids, wäre nicht nur ein Trick gewesen, um alle Menschen aus Prestigegründen zur Teilnahme zu bewegen, sondern auch, damit Herodes herausfinden konnte, wer sie waren. Da Augustus angeordnet hatte, dass ihm ein Treueeid geleistet werden sollte, schloss Herodes einfach sich selbst und die Legitimität seines Königreichs in denselben Eid ein.

Und da Frauen unter den Juden den Nachkommen Davids das Erbe geben konnten, schloss Herodes auch die Frauen ein. Dies hätte ihm eine vollständige Aufzeichnung aller dieser Thronanwärter gegeben. Dies könnte durchaus der Grund sein, warum von Mirjam erwartet wurde, dass sie Joseph begleitete.

Die Volkszählung von Quirinius

Diese Registrierung erfolgte im Jahr 3 v. d. Zw. Lewin weist darauf hin, dass Augustus bereits im Jahr 3 v. d. Zw. auf einer oder zwei Inschriften Pater Patriae genannt wurde. Quelle: © T. Lewin, Fasti Sacri, 135. Ende 3 v. d. Zw. wurde ihm der Titel von einer Abordnung von Leuten angeboten, die ihn in Antium trafen. Quelle: © Ovid, Fast. 2.119; Suetonius, Augustus, 58. Er lehnte ihn jedoch ab, bis der Senat ihn am 5. Februar 2 v. d. Zw. (dem Tag der Eintracht) verlieh. **Dies ist ein guter Beweis dafür, daß „das gesamte römische Volk" irgendwann im Jahr 3 v. d. Zw.** damit begonnen haben muss, ihm diesen prestigeträchtigen Titel zu verleihen. Und interessanterweise zeigt unsere historische Rekonstruktion, wie sie in diesem Buch gezeigt wird, dass von allen Menschen in Judäa im Jahr 3 v. d. Zw. ein Gehorsamseid gegenüber Augustus verlangt wurde. Dieser Eid wäre von Joseph und Mirjam verlangt worden. **Darüber hinaus zeigt eine paphlagonische Inschrift, dass genau im selben Jahr, im Jahr 3 v. d. Zw., ein Gehorsamseid von allen römischen Bürgern und Nichtbürgern verlangt wurde.**

Moses von Khorene, der frühe armenische Historiker, zitierte Quellen, die besagten, dass die von Lukas erwähnte Volkszählung im Jahr 3 v. d. Zw. auch von römischen Agenten in Armenien (einem Nachbarland von Paphlagonien) durchgeführt wurde und der Wortlaut von Moses von Khorene über das Ereignis dem der paphlagonischen Inschrift sehr ähnlich war. <u>Orosius sagte im 5. Jahrhundert auch, dass im Jahr 3 v. d. Zw. ein Eid/eine Volkszählung aller Nationen angeordnet wurde,</u> als Augustus als „der erste aller Menschen" geehrt wurde – eine passende Beschreibung des Titels Pater Patriae. Bemerkenswerterweise sagte Orosius, dies sei die reichsweite Volkszählung gewesen, die Lukas in seinem Evangelium erwähnte. Diese Informationen deuten stark darauf hin, dass die Volkszählung, die Joseph und Mirjam nach Bethlehem brachte, im Sommer oder Frühherbst des Jahres 3 v. d. Zw. durchgeführt wurde! <u>Eine Volkszählung durch die Römer wäre kaum im sehr frühen Frühling oder Spätherbst angeordnet worden – und schon gar nicht im Winter, als die Regenzeit vorherrschte.</u> Ramsay zeigte sich zuversichtlich, dass die normale Zeit für römische Volkszählungen August bis Oktober sei. Quelle: © William F. Ramsay, Geboren in Bethlehem, 193.

<u>Somit ergibt der letzte Teil von 3 v. d. Zw. Sinn!</u>

<u>Die Volkszählung ist jetzt identifiziert</u>

Wenn man die Chronologie dieser Zeit richtig versteht, kann man erkennen, dass der Eid etwa zwölf bis fünfzehn Monate vor dem Tod des Herodes erforderlich gewesen wäre. Die Wahrheit ist, dass der von Josephus erwähnte „Eid" und die „Volkszählung" von Lukas zweifellos ein und dasselbe sind. Alles passt perfekt, wenn die Registrierung von Augustus im Sommer 3 v. d. Zw. angeordnet wurde und bis zum Herbst 2 v. d. Zw. in dem Jahr abgeschlossen sein sollte, in dem er zum Pater Patriae ernannt wurde. Es geschah im Jahr 3 v. d. Zw., als Lukas von einer Registrierung berichtete und als Josephus zeigte, dass die Juden Augustus ihren Eid geleistet hatten. Dies war das erste Mal, dass der Kaiser vom gesamten Römischen Reich den Titel Pater Patriae (Vater des Landes) verlieh.

Wir haben eine Aufzeichnung von Augustus, das im Jahr 3 v. d. Zw. eine reichsweite Registrierung stattfand.

Die reichsweite Registrierung

Augustus erhielt seinen prestigeträchtigsten Titel, den Pater Patriae, am 5. Februar 2 v. d. Zw., dem Tag der Eintracht im römischen Religionskalender. Aber auf welchem rechtlichen Weg erlangte Augustus diesen Titel? In den von Augustus selbst verfassten Res Gestae schrieb er: **„Während ich mein dreizehntes Konsulat ausübte, verliehen mir der Senat, der Ritterorden und das gesamte römische Volk den Titel „Vater meines Landes".** Quelle: © Res Gestae, VI.35. Im Reich gab es über 4 Millionen römische Bürger. Damit die Gesamtheit der Bürgerschaft der Verleihung des Pater Patriae zustimmte, musste eine reichsweite Abrechnung erforderlich sein. Da Augustus die Auszeichnung Anfang 2 v. d. Zw. offiziell verliehen wurde, muss die Registrierung der Bürger verfügt worden sein und irgendwann im Jahr 3 v. d. Zw. damit begonnen haben. Bemerkenswert ist, dass in einer in Paphlagonien (Nordmittelkleinasien) gefundenen Inschrift, die eindeutig auf das Jahr 3 v. d. Zw. datiert ist, ein Gehorsamseid **„von den Bewohnern Paphlagoniens und den unter ihnen wohnenden römischen Geschäftsleuten" verzeichnet ist.** Quelle: © Lewis und Reinhold, Rom an Civilization, II.34–35. Die Inschrift besagt, dass sowohl Römer als auch Nichtbürger den Eid geleistet haben. **Und was noch wichtiger ist: Die gesamte Bevölkerung musste es schwören. „Derselbe Eid wurde auch von allen Menschen im Land an den Altären des Augustus in den Tempeln des Augustus in den verschiedenen Bezirken geschworen".** Quelle: © Lewis und Reinhold, Roman Civilization, II.34–35. Dies geschah im Jahr 3 v. d. Zw.! Außerdem wurde in Judäa von allen Menschen gleichzeitig ein Eid verlangt (wie meine chronologische Rekonstruktion zeigt). Quelle: © Josephus, Altertümer XVII. 41–45. Dies ist ein vernünftiger Hinweis darauf, dass der von Josephus erwähnte Eid derselbe war, den das Volk von Paphlagonien leisten musste. Wenn ja, dann könnte es Teil der reichsweiten Anerkennung des Pater Patriae. **Andere Aufzeichnungen über die Volkszählung**

„Augustus befahl, in jeder Provinz überall eine Volkszählung durchzuführen und alle Männer einzuschreiben. Dies ist die früheste und berühmteste öffentliche Anerkennung, die Cäsar als den ersten aller Menschen und die Römer als Herren der Welt kennzeichnete, eine veröffentlichte Liste aller einzeln eingetragenen Männer. Diese erste und größte Volkszählung wurde durchgeführt, da in diesem einen Namen Cäsars alle Völker der großen Nationen einen Eid ablegten und gleichzeitig durch die Teilnahme an der Volkszählung eine einzige Gesellschaft geschaffen wurden".** Quelle: © Orosius, VI.22 und VII.2.

Bei Volkszählungen wurden Eide geleistet

Die Tatsache, dass Eide und Volkszählungen zusammengehören sollten, sollte keine Seltenheit sein. Die meisten römischen Volkszählungserklärungen erforderten einen Treueeid gegenüber dem Kaiser. Eine solche Erklärung zur Grundsteuer endete mit:

„Wir schwören beim Vermögen des Kaisers Caesar Trajanus Hadrian Augustus unter Eid". Quelle: © Lewis und Reinhold, Roman Civilization, II. 387. **„Und ich schwöre bei Kaiser Nero Claudius Caesar Augustus, dass ich nichts zurückgehalten habe".** Quelle: © Lewis und Reinhold, Roman Civilization, II.388.

Die Registrierung diente nicht der Besteuerung

Lukas sagte, dass „die ganze (römische) Welt registriert werden sollte" (Lukas 2, 1). Einige gingen davon aus, dass diese „Registrierung" steuerlichen Zwecken dienten. Aber Lukas gibt nirgendwo an, dass die Zahlung von Geld der Grund für die Einschreibung war, obwohl ein Gehorsamseid sicherlich finanzielle Verantwortung beinhaltete.

Es gibt eindeutige Beweise dafür, dass die von Quirinius durchgeführte Registrierung nicht steuerlichen Zwecken diente. Zu Lebzeiten König Herodes zahlte keiner der Juden in Judäa Steuern an Rom. Sie zahlten sie an Herodes selbst. Dies wird in den Ereignissen unmittelbar nach Herodes Tod deutlich. Die Juden baten Archelaus (Herodes Nachfolger), sie von überhöhten Steuern zu befreien.

Quelle: © Josephus, Altertümer XVII.205. **Hätten die Juden Steuern direkt an Rom gezahlt (verursacht durch die Volkszählung von Quirinius), wäre diese Forderung irrelevant gewesen.** Von 63 bis 47 v. d. Zw. war Judäa Teil der Provinz Syrien und zahlte direkt Tribut an Rom. Von 47 bis 40 v. d. Zw. war Hyrkanos der **„Herrscher einer freien Republik".** Quelle: © Josephus, Altertümer XIV. 117. Aber die Juden zahlten immer noch direkt Steuern an Rom. Als Herodes jedoch König wurde, hörte der Tribut an Rom auf und Herodes trieb sämtliche Steuern ein. Dies dauerte bis 6/7 n. d. Zw., als den Bewohnern Judäas erneut direkte Steuern auferlegt wurden. Quelle: © Sands, PC, The Client Princes of the Roman Empire, 222–228. **Dies bedeutet, dass die Registrierung durch Quirinius im Jahr 3/2 v. d. Zw. nicht ausschließlich steuerlichen Zwecken diente.**

Dies hilft zu zeigen, dass es in erster Linie eine Zählung der Loyalität gegenüber Augustus war, die alle im Reich zu Ehren der „Vaterschaft" von Augustus durchführen mussten. **Die paphlagonische Inschrift nannte es einen „Eid", Josephus nannte es einen „Eid" und Lukas nannte es einfach eine „Registrierung".**

War Quirinius Gouverneur im Jahr 2 v. d. Zw.?

Es gibt eine Frage, die beantwortet werden muss. **Viele Übersetzer des Neuen Testaments geben Lukas 2, 1 so wieder, als wäre Quirinius Gouverneur von Syrien. Lukas sagt dies in seinem ursprünglichen griechischen Text keineswegs! Lukas sagte lediglich, dass Quirinius diese erste Registrierung von Syrien aus regierte oder verwaltete, nicht dass er der Gouverneur der Provinz war. Das griechische Wort, mit dem Lukas die Herrschaft des Quirinius bezeichnete, war hegemoneuontos. Es ist ein Partizip Präsens, das einfach bedeutet, dass Quirinius seine Aufgaben aus der Region Syrien her beherrschte oder verwaltete. In der Erzählung des Lukas gibt es nicht den geringsten Hinweis darauf, welches Amt Quirinius während der Ausübung seiner Amtspflichten innehatte.** Tatsächlich bezog sich Lukas 3, 1 kurz darauf mit genau demselben Wort (und in der exakten grammatikalischen Struktur) auf Pontius Pilatus, und wir wissen aus einer kürzlich monumentalen Entdeckung, dass Pontius Pilatus ein Praefectus Judäas und kein senatorischer Legatus war (Gouverneur), der eine der wichtigsten Provinzen des Imperiums kontrollierte.

Zur Zeit des Augustus gab es noch keinen etablierten Brauch, dass Gouverneure zu bestimmten Zeiten im Jahr an ihren Autoritätssitzen in der Provinz anwesend waren.

Die Feierlichkeiten in Rom

Es ist wahr, dass Quirinius später, im Jahr 6/7 n. d. Zw., selbst das wurde, was man treffender als offiziellen Gouverneur von Syrien bezeichnen könnte (zu dem damals auch Palästina gehörte). Allerdings schien er auch hier über besondere Befugnisse zu verfügen, die normale Gouverneure nicht hatten. Zu dieser Zeit wurde auch eine „Volkszählung" durchgeführt (und Lukas bezog sich darauf – Apostelgeschichte 5, 37), da die Provinz in diesem Jahr offiziell Teil des Römischen Reiches wurde. Aber Justins Bemerkung, dass Quirinius Prokurator war, als die „Volkszählung" bei der Geburt YAHUSHUA durchgeführt wurde, dass er bei der Volkszählung für Steuern im Jahr 6/7 n. d. Zw. jedoch vollwertiger (und unbestrittener) Statthalter war, hilft, die beiden unterschiedlichen „Volkszählungen" zu unterscheiden. Lukas war auch ein Schriftsteller, der viel näher an den Ereignissen lebte als Josephus oder Dio Cassius, der frühe römische Historiker. <u>Die „Volkszählung" von Quirinius, die mit der Geburt YAHUSHUA in Zusammenhang steht, wurde gefunden!!</u>

Quelle: © Um ausführlichere Informationen zu erhalten, verweise ich auf das Buch: „Der Stern, der die Welt in Erstaunen versetzte" von Dr. Martin. Er geht akribisch ins Detail und bestimmt anhand der Sternbilder den genauen Tag, das Jahr und die Stunde, zu der unser Messias geboren wurde. Ich kann Ihnen nur empfehlen, sein Buch zu lesen. Das gesamte Buch kann unter folgendem Link kostenlos heruntergeladen werden: http://www.askelm.com/star/index.asp (Text auch in Deutsch) Es könnte noch vieles zitiert werden, doch das würde den Rahmen dieses Buches sprengen. Von David Sielaff, Director Associates for Scriptural Knowledge (Direktor, Mitarbeiter für biblisches Wissen) erhielt ich die Abdruckerlaubnis. www.askelm.com. Die Abdruckerlaubnis bzw. Lizenz wurde am 17. Juli 2023 schriftlich erteilt!

Der Engel Gabriel verheißt Zacharias und Elisabeth einen Sohn im Tempel

Im Mai 0004 v. d. Zw. verübte Zacharias im Tempel seinen Dienst.

Der Engel Gabriel welcher vor Gott steht, besuchte Zacharias. Lukas 1, 11 + 12

Der Priester Zacharias aus der Abteilung Abias, in der Ordnung dieser Abteilung verübte den priesterlichen Dienst gemäß Lukas 1, 5 - 8, als ihm der Engel Gabriel erschien! Lukas 1, 19.

>>>„In den Tagen des Herodes, des Königs von Judäa, lebte ein Priester mit Namen Zacharias, **aus der Abteilung Abijas**; und seine Frau war von den Töchtern Aarons, und ihr Name war Elisabeth. Sie waren aber beide gerecht vor Gott und wandelten untadelig in allen Geboten und Rechtsbestimmungen YAHUWAHs. Und sie hatten kein Kind, weil Elisabeth unfruchtbar war, und beide waren im fortgeschritten Alter. Es geschah aber, als er seinen Priesterdienst vor Gott verrichtete, zur Zeit, **als seine Abteilung an die Reihe kam**, da traf ihn nach dem Brauch des Priestertums das Los, dass er in den Tempel YAHUWAHs gehen und räuchern sollte. Und die ganze Menge des Volkes betete draußen zur Stunde des Räucherns. Da erschien ihm ein Engel YAHUWAHs, der Stand zur Rechten des Räucheraltars. Und Zacharias erschrak, als er ihn sah, und Furcht überfiel ihn. Aber der Engel sprach zu ihm: Fürchte dich nicht, Zacharias! Denn dein Gebet ist erhört worden, und deine Frau Elisabeth wird dir einen Sohn gebären, und du sollst ihn den Namen Johannes geben. Und er wird dir Freude und Frohlocken bereiten, und viele werden sich über seine Geburt freuen. Denn er wird groß sein vor YAHUWAH; Wein und starkes Getränk wird er nicht trinken, und mit Heiligem Geist wird er erfüllt werden schon von Mutterleib an. Und viele von den Kindern Israels wird er zu YAHUWAH, ihrem Gott zurückführen. Und er wird vor ihm hergehen im Geist und in der Kraft Elias, um die Herzen der Väter umzuwenden zu den Kindern und die Ungehorsamen zur Gesinnung der Gerechten, um YAHUWAH ein zugerüstetes Volk zu bereiten"!<<< Lukas 1, 5 – 17

>>>„Und es geschah, als die Tage seines Dienstes vollendet waren, ging er heim in sein Haus! Aber nach diesen Tagen wurde seine Frau schwanger; und sie verbarg sich fünf Monate"!<<< Lukas 1, 23 + 24

Die vierundzwanzig Priesterkurse

Es gab vierundzwanzig Priesterkurse, die die Gottesdienste im Tempel verwalteten. Diese sind in Kapitel 24 der 1. Chronik aufgeführt. Jedem Kurs war ein Titel zugeordnet. Dies waren die Namen der Leiter, die zur Zeit Davids jeden Kurs leiteten. Samuel und David waren für die Einrichtung der vierundzwanzig Priesterkurse verantwortlich (1. Chronik 9, 22). Ursprünglich war das Priestertum zurzeit Moses nur Aaron und seinen unmittelbaren Söhnen vorbehalten. Doch zurzeit von Samuel und David war diese Familie so groß geworden, dass sie nicht alle gleichzeitig im Tempel dienen konnten. Deshalb teilten Samuel und David die Priester in vierundzwanzig verschiedene Gruppen ein, die „Orden" oder „Kurse" genannt wurden. Der Weg, in dem Zacharias diente, war der achte, der von Abija (1. Chronik 24, 10). Quelle: © Josephus, Leben 1–3. Die ursprünglich von David gegründeten vierundzwanzig Priesterfamilien verrichteten ihre Dienste im Tempel, bis die Babylonier im 6. Jahrhundert v. d. Zw. das Heiligtum zerstörten. Als die Juden nach Palästina zurückkehrten, bauten sie den Tempel wieder auf, stellten jedoch fest, dass nur noch Vertreter von vier der ursprünglich vierundzwanzig Gänge vorhanden waren (Esra 2, 36 – 39). Es musste etwas getan werden, um die vierundzwanzig Kurse wieder in ihren von David befohlenen Dienst im Tempel aufzunehmen. Unter der Autorität von Esra wurden die übrigen vier wieder in die vorherige Zahl aufgeteilt. So begann eine neue Gruppe von 24 Kursen ihre Verwaltung im Tempel. Und obwohl sich diese Familienkurse von den von David eingerichteten unterschieden, wurde beschlossen, dass jeder Kurs den Namen der Familie beibehalten sollte, die zu Davids Zeiten jeden Kurs leitete. Die Wiederherstellung dieser vierundzwanzig Kurse wurde von den Autoritäten des Neuen Testaments als richtig anerkannt in der neuen Regelung. Auch die im Buch der Offenbarung erwähnten vierundzwanzig Ältesten spiegelten diese neue Regelung wieder.

Die vierundzwanzig Kurse waren Kalenderangaben

Diese vierundzwanzig Kurse wurden von Samuel und David (und später von Esra, dem Priester) angeordnet, um einmal pro Woche und zu zwei unterschiedlichen Zeiten im Jahr im Tempeldienst zu dienen. Die erste Priesterfamilie begann ihre Amtstätigkeit am Mittag eines Sabbats (Samstag) und wurde am folgenden Sabbat um 12 Uhr von ihrem Dienst entbunden.

In der Bibel heißt es, dass sie **„am Sabbat hineingehen"** und dienen sollten, bis sie **„am Sabbat hinausgehen"** (2. Chronik 23, 8; 2. Könige 11, 5). In der zweiten Woche nahm dann der zweite Kurs seinen Dienst auf; der dritte Kurs, die dritte Woche usw.! Da jeder Kurs eine Woche lang durchgeführt wurde, gab es für jeden Kurs eine Frist von vierundzwanzig Wochen, in der er seine Chance hatte, zu dienen. Dies dauerte etwa sechs Monate. Als dies geschafft war, begann die Serie von vorne. In einem Zeitraum von 48 Wochen hätte jeder Kurs zwei Wochen gedauert – wobei jede Sitzung etwa sechs Monate voneinander entfernt gewesen wäre. Jedes Sonnenjahr hat etwas mehr als zweiundfünfzig Wochen.

Der jüdische Kalender hingegen ist ein Mond-Sonnen-Kalender. In normalen Jahren dauert es nur etwa einundfünfzig Wochen. In bestimmten Abständen mussten die jüdischen Behörden einen zusätzlichen Monat von dreißig Tagen hinzufügen, um ihn im Einklang mit den Bewegungen der Sonne zu halten. In einem Zeitraum von neunzehn Jahren kamen in der Regel sieben zusätzliche Monate hinzu. Aber wie schon gesagt, Alle normalen Jahre bei den Juden dauerten etwa einundfünfzig Wochen. Die Priester dienten 48 dieser Wochen in ihren Kursen. Das bedeutet, dass es im Jahr drei Wochen gab, die in der Abrechnung nicht berücksichtigt wurden. Was ist mit diesen drei Wochen passiert? David lieferte damals die Antwort.

Die in den drei Festivalsaisonen gemeinsam angebotenen Kurse
Da es im jüdischen Kalender drei große heilige Jahreszeiten gab (Pessach, Pfingsten und Laubhütten) und da zu diesen Zeiten große Menschenmengen in Jerusalem zusammenkamen, ordnete David an, dass alle vierundzwanzig Gänge in der Pessachwoche, der Pfingstwoche und der Laubhüttenwoche gemeinsam dienen sollten. **„Denn alle Priester, die** (an den Stiftshütten) anwesend waren,

warteten nicht wie gewohnt" (2. Chronik 5, 11). An den Laubhütten (und auch an Pessach und Pfingsten) wurden die Priesterkurse ausgesetzt sie **„warteten dann nicht nach dem Kurs"**. Tatsächlich dienten alle Priesterkurse während dieser drei heiligen Jahreszeiten gemeinsam. Aber in allen anderen normalen Wochen erledigten die verschiedenen Kurse ihre zugewiesene Arbeit im Tempel. Im Fall von Zacharias (dem Vater von Johannes dem Täufer) sagte Lukas, dass er sein reguläres Amt ausübte (der achte Gang oder die achte Woche), als der Engel sagte, dass seine Frau Elisabeth ein Kind bekommen würde.

Dies ist ein chronologischer Hinweis. Lukas meinte es so. Er zeigte seinen Lesern die allgemeine Jahreszeit, in der Zacharias diente. Wir wissen, dass Zacharias nicht während einer Festzeit diente, weil die Priester **„damals nicht wie üblich warteten"**. Auch geschah es entweder in der ersten Hälfte des Jahres, als Abija seinen Dienst verrichtete, oder in der zweiten Hälfte. Schauen wir uns diesen Ablauf von Abija an, denn wir können die ungefähren Zeiten kennen, zu denen er im Tempel diente.

Der achte Kurs von Abija

<u>Der Zeitraum für den achten Lauf von Abija wäre vom 19. bis zum 26. Mai gewesen. Wenn der Engelsbote in dieser Frühjahrsregierung zu Zacharias kam und ihm mitteilte, dass seine Frau ein Kind bekommen würde, dann haben wir einen chronologischen Hinweis auf den Zeitraum für die Empfängnis von Johannes dem Täufer – denn sie muss unmittelbar nach dieser Zeit stattgefunden haben.</u> Tatsächlich wurde Zacharias, weil er während seiner Amtszeit verstummt war, sofort von der Ausübung des Priesteramtes ausgeschlossen (3. Mose 21, 16 – 23). Er reiste zweifellos sehr bald nach Hause. <u>Somit muss Elisabeth zwischen dem 26. Mai und dem 1. Juni schwanger geworden sein. Die Tragzeit des Menschen beträgt etwa 280 Tage – neun Monate und zehn Tage. Dies zeigt die Geburt von Johannes dem Täufer um den 10. März 0003 v. d. Zw.!</u> Hier ist von den Abteilungen des Priesterdienstes beruhend auf fol-

gende Schilderung die Rede. **Diese Alttestamentlich Ordnung der Abteilungen ist auch zurzeit des Zacharias vor der Geburt des Sohnes Gottes gültig!!!**

>>>„Und Schemaja, der Sohn Nathaneels, der Schreiber aus den Leviten, schrieb sie auf in der Gegenwart des Königs und der Obersten und Zadoks, des Priesters, und Achimelechs, des Sohnes von Abjatar und in der Gegenwart der Familienhäupter unter den Priestern und Leviten; je ein Vaterhaus wurde ausgelost von Eleasar und je eines wurde ausgelost von Itamar. Und das erste Los fiel auf Jojarib, das zweite auf Jedaja, das dritte auf Harim, das vierte auf Seorim, das fünfte auf Malchija, und das sechste auf Mijamin, das siebte auf Hakkoz, **das achte auf Abija**, das neunte auf Jeschua, das zehnte auf Schechanja, das elfte auf Eljaschib, das zwölfte auf Jakim, das dreizehnte auf Huppa, das vierzehnte auf Jeschebab, das fünfzehnte auf Bilga, das sechzehnte auf Immer, das siebzehnte auf Hesir, das achtzehnte auf Happizez, das neunzehnte auf Petachja, das zwanzigste auf Jecheskel, das einundzwanzigste auf Jachin, das zweiundzwanzigste auf Gamul, das dreiundzwanzigste auf Delaja, das vierundzwanzigste auf Maasja. Das ist die Reihenfolge ihres Dienstes, nach der sie in das Haus YAHUWAHs zu gehen hatten nach ihrer Ordnung, gegeben durch ihren Vater Aaron, wie es ihm YAHUWAH, der Gott Israels, geboten hatte"!<<< 1. Chronik 24, 6 – 19

Diese vorstehende Priesterdienst-Ordnung führt uns zum Geburtsdatum des echten Sohnes Gottes YAHUSHUA!!!

Die Priester im Tempel
Wir können aus der Bibel herausfinden, wann YAHUSHUA wirklich geboren wurde! König David hat die Söhne Aarons, die Priester, die im Tempel dienten, in 24 Gruppen eingeteilt (1. Chronik 28, 11 - 13; 1. Chronik 24, 1 - 4). Dann wurde durch das Los bestimmt, welche Gruppe in welcher Woche Dienst hatte. Quelle: © https://yeshua.at/server/articles/view/77.

>>>„Und David teilte sie ein, zusammen mit Zadok von den Söhnen Eleasars und mit Achimelech von den Söhnen Itamars, entsprechend ihren Ämtern in ihre Dienste ein"!<<< 1. Chronik 24, 3

Oben sind die Bibelstellen aufgeführt, die den Schlüssel für die Frage nach dem Geburtstag von YAHUSHUA HA MASCHIACH enthalten.

Nr.	Monat	Länge in Tagen	Beginn zwischen	und
1.	Nissan, *Nisan*	30	Mitte März	Mitte April
2.	Ijar	29	Mitte April	Mitte Mai
3.	Siwan	30	Mitte Mai	dem ersten Junidrittel
4.	Tammus	29	erstem Junidrittel	Anfang Juli
5.	Aw	30	Mitte Juli	Mitte August
6.	Elul	29	Mitte August	Mitte September
7.	Tischri	30	dem ersten Septemberdrittel	Anfang Oktober
8.	Cheschwan, Marcheschwan	29 oder 30	Anfang Oktober	Anfang November
9.	Kislew	29 oder 30	Anfang November	Anfang Dezember
10.	Tewet	29	Ende November	Mitte Dezember
11.	Schewat	30	letztem Dezemberdrittel	Mitte Januar
12.	Adar	29	Anfang Februar	Anfang März

Quelle: © https://www.medienwerkstatt-online.de/lws_wissen/vorlagen/showcard.php?id=5615& edit =0.

Mit dem Monat Nissan beginnt unabhängig von der Jahreszählung die Zahl der Monate und damit auch der Festzyklus sowie der Priesterdienst im Tempel in Jerusalem. Jede Ordnung der Priester diente für eine Woche. An den Wallfahrtsfesten waren alle 24 Ordnungen zum Dienst im Tempel.
Der Priester Zacharias aus dem Geschlecht Abija konnte also erst nach dem Schawuot - Fest zu seiner Frau zurückkehren. Elisabeth empfing Johannes den Täufer wie oben dargestellt Ende des 3. Monats (Siwan). 6 Monate später (Elisabeth war im 6. Monat schwanger), also Ende des 9. Monates (Kislew) kam der Engel Gabriel zu Mirjam, und sie wurde schwanger. YAHUSHUA wurde 280 Tage (ei-

237

ne normale Schwangerschaft) später geboren, also im 7. Monat (Tischri). Quelle: https://www.luziusschneider.com/Papers/GeburtdatumJesu.html.

**Um die Geburt von YAHUSHUA HA MASCHIACH näher zu lokalisie-
ren müssen wir uns mit dem Priester Zacharias und seinen Tempeldienst befassen!**

Oben sind die Bibelstellen aufgeführt, die den Schlüssel für die Frage
nach dem Geburtstag von YAHUSHUAs enthalten:
Mit dem Monat Nissan beginnt unabhängig von der Jahreszählung
die Zahl der Monate und damit auch der Festzyklus sowie der Priesterdienst im Tempel in Jerusalem. Jede Ordnung der Priester diente
für eine Woche. An den Wallfahrtsfesten waren alle 24 Ordnungen
zum Dienst im Tempel. Der Priester Zacharias aus dem Geschlecht
Abija konnte also erst nach dem Schawuot - Fest zu seiner Frau zurückkehren.

Elisabeth empfing Johannes den Täufer wie oben dargestellt Ende
des 3. Monats (Siwan). 6 Monate später (Elisabeth war im 6. Monat
schwanger), also Ende des 9. Monates (Kislew) kam der Engel Gabriel zu Mirjam, und sie wurde schwanger.
YAHUSHUA wurde ca. 280 Tage (eine normale Schwangerschaft)
später geboren, also im 7. Monat (Tischri).

Ihr Dienst ging immer von Shabbat zu Shabbat!

>>>„Und die Leviten und ganz Juda handelten genau nach dem Be-
fehl des Priesters Jojada; und jeder nahm seine Leute, die am Sabbat
antraten, samt denen, die am Sabbat abtraten"!<<< 2. Chronik 23, 8

>>>„Und ihre Brüder in ihren Dörfern hatten jeweils für sieben Tage,
von Termin zu Termin, zu ihnen zu kommen"!<<< 1. Chronik 9, 25

Der Vater von Johannes war Vater Zacharias war ein Levit, der in
der 8. Woche (weil in der Gruppe von „Abija") im Tempel gedient
hatte!

Der biblische Kalender beginnt am 1. Nissan (März/April). Bei den Festen „Pessach" und „Shavuot" mussten alle Priester in Jerusalem anwesend sein, wodurch sich die 8. Woche in die 10. Woche verschiebt. Johannes der Täufer wurde kurz danach empfangen, siehe Lukas 1, 23 + 24. 40 Wochen später wurde Johannes der Täufer genau zu Pessach geboren. Es ist auffallend, dass YAHUSHUA Johannes „Eliah" nannte.

>>>„Und seine Jünger fragten ihn und sprachen: Warum sagen denn die Schriftgelehrten, dass zuvor Elia kommen müsse? YAHUSHUA aber antwortete und sprach zu ihnen: Elia kommt freilich zuvor und wird alles wiederherstellen. Ich sage euch aber, dass Elia schon gekommen ist; und sie haben ihn nicht anerkannt, sondern mit ihm gemacht, was sie wollten. Ebenso wird auch der Sohn des Menschen von ihnen leiden müssen. Da verstanden die Jünger, dass er zu ihnen von Johannes dem Täufer redete"!<<< Matthäus 17, 10 – 13

>>>„Und er wird von ihm hergehen im Geist und in der Kraft Elias, um die Herzen der Väter umzuwenden zu den Kindern und die Ungehorsamen zur Gesinnung der Gerechten, um YAHUWAH ein zugerüstetes Volk zu bereiten"!<<< Lukas 1, 17

Die Juden halten heute noch zu Pessach einen Sessel für Eliah frei und warten darauf, dass er kommt. YAHUSHUA sagte, dass er bereits kam und dass sie ihn nicht erkannt haben.

Johannes der Täufer wurde zu Pessach geboren (am 15. Nissan).

Elisabeth wird schwanger mit Johannes

Quelle: Bild-Autor: © https://www.pinterest.de/search/pins/?q=Geburt%20Jesu&rs=typed u. https://www.pinterest.de/pin/20125529569821685/.

Im Juni 4 v. d. Zw. wird Elisabeth mit Johannes dem Täufer schwanger.

>>>„Aber nach diesen Tagen wurde seine Frau Elisabeth schwanger; und verbarg sich fünf Monate und sprach: So hat YAHUWAH an mir gehandelt in den Tagen, da er mich angesehen hat, um meine Schmach unter den Menschen hinwegzunehmen! Im sechsten Monat aber wurde der Engel Gabriel von Gott in eine Stadt Galiläa na-

mens Nazareth gesandt, zu einer Jungfrau, die verlobt war mit einem Mann Namens Joseph, aus dem Hause Davids; und der Name der Jungfrau war Mirjam"!<<< Lukas 1, 24 – 27

>>>„Mirjam aber machte sich auf in diesen Tagen und reiste rasch in das Bergland, in eine Stadt in Juda, und sie kam in das Haus Zacharias und begrüßte Elisabeth"!<<< Lukas 1, 39 + 40

>>>„Und Mirjam blieb bei ihr etwa drei Monate und kehrte wieder in ihr Haus zurück"!<<< Lukas 1, 56

>>>„Und siehe, Elisabeth, deine Verwandte, hat auch einen Sohn empfangen in ihrem Alter und ist jetzt im sechsten Monat, sie, die vorher unfruchtbar genannt wurde"!<<< Lukas 1,36

>>>„Für Elisabeth aber erfüllte sich die Zeit, da sie gebären sollte, und sie gebar einen Sohn"!<<< Lukas 1 , 57

Der „sechste Monat" bezieht sich auf die Schwangerschaft, nicht auf den Kalender!

Josef auf dem Weg von Nazareth nach Bethlehem

>>>„Es ging aber auch Joseph von Galiläa, aus der Stadt Nazareth, hinauf nach Judäa in die Stadt Davids, die Bethlehem heißt, weil er aus dem Haus und Geschlecht Davids war"!<<< Lukas 2, 4

Auch Joseph musste mit seiner hochschwangeren Frau Mirjam den langen Weg von Nazareth in Galiläa durch die hügelige Landschaft nach Betlehem In Judäa zurücklegen. Eine Reise von ca. 150 km. Eine Reise die auf keinen Fall Im Dezember oder Januar stattgefunden hat! Die 4 - 5 Tage dauernde beschwerliche Reise wäre außerdem für eine Hochschwangere eine regelrechte Zumutung!

Bild-Autor: © https://www.pinterest.de/pin/513480795023336766/; Rosalen Pastrana.

Es war kein Raum in der Herberge

>>>„Weil für sie kein Raum war in der Herberge"!<<< Lukas 2, 7 C

Es war kein Raum für zusätzliche Gäste in der Herberge! Es handelte sich nicht um eine Herberge sondern um ein Gästezimmer! **Eine sorgfältige Analyse des biblischen Textes offenbart eine ganz andere Tatsache!**
Lukas der den Apostel Paulus auf seiner zweiten Reise begleitete, verfasste sein Evangelium in der griechischen Sprache. Das griechische Wort für „Herberge" ist kataluma. Kataluma ist ein Ort der Ruhe, normalerweise ein Gästezimmer. Das griechische Wort für „Herberge" bedeutet also Gästezimmer. **Dabei handelt es sich ganz eindeutig um ein Gästezimmer und nicht um eine Herberge!** Im Gegensatz handelt es sich bei dem Gleichnis vom barmherzigen Samariter (Lukas 10, 34) um eine Herberge. Denn Lukas benutzt dort das griechische Wort pandokheion, also das allgemein gebräuchliche Wort für Herberge!
Interessanterweise haben die arabische und die syrische Übersetzung des Neuen Testamentes, die eher einen nahöstlichen Kontext wiedergegeben, kataluma nie als „Herberge" übersetzt, sondern als „Gästezimmer"! Die Herbergen hatten zur damaligen Zeit keine separaten Zimmer!
Lukas berichtet uns, dass es nicht genügend Platz bzw. nicht genügend Raum in dem Gästezimmer gab. Lukas der das Wort kataluma nicht im Sinne einer Herberge benutzte, sondern im Sinne eines Gästezimmers, genauer: **Es handelte sich um ein bestimmtes Gästezimmer eines bestimmten Hauses.**
Das Nachschlagewerk The International Standard Bible Encyclopedia betont, dass es sich beim Wort kataluma anderswo in den Evangelien um ein Gästezimmer in einem Privathaus handelt!
Wir wissen, dass Gäste zu den jährlichen Festtagen in Jerusalem in Gästezimmern von Privathäusern untergebracht wurden! Quelle: © Band 2, „Inn", S. 826, 1982.

Ein anderer Faktor, der gegen eine „Herberge" spricht, ist, dass solche Häuser nicht für die Geburt eines Kindes geeignet waren. Allgemein genommen hatten Herbergen einen schlechten Ruf! **Bethlehem war aber ein kleines Dorf in den Bergen Judäas. Es ist nicht bekannt, dass eine große römische Straße durch Bethlehem führte!** Hier stellt sich die Frage: <u>**Bedeutet das, dass Josef und Mirjam bei jemanden zu Hause übernachten wollten, aber da das Gästezimmer belegt war, wurden sie in der Nacht zu einem Stall geschickt, und zwar als bei Mirjam die Wehen eintraten? Nein! Nein! Nein!!!**</u> Das scheint noch schlimmer zu sein, als von einer Herberge abgewiesen zu sein.

<u>**Zur Zeit des echten Sohnes Gottes YAHUSHUA (YAHUschuWAH) war die Gastfreundschaft gegenüber Besuchern unter den Juden sehr wichtig, denn diese basierte auf dem biblischen Beispiel von 5. Mose 10, 19 u. 3. Mose 19, 33.**</u>

Die Verweigerung der Gastfreundschaft wurde in der ganzen Schrift als Schandtat angesehen. Darüber hinaus stammten Josephs Vorfahren aus Betlehem und er hatte dort wahrscheinlich noch Verwandte. Kenneth Bailey sagt dazu: Meine 30-jährige Erfahrung mit Dorfbewohnern im Nahen Osten zeigt, dass die Gastfreundschaft die einem Reisenden erwiesen wird, immer noch aktuell ist – besonders dann, wenn es sich um einen zurückkehrenden Sohn des Dorfes handelt, der Obdach braucht. Zu beachten ist auch, dass die Geburt eines Kindes damals ein wichtiges Ereignis war. In einem kleinen Dorf wie Bethlehem wären die Frauen aus der Nachbarschaft gekommen, um bei der Geburt zu helfen. Der Geburtsraum ist dann voller Frauen, die der Hebamme Hilfe leisten. Ein Privathaus hätte genügend Bettzeug und könnte warmes Wasser bereitstellen und alles andere, was man für eine einfache Hausgeburt brauchte. Was bedeutet das alles? Es wäre als grobe Beleidigung und ein Verstoß gegen den kulturellen Brauch undenkbar gewesen, dass man Joseph, einem zurückkehrenden Sohn des Dorfs, und seiner Frau, die kurz vor der Entbindung eines davidschen Nachkommens stand, keine Unterkunft geboten hätte. Das kann nicht der Fall gewesen sein. Es kann der Fall sein, dass ihnen die Aufnahme mitten in der Nacht verwehrt wurde. Was ist also passiert???

>Bitte den biblischen Text genau lesen!!!<
Ist die Geburt des Sohnes Gottes mit so vielen falschen Tradition-en behaftet, dass man den Aussagen des biblischen Textes kaum Beachtung schenkt???
Liest man den biblischen Text genau, erfährt man, dass Joseph und Mirjam bereits einige Tage in Bethlehem waren, bevor die Ge-burtswehen einsetzten! Und es geschah, als sie dort waren, wurden ihre Tage erfüllt, dass sie gebären sollte! Sie müssen also bereits ir-gendwo in Bethlehem untergebracht gewesen sein, als die Geburts-wehen einsetzten. **>„Ganz sicher übernachteten sie nicht tagelang im Stall"!<**

In der Tat wohnte Mirjams Cousine Elisabeth nicht weit entfernt. Wenn sie ohne Unterkunft gewesen wären, warum haben sie nicht Elisabeth aufgesucht? Sie hatten eine Unterkunft in Bethlehem ge-funden, und zwar wahrscheinlich bei Josephs Verwandten. **Sie wur-den in keinen Stall geschickt. >So war es nicht!!!<** Nach den Tradit-ionen soll es ich um eine Höhle gehandelt haben, die als Stall ge-nutzt wurde. Erst im 2. Jahrhundert n. d. Zw. schrieb Justin der Mär-tyrer, dass die Geburt in einer Höhle nahe Bethlehem stattfand. **Also Mythen und Lügen!!!** An der traditionellen Stätte dieser Höhle ließ der römische Kaiser Konstantin (330 n. d. Zw.) und seine Mutter Helena die Geburtskirche errichten! (20005, Seite 1669). Zu beach-ten ist, dass nur die Futterkrippe als Hinweis auf einen Stall dient, doch im ersten Jahrhundert unserer Zeitrechnung fand man sie auch in Häusern! Im typischen jüdischen Haus jener Zeit gab es eine Stelle nahe des Eingangs zum Haus.

Die Familie lebte und schlief im gleichen Raum auf einer Erhöhung, der von dem Fußboden bei der Eingangstüre abgesetzt war. Außer-dem gab es oft auch ein Gästezimmer, entweder im ersten Stock oder in einem weiteren Zimmer des Erdgeschosses, getrennt vom familiären Aufenthalts- und Schlafzimmer. In der Nähe der Eingangs-türe fand sich gewöhnlich eine Futterkrippe/Tränke für die Tiere.

Diese Futterkrippe war aus Steinen gefertigt. Die Futterkrippe war unbeweglich und konnte mit Stroh gefüllt werden. **Ein Säugling wenn er entsprechend gewickelt war, konnte dort drin liegen! Auch heute wohnen im Nahen Osten Menschen und Tiere oft im gleichen Raum.** Es ist ganz normal wenn die Familienmitglieder auf einem erhöhten Fußboden als Empore in dem einen Raum des Hauses lebten, essen und schliefen, wo die Tiere, besonders Esel und Rinder ihren Platz daneben auf dem eigentlichen Fußboden in der Nähe der Tür hatten. Auf diesen Fußboden in der Nähe des Eingangs befand sich die Futterkrippe aus Stein, oder sie war an der Wand befestigt oder am Rand der Empore!

Quelle: Bild-Autor: © https://www.pinterest.de/pin/315463148896906971/; http://religioneclasse4 carlopoliecicala.blogspot.com/2016/11/ma-comera-la-casa-dove-ha-abitato-gesu.html?spref=pi.

Selbstverständlich wären die Tiere bei einer Geburt auch nicht im Haus gewesen! Eine realistische Sicht der Geburt des echten Soh-

nes Gottes in Übereinstimmung mit den Bräuchen jener Zeit wäre, dass die Futterkrippe nicht im Stall, sondern in einem Haus war! Die Tradition mit der Höhle hat ihren Ursprung in den heidnischen Mythos über den Sonnengott Mithras, der angeblich in einer Höhle geboren wurde.

Kein Mangel an Gastfreundschaft bzw. keine Unfreundlichkeit wird angedeutet, wenn die heilige Familie im Aufenthaltsraum des Hauses beherbergt wurde. Das Gästezimmer des Hauses war für eine Geburt zu klein! Die Übersetzung (von kataluma in diesem Sinne) ermöglicht ein neues Verständnis der Geschichte der Geburt des echen Sohnes Gottes YAHUSHUA (YAHUschuWAH)! Joseph und Mirjam kommen in Bethlehem an. Sie finden eine Unterkunft bei einer Familie, deren Gästezimmer entweder bereits voll belegt oder zu klein ist. **Die Familie nimmt sie in ihrem familiären Aufenthaltsraum auf, wie es damals auf dem Dorf vorgekommen ist.** Die Geburt findet dort auf der Empore im Erdgeschoß des Hauses statt und das neugeborene Kind wird in den Futtertrog gelegt. Krippe – oh, sie sind im familiären Aufenthaltsraum. Warum sind sie nicht im Gästezimmer des Hauses? **Weil es im Gästezimmer keinen Platz für sie gab.**

Die Hirten gehörten zu den unteren Schichten der Gesellschaft, und sie hätten wahrscheinlich gezögert, einen König aufzusuchen. Und das habt zum Zeichen: Ihr werdet finden das Kind in Windeln gewickelt und in einer Krippe liegen. (Lukas 2, 12). **Sie waren sich darüber im Klaren, dass der Messias in einem einfachen Haus, wie sie es selbst kannten, zu finden ist.** Was hatten die Hirten gehört und gesehen? Denn sie lobten Gott für „alles" was sie gehört und gesehen hatten. **Das Wort „alles" schließt offensichtlich auch die Qualität der Gastfreundschaft mit ein, zu deren Zeugen die Hirten gehörten!** Denn sie fanden die Familie in einer vollkommen ausreichender Behausung vor, nicht in einem schmutzigen Stall oder gar Höhle! Wenn sie bei der Ankunft einen stinkenden Stall, eine verängstigte Mutter und einen verzweifelten Joseph erlebt hätten, wär ihre sofortige Reaktion wie folgt gewesen: „Das ist eine Schande! Kommt mit uns, damit unsere Frauen euch versorgen können.

Innerhalb von fünf Minuten hätten die Hirten die kleine Familie zu einem ihrer eigenen Häuser gebracht. Die Ehre des ganzen Dorfs hätte auf dem Spiel gestanden und die Hirten wären ihrer diesbezüglichen Verantwortung gerecht geworden.

Die Tradition jedoch will uns jedoch verständlich machen, dass die Geburt des Sohnes Gottes in einem Stall bzw. in einer Höhle oder gar außerhalb des Dorfes stattgefunden hat, ohne Helfer aus der Nachbarschaft. >**„Es wird uns eine Situation vor Augen geführt die der Realität überhaupt nicht entsprach"!!!**< Also eine Geburt ohne Zeugen. Es ist reine Fiktion, die der alten heidnischen Mysterien Religion entlehnt ist, das alles ohne Zeugen verborgen an einen einsamen Ort stattgefunden haben soll. Die Geburt des Sohnes Gottes war wie die eines ganz gewöhnlichen Menschen.

Wir alle sind von dem enormen Gewicht kirchlicher Tradition mit ihrer „kein Raum in der Herberge" - Mythologie umgeben!!!

Es ist an der Zeit das wir uns von Tausenden Weihnachtspredigten, Ausführungen, Filmen, Gedichten, Liedern und Büchern verabschieden!

Noch einmal ganz klar und deutlich: Jahrhundertelang wurden palästinensische Kinder auf dem erhöhten Fußboden des familiären Aufenthaltsraums kleiner Häuser geboren. Die Geburt des Sohnes Gottes war nicht anders!!! Sie war kulturell authentisch und fand dort statt, wo ein Kind aus bäuerlichen Verhältnissen auf die Welt kam – in einem bäuerlichen Haus!

Quelle: © Broschüre Gute Nachrichten, 53195 Bonn; © 2013 Vereinte Kirche Gottes e. V.; Seite 4 – 7.

Der Sohn Gottes YAHUSHUA (YAHUschu-WAH) wurde am Posaunenfest, dem Tag des Schofar Blasens, Yom Teruah bzw. Rosch ha Shana geboren!

Das Posaunenfest im Kalender des Allmächtigen ist für uns die bestimmte Zeit, in der wir gebetserfüllt vor seine heilige Gegenwart treten, mit einem „demütigen, reuigen Herzen, das vor seinem Wort zittert" Jesaja 66, 2. Der Geist der Wahrheit erregt unsere Aufmerksamkeit, er erklingt wie ein lauter Schall der Shofar (Trompete) und macht uns darauf aufmerksam, unseren Fokus von dieser untergehenden Welt abzuwenden und ihn auf Gott, den Allerhöchsten, zu richten, der liebevolle Gehorsam gegenüber seinem Wort und seinen Geboten verlangt. Quelle: © https://www.itsmidnight.org/feast-of-trumpets.

>>>„Und YAHUWAH redete zu Mose und sprach: Rede zu den Kindern Israels und sprich: Im siebten Monat, am ersten des Monats, soll ein Ruhetag für euch sein, ein Gedenken unter Posaunenklang, eine heilige Versammlung. Ihr sollt keine Werktagsarbeit verrichten, sondern YAHUWAH ein Feueropfer darbringen"!<<< 3. Mose 23, 23 - 25

>>>„Und am ersten Tag des siebten Monats sollt ihr eine heilige Versammlung halten; da sollt ihr keine Werktagsarbeit verrichten; denn es ist euer Tag des Hörnerschalls. Und ihr soll YAHUWAH Brandopfer darbringen zum lieblichen Geruch: einen jungen Stier, einen Widder, sieben einjährige makellose Lämmer; dazu ihr Speisopfer von Feinmehl, mit Öl gemengt, drei Zehntel zum Stier, zwei Zehntel zum Widder, und ein Zehntel zu jedem Lamm von den sieben Lämmern; auch einen Ziegenbock als Sündopfer, um Sühnung für euch zu erwirken, außer dem Brandopfer des Neumonds und seinem Speisopfer, und außer dem beständigen Brandopfer mit seinem Speisopfer und mit ihrem Trankopfern, nach ihrer Vorschrift, zum lieblichen Geruch, ein Feueropfer für YAHUWAH"!<<< 4. Mose 29, 1 – 6

>>>„Stoßt am Neumond in das Horn, am Vollmond, zum Tag unseres Festes"!<<< Psalm 81, 4

Selbst der lebendige Gott YAHUWAH bläst das Shofarhorn!!!

>>>„Und YAHUWAH wird über ihnen erscheinen, und sein Pfeil wird ausfahren wie ein Blitz; und Gott YAHUWAH, wird in das Shofarhorn stoßen und einherfahren in den Stürmen des Südens"!<<< Sacharja 9, 14 u. siehe auch Zephanja 1, 14 - 16

<u>Das zentrale Thema des Posaunentages ist eindeutig die Inthronisierung des großen Königs der Könige!!!</u>

>>>„Und der siebte Engel stieß in die Posaune, da ertönten laute Stimmen im Himmel, die sprachen: Die Königreiche der Welt sind unserem YAHUWAH und seinem Gesalbten YAHUSHUA (YAHUschu-WAH) zuteil geworden, und er wird herrschen von Ewigkeit zu Ewigkeit"!<<< Offenbarung 11, 15

Das Thema des Tages der Posaunen ist tatsächlich das Königtum. Wie aus der Bibel zu erkennen ist, war das Blasen der Posaunen das Zeichen dafür, dass Könige dann mit der Herrschaft beginnen konnten! Siehe 1. Könige 1, 34; 2. Könige 9, 13; 11, 11

Der Tag der Posaunen im biblischen und jüdischen Kalender ist der Neujahrstag für kommerzielle und königliche Abrechnungen (sowie wir den ersten Januar in unserem römischen Kalender als Beginn unseres neuen Jahres haben). Dieser Neujahrstag bedeutete für alle in Israel, die die Lehren der Bibel akzeptierten, eine Zeit des „Neuanfangs". Tatsächlich hielten die Juden im Laufe der Jahrhunderte an dem Glauben fest, dass der Tag der Posaunen ein Kardinal-Datum in der Geschichte Adams (unserer Ureltern) war. Es war genau der Tag, an dem Adam und Eva erkannten, ob sie Gott gehorchen oder sich ihm widersetzen sollten. Quelle: © The Complete Artscroll Machzor, S. xvi. Doch das war noch nicht alles, was an diesem Tag geschah. **Kein Tag im Jahr hat einen größeren Wert und symbolischen Einfluss als dieser Rosch ha Shana Tag. >„Dieser Tag ist in mehrfacher Hinsicht wichtig für die Geburt des Messias, was tief in der jüdischen Symbolik verankert ist"!<**
„Die Patriarchen Abraham und Jakob wurden am Rosch ha Shana geboren. Abraham war ein Neuanfang für die Menschheit, nachdem es ihr nicht gelungen war, das Versprechen von Adam und Noah zu verwirklichen. Jakob war ein Neuanfang für das jüdische Volk, denn mit ihm gelangten die Juden vom Status eines Individuums zu dem einer vereinten Familie an der Schwelle zur Nation"! Quelle: © Artscroll Machzor, S. xvi.
„Am Rosch ha Shana gedachte Gott der drei unfruchtbaren Frau-

en, der Matriarchinnen Sarah und Rahel, und Hanna, der Mutter des Propheten Samuel, und beschloss, dass sie Kinder zur Welt bringen würden. Rosch ha Shana war nicht nur ein Wendepunkt im Leben dieser großen und würdigen Frauen, auch die Geburt ihrer Kinder war ein bedeutsames Ereignis für das gesamte Judentum, denn es handelte sich um die historischen Figuren Isaak, Joseph und Samuel"!

Wenn das jüdische Volk erkennen würde, dass das Neue Testament im Buch der Offenbarung 12, 1 – 5 auch die Geburt YAHU-SHUAs (YAHUschuWAHs) auf denselben Posaunentag legt, könnte es beginnen zu verstehen, wie wichtig YAHUSHUA sowohl im jüdischen Sinne als auch für die Welt ist. Das Neue Testament besagt, dass er der Messias ist. Er hat viele Ähnlichkeiten mit den Geburten von Abraham, Jakob, Isaak, Joseph und Samuel. Die Menschen sollten beginnen, sich der bedeutenden göttlichen Bestimmungen der Geburtstage dieser prominenten Männer bewusst zu werden, wie sie vom jüdischen Volk verstanden werden. >„Und über alledem sticht die Lehre des Apostels Johannes hervor, dass Rosch ha Shana auch der Geburtstag YAHUSHUAs (YAHUschuWAHs) ist"!<

„An Rosch ha Shana wurde Josef nach zwölf Jahren Haft aus einem ägyptischem Gefängnis entlassen. Er wurde Vizekönig von Ägypten, Versorger der Welt in den Jahren der Hungersnot und Anführer von Jakobs Familie. Gottes Plan sah vor, dass Joseph die Jahre des Exils und der Versklavung in Gang setzte, die die notwendige Vorbereitung für die Freiheit und Nationalität Israels und den Aufstieg in einer Flut von Wundern waren, um die Thora anzunehmen und in das Land Israel zu marschieren".

„An Rosch ha Shana beendete das jüdische Volk in Ägypten seine Sklavenarbeit (sie begannen ihre Zeit der Freiheit), während sie darauf warteten, dass die Zehn Plagen zu Ende gingen, damit Moses sie in die Freiheit führen konnte".

Dieser Tag zu Beginn des Monats Tischri ist der Tag, an dem die siebte Posaune (oder die letzte Posaune) erklang, um den letzten Monat einzuleiten, in dem die zur Zeit Moses festgelegten Feste

Gottes abgehalten wurden. Diese letzte Posaune wird vom Apostel Paulus als Ankündigung der Ereignisse erwähnt, die mit der Wiederkunft HA MASCHIACHs auf dieser Erde verbunden sind (1. Korinther 15, 52 u. 1. Thessalonicher 4, 16 – 17). Diese letzte Posaune wird auch vom Apostel Johannes in Offenbarung 11, 15 als Warnton erwähnt, dass das Reich Gottes bald auf die Erde kommen wird. **Sicher ist die Tatsache, dass das Buch der Offenbarung mit seiner Lehre, dass YAHUSHUA (YAHUschuWAH) am Tag der Posaunen geboren wurde uns auf symbolische Weise die Zeit für die Geburt YAHUSHUAs (YAHUschuWAHs) schenkt, den echte Gläubige als König der Welt betrachteten.** Es wurde prophezeit, dass er alle Menschen in eine Zeit der Freiheit und des tiefen Friedens führen würde. **Dies ist der zentrale Grund, warum der Apostel Johannes in Offenbarung 12, 1 – 5 zeigt, dass die Geburt YAHUSHUAs (YAHUschuWAHs) innerhalb der ersten Minuten (der Dämmerungszeit) des Posaunentages stattfand, der nachweislich der 11. September im Jahr 0003 v. d. Zw. ist!**

>>>„Plötzlich, in einem Augenblick, zur Zeit der letzten Posaune; denn die Posaune wird erschallen, und die Toten werden auferweckt werden unverweslich, und wir werden verwandelt werden"!<

<< 1. Korinther 15, 52

>>>„Denn YAHUSHUA (YAHUschuWAH) selbst wird, wenn der Befehl ergeht und die Stimme des Erzengels und die Posaune Gottes erschallt, vom Himmel herabkommen, und die Toten in HA MASCHIACH werden zuerst auferstehen"!<<< 1. Thessalonicher 4, 16

Quelle: https://bibel-lernen.de/jom-terua-schofar; Quelle: © Um ausführlichere Informationen zu erhalten, verweise ich auf das Buch: „Der Stern, der die Welt in Erstaunen versetzte" von Dr. Martin, er geht akribisch ins Detail und bestimmt anhand der Sternbilder den genauen Tag, das Jahr und die Stunde, zu der unser Messias geboren wurde. Ich kann Ihnen nur empfehlen, sein Buch zu lesen. Das gesamte Buch kann unter folgendem Link kostenlos heruntergeladen werden: http://www.askelm.com/ star/ index.asp (Text auch in Deutsch) Es könnte noch vieles zitiert werden, doch das würde den Rahmen dieses Buches sprengen. Von David Sielaff, Director Associates for Scriptural Knowledge (Direktor, Mitarbeiter für biblisches Wissen) erhielt ich die Abdruckerlaubnis. www.askelm.com. Die Abdruckerlaubnis bzw. Lizenz wurde am 17. Juli 2023 schriftlich erteilt!

Die Zeit der Geburt YAHUSHUAs (YAHUschu-WAHs) stand kurz bevor

Quelle: https://pixabay.com/de/images/search/geburt/?pagi=7; https://pixabay.com/de/photos/frau-schwangerschaft-mutter-5496818/; edsomoura.

>>>„Es geschah aber, während sie dort waren, da erfüllten sich die Tage, dass sie gebären sollte"!<<< Lukas 2, 6

Am **11. September 0003 v. d. Zw.** befindet sich die Sonne im Sternbild Jungfrau mit dem Mond unter ihren Füssen. YAHUSHUA (YAHU-schuWAH) HA MASCHIACH wird geboren. Im Jüdischen Kalender entspricht dies dem 1. Tag des Monats Tischri.

Schauen wir uns nun die Geburt YAHUSHUAs an. Aus unseren Be-obachtungen über den ungefähren Zeitpunkt der Geburt von Jo-hannes sollte es leicht sein, den von YAHUSHUA zu berechnen. Lukas sagte, dass YAHUSHUA irgendwann im sechsten Monat von Elisabeths Schwangerschaft empfangen wurde (Lukas 1, 26 + 36). Fünf volle Monate waren vergangen und Elisabeth war nun im sech-sten Monat. **Da Johannes der Täufer wahrscheinlich irgendwann um den 10. März 0003 v. d. Zw. geboren wurde, würde die Geburt YAHUSHUAs etwa im September 0003 v. d. Zw. erfolgt sein. Wir werden bald anhand anderer astronomischer Daten erkennen, dass dies das einzige Jahr ist, das alle Fakten erfüllt!!! Lukas sagte, dass YAHUSHUA zu einer Zeit geboren wurde, als seine Eltern auf Caesars Befehl hin nach Bethlehem gingen, um sich der Volkszäh-lung zu unterziehen.** Ramsay zeigte, dass großes Vertrauen in die Annahme gesetzt werden kann, dass die allgemeine Jahreszeit für den Beginn einer Volkszählung von August bis Oktober sei. Quelle: ©
William F. Ramsay, Geboren in Bethlehem, 193.
Die Tabernakel im Jahr 3 v. d. Zw. waren vom 26. September bis zum 3. Oktober v. d. Zw.! **Aber die Geburt YAHUSHUAs ist zu dies-em Zeitpunkt nicht möglich. Tatsächlich gibt es eindeutige Bewei-se dafür, dass die Geburt YAHUSHUAs zu „keinem der drei heiligen Zeiten Pessach, Pfingsten oder Laubhüttenfest stattgefunden ha-ben kann"!!! Dies waren Zeiten, in denen alle jüdischen Männer nach biblischem Gesetz verpflichtet waren, sich in Jerusalem auf-zuhalten (5. Mose 16, 6, 11, 16).** Doch Lukas erzählt uns, dass zur-zeit der Geburt YAHUSHUAs **„jeder in seine eigene Stadt ging".** (Lu-kas 2, 3). **Außerdem hätten die Römer „nicht" die drei Hauptfest-zeiten für eine Volkszählung ausgewählt, als die meisten Juden in Palästina in Jerusalem sein mussten!!!**
Der Grund dafür, dass im Gasthaus kein Platz war, lag nicht darin,

dass die Menschen zu zeremoniellen Zwecken in die Gegend von Jerusalem drängten, sondern, wie Lukas uns erzählt, darin, dass sie dort waren, um sich für die Volkszählung registrieren zu lassen. **Da unsere Tatsachen außerdem zeigen, dass die Volkszählung und der Treueeid gegenüber Augustus (für seine Verleihung des Pater Patriae) ein und dasselbe waren, macht es Sinn, dass sogar Mirjam, die nach biblischem Recht in der Lage war, einen König der Juden zu gebären, auch schwören würde, dass sie und ihre Nachkommen der bestehenden Regierung treu bleiben würden.**
Und diese Volkszählung fand zweifellos in der zweiten Hälfte des Jahres 0003 v. d. Zw. statt und nicht im späten Winter oder frühen Frühling des Jahres 3 v. d. Zw.! Es gibt noch einen weiteren Grund, die Geburt YAHUSHUAs im September stattfand, und das ist ein wichtiger Grund. Dies liegt daran, dass das Neue Testament selbst ein genaues chronologisches Zeichen liefert, das den genauen Tag der Geburt YAHUSHUA angibt!!! (und zwar innerhalb eines Zeitraums von anderthalb Stunden an diesem Tag)!!! Es ist nun an der Zeit, diesen Hinweis aus dem Neuen Testament zu betrachten!

>„Ein genaues Datum kann ausgewählt werden"!!!<
Es gibt nur drei Stellen im Neuen Testament, die Ereignisse im Zusammenhang mit der Geburt YAHUSHUAs berichten!!! Sie finden sich im Matthäusevangelium, im Lukasevangelium und im zwölften Kapitel der Offenbarung!!! Dieses letztere Buch enthält einige Informationen über die Geburt YAHUSHUAs, die berücksichtigt werden sollte, obwohl zugegeben werden muss, dass alle Daten im Buch der Offenbarung einen hohen symbolischen Charakter haben. Doch der bildliche Charakter des Buches könnte genau den Hinweis enthalten, den wir brauchen, um die Geburt YAHUSHUAs genau zu datieren.
Die Menschen des 1. Jahrhunderts neigten sehr dazu, astronomische Zeichen im Zusammenhang mit historischen und religiösen Ereignissen zu verwenden. Sie waren besonders wichtig im Hinblick auf die Geburt bedeutender Persönlichkeiten und insbeson-

dere von Königen. Aus diesem Grund steht der Abschnitt über die Geburt YAHUSHUAs im Buch der Offenbarung möglicherweise in erheblichem Zusammenhang mit bestimmten himmlischen Zeichen, auf die YAHUSHUA seinen Jüngern zuvor hingewiesen hatte (Lukas 21, 11). <u>Schauen wir uns Offenbarung 12, 1 – 5 an. Es gibt uns genaue Hinweise auf die Stunde und den Tag, an dem YAHUSHUA geboren wurde!!!</u>

>>>„Und ein großes Zeichen erschien im Himmel: eine Frau, mit der Sonne bekleidet und der Mond unter ihren Füßen, und auf ihrem Haupt eine Krone aus zwölf Sternen; und sie war schwanger und schrie in Wehen und Schmerzen der Geburt. Und es erschien ein anderes Zeichen im Himmel: siehe, ein großer feuerroter Drache, der hatte sieben Köpfe und zehn Hörner und auf seinen Köpfen sieben Kronen. Und sein Schwanz zog den dritten Teil der Sterne des Himmels nach sich und warf sie auf die Erde. Und der Drache stand vor der Frau, die gebären sollte, um ihr Kind zu verschlingen, wenn sie geboren hätte. Und sie gebar einen Sohn einen männlichen, der alle Heidenvölker mit eisernem Stab weiden wird"!<<< Offenbarung 12, 1 – 5 A

Die gerade beschriebene Szene ist symbolisch. Sicherlich kann dies kaum eine Beschreibung der Jungfrau Mirjam sein. Mit dieser „Frau" waren die Himmel verbunden – die Sonne, der Mond und die zwölf Sterne. Johannes sagte, dass die Darstellung ein Wunder (ein Zeichen) sei und dass sie „im Himmel" sei. Was meinte er mit der Formulierung „im Himmel"? Die Bibel spricht von drei „Himmeln". **<u>Der erste Himmel ist der, in dem die Vögel fliegen und alle Wetterphänomene auftreten (Jeremia 4, 25; 1. Könige 18, 45). Das zweite Himmel, ist das der Sonne, des Mondes, der Planeten und Sterne (1. Mose 1, 17). Der dritte Himmel ist der Ort, an dem Gott wohnt (2. Korinther 12, 2).</u>** Welcher dieser Himmel ist gemeint?

Die Menschen des 1. Jahrhunderts hätten keine Schwierigkeiten gehabt, den richtigen „Himmel" zu interpretieren, den der Apostel Johannes meinte. Sonne, Mond und Sterne befinden sich nicht in unserer Atmosphäre, wo die Vögel und Wolken existieren. Sie sind auch nicht im Himmel zu finden, in dem Gott seinen Wohnsitz hat,

weil Johannes selbst uns sagt, dass Sonne und Mond in dieser Region nicht benötigt werden (Offenbarung 21, 23). Der einzig vernünftige „Himmel" ist der, in dem sich Sonne, Mond und die zwölf Sterne befinden. Das Buch 1. Mose offenbarte, dass die Himmelskörper von Gott geschaffen wurden, um Zeichen zu geben (1. Mose 1, 14). Die jüdische Meinung zählte zu diesen „Zeichen" die astronomischen Zusammenhänge zwischen Sonne, Mond, Planeten, Sternen und Sternbildern. Quelle: © Philo, Op. Mund., 55; Raschi, Kommentar, I.5. Es besteht kaum ein Zweifel daran, dass solche astronomischen „Zeichen" im Buch der Offenbarung erwähnt werden. Quelle: © Langes Kommentar, X.34. Mit diesen Punkten im Hinterkopf haben wir möglicherweise einige interessante Hinweise, die uns Aufschluss über den genauen Zeitpunkt der Geburt YAHUSHUAs geben.

Astronomie und die Geburt YAHUSHUAs

Der wesentliche Faktor bei der Interpretation des Symbols aus Offenbarung 12, 1 – 5 ist die Identifizierung der Frau. Was meint Johannes damit, dass er sie erwähnt? So viel ist sicher: Die Frau in den ersten drei Versen wird als im Himmel lebend dargestellt, und sowohl die Sonne als auch der Mond stehen in Verbindung mit ihr. Nachdem der Drache ein Drittel der Sterne des Himmels niedergeworfen hat (Offenbarung 12, 4), wird die Frau dann auf der Erde gefunden (Verse 6 + 14). Aber der wichtige Faktor ist die Geburt des männlichen Kindes und die Beziehung der Frau zu den himmlischen Zeichen, während sie symbolisch im Himmel ist. (Die ersten drei Verse von Offenbarung 12 zeigen die Sonne, die sie bekleidet, den Mond unter ihren Füßen und die zwölf Sterne auf ihrem Kopf). Mit diesem himmlischen Schauspiel ist die „Geburt" des Messias verbunden. Da einige bekannte Himmelskörper Teil des Bildes sind, könnte es durchaus sein, dass Johannes beabsichtigte, dass die Frau ein Sternbild darstellen sollte, das die beiden primären Gestirne kreuzen, und dass sie Teil des Tierkreissystems war, das den Zeichen die Führung gibt (die Zwölf Sterne waren eine „Krone" auf ihrem Kopf). **Denken sie daran, dass die Interpretation astronomischer Zeichen das Den-**

ken der meisten Menschen im 1. Jahrhundert dominierte, egal ob es sich um Juden oder Nichtjuden handelte. Tatsächlich war das Wort „Zeichen", das der Autor der Offenbarung zur Beschreibung dieser himmlischen Darstellung verwendete, dasselbe, das die Alten zur Bezeichnung der Tierkreiskonstellationen verwendeten. Quelle: © Liddell und Scott, Lexicon, 1448. Dies wird deutlicher, wenn man sich den Text genau anschaut. **Da sich Sonne und Mond inmitten des Körpersdieser Frau befinden oder mit diesem in einer Linie stehen, könnte sie symbolisch eine Konstellation sein, die sich innerhalb der normalen Bahnen von Sonne und Mond befindet. Das einzige Zeichen einer Frau, das entlang der Ekliptik (der Bahn der Sonne auf ihrer Reise durch die Sterne) existiert, ist das der Jungfrau.** Sie nimmt in ihrer Körperform einen Raum von etwa 50 Grad entlang der Ekliptik ein. Der Kopf der Frau überbrückt tatsächlich etwa 10 Grad in das vorherige Zeichen des Löwen und ihre Füße überlappen etwa 10 Grad in das folgende Zeichen der Waage. **Zur Zeit der Geburt YAHU-SHUAs trat die Sonne in ihrem jährlichen Lauf durch den Himmel etwa am 13. August in die Kopfposition der Frau ein und verließ etwa am 2. Oktober ihre Füße!!!** Aber der Apostel Johannes sah die Szene, als die Sonne die Frau „bekleidete" oder „schmückte". **Dies weist sicherlich darauf hin, dass sich die Position der Sonne in der Vision irgendwo in der Körpermitte der Frau befand, zwischen Hals und Knien.** Man kann kaum sagen, dass die Sonne sie bekleidet, wenn sie sich in ihrem Gesicht oder in der Nähe ihrer Füße befindet.

Die Sonne bekleidete die Frau

Die einzige Zeit im Jahr, in der die Sonne in der Lage sein könnte, die himmlische Frau namens Jungfrau zu „kleiden" (das heißt, in der Körpermitte für sie zu sein, in der Region, in der eine schwangere Frau ein Kind trägt) ist, wenn die Sonne sich zwischen etwa 150 und 170 Grad entlang der Ekliptik befindet. Diese „Bekleidung" der Frau durch die Sonne erfolgt jedes Jahr für einen Zeitraum von 20 Tagen. Diese 20-Grad-Spreizung könnte auf den allgemeinen Zeitpunkt der Geburt YAHUSHUAs hinweisen. Im Jahr 3 v.

d. Zw. wäre die Sonne um den 27. August in diese Himmelsregion eingetreten und um den 15. September aus ihr wieder herausgekommen. Wenn Johannes im Buch der Offenbarung die Geburt YAHUSHUAs mit der Zeit in Verbindung bringt, in der die Sonne in der Mitte ihres Körpers dieser Frau namens Jungfrau stand (und das ist zweifellos das, was er meint), dann müsste YAHUSHUA innerhalb dieses Zeitraums von 20 Tagen geboren worden sein. Aus der Sicht der Magier, die Astrologen waren, wäre dies das einzig logische Zeichen gewesen, unter dem der jüdische Messias geboren werden könnte, insbesondere wenn er von einer Jungfrau geboren worden wäre.

Noch heute erkennen Astrologen, dass das Zeichen der Jungfrau auf einen messianischen Weltherrscher verweist, der von einer Jungfrau geboren wurde. Quelle: © Devore, Encyclopedia of Astrology, 366. Diese himmlische Frau namens Jungfrau wird normalerweise als Jungfrau dargestellt, die in ihrer rechten Hand einen grünen Zweig und in ihrer linken Hand einen Getreidezweig hält. Im hebräischen Tierkreis bezeichnete sie zunächst (zur Zeit Davids) Ruth, die auf den Feldern Boas's sammelte. Später wurde sie zur Jungfrau, als die Prophezeiung aus Jesaja 7, 14 zurzeit von König Hiskia und dem Propheten Jesaja gegeben wurde. Diese Jungfrau hielt in ihrer linken Hand einen Zweig Getreide. **Genau hier befindet sich der helle Stern namens Spica. Tatsächlich ist Spica der Hauptstern im Sternbild Jungfrau,** Quelle: © Bullinger sagte in seinem Buch „The Witness of the Stars" S. 29 –34. **das Wort „Spica" im Arabischen die Bedeutung „der Zweig" hat und dass es sich symbolisch auf YAHUSHUA bezieht, der in Sacharja 3, 8 und 6, 12 prophetisch „der Zweig" genannt wurde.** Und Bullinger (und Seiss in seinem Buch The Gospel in the Stars) behaupten, dass dieses Zeichen der Jungfrau den himmlischen Zeugen für die Geburt des Messias bezeichnet. Sie sagen, dass die Jungfrau eigentlich mit den Tierkreiszeichen beginnen sollte, die die Geschichte des Messias erzählen. Das mag sein. Der Apostel Johannes hat möglicherweise den gleichen Hinweis auf das erste vollständige Tierkreiszeichen gegeben. Er stellte die Frau der Offenbarung mit einer Krone aus zwölf

Sternen auf dem Kopf dar.

Dies könnte durchaus zeigen, dass die Frau (Jungfrau) das Sternbild des Oberhauptes aller zwölf Zeichen ist. Die „Kopf"-Position der Jungfrau liegt innerhalb der letzten zehn Grad des Löwen. **Genau in dieser Region begann die Geschichte der Karriere des Messias,** auf die Bullinger und Seiss Bezug nahmen. **Daher sollte die Geschichte von YAHUSHUA und seiner Mission auf Erden, wie sie durch diese himmlischen Symbole erzählt wird, logischerweise mit seiner Geburt als Jungfrau beginnen und mit seiner Krönung zum König im letzten Zeichen von Löwe dem Löwen (dessen Hauptstern Regulus – der Königsstern) ist – enden. Dies ist zweifellos das, was der Apostel Johannes durch die Symbole in Offenbarung 12 zu zeigen versuchte.**

Die Geburt dieses Kindes in Offenbarung 12 (das Johannes mit YAHUSHUA identifizierte) hätte stattfinden sollen, während die Sonne die Frau „bekleidete", als die Sonne in der Mitte ihres Körpers zur Jungfrau stand. Dieser Zeitraum im Jahr 0003 v. d. Zw. umfasste 20 Tage (27. August bis 15. September). Wenn YAHUSHUA innerhalb dieses 20-Tage-Zeitraums geboren würde, würde dies am bemerkenswertesten mit dem Zeugnis von Lukas übereinstimmen (in Bezug auf die Geburt von Johannes dem Täufer und dem achten Lauf von Abija).

Tatsächlich legen die chronologischen Angaben im Zusammenhang mit dem priesterlichen Lauf Abijas, die Geburt YAHUSHUAs genau in diesem Zeitraum fest!!! Aber es gibt eine Möglichkeit, den Zeitpunkt der Geburt YAHUSHUA viel näher zu bestimmen als nur einen Zeitraum von 20 Tagen.

Die Position des Mondes in der Vision des Johannes bestimmt tatsächlich die Geburt des Messias auf einen Tag genau – sogar auf einen Zeitraum von anderthalb Stunden (innerhalb von 90 Minuten) an diesem Tag!!!

Der Schlüssel ist der Mond. Der Apostel sagte, er befinde sich „unter ihren Füßen". Was bedeutet das Wort „unter" in diesem Fall? Bedeutet das, dass die Frau aus der Vision auf dem Mond stand,

als Johannes sie beobachtete, oder bedeutet es, dass ihre Füße leicht über dem Mond standen? Johannes sagt es uns nicht.

Für die Verwendung des Mondstandorts zur Beantwortung unserer Frage ist dies jedoch nicht von großer Bedeutung, da es sich nur um einen Unterschied von ein oder zwei Grad handeln würde. Der Mond wandert auf seinem Weg durch den Himmel täglich um etwa 12 Grad. Diese Bewegung des Mondes um ein oder zwei Grad entspricht auf der Erde einem Zeitraum von nur zwei bis vier Stunden. Dieser Unterschied stellt für die Bestimmung des Geburtszeitpunkts YAHUSHUAs kein Problem dar. Entscheidend ist jedoch, dass der Mond dadurch als Neumond dargestellt wird.

Die genaue Position des Mondes ist wichtig

Beachten sie nun diesen Punkt. Da die Füße der Jungfrau, die letzten 7 Grad des Sternbildes darstellen (zurzeit YAHUSHUAs hätte dieser zwischen etwa 180 und 187 Grad entlang der Ekliptik gelegen), muss der Mond irgendwo unter diesem 7-Gradbogen positioniert sein, um der Beschreibung in Offenbarung 12 zu genügen.

<u>Aber der Mond muss sich auch genau an dieser Stelle befinden, wenn die Sonne in der Mitte ihres Körpers zur Jungfrau steht. Im Jahr 3 v. d. Zw. stimmten diese beiden Faktoren etwa anderthalb Stunden lang genau überein, wie man von Palästina oder Patmos aus in der Dämmerung des 11. September beobachten konnte. Die Beziehung begann etwa um 18:15 Uhr (Sonnenuntergang) und dauerte bis etwa 19:45 Uhr (Monduntergang). Dies ist der einzige Tag im ganzen Jahr, an dem das im zwölften Kapitel der Offenbarung beschriebene astronomische Phänomen stattfinden konnte!!!</u>

Dies zeigt auch einen weiteren wichtigen Punkt. Der Mond befand sich in der Halbmondphase. Es war ein Neumondtag, der Beginn eines neuen Mondmonats.

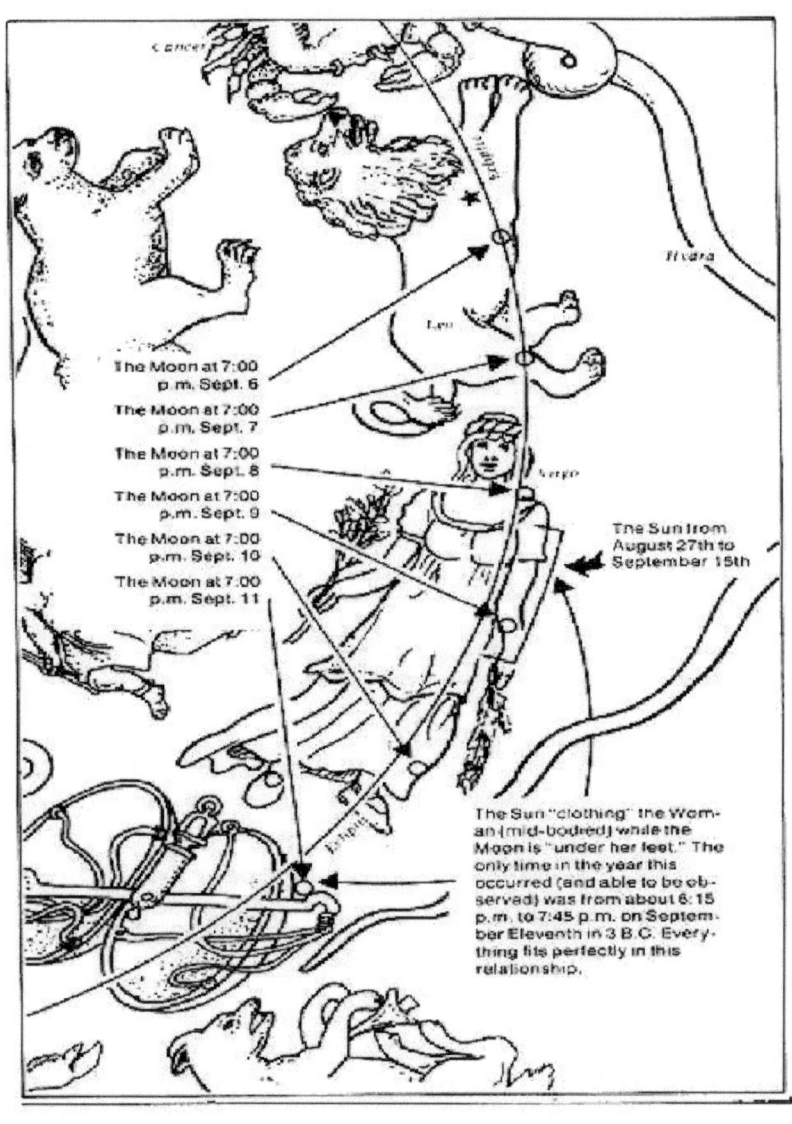

Neumond in Jerusalem zum Zeitpunkt des Sonnenuntergangs

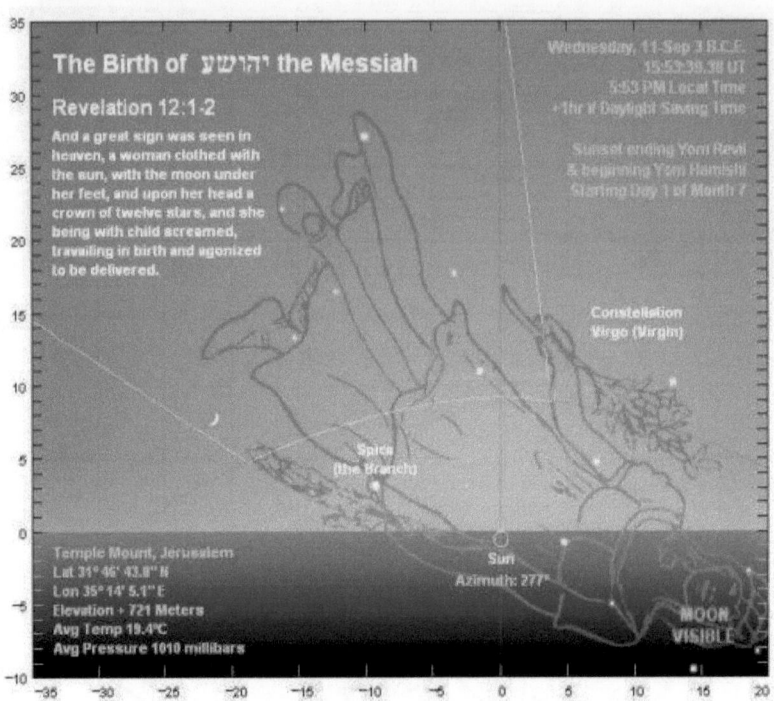

DAZ = Delta Azimuth: Mond-Sonne (Grad)

Diese Grafik stammt aus www.TorahCalendar.com, unter dem Menüpunkt: Bestimmen des hebräischen Monats ausgewählt für die Anzeige des Neumondtages für Monat 7 des Jahres 3 v. d. Zw.! Das Diagramm zeigt den Horizont im Moment des Sonnenuntergangs in Jerusalem. Die Sonnenscheibe ist knapp unter dem westlichen Horizont zu sehen.

Und bezieht sich auf den tatsächlichen Moment zwischen Sonnenuntergang um 17:53 Uhr und Monduntergang um 18:35 Uhr am ersten Tag des siebten Monats, dem 11. September 0003 v. d. Zw.!

Die beste Zeit, um die erste Mondsichel an diesem Tag zu sehen, war um 18:12 Uhr, und das ist die Minute, **in der der Messias nach Meinung einiger geboren wurde: 18:12 Uhr** als hellster Stern in Bethulah oder Jungfrau (Tsemech auf Hebräisch, lat. Spica, eine Ähre

– ein Weizenkorn) berührte den Horizont oder „stieg auf die Erde".

Quelle: © Robert Wadsworth, Biblische Astronomie. Das ist von Bedeutung, weil der Messias sich in Johannes 12, 23 - 26 über seinen Tod mit einem Weizenkorn verglich. Der Tod des Messias am Passahfest soll viel Frucht bringen, indem er allen, die an ihn glauben und ihm gehorchen, ewiges Leben bringt. Der hebräische Name – Tsemech – wurde von den Propheten Israels Jahrhunderte vor der Geburt des Messias erwähnt.

Der moderne Mensch und die astronomischen Bewegungen
Während gewöhnliche Menschen in der Neuzeit, die keine professionellen Astronomen sind, wenig über die Sonnen-, Mond-, Planeten- und Sternbewegungen wissen, waren die Menschen vom 1. Jahrhundert bis zur Industriellen Revolution damit gut vertraut. Selbst Menschen mit geringer Bildung waren im Allgemeinen mit den Hauptbewegungen der astronomischen Körper vertraut – sogar besser als die meisten Menschen mit Hochschulabschluss heute. Als jemand in früheren Zeiten Offenbarung 12, 1 – 3 las, wurde ihm sofort ein astronomischer Zusammenhang klar. Es bestand kein Zweifel, dass ihnen eine Neumondschau gezeigt wurde. Und als die Frau des Zeichens als Jungfrau, die Jungfrau, interpretiert wurde und die Sonne in der Mitte des Körpers zur Jungfrau stand, sahen sie deutlich, dass irgendwann im Spätsommer ein Neumondtag stattfinden würde.

Der Apostel Johannes sagte, diese himmlische Beziehung habe zur Zeit der Geburt YAHUSHUAs stattgefunden. Und im Jahr 3 v. d. Zw. ereignete sich genau diese Kombination himmlischer Faktoren kurz nach Sonnenuntergang nur an einem Tag im Jahr. Es war am 11. September. Es hätte zu keinem anderen Zeitpunkt des Jahres passieren können. Tatsächlich befand sich der Mond bereits einen Tag zuvor, am 10. September, über den Füßen der Jungfrau, ohne dass die Sichel sichtbar war, während sich der Mond einen Tag später, am 12. September, zu weit über die Füße der Jungfrau hinausbe-

wegt hatten, mindestens 25 Monddurchmesser östlich ihrer Füße. Somit gilt nur ein Tag. Dieser Tag war kurz nach Sonnenuntergang am 11. September 0003 v. d. Zw.!!!

Der genaue Tag der Geburt des Sohnes Gottes
Der Apostel Johannes präsentiert seinen Lesern auf symbolische Weise etwas von tiefgreifender Bedeutung. Offenbarung 12, 1 – 3 zeigt einen Neumondtag, der von der Erde aus nur kurz nach Sonnenuntergang beobachtet werden konnte, und der Tag war der 11. September. Dies passt gut zu Lukas Beschreibung der Geburt YAHU-SHUAs in Bethlehem.

„Es waren in demselben Gegend Hirten, die auf dem Feld wohnten und die auch nachts über die Herde wachten, und der Engel sagte: Euch ist heute (der bei Sonnenuntergang begann) in der Stadt Davids ein Retter geboren, das ist HA MASCHIACH, YAHUSHUA". Lukas 2, 8 – 11. YAHUSHUA wurde am frühen Abend geboren und Offenbarung 12 zeigt, dass es ein Neumondtag war. Welcher Neumond könnte das gewesen sein? Die Antwort ist höchst erstaunlich. Es ist fast zu erstaunlich! Der 11. September 0003 v. d. Zw. war Tischri!!! Eins im jüdischen Kalender. Für das jüdische Volk wäre dies in der Tat ein sehr tiefgreifendes Ereignis gewesen. Der 1. Tischri ist nichts anderes als der jüdische Neujahrstag (Rosch ha-Shana, oder wie die Bibel ihn nennt, der Tag der Posaunen – 3. Mose 23, 23 – 26). Es war ein wichtiger jährlicher Feiertag der Juden (aber nicht eines der drei jährlichen Feste, an denen alle palästinensischen Juden in Jerusalem sein mussten).

Was für ein bedeutsamer Tag für das Erscheinen des Messias auf der Erde aus jüdischer Sicht! Und bemerkenswerterweise könnte kein anderer Tag des Jahres astronomisch zu Offenbarung 12, 1 – 3 passen!!! Der Apostel Johannes weist sicherlich auf ein astronomisches Zeichen hin, dass genau mit dem jüdischen Neujahrstag übereinstimmt. Johannes hätte die Bedeutung dieser astronomischen Szene, die er beschrieb, erkannt.

Die Informationen könnten ein besseres Verständnis dafür liefern, warum die frühen Apostel des 1. Jahrhunderts und viele Juden und Nichtjuden so schnell YAHUSHUA als den Messias akzeptierten. Wie dem auch sei, die historischen Beweise belegen die Geburt YAHUSHUAs im Jahr 3 v. d. Zw., zu Beginn einer römischen Volkszählung, und (wenn wir die astronomischen Angaben der Offenbarung verwenden) hätte seine Geburt kurz nach Sonnenuntergang am 11. September, am Rosch ha-Shana, dem Tag der Posaunen – dem jüdischen Neujahrstag für Regierungsangelegenheiten – stattgefunden. Es hätte kaum einen besseren Tag im kirchlichen Kalender der Juden geben können, um der Welt aus jüdischer Sicht den Messias vorzustellen; und zweifellos wollte der Apostel Johannes dies mit dem Zeichen, das er in Offenbarung 12 aufzeichnete, eindeutig zeigen.

Die Geburt des echten Sohn Gottes YAHU-SHUA

Quelle: © Bild-Autor: https://www.pinterest.de/search/pins/?q=Geburt%20Jesu&rs=typed u. https://www.pinterest.de/pin/6966574417132505/.

>>>„Die meisten Menschen wollen nicht wirklich wissen, wann der ech-te Sohn Gottes von Israel geboren wurde, weil dies bedeutet, dass sie aufhören müssen, Weihnachten zu feiern"!!!<<<

Dieselben Leute schrecken oft zurück, wenn man ihnen erklärt, dass die Geburt unseres Messias an einem biblischen Fest stattgefunden hat. Viele von ihnen sagen abweisend Dinge wie diese. Die Bibel sagt uns nicht, wann der Messias geboren wurde". Sie hoffen, dass sie aus dem Schneider sind und sie können sich auf Unwissenheit über Weihnachten berufen.

YAHUSHUA wurde am 11. September 0003 v. d. Zw. in den ersten Minuten der Dämmerung gegen 18:12 Uhr (nach dem Sonnenuntergang *1) am Rosch Ha-Schana-Fest* (Jom Teruach, Jüdischer Neujahrtag*2, Kopf des Jahres) von Mirjam einer Jungfrau geboren. Es war der erste Tag im ersten Monat Tischri im bürgerlichen jüdischen (Ziviljahr) des Kalenders! Dieser Tag ist der Tag des Schofar blasens! Das zentrale Thema des Schofar blasens Tag ist eindeutig die Inthronisierung des großen Königs der Könige. Dies war die Geburtsstunde des „Königs der Könige"!

*1 der jüdische Tag beginnt bei Einbruch der Dunkelheit nach dem Sonnenuntergang. **2** „Leschana towa" = „Auf ein gutes Jahr"! Der Sohn Gottes wurde am 1. Tag des neuen Jahres gemäß jüdischen Kalender geboren!

Die Entrückung wird mit Posaunenschall (Schofar-Horn) (1. Korin-

ther 15, 52) eingeleitet werden. **Damit ist klargestellt, dass die Entrückung am 5-ten Fest, dem Posaunenfest Rosh ha-Shana (Neujahr) stattfinden wird!!! Genauso muss die Entrückung sehr schnell beim Posaunenschall erfolgen, da Satan unmittelbar danach mit Macht kommen wird! An Rosh Ha-Shana ertönt der Posaunenschall (Schofar-Horn) beim ersten Lichtstrahl und die Entrückung wird auch bis zum „lichten morgen" abgeschlossen sein! Erwähnenswert ist aber auch, dass Rosch Ha-Schana auch als Jom HaDin („Tag des Gerichts des Ewigen") bezeichnet wird, weil Gott das Gericht über die Menschheit durch Posaunenschall (Schofar-Horn) ankündigt. Nach jüdischer Überlieferung gibt Gott ab Rosch Ha Schana für 10 Tage bis zum großen Versöhnungstag noch Zeit zur Buße! In den 10 Tagen entscheidet sich wer zu welcher Gruppe gehört. 1. Zaddikim: Die vollkommen Gerechten. sie werden sofort ins Buch des Lebens eingeschrieben. 2. Rascha'im: die vollkommen Bösen. sie werden vom Buch des Lebens ausgeschlossen und erhalten das Siegel des Todes. 3. Benonim: die Mittelmäßigen. Ihnen wird innerhalb von 10 Tagen (bis zum Versöhnungstag) eine letzte Chance zur Buße und Umkehr gegeben.** Quelle: © https://www.gottesbotschaft. de/druck.php?pg=3527.

Es gibt nur drei Stellen im Neuen Testament, die Ereignisse im Zusammenhang mit der Geburt des Sohnes Gottes berichten. Sie finden sich im Matthäusevangelium, im Lukasevangelium und im zwölften Kapitel der Offenbarung.

YAHUSHUA wurde im Jahr 0003 v. d. Zw. geboren. Tatsächlich deuten allein die Beweise aus den Priesterkursen darauf hin, dass die Geburt im September stattgefunden hat! Fakt ist, dass ohne den geringsten Zweifel festgestellt werden kann, dass sich die vom Apostel Johannes in Offenbarung 12, 1 – 5 beschriebene Himmelsszene, astronomisch betrachtet, genau auf einen Neumondtermin innerhalb der Mitte September konzentrieren würde und dass sich genau dieses Himmelsphänomen im Jahr 0003 v. d. Zw. am frühen Abend des 11. September ereignet hätte. Es kann auch mit Sicher-

heit gesagt werden, dass der Sonnenuntergang am 11. September 0003 v. d. Zw. auch der Beginn des jüdischen Neujahrs (Rosch ha-Shana – der Tag der Posaunen (Schofar-Horn blasens) war!!!

Quelle: © Um ausführlichere Informationen zu erhalten, verweise ich auf das Buch: „Der Stern, der die Welt in Erstaunen versetzte" von Dr. Martin, er geht akribisch ins Detail und bestimmt anhand der Sternbilder den genauen Tag, das Jahr und die Stunde, zu der unser Messias geboren wurde. Ich kann Ihnen nur empfehlen, sein Buch zu lesen. Das gesamte Buch kann unter folgendem Link kost-enlos heruntergeladen werden: http://www.askelm.com/star/index.asp (Text auch in Deutsch) Es könnte noch vieles zitiert werden, doch das würde den Rahmen dieses Buches sprengen. Von David Sielaff, Direc-tor Associates for Scriptural Knowledge (Direktor, Mitarbeiter für biblisches Wissen) erhielt ich die Abdruckerlaubnis. www.askelm.com. Die Abdruckerlaubnis bzw. Lizenz wurde am 17. Juli 2023 schriftlich erteilt!

Geburtsurkunde

des echten Sohnes Gottes ist am

11. September 0003 v. d. Zw. ca. 18:12 Uhr als echter Sohn Gottes als zweiter Adam geboren worden

Yahushua – יהושע
(YAHUschuWAH) – יהושווה
Ha Maschiach – חחמשי
יאה מציל = YAH rettet

Die Geburt fand zwischen 18:15 und 19:45 Uhr statt, in der Dämmerung nach Sonnenuntergang und Monduntergang!

Der neue Tag beginnt gemäß dem biblischen Judentum immer mit dem Sonnenuntergang!
Die Geburt fand am Rosch ha Shana Tag (Yom Teruah) statt. Dem biblischen jüdischen Neujahrstag, also der erste Tag im neuen Jahr. Dieser Tag ist der Tag des Shofar Blasens. Denn Adam wurde am

Rosch ha Shana Tag geschaffen! Das zentrale Thema dieses Tages, ist der Shofar Blasen Tag und dieser ist eindeutig die Inthronisierung des großen Königs der Könige. Dies war die Geburtsstunde des „Königs der Könige"!

Gezeugt wurde er ca. am 5. Dezember 0004 v. d. Zw.!

Namens-Geber: YAHUWAH יהוה ist Gott der Vater!!! Matthäus 1, 21 u. Lukas 1, 31
Geburtsort: Bethlehem – בית לחם
Bundesland: YAHUWDAH (Juda) הדיהו
Land: Israel – בית לחם

Vater des Kindes: YAHUWAH – יהוה
Pflege-Vater: Josef – יוסף
Leih-Mutter: Mirjam – מרים
Muttersprache: Hebräisch – עברית
Himmels-Sprache: Hebräisch – עברית
Staatsangehörigkeit: YAHUWDAH וואדה'ג Jude

Es wurde immer wieder von verschiedenen Persönlichkeiten und Forschern festgestellt dass das Geburtsjahr des Sohnes Gottes YAHUSHUA im Jahre 3 v. d. Zw. war!
Die Lösung dieser Rechenaufgabe gibt uns natürlich die Heilige Schrift selber!

Die Hirten auf dem Felde

>>>„Und es waren Hirten in derselben Gegend auf dem Feld, die bewachten ihre Herde in der Nacht"!<<< Lukas 2, 8

Quelle: Bild-Autor: © https://de.icej.org/news/commentary/der-herdenturm; Dr. Jürgen Bühler, ICEJ-Gesamtleiter in Jerusalem.

Die Wetterverhältnisse im Dezember in Israel
Aus jahrelangen Untersuchungen der Dezemberwitterung in Israel
sind israelische Meteorologen zu dem Schluss gekommen, dass

sich das dortige Klima im Laufe der letzten zweitausend Jahre nicht nennenswert geändert hat.

Die Durchschnittstemperatur in der Gegend von Bethlehem im Dezember liegt am Tage bei 7° C, kann aber öfter, vor allem nachts, unter den Gefrierpunkt fallen.

Die Leiterin des israelischen Wetterdienstes, Sara Ruhin, erklärte 1990 in einer Pressemitteilung, dass es dort in nur drei Monaten Frost gibt: Dezember (-1.6° C), Januar (-1.1° C) und Februar (0° C).

Im Dezember und Januar fällt in Jerusalem und dem nicht weit entfernten Bethlehem in der Regel an zwei oder drei Tagen Schnee.

Die Hirten auf dem Felde

Die Hirten brachten ihre Herden immer von den Berghängen und Feldern und pferchten sie spätestens am 15. Oktober ein, um sie vor der kalten Regenzeit zu schützen, die auf dieses Datum folgte. Beachten sie, dass die Schrift in Hohelied 2, 11 und Esra 10, 9, 13 beweist, dass der Winter eine Regenzeit war, die es den Hirten nicht erlaubte, nachts auf offenen Feldern zu bleiben. „Es war ein alter Brauch unter den Juden jener Tage, ihre Schafe um das Passah (Vorfrühling) auf die Felder und in die Wüste zu schicken und sie zu Beginn des ersten Regens nach Hause zu bringen.

Weiter heißt es in dieser Autorität: „Während der Zeit, in der sie unterwegs waren, bewachten die Hirten sie Tag und Nacht. Als der erste Regen begann, früh im Monat Marchesvan (2. Monat im jüdischen Kalender), was einem Teil unseres Oktober und November entspricht (beginnt irgendwann im Oktober), wir finden, dass die Schafe während des ganzen Sommers im offenen Land gehalten wurden.

Und da diese Hirten ihre Herden noch nicht nach Hause gebracht hatten, ist es ein mutmaßliches Argument, dass der Oktober noch nicht begonnen hatte und dass YAHUSHUA folglich nicht am 25. Dezember geboren wurde, als keine Herden draußen auf den Feldern waren. **Er konnte auch nicht später als im September geboren worden sein, da die Herden nachts noch auf den Feldern waren. Ge-**

nau aus diesem Grund sollte die Krippe im Dezember aufgegeben werden!!! Die nächtliche Fütterung der Herden auf den Feldern ist eine chronologische Tatsache. Siehe die Zitate der Talmudisten in Lightfoot". **Jede Enzyklopädie oder jede andere Autorität wird ihnen sagen, dass der MESSIAS nicht am 25. Dezember geboren wurde!!! Die Katholische Enzyklopädie stellt diese Tatsache offen fest. Das genaue Datum der Geburt von MESSIAS ist am 11. September 0003 v. d. Zw. am Neujahrstag (Rosch Ha Shana).** Quelle: © https://www.yhwhslearningchannel.org/2019/11/26/the-truth-about-christmas/.

Die Heilige Schrift zeigt, dass YAHUSHUA HA MASCHIACH nicht im Winter geboren wurde!!!

Dass der Geburtstag von YAHUSHUA HA MASCHIACH nicht im Dezember (24. Dezember oder 25. Dezember) oder Januar liegt, wird deutlich, wenn man weiß, dass in der Gegend, wo YAHUSHUA HA MASCHIACH geboren wurde, es im Dezember und Januar mit am kältesten ist! Der Bibelschreiber Esra zeigt, dass der Monat Kislew (9. Monat vom biblischen Kalender; entspricht in unserem heutigen Kalender ca. Mitte November bis ca. Mitte Dezember) für sein regnerisches und kaltes Wetter bekannt war. Aus der Bibel können wir erfahren, dass die Menschen in dieser Jahreszeit „wegen der Regengüsse" zitterten. Und es war „nicht möglich, draußen zu stehen" (Esra 10, 9 + 13; Jeremia 36, 22). Während es also in der Gegend, in der YAHUSHUA HA MASCHIACH geboren wurde, von Mitte November bis Mitte Dezember schon so kalt und regnerisch war, dass es „nicht möglich (war), draußen zu stehen", war der darauffolgende Monat, Tebeth (entspricht im heutigen westlichen Kalender ca. Mitte Dezember bis ca. Mitte Januar) noch kälter. Die niedrigsten Temperaturen des Jahres waren zu dieser Zeit. Im Hochland schneite es gelegentlich. Die Hirten in diesen Gegenden waren verständlicherweise darauf bedacht, im Dezember mit ihren Herden die Nächte nicht mehr im Freien zu verbringen. **Jedoch können wir aus der Bibel erfahren, dass zu der Zeit, in der YAHUSHUA HA MASCHIACH geboren wurde „Hirten in derselben Gegend**

draußen im Freien lebten und in der Nacht über ihre Herden Wache hielten" (Lukas 2, 8). Beachten wir, dass die Hirten nicht nur während des Tages sich mit ihren Herden im Freien aufhielten. Sondern dass sie draußen lebten. Die Hirten waren mit ihren Herden also auch nachts auf den Feldern. Zu der Zeit, als YAHUSHUA HA MASCHIACH geboren wurde. In dem Buch „Die Umwelt Jesu: Der Alltag in Palästina vor 2000 Jahren" wird erklärt: „Die Herden blieben einen großen Teil des Jahres im Freien. Zur Zeit des Passahs (Ende März) trieb man sie hinaus und holte sie erst Mitte November wieder herein. **Sie verbrachten den Winter in Schafställen, und diese Einzelheit genügt, um zu beweisen, dass unser vertrautes Weihnachtsdatum im Winter kaum richtig sein kann, denn das Evangelium sagt uns, dass die Hirten auf dem Feld waren"!!!** Quelle: © http://www.religion-spirit.de/jesus_christus/jesus-geboren-christi-geburt-jesus-christus-geburtstag-ursprung-weihnachten.html.

Die Geburt des Sohnes Gottes YAHUSHUA im Dezember entbehrt jeglicher Grundlage! Beim Sukkotfest (Laubhüttenfest) wird um Regen gebetet. Im Oktober beginnt die Regenzeit und zu diesem Zeitpunkt waren die Hirten mit Ihren Herden nicht mehr auf dem Felde sondern in den Ställen! Denn Im Dezember liegt bei Betlehem oftmals schon Schnee. Die Temperatur bewegt Sich um den O-Grad.

Die Weihnachts-Krippen Lüge

Sämtliche Krippendarstellung sind eine fette Lüge! Die Menschen werden für dumm verkauft!

Bei weniger bibelfesten Betrachtern kann das Krippenbild die Vorstellung hervorrufen, als sei in der dazugehörigen biblischen Geschichte ein unmittelbarer zeitlicher Zusammenhang zwischen der Geburt des Sohnes Gottes und dem Besuch der Sterndeuter überliefert. Tatsächlich geht der Bibeltext aber von einer eher längeren als kürzerer Zeitspanne zwischen der Geburt des Sohnes Gottes und dem Besuch der Sterndeuter aus. Die Krippendarstellung verleitet trotzdem immer wieder dazu, das Eintreffen der Sterndeuter mit dem Geburtstag des Sohnes Gottes zusammenzulegen.

Es werden uns durch die Weihnachts-Krippen-Darstellung nur Lügen verkauft!!!

Lüge 1
Der Sohn Gottes soll am 24. Dezember geboren worden sein. Wenn der Sohn Gottes wirklich am 24. Dezember geboren sein soll, dann ist es ein gefälschter Sohn Gottes! Die Bibel beweist dass es nicht so gewesen ist!!!

Lüge 2
Der Sohn Gottes wurde nie in einem Stall der mit Holzbrettern gezimmert war oder in einer Höhle geboren. Ein weiterer Beweis, dass es sich um einen falschen Sohn Gottes handelt!

Lüge 3
Von „Königen" und auch der Zahl „drei" ist aber in Matthäus 2, 1 - 12) gar nicht die Rede.

Lüge 4
Der Sohn Gottes wurde nie in eine Wildtier-Krippe gelegt, sondern

in einen Futter-Steintrog.

Lüge 5
Die Gottesmutter soll angeblich Maria geheißen haben , doch die Mutter des echten Sohnes Gottes hieß Mirjam.

Lüge 6
Die Magier aus Babylon waren nicht kurz nach der Geburt des Sohnes Gottes in einem Stall, sondern kamen ca. mehr als 1 Jahr später bei Mirjam in einem Haus an. Denn der Sohn Gottes konnte ihnen schon entgegenlaufen!

Lüge 7
Es befanden sich auch kein Esel und kein Ochse im Stall oder an der Geburtsstelle, das ist eine menschliche Lügenerfindung!

Lüge 8
Es wird bei den Krippendarstellungen so dargestellt und behauptet das der Stern über den Stall oder Haus stehen geblieben wäre!

Die Beschneidung des echten Sohnes Gottes YAHUSHUA

YAHUSHUA wurde am 18. September 0003 v. d. Zw. beschnitten! (der achte Tag für den Beschnei-dungsritus wird mitgerechnet).

Um ausführlichere Informationen zu erhalten, verweise ich auf das Buch: „Der Stern, der die Welt in Erstaunen versetzte" von Dr. Martin, er geht akribisch ins Detail und bestimmt anhand der Sternbil-der den genauen Tag, das Jahr und die Stunde, zu der unser Messias geboren wurde. Ich kann Ihnen nur empfehlen, sein Buch zu lesen. Das gesamte Buch kann unter folgendem Link kostenlos herunterge-laden werden: http://www.askelm.com/star/index.asp (Text auch in Deutsch) Es könnte noch vieles zitiert werden, doch das würde den Rahmen dieses Buches sprengen. Von David Sielaff, Director Ass-ociates for Scriptural Knowledge (Direktor, Mitarbeiter für biblisches Wissen) erhielt ich die Ab-druckerlaubnis. www.askelm.com. Die Abdruckerlaubnis bzw. Lizenz wurde am 17. Juli 2023 schriftlich erteilt!

Die Darstellung des Sohnes Gottes YAHU-SHUA im Tempel

Er wurde am 21. Oktober 0003 v. d. Zw. im Tempel geweiht!!!

Quelle: Bild-Autor: © https://www.pinterest.de/pin/544161567469445516/ u. https://i.pinimg.com/originals/09/31/95/093195fddbe97ca3621db99177cee7bb.jpg.

Lukas sagt in Lukas 2, 39: Sie kehrten nach Galiläa zurück, in ihre eigene Stadt Nazareth. Das bedeutet, dass sie nach der Geburt YA-HUSHUAs nicht nach Ägypten gingen. Schließlich waren sie nur zur „Volkszählung" nach Bethlehem gegangen und nicht, um dorthin zu ziehen. So kehrte die Familie Ende Oktober 3 v. d. Zw. nach Nazareth zurück.

Dann beschlossen sie aus irgendeinem Grund, nach Bethlehem zu ziehen. Dies könnte im Frühjahr oder Sommer des Jahres 2 v. d. Zw. gewesen sein. Sie errichteten ein Haus, da sie keinen Bedarf an einer vorübergehenden Unterkunft hatten, die sie hatten, als YA-HUSHUA geboren wurde (Matthäus 2, 11).

Um ausführlichere Informationen zu erhalten, verweise ich auf das Buch: „Der Stern, der die Welt in Erstaunen versetzte" von Dr. Martin, er geht akribisch ins Detail und bestimmt anhand der Sternbilder den genauen Tag, das Jahr und die Stunde, zu der unser Messias geboren wurde. Ich kann Ihnen nur empfehlen, sein Buch zu lesen. Das gesamte Buch kann unter folgendem Link kostenlos heruntergeladen werden: http://www.askelm.com/star/index.asp (Text auch in Deutsch) Es könnte noch vieles zitiert werden, doch das würde den Rahmen dieses Buches sprengen. Von David Sielaff, Director Associates for Scriptural Knowledge (Direktor, Mitarbeiter für biblisches Wissen) erhielt ich die Abdruckerlaubnis. www.askelm.com. Die Abdruckerlaubnis bzw. Lizenz wurde am 17. Juli 2023 schriftlich erteilt!

Der Stern von Bethlehem

>>>„Als nun YAHUSHUA geboren war in Bethlehem in Judäa, in den Tagen des Königs Herodes, siehe, da kamen Weise (Magier, Sterndeuter, Astrologen) aus dem Morgenland nach Jerusalem, die sprachen: Wo ist der neugeborene König der Juden? Denn wir haben seinen Stern im Morgenland gesehen und sind gekommen, um ihn anzubeten"!<<< Matthäus 2, 1 + 2

Der Stern von Bethlehem erleuchtet am frühen Abend des 17. Juni 0002 v. d. Zw. im Morgenland

Quelle: Bild-Autor: © https://www.pinterest.de/pin/650207264949154935/https://www.pinterest.de/ pin /22799541849508345/.

Es war am frühen Abend des 17. Juni 2 v. d. Zw.! Alle Städte rund um Babylon in Mesopotamien waren voller Gespräche über ein spektakuläres astronomisches Ereignis am westlichen Himmel. Seit mehreren Wochen wurde beobachtet, dass sich der Planet Venus zwischen den Sternen ostwärts bewegte, scheinbar auf Kollisionskurs mit dem Planeten Jupiter. Nun geschah das erwartete Ereignis direkt vor ihren Augen. Dieses astronomische Drama, das sich im westlichen Teil des Himmels abspielte, zeigte die „Kollision" der beiden hellsten Planeten am Himmel. Der Abstand zwischen ihnen war so gering, dass sie mit bloßem Auge nicht als zwei Sterne, sondern als ein einziger strahlender Stern erschienen wären, der viel heller leuchtete als jeder andere Stern oder Planet.

Obwohl die beiden Planeten Millionen Meilen voneinander entfernt waren, erschienen sie Beobachtern in Babylon im Jahr 2 v. d. Zw. als ein einziger Stern, der das Zwielicht des westlichen Himmels in Richtung Palästina dominierte.

Zur Beschreibung dieser Konjunktion ist die Verwendung von Superlativen angebracht. Eine solch beeindruckende Darbietung war einzigartig im Leben der Menschen, die das Ereignis beobachteten. Es wäre besonders wichtig für diejenigen in Babylon gewesen, wo Astronomie und astrologische Interpretationen seit Jahrhunderten studiert und analysiert wurden.

Es war himmlischer Prunk vom Feinsten. Eine solche Nähe der Planeten hatte es seit Jahrhunderten nicht gegeben, und würde auch in hunderten von Jahren nicht mehr vorkommen.

Zu diesem Zeitpunkt in der Geschichte hätte ein solches astronomisches Phänomen nicht nur in Babylon, sondern in den meisten Regionen der Welt für Schlagzeilen gesorgt. Der Anblick wäre in allen Gebieten der bewohnbaren Erde mit großer Brillanz beobachtet worden. Es hätte wirklich die Welt in Erstaunen versetzt. Moderne Astronomen sind beeindruckt!

Diese Konjunktion von Jupiter und Venus hat auch bei modernen Astronomen für Erstaunen gesorgt. Der Einsatz von Computern hat Astronomen heute die Möglichkeit gegeben, einen einfachen

Überblick über alle Sonnen-, Mond-, Planeten- und Sternbewegungen und ihre Beziehungen untereinander in den letzten fünftausend Jahren zu erhalten. >„Und in den letzten 25 Jahren hat kein astronomisches Ereignis der Vergangenheit mehr Diskussionen zwischen Astronomen und Historikern ausgelöst als diese Konjunktion von Jupiter und Venus am 17. Juni 2 v. d. Zw.!!!< Ohne Zweifel hätte diese Konjunktion von Jupiter und Venus am 17. Juni 2 v. d. Zw. bei den Menschen, die im Jahr 2 v. d. Zw. auf der Welt lebten, Erstaunen und Ehrfurcht hervorgerufen.

Zum einen gab es am 17. Juni 2 v. d. Zw. die extrem enge Konjunktion von Jupiter und Venus. Dabei erschienen die Planeten als ein riesiger „Stern" am westlichen Himmel. Interessant ist, dass diese Konjunktion genau zum Zeitpunkt des Vollmonds stattfand. Während das westliche Himmelsviertel von diesem strahlenden Planetenschauspiel geschmückt wurde, wurde die Himmelskuppel selbst von Osten her vom Glanz des Vollmonds erleuchtet. In dieser Szene am frühen Abend erstrahlte der ganze Himmel in himmlischer Heiligkeit. Diese himmlischen Demonstrationen haben zweifellos in Rom und anderswo auf der Welt Staunen hervorgerufen. Dies ist insbesondere deshalb so, weil darüber hinaus die Konjunktion von Jupiter und Venus im Sternbild Löwe, dem Löwen, stattfand.

Das Sternbild Löwe ist das wichtigste oder Hauptzeichen des Tierkreises sowohl im weltlichen als auch im biblischen Tierkreis. Dieses Zeichen war in astrologischen Kreisen besonders wichtig. Damit begann das Jahr, in dem Astrologen wichtige historische und astrologische Ereignisse interpretieren mussten. Quelle: © Enzyklopädie der Religion und Ethik. Die XII.51.

Das Zeichen Löwe galt nicht nur als das Oberhaupt des Tierkreises, es wurde auch angenommen, dass es von der Sonne (dem wichtigsten „Stern" des Himmels) regiert wird. Es war eine „königliche Konstellation". Löwe wurde von Regulus dominiert, der von Astrologen als „Königsstern" bekannt war. Für die Römer, die zurzeit des Augustus lebten, war die Bedeutung dieser Konjunktion von Jupiter und Venus im Sternbild Löwe mit dem Symbol römischer „Herrschaft" und „Beherrschung" verbunden.

Dieses himmlische Ereignis am 17. Juni 2 v. d. Zw. wäre für die Menschen in Rom ein Glücksfall gewesen, da Jupiter auch als Wächter und Herrscher des Reiches galt und den Verlauf aller menschlichen Angelegenheiten bestimmen sollte. Quelle: © Die Enzyklopädie der Religion und Ethik, XII.49f. Darüber hinaus wurde angenommen, dass Venus (die nun in Konjunktion mit Jupiter stand) die Mutter (Genetrix) der Familie des Augustus war. Quelle: © Das Oxford Classical Dictionary, 569. Hier befanden sich also die beiden Planeten, die den Ursprüngen Roms gewidmet waren und als besonders für Augustus galten, die nun in einem der glorreichsten Jahre in der Geschichte Roms zu einer „Ehe"-Verbindung verschmolzen. Quelle: © Sir Ronald Syme, The Crisis of 2 BC, 3.

Für die Römer war es auch wichtig, dass diese Konjunktion von Jupiter und Venus am 17. Juni 2 v. d. Zw. genau zur Zeit des Vollmonds stattfand. Der Vollmondtag war für Jupiter besonders heilig und ein Schaf wurde entlang der Via Sacra geführt, um es Jupiter zu opfern. **Der Tag selbst wurde „das Vertrauen des Jupiter" genannt.** Quelle: © Das Oxford Classical Dictionary, 569. Es wurde als eine Zeit gefeiert, in der dem Hüter und Herrscher des Römischen Reiches, ob menschlich oder göttlich, Glaube und Vertrauen geschenkt werden sollten.

<u>**Regulus ist der Hauptstern im Sternbild Löwe, und weil er praktisch auf dem Weg der Sonne lag, wurde er als „Königsstern" bezeichnet.**</u> **Hier befand sich der „Königsplanet" (Jupiter), der nun mit dem „Königsstern" (Regulus) und im „Königlichen Sternbild" (Löwe) in Kontakt kam.**

Aber in einem anderen Teil der Welt wurden diese herausragenden astronomischen Zeichen anders betrachtet. Als Beispiel dafür beobachteten auch einige Magier (Weisen oder Astrologen) aus der östlichen Welt diese wunderbaren Himmelsphänomene, die die Ankunft des „Königs" symbolisierten. Diese Magier beschlossen, Rom und seine Feste und Feiern zu überspringen. Stattdessen machten sie sich auf den Weg nach Jerusalem und Judäa, um nach diesem besonderen Kind zu suchen, dass sie für einen sehr wichtigen Neugeborenen „König der Juden" hielten.

Der Zeitraum von 3 bis 2 v. d. Zw. ist sowohl historisch als auch astronomisch weitaus beeindruckender und deckt sich mit den meisten frühen historischen Aufzeichnungen sowie denen in der Bibel. Es ist wichtig anzumerken, dass die Mehrheit der frühchristlichen Gelehrten bis zum 4. Jahrhundert die Geburt des Sohnes Gottes genau in diesen Zeitraum von 3 bis 2 v. d. Zw. einordneten! Es steht außer Frage, dass die astronomischen Ereignisse, die zwischen 3 und 1 v. d. Zw. stattfanden, tatsächlich stattgefunden haben, und sie stellen einige der spektakulärsten Himmelsschauspiele dar, die sich Astronomen oder die breite Öffentlichkeit wünschen können, um einen neugeborenen König auf die Welt zu bringen.

Der „Stern von Bethlehem" mit der Planetenvereinigung von Jupiter und Venus im Jahr 2 v. d. Zw. ist gefunden worden! Damit wurde die Tür geöffnet, die eine Identifizierung ermöglichte das dieser biblische Stern im astronomischen und historischen Sinne existiert bzw. vorhanden war.

Die Sprache, die Matthäus zur Beschreibung des Sterns der Heiligen Drei Könige verwendete, deutet stark darauf hin, dass es sich um einen gewöhnlichen Stern oder Planeten handelte. Schließlich waren die Magier selbst Astrologen und interessierten sich für die Bewegungen der Himmelskörper. Da die meisten Menschen die Praxis der Astrologie zurzeit von Augustus und Herodes zutiefst respektierten, hat sie viele Gelehrte davon überzeugt, dass die Heiligen Drei Könige einen echten Stern beobachteten. Dies ist sicherlich die Aussage des Neuen Testaments.

Dieser Zeitraum von 3 bis 1 v. d. Zw. zur Datierung der Geburt des Sohnes Gottes für frühchristliche Historiker sollte jedoch nicht aus unserem Denken verdrängt werden. Es ist unfair und unprofessionell, die große Zahl dieser frühchristlichen Gelehrten, die bezeugten, dass der Sohn Gottes in der Zeit geboren wurde, die wir als 3 bis 1 v. d. Zw. bezeichnen, als unwürdig abzutun.

Zoroaster war der frühe Lehrer der Heiligen Drei Könige, so wie

Moses es für die Juden war.
Neben diesen Bibliotheken im Osten gab es die offiziellen Aufzeichnungen in Rom, der Hauptstadt des Reiches selbst. Die Aufzeichnungen wurden in der Hauptstadt wie in unserer Library of Congress aufbewahrt. **Diese Aufzeichnungen wären christlichen Gelehrten zugänglich gewesen, insbesondere nach der Zeit Konstantins.** Und neben den staatlichen Aufzeichnungen gab es in Rom mindestens sechsundzwanzig weitere Bibliotheken, die mit bestimmten Institutionen in der Hauptstadt verbunden waren, deren Schriftrollen ebenfalls von frühchristlichen Gelehrten untersucht worden sein könnten. Quelle: © Bis zum Ende des 4. Jahrhunderts befanden sich alle derartigen Aufzeichnungen in den Händen von Christen. **Es besteht kein Zweifel daran, dass diese Gelehrten Zugang zu einem Großteil dieser literarischen Beweise hatten, um sie zu studieren und auszuwerten, um ihre historischen Urteile zu fällen.** Aber was bleibt uns von ihnen übrig? Von uns sind nur Lumpen und Fetzen überliefert.
Frühchristliche Historiker verfügten über viele historische Quellen, die uns nicht bekannt waren!!!
Es ist wirklich ein Bärendienst allerersten Ranges, dass den historischen Überzeugungen dieser frühen christlichen Gelehrten keine ernsthafte Aufmerksamkeit geschenkt wird!!!
Ihre historischen Einschätzungen, die zu der Zeit abgegeben wurden, als Rom und das Reich über funktionierende Bibliotheken verfügten (während der Zeit der Pax Romana), wurden von vielen modernen Gelehrten rundweg und ohne die geringste Berücksichtigung verworfen. Das ist nicht nur unfair, es ist absurd!!! Verzeihen sie mir meine Offenheit, aber es ist an der Zeit, eine Umkehr dieser Situation zu fordern. **Es ist nur vernünftig, dass alle antiken Autoritäten in dieser wichtigen chronologischen und historischen Angelegenheit eine faire Anhörung erhalten!!!**
Die Wahrheit ist jedoch, dass die Jahre 3 bis 2 v. d. Zw. viel mehr historische Zeugnisse und spektakuläre astronomische Darbietungen aufweisen, als jeder unmittelbare Zeitraum vor 4 v. d. Zw.!
Die Magier stützten ihre Entscheidung nach Jerusalem zu gehen,

auf die Bewegungen der Himmelskörper. Schließlich war das ihre Hauptbeschäftigung. Sie waren professionelle Beobachter und Interpreten der Himmelszeichen von Sonne, Mond, Planeten und Sternen. Dieses Verfahren steht in völligem Einklang mit den Lehren der Bibel über solche Dinge. Im ersten Kapitel des 1. Moses heißt es, dass die Sternkörper dazu bestimmt waren, den Menschen auf der Erde „Zeichen" zu geben. Quelle: 1. Mose 1, 14. Dass die Magier einen „Stern" oder einen „Planeten" über dem Osthorizont in einer signifikanten Beziehung zu anderen Sternkörpern aufsteigen sahen, wäre völlig im Einklang mit der Aussage in 1. Mose 1, 14 gewesen. Die jüdischen Autoritäten und sogar König Herodes hätten solche Interpretationen der Heiligen Drei Könige nicht als seltsam oder antibiblisch empfunden.

Die Bibel legt großen Wert auf astronomische Zeichen und Herodes wusste das. Es dokumentiert eine göttliche Offenbarung an den Patriarchen Joseph, in der die zwölf Stämme Israels mit den zwölf Tierkreiszeichen verglichen wurden. Joseph träumte, dass die Sonne seinen Vater darstellte, der Mond (weiblich) seine Mutter und seine elf Brüder die anderen elf Sternbilder des Tierkreises (Joseph selbst war der zwölfte). „Siehe, ich habe noch einen Traum geträumt, und siehe, die Sonne und der Mond und die elf Sterne haben mir gehuldigt". Quelle: 1. Mose 37, 9 – 10. Diese Bewegungen der Himmelskörper waren so konsequent, methodisch und symbolisch, dass König David in Psalm 19 die Himmelskörper mit der Vollkommenheit der Lehren Gottes gleichsetzte. David sagte, dass alle Sterne, Planeten, Mond und Sonne eine „Sprache" zu allen Menschen auf der Erde sprachen. Er sagte, es gäbe, „keine Rede, keine Sprache, wo ihre Stimme nicht gehört wird. Ihre Linie (Herrschaft oder Bewegung) erstreckt sich über die ganze Erde und ihre Worte bis ans Ende der Welt". Quelle: Psalm 19, 3 - 4. David sagte, dass diese Himmelskörper den Menschen auf der Welt symbolische Lehren vermittelten. Sogar der Apostel Paulus zitierte Psalm 19 und sagte, dass die Himmelskörper symbolisch mit ihrer Stimme oder ihren Worten sprachen und dass ihre Töne auf der ganzen Welt gehört würden. „Ihr (der Sterne)

Klang drang in die ganze Erde und ihre (die Sterne) **Worte bis an die Enden der Welt".** Quelle: Römer 10, 18. Die Himmelskörper enthielten für die Menschen im 1. Jahrhundert viele symbolische Lehren.

Es besteht kein Zweifel daran, dass Herodes von dem, was ihm die Magier aus dem Osten über den „Stern" erzählten, zutiefst überzeugt war. Da Himmelszeichen für die Ankunft des messianischen Königs erwartet wurden, der Israel und die Welt regieren sollte, wollte Herodes unbedingt herausfinden, was die Heiligen Drei Könige über die himmlischen Zeichen interpretierten, die von 3 bis 2 v. d. Zw. alle sehen konnten.

Quelle: © Um ausführlichere Informationen zu erhalten, verweise ich auf das Buch: „Der Stern, der die Welt in Erstaunen versetzte" von Dr. Martin, er geht akribisch ins Detail und bestimmt anhand der Sternbilder den genauen Tag, das Jahr und die Stunde, zu der unser Messias geboren wurde. Ich kann Ihnen nur empfehlen, sein Buch zu lesen. Das gesamte Buch kann unter folgendem Link kostenlos heruntergeladen werden: http://www.askelm.com/star/index.asp (Text auch in Deutsch) Es könnte noch vieles zitiert werden, doch das würde den Rahmen dieses Buches sprengen. Von David Sielaff, Director Associates for Scriptural Knowledge (Direktor, Mitarbeiter für biblisches Wissen) erhielt ich die Abdruckerlaubnis. www.askelm.com. Die Abdruckerlaubnis bzw. Lizenz wurde am 17. Juli 2023 schriftlich erteilt!

>>>„Als nun YAHUSHUA geboren war in Bethlehem in Judäa, in den Tagen des Königs Heorodes (Herodes der Große ein Idumäer, der damals unter römischer Oberhoheit als König über Judäa herrschte), siehe, da kamen Weise aus dem Morgenland nach Jerusalem, die sprachen: Wo ist der neugeborene König der Juden? Denn wir haben seinen Stern im Morgenland gesehen und sind gekommen, um ihn anzubeten"!<<< Matthäus 2, 1 – 2

Der Stern ging vor dem Weisen aus dem Morgenland her
>>>„Und als sie den König gehört hatten, zogen sie hin. Und siehe, der Stern, den sie im Morgenland gesehen hatten, ging vor ihnen her, bis er ankam und über dem Ort stillstand, wo das Kind war. Als sie nun den Stern sahen, wurden sie sehr hoch erfreut; **und sie gingen in das Haus hinein und fanden das Kind samt Mirjam**, seiner Mutter. Da vielen sie nieder und beteten es an; und sie öffneten ichre Schatzkästchen und brachten ihm Gaben: Gold, Weihrauch und Myrrhe"!<<< Matthäus 2, 9 - 11

Die kleinsten Sterne haben einen Durchmesser von 121.200 Kilometern, das entspricht 8,7 Prozent des Durchmessers unserer Sonne. Ihre Oberflächentemperatur beträgt 1727 Grad. Der kleinste Stern unseres Weltalls kann nie über dem Haus stehen geblieben sein!!!

Es werden im Allgemeinen verschiedene gedankliche Ansätze in Erwägung gezogen, was denn nun der Stern gewesen sein könnte!

Betrachten wir einen Moment das Sternen-Universum

>>>„Die Himmel erzählen die Herrlichkeit Gottes, und die Ausdehnung verkündigt das Werk seiner Hände. Es fließt die Rede Tag für Tag, Nacht für Nacht tut sich die Botschaft kund"!<<< Psalm 19, 1 + 2

Die „Himmel" kommt in der Bibel in drei Bedeutungen vor: 1. der Lufthimmel (Aufenthaltsort der Vögel und Flugzeuge), 2. der Sternenhimmel (das Universum) und 3. der Wohnort Gottes!

>>>„Und er führte ihn hinaus und sprach: Sieh doch zum Himmel und zähle die Sterne, wenn du sie zählen kannst! Und er sprach zu ihm: So soll dein Same sein"!<<< 1. Mose 15, 5

Mit dem bloßen Auge kann man etwa 3000 Sterne sehen. Nimmt man die südliche Himmelhalbkugel dazu, kommt man auf insgesamt etwa 6000 Sterne. Der erste, der mit einem selbstgebastelten Fernrohr zum Himmel schaute war Galileo Galilei (1564-1642).
Im Jahre 1862 beendeten die beiden Astronomen Argelander und Schönfeld die sog. Bonner Durchmusterung. Sie untersuchten mit Hilfe der Teleskopie den Nachthimmel und kamen auf 324.198 Sterne bis zur Größenklasse 9 – 10.
Untersuchungen mit modernen Teleskopen haben ergeben, dass unsere Milchstraße (Galaxie) mindestens 100 Milliarden Sterne hat. Wollte jemand diese Sterne zählen, und würde er in einer Sekunde drei Sterne zählen, so käme er beim Alter von 100 Jahren – ohne zu schlafen – nur auf 10 % der Sterne unserer Milchstraße. Auf der

nördlichen Himmelshalbkugel gibt es noch ein weiteres Milchstraßensystem, das mit bloßen Auge sichtbar ist. Es ist der Anromedanebel, der uns den weitesten Blick mit unbewaffnetem Auge gewährt. Er hat eine Entfernung von etwa 2,26 Millionen Lichtjahren. Auf der südlichen Halbkugel gibt es zwei weitere bereits ohne Fernrohr sichtbare Sternsysteme, nämlich die Große und die kleine Magellansche Wolke, wovon die große auch etwa 100 Milliarden Sterne hat. Insgesamt gibt es einige Billionen solcher Milchstraßensysteme in unserem Universum. Wenn man das Universum weiter untersucht, stellt man fest, dass diese Milchstraßensysteme nicht alleine vorkommen, sondern in den sogenannten Galaxienhaufen. Der bekannteste Haufen ist „Virgo", der aus sage und schreibe 2500 Einzelgalaxien bestehen.

Die schnellsten Computer, die es heute gibt, machen in der Sekunde 10 Milliarden Rechenoperationen. Würde man auf dies Weise die Sterne zählen, brauchte dieser Computer 30 Millionen Jahre.

>>>„Hebt eure Augen auf zur Höhe und seht: Wer hat diese erschaffen? Er, der ihr Heer abgezählt herausführt, er ruft sie alle mit Nammen. So groß ist seine Macht und so stark ist er, dass nicht eines vermisst wird"!<<< Jesaja 40, 26

Dabei sind alle diese Sterne völlig unterschiedlich. Keine Schneeflocke, die je auf diese Erde gefallen ist, wird je wieder einer anderen genau gleich sein. Das gilt auch für die Sterne.

>>>„Einen anderen Glanz hat die Sonne und einen anderen Glanz der Mond, und einen anderen Glanz haben die Sterne; denn ein Stern unterscheidet sich vom anderen im Glanz"!<<< 1. Korinther 15, 41

Man kann die Sterne nach mehreren Kriterien unterscheiden: nach Masse, nach Leuchtkraft, Radius, Temperatur, Spektralklasse, mittlere Dichte, Schwerebeschleunigung an der Oberfläche, Rotationsgeschwindigkeit, chemische Zusammensetzung und nach vielen anderen Kriterien. Dazu einige Beispiele: Der Stern, welcher der Erde (außer der Sonne) am nächsten ist, ist der Proxima Centauri. Er ist 4 Lichtjahre entfernt. Zu Lebzeiten könnten wir niemals mit einem Raumschiff dorthin kommen. Das weitere Objekt, das wir im Augenblick kennen, ist der Quasar PKS2000/330. Dieser hat eine Entfernung von 13 Milliarden Lichtjahren, das 9,46 Billionen Kilometer x 13 Milliarden. Der Stern, der von der Erde aus am hellsten erscheint, ist Sirius. Der Stern mit der absolut größten Helligkeit ist h-Carianae. Er ist Millionen mal heller als unsere Sonne. Der größte bekannte Stern ist a-Herkules. Sein Durchmesser ist 250 Millarden Kilometer. Unser Sonnensystem würde 21-mal in diesen Stern hineinpassen. Die Gestirne dienen zur Zeitmessung. Hier wird nicht nur die Einheiten genannt, sondern auch, wie man sie messen kann (Tage, Monate, Jahre). Quelle: © Wozu gibt es Sterne?/www.bibelpraxis.de; http://www.bibelpraxis.de/index.php?Article. 136 von Werner Gitt.

Der wahre Stern von Bethlehem

Während die spektakulären astronomischen Zeichen in den 18 Monaten vom 3. Mai v. d. Zw. bis zum 2. Dezember v. d. Zw. bei Astrologen im Namen von Augustus und dem Römischen Reich wunderbare Interpretationen hervorgerufen hätten, beschlossen die Heiligen Drei Könige, mit Geschenken für einen neugeborenen jüdischen König nach Jerusalem zu gehen. **Die Heiligen Drei Könige konzentrierten sich in dieser entscheidenden Zeit der Geschichte auf Judäa und nicht auf Rom!**

Schauen wir uns einige der astrologischen und biblischen Faktoren an, die die Heiligen Drei Könige möglicherweise nach Jerusalem und dann nach Bethlehem geführt haben. Da es im Neuen Testament heißt, dass die Heiligen Drei Könige den „Stern" im Osten aufgehen sahen, wäre es naheliegend, ihn „Morgenstern" zu nennen.

Im Buch der Offenbarung sagt der Sohn Gottes über sich selbst: **„Ich bin die Wurzel und der Nachkomme Davids und der strahlende Morgenstern".** Offenbarung 22, 16 Der Apostel Petrus erwähnte auch, dass YAHUSHUA symbolisch mit **dem „Tagesstern "in Verbindung gebracht wurde.** 2. Petrus 1, 19

Die obigen Verse beziehen sich auf Himmelskörper, die im 1. Jahrhundert wohlbekannt und anerkannt waren, und sie inspirierten die frühen Gläubigen zu symbolischen messianischen Interpretationen. Es gab mehrere Prophezeiungen in Jesaja, die im Allgemeinen so interpretiert wurden, dass sie sich auf den Messias bezogen. Man hat eindeutig astronomische Untertöne. YAHUSHUA sagte: **„Die Heiden werden zu deinem Licht kommen und die Könige zum Glanz deines Aufgangs".** Jesaja 60, 3. Diese Prophezeiung könnte sich leicht auf den Aufgang eines Sterns beziehen. Es würde besonders zu einem „Morgen"- oder „Tages"-Stern passen.

Lukas bezieht sich in seinem Evangelium auf die himmlische Symbolik von Jesaja 60, 3, in der von Gott als **„dem Tagesanbruch (dem Aufgang)"** gesprochen wird. **aus der Höhe, die uns besucht hat, um denen Licht zu geben, die in der Dunkelheit sitzen".** Lukas 1, 78 + 79

Astronomie und das Neue Testament

Diese Hinweise zeigen, dass Himmelskörper für die Autoren des Neuen Testaments symbolisch wichtig waren! Wir wissen, dass die Allgemeinheit der Welt damals von solchen symbolischen Konzepten fasziniert war. **Der Aufgang eines Sterns oder Planeten kurz vor Sonnenaufgang war für die Interpretation von Ereignissen im Zusammenhang mit wichtigen Personen von besonderer Bedeutung.**

Und Lukas bezeichnet YAHUSHUA in seinem Evangelium als einen Stern, der der ganzen Welt großes Licht bringen wird.

In diesem Sinne erinnern wir uns daran, dass Jupiter am Morgen des 12. August 3 v. d. Zw. (ungefähr eine Stunde und zwanzig Minuten vor Sonnenaufgang) als Morgenstern in Konjunktion mit Venus aufging. Wie hätten Astrologen oder Magier diese Verbindung interpretiert? Werfen wir einen Blick auf einige der allgemein anerkannten Überzeugungen der Astrologen, die zurzeit von Augustus und Herodes lebten.

Jupiter war astrologisch als Vater der Götter bekannt. Der Planet Jupiter symbolisierte diese Gottheit. Und Anfang August 2 v. d. Zw. hatte Jupiter gerade seine Nähe zur Sonne verlassen und war mit der Venus verbunden. Dies könnte ein Hinweis auf eine bevorstehende Geburt gewesen sein. **„Jupiter wurde oft mit der Geburt von Königen in Verbindung gebracht und daher auch als Königsplanet bezeichnet".** Quelle: © Hendriksen, Das Matthäusevangelium, 153. Und hier war der Königsplanet in Konjunktion mit Venus. **Für die Chaldäer und die Magier war Venus Ishtar, die Mutter, die Göttin der Fruchtbarkeit.**

Somit stand Jupiter (der Vater) nun in Konjunktion mit Venus (der Mutter). Könnte dies für Astrologen bedeuten, dass die Geburt eines neuen Königs unmittelbar bevorsteht?

Diese Konjunktion könnte ein günstiges Zeichen gewesen sein, da diese beiden Planeten von Astrologen als das größere und das kleinere Glück aller Planeten bezeichnet wurden. Und beachten sie Folgendes. Während dieser Konjunktion befanden sich die Sonne (der Höchste Vater), der Mond (der als Mutter gilt) und Merkur (der Bote der Götter) in der einzigen Konstellation von dem Löwen. Die ersten

Gläubigen nannten YAHUSHUA **„den Löwen aus dem Stamm Juda, die Wurzel Davids".** Offenbarung 5, 5. Diese primären Körper, die sich im Löwen gruppierten, während Jupiter und Venus nun in enger Verbindung standen, könnten biblische Bedeutung widerspiegeln. **„Der Löwe war das Symbol des Stammes Juda, und das Sternbild erscheint im hebräischen Tierkreis. Die Verbindung von Löwe und Juda entstand aus der Tatsache, dass Löwe das Geburtszeichen von Juda war. In der Bibel gibt es häufig Anspielungen auf diese Verbindung zwischen Leo und dem Stamm Juda. So lesen wir: Juda ist der Welpe des Löwen und wiederum der Löwe aus dem Stamm Juda".** Quelle: © Okott, Star Lore of All Ages, 253. Die interessanten astralen Beziehungen, die in der Morgendämmerung des 12. August 3 v. d. Zw. stattfanden, könnten für Astrologen durchaus bedeuten, dass bald ein wichtiges königliches Ereignis in der jüdischen Nation stattfinden würde.

Große astronomische Darbietungen

Ein weiteres interessantes himmlisches Ereignis ereignete sich zwanzig Tage später am Himmel. Merkur (der Bote der Götter) verließ seine Position bei der Sonne (dem Höchsten Vater) und positionierte sich in enger Konjunktion mit Venus. Dies geschah, als die Sonne gerade in das Sternbild Jungfrau eingetreten war. Merkur (der Bote) und Venus befanden sich damals im Sternbild Löwe und Jupiter (der Königsplanet) trat gerade in den Löwen ein. Alle diese Astralzeichen spiegeln klare biblische Themen wieder. **Gott wurde in Maleachi 4, 2 „Sonne der Gerechtigkeit" genannt, und im Neuen Testament wird er Gottvater genannt.** Die ersten Gläubigten, dass Gottes Sohn von einer Jungfrau geboren werden sollte, ein Nachkomme von Juda (der Löwe) sein sollte und dazu bestimmt war, von einem Gesandten (Johannes der Täufer) vorgestellt zu werden. **„Wie in den Propheten geschrieben steht: „Siehe, ich sende meinen Boten vor dir her, der dir den Weg bereiten soll".** Markus 1, 2 **Waren diese himmlischen Beziehungen ein Signal für die Magier, dass bald eine königliche Geburt unter den Juden stattfinden wür-**

de? Dies war jedoch nicht alles, was im Jahr 3/2 v. d. Zw. geschah. **Nach diesen ersten Planetenkonjunktionen bewegte sich Jupiter weiter und vereinigte sich am 14. September 3 v. d. Zw. mit dem Stern Regulus. Tatsächlich verband er sich mit Regulus zu drei verschiedenen Anlässen innerhalb dieses astronomischen Jahres.**

Signalisierung der Geburt eines Königs

Diese drei Verbindungen hätten für Astrologen von großer Bedeutung sein können. **Regulus war als „der König" bekannt.** Die Römer nannten es „Rex", was auf Lateinisch „König" bedeutet. In Arabien war der Stern als „Königlicher" bekannt. **Die Griechen nannten ihn den „Königsstern". Von allen Sternen am Himmel wurde Regulus von den antiken Astrologen allgemein mit den Attributen Größe und Macht in Verbindung gebracht.** Es liegt praktisch auf der Ekliptik (dem Weg, den die Sonne beim Durchqueren des Himmels einschlägt). Es wurde angenommen, dass diese Position ihm eine besondere Bedeutung für die Sonne verlieh. Laut Astrologen beherrschte die Sonne den Himmel. Somit ist der Hauptstern der Ekliptik des „herrschenden" am nächsten Sun war Regulus. Diese enge Beziehung zur Sonne machte Regulus zu einem „königlichen Stern", der am häufigsten mit der Empfängnis oder Geburt von Königen in Verbindung gebracht wird. Es war der Stern, der die Herrschaft symbolisierte. Vor diesem Hintergrund sollten wir uns an die von Moses aufgezeichnete Prophezeiung Bileams erinnern. Er sprach davon, dass in Israel ein „Stern" aufgehen werde, der mit Herrschaft oder Herrschaft verbunden sei. **„Ein Stern wird aus Jakob hervorgehen und ein Zepter (Herrscherstab) wird aus Israel aufsteigen".** 4. Mose 24, 17. Die Anordnung der Verse in der Prophezeiung zeigt, dass der „Stern" mit einem „Zepter" verbunden ist. Dies deutet darauf hin, dass der „Stern" symbolisch „Herrschaft" darstellen würde. Dies wird im folgenden Vers der Prophezeiung deutlich. **„Aus Jakob wird der kommen, der herrschen wird".** 4. Mose 24, 19. **Aus diesem Grund wird das „Zepter" mit dem „Stern" in Verbindung gebracht. Es wurde prophezeit, dass der Stamm Juda (Leo, der Löwe) dieses**

<u>Zepter in Israel besaß.</u> „Juda ist ein junger Löwe, er hat sich wie ein Löwe verkleidet, das Zepter soll nicht von Juda weichen, bis Silo kommt". 1. Mose 49, 9 – 10. **Da die Bibel vom „Stern", einem „Zepter" und von Juda (dem Löwen) spricht, ist der Stern Regulus (der Königsstern) der einzige Stern am Himmel, der zu dieser von Bileam erwähnter Kombination von Faktoren passt.**

Der Einsatz biblischer Astronomie in prophetischen Themen in der <u>biblischen Symbolik ist Regulus der Stern des Messias!!!</u> Es befindet sich direkt zwischen den Füßen des Löwen im Sternbild Löwe.

Moses prophezeite sogar, dass Juda (der Löwe) einen **„Gesetzgeber vom (Herrschaftsstab) zwischen seinen Füßen haben würde, bis Silo kommt".** 1. Moser 49,10. Alfred Jeremias zeigte bereits 1911, dass sich diese Prophezeiung auf den Stern Regulus (den Stern der Herrschaft) bezog. Quelle: © Jeremias, Das Alte Testament im Licht des Alten Ostens, 148. Dies zeigte auch Roger W. Sinnott in seinem Artikel in Sky and Telescope. Quelle: © Sinnott, Sky and Telescope, Dezember 1968, 384 – 386.

Es besteht kaum ein Zweifel daran, dass diese Feststellung von Sinnott und Jeremias richtig ist. Es war schon immer bekannt, dass sich der große Stern Regulus, der sich praktisch auf der Ekliptik der Sonne befand, zwischen den Pfoten des Löwen befand. Tatsächlich war (und ist) Regulus genau dort positioniert, wo die Prophezeiung ihn platzierte: „zwischen den Füßen" von Leo (dem Löwen). Beachten sie das folgende Diagramm.

<u>Löwe war das Sternbild, das Juda zugeordnet wurde. Wenn wir erkennen, dass Regulus von den frühen Juden als der Stern des Messias erkannt wurde, können wir einige bedeutende astronomische Ereignisse im Jahr 3 bis 2 v. d. Zw. symbolisch anwenden, an denen Regulus und der Planet Jupiter beteiligt waren.</u>

Der Königsplanet und der Königsstern
<u>Schauen wir uns nun die interessanten himmlischen Beziehungen an, die sich zwischen Jupiter (dem Königsplaneten) und Regulus (dem Königsstern) im Jahr 3/2 v. d. Zw. entwickelten.</u>
Es gab drei Konjunktionen, bei denen beide Himmelskörper schein-

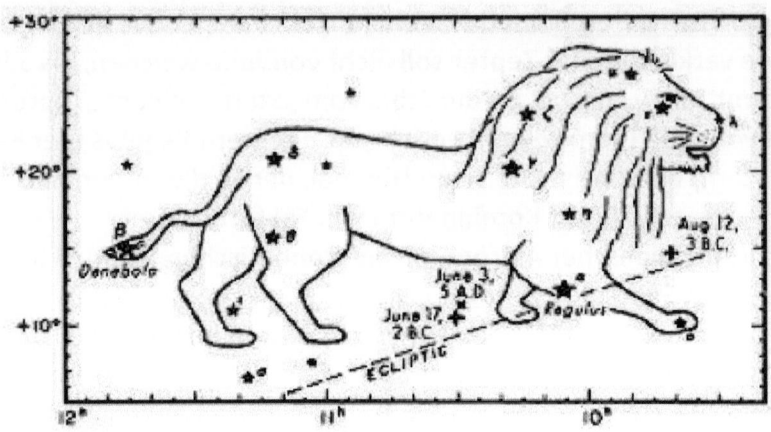

Quelle: © Diagramm mit freundlicher Genehmigung von Sky and Telescope.

bar aufeinander zentriert waren (über einen Zeitraum von acht Monaten). Es war, als ob Jupiter auf Regulus zusteuerte, ihn als Achse nutzte und die irdische Aufmerksamkeit auf ihn lenkte. Für Astrologen hätte dies leicht bedeuten können, dass ein königliches Ereignis stattfinden würde. <u>Während die Magier alle drei als wirklich wichtig erachtet haben müssen, beachten sie insbesondere die erste der drei Konjunktionen von Jupiter und Regulus am 14. September 3 v. d. Zw.!</u> Hier war Jupiter (der Königsplanet), der sich gerade am 12. August 3 v. d. Zw. mit Venus (der Mutter) vereint hatte und sich nun mit dem Königsstern Regulus (dem Stern des jüdischen Messias) im Tierkreiszeichen Löwe (dem Stern) vereinte Sternbild Juda, während sich die Sonne (der Höchste Vater oder Herrscher) damals in der Jungfrau befand.

<u>Alle diese Merkmale erinnern an biblische Themen im Zusammenhang mit der Geburt und Persönlichkeit des jüdischen Messias.</u>
<u>Denken sie daran, dass prophezeit wurde, dass der Messias von einer Jungfrau geboren und der König von Juda sein würde.</u> König Herodes muss sich über diese erste Darstellung von Jupiter und Regulus gewundert haben. Die zweite Konjunktion von Jupiter und Regulus fand am 17. Februar 2 v. d. Zw. statt. Erstaunlicherweise befand sich der Mond genau zu dieser Zeit zwischen Jupiter und Regu-

lus. Gegen 5 Uhr morgens hätte ein Beobachter mit Blick auf den westlichen Horizont den Mond direkt zwischen Jupiter und Regulus gesehen. Der Mond hätte den Stern Regulus mit dem unteren Fünftel des Monddurchmessers verdeckt. Dann, am 8./9. Mai 2 v. d. Zw. (82 Tage später), ereignete sich dieselbe Konjunktion erneut. Diesmal verdeckte der Mond Regulus jedoch mit dem oberen Fünftel seines Durchmessers. Die letzte Konjunktion wäre in Palästina nicht zu beobachten gewesen, da sich der Mond bereits unter dem Horizont im Westen befand, doch Astronomen wie die Heiligen Drei Könige hätten gewusst, was geschah.

Diese drei Konjunktionen von Jupiter und Regulus hätten gezeigt, dass Jupiter eine Art „Krönungseffekt" über dem Stern Regulus ausübte. Es war, als würde der Königsplanet eine „Krone" (wie ein kreisförmiges Diadem) über dem Königsstern (dem Stern des Messias) platzieren. Und was noch wichtiger ist: All dies geschah im Sternbild Löwe, dem Sternzeichen Judas.

Weitere spektakuläre Zeichen

Dies waren nicht alle Zeichen von 3/2 v. d. Zw.! Nach den drei getrennten Konjunktionen des Planeten mit Regulus setzte Jupiter dann seine Reise nach Westen fort (wie es Beobachter auf der Erde gesehen hätten). Am 17. Juni 2 v. d. Zw. kam es zu seiner spektakulären, seltener Wiedervereinigung mit der Venus. Die beiden Planeten waren damals nur noch 0,01 Grad voneinander entfernt und wären den Menschen auf der Erde wie ein einziger „Doppelstern" erschienen, den nur die schärfsten Augen hätten trennen können. Lassen sie uns sehen, was dies für die Magier bedeutet haben könnte. Venus (jetzt in ihrer Doppelrolle als Mutter, weil der Planet jetzt ein Abendstern war) hatte sich gerade so weit wie möglich nach Osten ausgedehnt, um auf Jupiter (den Königsplaneten) zu treffen, der sich auf direktem Weg nach Westen bewegte, um ihr zu begegnen. **Was geschah, war eine großartige Planetenkonjunktion, die westlich von Babylon sichtbar war.** Außerdem ereignete sich diese schöne Konjunktion erneut, während sich die Planeten im Sternbild Löwe (Juda) befanden und genau zur Zeit des Vollmonds. Die beiden Planeten waren so nah beieinander, dass sie wie ein riesiger Stern in einer „Ehegemeinschaft" miteinander ausgesehen hätten. Darüber hinaus hätten die Magier (die sich in Mesopotamien aufgehalten häten) miterlebt, wie diese Planetenvereinigung am westlichen Horizont genau in Richtung Judäa auftauchte. Dieses himmlische Ereignis veranlasste Isaac Asimov, die Frage zu stellen: **„Ist die Tatsache, dass der ungewöhnliche Stern in Richtung Judäa gesehen wurde, ausreichend, um sie an einen Messias denken zu lassen"?** Quelle: © Isaac Asimov, Der Planet, der nicht war, 222. **Diese himmlische Szene könnte durchaus das Interesse der Heiligen Drei Könige geweckt haben, nach Jerusalem zu blicken und nicht auf die Feierlichkeiten in Rom zur Ankunft des messianischen Königs der Welt.** Man hätte interpretieren können, dass diese beiden Planeten, die den prophezeiten König auf symbolische Weise vorstellten, als sie etwa zehn Monate zuvor beide Morgensterne waren, nun ihre Einführung mit einer beeindruckend seltenen Abendsternvereinigung abschlossen.

Was für ein wunderschönes Schauspiel hätte dieses letzte Treffen am frühen Abendhimmel westlich von Babylon geboten. Doch etwa eine Stunde später wären die Planeten den Beobachtern in Palästina noch näher erschienen. Eine vergleichbare strahlende Konjunktion hatte es seit Jahrhunderten nicht mehr gegeben, und auch in vielen Generationen würde es sie nicht mehr geben. Während die frühere Konjunktion von Jupiter und Venus am 12. August 3 v. d. Zw. in den letzten Graden des Sternbildes Krebs stattfand, fand diese Wiedervereinigung etwa zehn Monate später knapp hinter der Nulllinie der astrologischen Berechnung im Sternbild Löwe statt. Quelle: © Die Enzyklopädie der Religion und Ethik, XII.51. Für die Magier hätte es durchaus das Ende einer Ära und den Beginn einer anderen symbolisieren können.

Die beeindruckenden Zeichen von 3/2 v. d. Zw.

Die astronomischen Darbietungen waren in diesem bedeutenden Jahr noch nicht zu Ende. Am 27. August 2 v. d. Zw. (72 Tage nach der spektakulären Jupiter/Venus-Wiedervereinigung) kam es zu der extrem engen Konjunktion von Jupiter mit Mars (dem Kriegsplaneten), **während Venus und Merkur in einer ungewöhnlichen Ansammlung von vier Planeten auf sie zukamen. Jupiter befand sich bei 142,6 Grad, Mars bei 142,64, Venus bei 141,67 und Merkur bei 143,71.** Eine solche Nähe am Himmel vor der Morgendämmerung hätte den Astrologen viel Gesprächsstoff gegeben, insbesondere wenn die anderen Ereignisse des Jahres damit in Zusammenhang standen. **Schauen sie sich diese Ansammlung der Planeten an. Alle Primärplaneten (außer Saturn) gruppierten sich nun nahe beieinander im Sternbild Löwe (Juda),** während der Mond gerade in den Löwen eintrat. Die Sonne trat jedoch gerade in das Zeichen der Jungfrau ein. Diese Hinweise könnten erneut bemerkenswerte prophetische Themen zeigen, die in der Bibel erwähnt werden und nach denen die Menschen damals suchten. Was könnte diese Ansammlung der Planeten für die Magier bedeutet haben? Da Jupiter, Mars, Venus und Merkur gerade zu neuen Morgensternen geworden waren, könnte dies durchaus bedeuten, dass auf der Erde kurz vor dem Anbruch des neuen Tages, den die Planetenzeichen angeblich einläuteten, ein Krieg (Mars war beteiligt) ausbrechen würde. Jeremia 30, 6 + 7. Die Welt wartete damals auf den Beginn eines neuen Goldenen Zeitalters. Die messianischen Lehren des Alten Testaments zeigten, dass das neue Zeitalter durch einen Krieg eingeleitet werden würde, der alle Kriege beenden würde. Vielleicht deuteten Astrologen, dass es der König des Stammes Juda war, der das neue Zeitalter einläuten würde. Der römische Dichter Vergil hatte einige Jahre zuvor in seiner Vierten Ekloge prophetisch gelehrt, dass ein solches Goldenes Zeitalter auf der Erde bevorstehe.

Eine Sache ist sicher. Das Jahr 3/2 v. d. Zw. war reich an sichtbaren astronomischen Ereignissen. Da 1. Mose 1, 14 besagt, dass die Himmelskörper als Zeichen angesehen wurden, interpretierten die Magier diese ungewöhnlichen Beziehungen möglicherweise als Hinweis auf die Geburt des jüdischen Messias in der Welt.

Das Ergebnis dieser astronomischen Zeichen
Es ist seit langem bekannt, dass die Heiligen Drei Könige einige Zeit nach der Geburt YAHUSHUAs in Jerusalem ankamen!!! Matthäus 2, 2 **Er war bereits vierzig Tage nach der Geburt beschnitten und im Tempel vorgestellt worden!!!** Lukas 2, 21 – 24 **Als die Heiligen Drei Könige ankamen, lebten die Eltern YAHUSHUAs in einem Haus und nicht in einem Stall!!!** Matthäus 2, 11 YAHUSHUA wurde auch Paidion (normalerweise Kind oder Kleinkind) genannt, nicht Brephos (Kleinkind). Man kann die Bedeutung dieser beiden Begriffe nicht zu weit treiben, aber es gab gewöhnliche Unterschiede zwischen ihnen, die in den meisten Kontexten als Unterscheidungsmerkmal anerkannt würden. Nachdem die Heiligen Drei Könige ihre Geschenke überreicht hatten, kehrten sie auf einem anderen Weg nach Hause zurück. **Als Reaktion auf diese List, tötete Herodes in und um Bethlehem die männlichen Kinder, die zwei Jahre und jünger waren.** Matthäus 2, 16 Da es für Astrologen oft schwierig war zu interpretieren, ob himmlische Zeichen Ereignisse im Zusammenhang mit der Empfängnis oder der Geburt anzeigten, nutzte Herodes seine Strategie zweifellos gegen das neugeborene Kind, indem er beide Möglichkeiten in Betracht zog. **Er tötete die Kinder bis zum Alter von zwei Jahren, um auch die in diesem Zeitraum gezeugten und geborenen Kinder einzubeziehen.** Wie dem auch sei, **all diese Hinweise deuten darauf hin, dass die Heiligen Drei Könige mehrere Monate nach der Geburt YAHUSHUAs in Bethlehem angekommen sein müssen, um ihre Gaben zu überreichen!!!** Dies führt uns zum letzten Vorschlag, der uns helfen könnte, den „Stern von Bethlehem" zu identifizieren. **Der Sternkörper, der in dem außergewöhnlichen Jahr 3/2 v. d. Zw. die wichtigste Rolle spielte und in fast jeder himmlischen Beziehung eine Rolle spielte, war Jupiter.** Es könnte durchaus sein, dass Jupiter „sein Stern" war, dem die Heiligen Drei Könige nach Jerusalem und schließlich nach Bethlehem folgten.

Der richtige Stern von Bethlehem
Lassen sie uns einige Faktoren beobachten, die dazu beitragen

könnten, dies zu zeigen. Erinnern sie sich an den Bericht im Neuen Testament, der besagt, dass die Magier-Astrologen den Stern über dem östlichen Horizont aufgehen sahen. Und am 12. August 3 v. d. Zw. ging Jupiter als Morgenstern auf, der bald in Konjunktion mit Venus trat. <u>**Damit begann für Jupiter eine Reise, bei der es zu sechs Konjunktionen mit anderen Planeten und dem Stern Regulus kam.**</u> Die endgültige Planetenvereinigung war die Verschmelzung der Planeten mit Mars, Venus und Merkur am 27. August 2 v. d. Zw.! Aber es gab noch eine weitere spektakuläre astronomische Erscheinung, an der der Planet Jupiter am Ende des Jahres 2 v. d. Zw. beteiligt war. Der Planet verließ bald seine „Masse" mit den anderen drei Planeten und setzte seine scheinbare Bewegung jeden Morgen nach Westen fort, wie sie von den Magiern bei ihrem regulären Vormittagen beobachtet wurde. Beobachtungen im Morgengrauen. Wenn die Heiligen Drei Könige zu dieser Zeit ihre eigene Reise nach Jerusalem begonnen hätten, hätte diese offensichtliche tägliche Bewegung Jupiters nach Westen den Heiligen Drei Königen signalisieren können, dass sie in derselben Richtung nach Westen in Richtung Jerusalem weitergehen sollten. Sie könnten Jupiter in seinem Beispiel „gefolgt" sein. Die Bibel sagt, dass der Stern „vor ihnen herging". Matthäus 2, 10 Der Text könnte durchaus bedeuten, dass die Heiligen Drei Könige sich auf diese symbolische Weise von Jupiter führen ließen. Als die Heiligen Drei Könige in Jerusalem ankamen, wurde ihnen gesagt, sie sollten in Richtung Bethlehem nach dem neugeborenen König Ausschau halten. Dies geschah, als das Neue Testament sagt, dass der „Stern" am Himmel endgültig zum Stillstand kam. Quelle: © Kittel, The-ologisches Wörterbuch, VII.648. <u>**Es unterbrach seine Bewegung, die Heiligen Drei Könige zu führen, und „stand dort, wo das kleine Kind war".**</u> Matthäus 2, 9 <u>**Mit einem Wort: Der Himmelskörper blieb stehen!!!**</u>
Lassen sie uns nun einen Punkt sorgfältig beachten. <u>**>„Im Text steht NICHT, dass der Stern über dem Haus stand"!!!<**</u> Einige haben sich vorgestellt, dass Matthäus dies meinte. <u>**Diese Annahme ist völlig**</u>

**unberechtigt. Eine solche Vermutung bedeutet, in den Text hinein-
zulesen, was nicht vorhanden ist!!!** Im Neuen Testament heißt es,
dass der Stern stationär wurde. Aber wer hat jemals davon gehört, dass ein Stern am Himmel stillsteht?

Der Stern blieb stehen

Es ist diese Beschreibung des stillstehenden Sterns, die viele Interpreten dazu veranlasst hat, die gesamte Episode im Matthäusevangelium entweder als fiktiv oder als wundersames Ereignis zu charak-
terisieren. **Den meisten Menschen fällt es schwer, sich vorzustell-
en, dass ein normaler Himmelskörper seine Bewegung über einem
kleinen Dorf in Palästina stoppen könnte.** Auf den ersten Blick
könnte man zustimmen, dass so etwas unmöglich erscheint. **Aber
vielleicht ist der Bericht nicht so lächerlich, wie er scheinen mag. In
Wahrheit gibt es nicht die geringste Schwierigkeit, dass so etwas
passieren kann. Die Wahrheit ist, dass Matthäus lediglich ein Himmelsphänomen in populärer Sprache beschrieb, dass allen Astronomen und Personen, die mit den grundlegenden Planetenbewe-
gungen vertraut waren, vollkommen bewusst gewesen wäre. Planeten kommen in ihren himmlischen Bewegungen zu vorgeschrie-
benen Zeiten zum Stillstand.** Dies geschieht zum Zeitpunkt der
Rückläufigkeit und Progression eines Planeten. Möglicherweise
zeigte Matthäus lediglich, dass Jupiter in seinen Bewegungen durch
die Fixsterne stationär geworden waren, als er seinen Zenit über
Bethlehem erreichte. Der Theologe F. Steinmetzer schrieb bereits
1912 einen Artikel, in dem er seine Überzeugung zum Ausdruck
brachte, dass Matthäus sich auf eine dieser normalen „stationären"
Positionen der Planeten bezog. Quelle: © F. Steinmetzer, „The Star of the Wise Men",
Irish Theological Quarterly, VII (1912), 61. Tatsächlich schlug Steinmetzer vor,
dass der Planet, der am besten zu Matthäus Bericht passte, Jupiter
sei. Das ist wahr.

Jupiter bleibt im Himmel stehen

Wie kommt es, dass Jupiter am Himmel anhalten kann? Schauen sie sich das Diagramm unten an. Jupiter wird zu seinen Zeiten für Rückschritt und Fortschritt „stationär". Wenn wir Jupiter betrachten, sehen wir, wie sich der Planet normalerweise jeden Abend durch die Fixsterne nach Osten bewegt. Diese scheinbare Bewegung wird „Eigenbewegung" genannt. Allerdings bewegt sich die Erde auf ihrer Umlaufbahn um die Sonne schneller als die des Jupiters. Wenn die Erde Punkt A erreicht, sieht ein Beobachter Jupiter fast auf derselben Linie wie die Umlaufbahn der Erde. Wenn sich die Erde mehr oder weniger in direkter Linie auf Jupiter zubewegt, zeigt der Planet weiterhin „Eigenbewegung". Aber wenn die Erde Position B erreicht, bewegt sie sich nicht mehr auf Jupiter zu. Die schnellere Geschwindigkeit der Erde bei ihrer Drehung nach B und darüber hinaus bewirkt, dass sich die scheinbare Bewegung des Jupiter verlangsamt. Dies setzt sich fort, bis die Erde C erreicht. An diesem Punkt ist die Geschwindigkeit der Erde im Verhältnis zum Jupiter dieselbe wie die des Jupiters. Dann scheint Jupiter im Hintergrund der Fixsterne stationär zu werden. Wenn sich die Erde von C nach D bewegt, hat sie eine größere Relativgeschwindigkeit als Jupiter, was dazu führt, dass Jupiter rückläufig wird. Der Planet kehrt seine Bewegung um und wandert durch die Sterne nach Westen. Bei D sind die Geschwindigkeiten von Erde und Jupiter jedoch wieder angeglichen (relativ zueinander) und Jupiter stoppt seine Rückwärtsbewegung. Wenn D passiert ist, kehrt Jupiter zur „Eigenbewegung" zurück. Dies geschah, als Jupiter Ende 3 v. d. Zw. und Anfang 2 v. d. Zw. bei drei verschiedenen Gelegenheiten mit dem Stern Regulus in Kontakt kam. Schauen wir uns nun an, was am Ende des Jahres 2 v. d. Zw. geschah. Jupiter erreichte seinen gewöhnlichen Zeitpunkt für den Rückschritt und wurde zwischen den Sternen stationär. Doch dieses Mal geschah etwas Ungewöhnliches.

Im Jahr 2 v. d. Zw. erreichte Jupiter, von Jerusalem ausgesehen, am „25. Dezember 0002 v. d. Zw. seine normale stationäre Position direkt über Bethlehem". Das ist richtig! Kurz vor der Morgendämmerung (zur regulären Zeit, zu der die Magier mit ihren normalen Himmelsbeobachtungen begonnen hätten) kam Jupiter am

25. Dezember 0002 v. d. Zw. direkt über Bethlehem in eine „ange-
haltene" Position, wie aus Jerusalem hervorgeht. Darüber hinaus
nahm der Planet seine stationäre Position in der Mitte des Sternbildes Jungfrau ein. Was für ein bemerkenswerter Umstand das

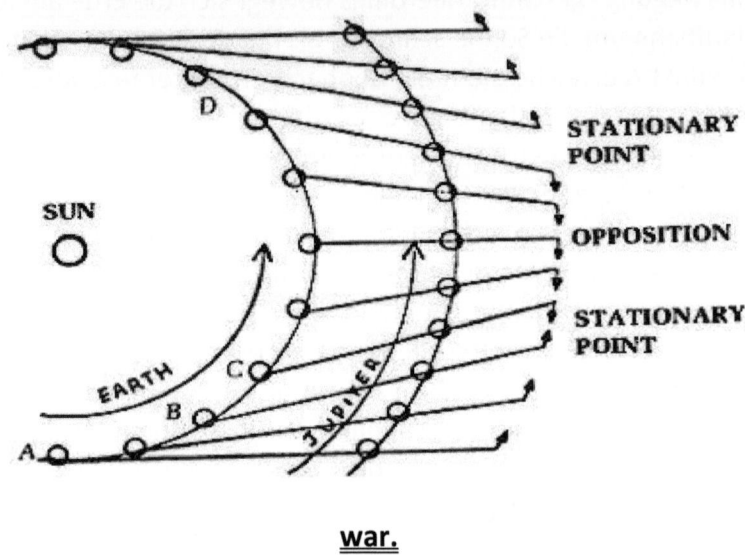

war.

Jupiter blieb im Zeichen der Jungfrau stehen
Im Neuen Testament erfahren wir, dass YAHUSHUA von einer
Jungfrau geboren wurde. Und genau am 25. Dezember 2 v. d. Zw.
„stoppte" Jupiter in der Bauchregion der Jungfrau (in der Mitte des
Sternbildes)!!! Diese Position war genau dort, wo eine Frau ein
Kind während der Schwangerschaft austrägt. An diesem Tag stoppte der „Königsplanet" seine seitliche Bewegung durch die Sterne
und blieb etwa sechs Tage lang stationär!!! Während dieser Tage
bewegte er sich in Längsrichtung nicht weiter als ein Vierzigstel des
Monddurchmessers von seiner Position am 25. Dezember. Für ein-
en Beobachter auf der Erde schien es völlig stationär zu sein inmitten der Jungfrau. Für Astrologen wäre dies bedeutsam erschienen.
Sie betrachteten die Wintersonnenwende als den Beginn der neu-
en Sonne. Für viele nichtjüdische Astrologen bedeutete dieser Zeit-

raum die Zeit, in der die Geburt der Sonne gezeigt wurde. Es wurde in den meisten Teilen der Welt als Geburt des „Herrschers" des Himmels gefeiert. Und der „Königsplanet" (Jupiter) befand sich nun stationär in der Zentralregion von Virgo, der Jungfrau.

Wie dem auch sei, wie war es möglich, dass Jupiter stationär über dem Dorf von Bethlehem damals stand? Dafür gibt es nicht das geringste Problem. In der Bibel heißt es, dass die Heiligen Drei Könige während ihres Aufenthalts in Jerusalem sahen, wie der Stern zum Stillstand kam. Und am 25. Dezember 0002 v. d. Zw., zum gewöhnlichen Zeitpunkt der Beobachtungen der Heiligen Drei Könige vor der Morgendämmerung, wäre Jupiter in Meridianposition (direkt über Bethlehem) in einer Höhe von 68 Grad über dem Südhorizont gesehen worden. Diese genaue Position würde zeigen, dass der Planet direkt auf Bethlehem scheint, während er zwischen den Sternen stationär ist. Was für ein bemerkenswerter Zufall das war. Und obwohl dieser Zeitraum nichts mit der tatsächlichen Geburt YAHUSHUAs zu tun hat, könnte es die Zeit gewesen sein, in der die Heiligen Drei Könige YAHUSHUA ihre Gaben überreichten.
Der Stern führte die Heiligen Drei Könige zu YAHUSHUA! Obwohl dies alles wahr ist, gibt es dennoch ein Problem, mit dem man rechnen muss. Matthäus sagte, der Stern sei **„vor ihnen hergegangen"**.
Da sich die Heiligen Drei Könige damals in Jerusalem befanden, als dies behauptet wurde, und Bethlehem fünf Meilen (8,05 km) südlich liegt, wie könnte es dann so aussehen, als ob sich Jupiter (oder irgendein Planet oder Stern) von Norden nach Süden bewegte, um die Heiligen Drei Könige nach Bethlehem zu führen?
Bedeutet das, dass die ganze Geschichte doch als frei erfunden oder wundersam angesehen werden muss? Nicht wirklich. Eine sorgfältige Lektüre von Matthäus könnte die Sache klären. Weymouth übersetzt die Passage: **„Der Stern, den sie gesehen hatten, als er aufging, führte sie weiter, bis er den Ort erreichte und über ihm stand, wo das Kind war".** Matthäus 2, 9
Es hilft zu zeigen, dass die Heiligen Drei Könige dem Stern seit seinem Aufgang, den sie in ihren Häusern im Osten sahen, folgten

und ihm weiter folgten, bis sie Jerusalem erreichten. So verstand auch der Kirchenvater Chrysostomus Matthäus.

„Denn auf ihrem Weg bis nach Palästina erschien er (der Stern), der sie führte, aber nachdem sie ihren Fuß in Jerusalem gesetzt hatten, verbarg er sich; dann wiederum, als sie Herodes verließen, nachdem er ihm gesagt hatte, weshalb sie gekommen waren und weitergegangen waren. Der Punkt des Aufbruchs zeigte sich erneut". Quelle: © Matthäus, Predigt, VI.3.

Es gibt weitere Hinweise im Text von Matthäus, die darauf hinweisen, dass dies möglicherweise die beabsichtigte Bedeutung ist. Man sollte sich den Text sehr genau ansehen, da er einige interessante Punkte enthält. In diesem Zusammenhang stellen die Autoren von The Expositor's Greek Testament die Frage.

„Bedeutet das, dass sie den Stern erst bei seinem Aufgang gesehen hatten und ohne seine Führung den Weg nach Jerusalem fanden, und dass er dann wieder erschien und sie nach Bethlehem führte? Dagegen spricht Vers 7, der eine ständige Sichtbarkeit impliziert. Es war ihr himmlischer Führer, der wieder erschien (nachdem sie Herodes verlassen hatten)**: Er ging den ganzen Weg vor ihnen.** Quelle:
© Expositor's Greek Testament, I.73.

Die Verwendung der Imperfekt Form in Vers 9 zeigt, dass der Stern sie ständig führte, während Vers 7 darauf hindeutet, dass es sich um einen ständig erscheinenden Stern handelte.

Der Stern scheint vorübergehend verdeckt gewesen zu sein, als die Heiligen Drei Könige Herodes in seinem Palast besuchten (möglicherweise war er dann von Wolken bedeckt oder er befand sich unter dem Horizont, als sie den König besuchten). Als sie den Palast verließen, sahen sie jedoch erneut ihren himmlischen Führer. Er hatte sie westwärts nach Jerusalem geführt, befand sich nun aber in einer Meridianposition über Bethlehem. Es stand stationär zwischen den Sternen und schien am 25. Dezember von Jerusalem aus direkt über Bethlehem herab. **Es zeigte nun den genauen geografischen Standort des neugeborenen Königs an.**

Jupiter und die Sonnenwende 2 v. d. Zw.

Während sich Jupiter in seiner „stillstehenden" Position über Bethlehem befand, stand interessanterweise auch die Sonne „still"!!! Jeder weiß, dass der 25. Dezember in der üblichen Zeit der Wintersonnenwende liegt. **Das Wort „Sonnenwende" bedeutet „Die Sonne steht still". Diese stationären Koinzidenzen** (ein zeitliches und/oder räumliches Zusammenfallen von Ereignissen oder Zusammentreffen von Objekten) **von Jupiter und Sonne hängen eng miteinander zusammen und wären den damaligen Astrologen sicherlich bedeutsam erschienen.**

Cumont hat die folgende Bewertung:

„Der allgemeine Brauch erforderte, das am 25. Dezember die Geburt der neuen Sonne gefeiert werden sollte, wenn nach der Wintersonnenwende die Tage länger zu werden begannen und der unbesiegbare Stern erneut über die Dunkelheit triumphierte". Quelle: © F. Cumont, Astrology and Religion Among the Greeks and Romans, 89.

Denken sie daran, dass sogar Lukas zu Beginn seines Evangeliums sagte: **„Der Morgen aus der Höhe hat uns besucht, um denen Licht zu geben, die in der Dunkelheit sitzen".** Lukas 1, 78 – 79. **Als Astrologen hätten die Magier zweifellos der „neugeborenen <u>Sonne</u>"** Geschenke machen wollen, und im Buch Maleachi wird der Gott Israels „die Sonne der Gerechtigkeit" genannt. Maleachi 4, 2. Sie hätten angenommen, dass das Kind in ihrer Mitte das neue Goldene Zeitalter einläuten sollte, das die meisten damals erwartet hatten.

Professor Eliade, den viele für die führende Autorität auf dem Gebiet vergangener und gegenwärtiger religiöser Bräuche der Völker halten, hat gezeigt, dass die Alten den Beginn jedes neuen Jahres (die Sonnenwende) als Symbol für den Beginn eines neuen Zeitalters betrachteten. Quelle: © Eliade, Cosmos and History, 51 – 62. **Die Heiligen Drei Könige waren sich dieser bekannten Glaubenssätze bewusst.** Nachdem sie ihre lange Reise mit teuren Geschenken für den neugeborenen König zurückgelegt hatten, stellten sie nun aus ihrer Sicht fest, dass die Sonne (der Höchste Vater) am Himmel „stillstand", während Jupiter (der Königsplanet) stillstand auch „stillstehen". Diese Merkmale könnten perfekt zu Matthäus Bericht passen.

Die Interpretation der Heiligen Drei Könige

Daher hätten die Heiligen Drei Könige, da sie Nichtjuden waren, diese astronomische Beziehung aus ihrer eigenen religiösen Sicht betrachtet. Fast alle nichtjüdischen Gesellschaften legten großen Wert auf die Wiedergeburt des „Sonnengottes" bei jeder Wintersonnenwende und feierten diese mit zahlreichen religiösen Feiern. Juden hätten diese Jahreszeit jedoch nicht auf diese Weise gesehen. Die meisten Juden verabscheuten damals diese nicht-jüdische religiösen Feste zur Wintersonnenwende oder zu anderen Jahreszeiten. Sie könnten auf den Propheten Jeremia verweisen, der den Juden befahl, sich niemals an nichtjüdische religiöse Bräuche zu halten, die die verschiedenen Sonnenwende- oder Tagundnachtgleichen Zeiten des Jahres betrafen. Jeremia 10, 1 – 4. Die Juden betrachteten dies als heidnische Praktiken.

Die Juden in Jerusalem hätten diese astronomischen Zeichen im Jahr 3/2 v. d. Zw. ganz anders gesehen. Tatsächlich war der 25. Dezember im Jahr 0002 v. d. Zw. für die Juden keine Zeit der Sonnenwende. Bemerkenswerterweise war es jedoch eine Zeit großer Festlichkeiten im gesamten jüdischen Volk. Es war genau die Zeit für ihr Chanukka-Fest (manchmal auch Chanukka geschrieben). Dies war ein Fest der Juden, das zu Beginn des Winters gefeiert wurde und im Neuen Testament als „Fest der Widmung" erwähnt wird. Johannes 10, 22. Der Beginn der achttägigen Feier kann manchmal bereits am 28. November oder erst am 27. Dezember erfolgen auf unserem Solarkalender. Die jüdischen Monate können zeitweise bis zu einem Monat phasenverschoben gegenüber dem Sonnenkalender sein, den wir heute verwenden. Aber im Jahr 2 v. d. Zw. begann Chanukka offensichtlich am 23. Dezember. Am dritten Tag des jüdischen Festes hätten die Heiligen Drei Könige dem Neugeborenen ihre Geschenke überreicht. Dies wäre ein interessanter und symbolischer Zeitpunkt gewesen, um ihre Geschenke dem zu überreichen, den sie für den messianischen König hielten, dessen Erscheinen die jüdische Nation damals erwartete. Das lag daran, dass Chanukka eine Zeit des Schenkens war.

Der Stern von Bethlehem und die Magier aus dem Morgenland
>>>„Nein, es waren weder Könige, noch Magier im Sinne von Zau-
berer, sondern Gelehrte, die sich mit heidnischer Theologie, ver-
schiedenen Wissenschaften, vor allen Astronomie und Astrologie
beschäftigten"!<<<

Weshalb aber lässt Gott diese Magier den Stern entdecken und auf
die Geburt eines Königs deuten, wo er doch Sternendeuterei verabscheut? Gemäß 5. Mose 18, 11 + 12.

Der Apostel Matthäus erwähnt den Stern viermal. Irgendetwas muss
also sehr hell und wiederholt am Himmelzelt aufgeleuchtet haben.
Auf jeden Fall war es keine Nova also ein plötzliches Aufflammen eines früher viel lichtschwächeren Sterns um das Tausend- bis Milliardenfache, wurde zur Zeit der Geburt des Sohnes Gottes nicht beobachtet. Ein Meteor der in die Erdatmosphäre eindringender kosmischer Partikel scheidet ebenfalls aus, das Meteore nur einige Sekunden sichtbar sind und den Magiern dadurch nie als Wegweiser hätten dienen können. Ein Komet mit einem langen Schweif, der oft auf
Bildern malerisch über dem Stall strahlend dargestellt wird, würde
sehr gut ins Weihnachtsklischee passen. Die geozentrische Bewegung und eine massive Abschwächung der Kometen-Helligkeit sprechen dagegen.
Es bleiben also zwei Erklärungen übrig: Es handelt sich um eine Konjunktion zwischen Jupiter und Saturn oder die andere Möglichkeit.

Die astrologische Deutung
Was bewog die babylonischen Sterndeuter ihre Sachen zu packen
und die strapaziöse 1200 Kilometer lange, gefährliche Reise in
Richtung Palästina in Angriff zu nehmen? Durch die jahrhunderte-
telangen Sternbeobachtungen wussten sie um die Konjunktionen.
Sicher war ihnen klar, dass es sich zwar um eine seltene, aber nicht
absolut einmalige Konstellation handelte. Nun, bei diesen „Weisen"
handelte es sich eben nicht nur um Astronomen, sondern auch um
Astrologen. Die dreimalige Konjunktion von Jupiter und Saturn im
Tierkreiszeichen Fische hatte aus babylonischer Sicht eine höchst

interessante Bedeutung. Die Babylonier glaubten in den Planeten Rangordnungen der Gottheiten zu sehen.

Jupiter stand an höchster Stelle, er galt als der glänzende Stern des Marduk, ihrer höchsten männlichen Gottheit. Auch bei anderen Völkern galt Jupiter als Königs-Stern. Der Planet Saturn kam erst an vierter Stelle. **Auf Grund alter, astrologischer Texte, wurde dieser Stern den Bewohnern von Syrien und Palästina zugeordnet.** Die hellenistische Sterndeutung bezeichnet Saturn direkt als Stern der Juden. Das Sternbild der Fische wurde astrogeografisch der ganzen Gegend von Syrien, Palästina bis Unterägypten zugeordnet. Demzufolge lag die Deutung auf der Hand. Ein mächtiger Herrscher wurde den Juden in Palästina geboren. Quelle: © 108430-der...andere...stern.html.

Die babylonischen Sterndeuter/Magier!

Was war so aufregend um die Zeitenwende bei den babylonischen Astrologen?

Die Sterndeuter waren Magier (ho mágos) ein Persisches Fremdwort. Mitglied der Priesterkaste in Medien und Persien, tief religiöse Männer. Sie verstanden sich besonders auf Astrologie, Traumdeutung und andere geheime Künste. Ihre Kenntnisse in Astronomie standen einzig da. Die Tempel waren zugleich Astronomie Schulen – so in Borsippa, Sippar und vor allen in Babylon.

Quelle: © www.solstice.de/cms/upload/wege/band3/WEGE_Band3/091_Herold-Moench.pdf. Arbeitskreis Bayerische Physikdidaktiker. Beitrag aus der Reihe: Werner B. Schneider (Hrsg.) Wege in der Physikdidaktik Band 3 Rückblick und Perspektive ISBN 3 – 7986 – 0513 – 1. Verlag Palm & Enke, Erlangen 1993. Die Bände 1 – 5 sind (Ausnahme Band 5) im Buchhandel vergriffen. Die einzelnen Beiträge stehen jedoch auf der Homepage: http://www.solstice.de zum freien Herunterladen zur Verfügung. Manuskript des im Rahmen der Weihnachtsveranstaltung des Erlanger Physikdidaktik Seminars am 16. 12. 1991 gehaltenen Vortrags.

Für die Astrologen war das Ereignis mit dem Stern ein sehr, sehr seltenes Ereignis. Ja es musste ein Jahrtausendereignis sein. Allein aus diesem Grund ist es unwahrscheinlich, dass Meteore, Feuerkugeln, Nova, Kometen und dergleichen in Betracht kommen! Denn solche Erscheinungen – und zwar selbst sehr helle, sind in jedem Jahrhundert, oft mehrfach, zu er erwarten. Auch die Planeten Merkur, Venus und Mars fallen aus; denn ihre Phänomene wiederholen sich in raschen Rhythmus, lediglich Jupiter und Saturn kommen in Betracht. Jupiter (Mul-Babbar, der glänzende Stern, ist der Stern der obersten und einzigen Befehlsgewalt besitzenden Gottes Marduk, der „Stern, der das Zeichen gibt.

Saturn (Genna), ist der Stern des Großkönigs, des Vertreters Marduks auf Erden, er heißt Kaimanu (der Beständige), die „Nacht-Sonne", bei den Israeliten Kewun (der Treue) oder Kijun als „Stern ihres (der Israeliten) Gottes" (Amos 5, 26 u. Apostelgeschichte 7, 43) es ist der Stern der Gerechtigkeit und der Weisheit mit Hypsom (exaltatio) im Sternbild der Waage. Etwa alle zwanzig Jahre treffen sich Jupiter und Saturn am Himmel, etwa alle 150 Jahre halten sie dabei längere Zeit ein – nämlich bei einer dreifachen oder so genannten Großen Konjunktion – und etwa alle 854 Jahre passiert das am Ende des Zodiakos. Alle diese Perioden waren den babylonischen Astronomen bekannt; sie brauchten sie für ihre Voraussagen. Die große Konjunktion der Jahre 7/6 v. d. Zw. in den „Schwänzen der Fische", oder vielmehr das langdauernde beieinander weilen der Sterne des obersten und einzig befehlenden Gottes und Königs, bevor sie wieder den Zidiakos von Anfang an durchziehen würden, das zeigte an, dass die alte Weltordnung zu Ende gehen und ein neuer König der Gerechtigkeit und des Friedens erscheinen würde, und zwar aus dem Westen, d. h. aus Palästina, dem sowohl dieser Teil des Zodiakos (Tierkreisbilder im Altertum) wie auch der Planet Saturn zugeordnet waren. Die Richtung hatte ihnen der Gottesstern bei seinem Frühaufgang gezeigt; denn da ging er (ohne vielmehr die ihm unmittelbar folgende Sonne) nur wenige Grad südlich der exakten Westrichtung unter: In der Richtung von Jerusalem (Azimut 85 Grad). Es war die Richtung (Kibla), in der Daniel beim Gebet seinem Gott zu huldigen pflegte (Daniel 6, 11) die Richtung in der auch der Tempel von Jerusalem ausgerichtet ist. Die babylonischen Sterndeuter konnten aus dem Hause des höchst erfolgreichen Königs Herodes durchaus einen neuen Herrscher erwarten. Denn Herodes herrschte in Jerusalem nach Jahrhunderten wieder über ein Reich so groß, ja teilweise größer als das Davids, und er baute einen Tempel gewaltiger als der Salomos.

Wir sind in der vorteilhaften Lage, gerade über genaue Vorausberechnungen der Sterndeuter zu verfügen. Die betreffenden Almanachen (Sammelschriften) liegen in Form von Keilschrifttäfelchen vor und zwar vierfach (während sonst höchstens mal zwei Kopien ein und desselben Almanachs übriggeblieben sind) ein Zeichen des hohen Interesses an jenem Himmelsereignis.

Quelle: © https://www.uniulm.de/fileadmin/website_uni_ulm/nawi.inst.220/ publikationen/Stern_ von _Bethlehem _nov05.pdf. Der Stern und die Magier aus dem Morgenland. Der Stern von Bethlehem im Lichte der historischen Astronomie, von Theodor Schmidt-Kaler! Seite 12.

Das himmlische Schauspiel beginnt also um das Frühjahrs-Äquinoktium (Tag und Nachtgleiche) mit dem Frühaufgang von Jupiter, dann Saturn. Beide Planeten bleiben nun für etwa ein Jahr im Sternbild der Fische. Quelle: © https://www.uni-ulm.de/fileadmin/website_uni_ulm/nawi.inst.220/publika-tionen/Stern _von_Bethlehem_nov05.pdf. Der Stern und die Magier aus dem Morgenland. Der Stern von Bethlehem im Lichte der historischen Astronomie, von Theodor Schmidt-Kaler.

>„Es waren auf keinen Fall Könige, sondern Magier bzw. Astronomen"!< Es waren Gelehrte, die sich mit heidnischer Theologie, verschiedenen Wissenschaften beschäftigten. Es waren auch Astronomen und Astrologen.

Weshalb aber lässt Gott diesen Personen den Stern entdecken und auf die Geburt eines Königs deuten, wo er doch Sterndeuterei verabscheut. Folgende Möglichkeiten wurden bisher aufgestellt und wiederverworfen:

Ein Nova-Stern ist ein plötzliches Aufflammen eines früher viel Lichtschwächeren Sterns um das Tausend-bis Milliardenfache, wurde in der Zeit um Christi Geburt nicht beobachtet! Ein Meteorit also ein in die Erdatmosphäre eindringender kosmischer Partikel scheidet ebenfalls aus, da Meteore nur einige Sekunden sichtbar sind und den Sterndeutern dadurch nie als Wegweiser hätten dienen können.

Ein Komet mit einem langen Schweif, der oft auf Bildern malerisch über dem Stall strahlend dargestellt wird, würde sehr gut in unser Weihnachtsklischee passen. Tatsächlich hat man in alten chinesischen Schriften Aufzeichnungen über einen Kometen gefunden, der zwischen dem 9. März und 6. April v. d. Zw. beobachtet wurde! Doch auch diese Möglichkeit, weil die geozentrische Bewegung und eine massive Abschwächung der Kometenhelligkeit dagegensprechen. Das war also auch nicht der Stern von Bethlehem. Was also bewog die babylonischen Sterndeuter ihren Sachen zu packen und die strapaziöse 1200 Kilometer lange, gefährliche Reise in Richtung Palästina in Angriff zu nehmen?

Durch die jahrhundertelangen Sternbeobachtungen wussten sie um die Konjunktionen. Sicher war ihnen klar, dass es sich zwar um eine seltene, aber nicht absolut einmalige Konstellation handelte. Die dreimalige Konjunktion von Jupiter und Saturn im Tierkreiszeichen Fische hatte aus babylonischer Sicht eine höchst interessante Bedeutung! Die Babylonier glaubten in den Planeten Rangordnungen der Gottheiten zu sehen. Jupiter stand an höchster Stelle, er galt als der glänzende Stern des Marduk, ihrer höchsten männlichen Gottheit. Auch bei anderen Völkern galt Jupiter als Königsstern. Der Planet Saturn kam erst an vierter Stelle. Aufgrund alter astrologischer Texte, wurde dieser Stern den Bewohnern von Syrien und Palästina zugeordnet. Die hellenistische Sterndeutung bezeichnet Saturn als Stern der Juden!

Das Sternbild der Fische wurde astrogeografisch der ganzen Gegend von Syrien, Palästina bis Unterägypten zugeordnet. Demzufolge lag die Deutung auf der Hand. Ein Mächtiger Herrscher wurde den Juden in Palästina geboren! Quelle: © http://www.esus.ch/infromation/feiertage/weihnachten/magazin/history_special/108430-der_andere_stern.html. Der andere Stern – www.jesus.ch.

Für die Kirchenväter (2. Jahrhundert) was „sein Stern" von großer Leuchtkraft, der alle anderen überstrahlte. Ihnen stand der Sohn Gottes in einer Herrlichkeit vor Augen, der, da die Zeit erfüllt war, als das Licht in die Welt kam. Die Natur des Sterns interessierte sie weniger.

Mehr von der Astronomie her dachte Albertus Magnus (um 1193-1280). Er vermutete, dass der Stern der Magier ein eigenes neues Gestirn gewesen sein muss.

Um 1600 setzte dann eine umfangreiche Diskussion über das Geburtsjahr YAHUSHUAs ein. Baronius, der Geschichtsschreiber, und die Mathematiker und Astronomen Seth, Calvisius, Scaliger u. a. haben es gegenüber dem von Mönch Dionyius Exiguus errechneten um zwei, andere sogar um sieben Jahre nach vorne verschoben. Bei ihren Überlegungen, die hauptsächlich historischer Natur waren, spielte die dreifache Planetenkonjunktion von Jupiter und Saturn auch eine Rolle!

Kepler besuchte während seines Aufenthaltes in Graz eine öffentliche Disputation über das Geburtsjahr YAHUSHUAs von Scaliger. Dadurch angeregt trat er in die Diskussion mit ein. Auch er argumentierte hauptsächlich historisch. Als er sich 1604 zu den drei nahe beieinanderstehenden Planeten Jupiter, Saturn und Mars noch eine Nova gesellte, bracht er die Geburt YAHUSHUA mit einer ähnlichen Konjunktion von Jupiter und Saturn im Jahre 7. v. d. Zw. in Verbindung. „Sein Stern" war für ihn die Nova, die er im Zusammenhang mit der Bewegung der beiden großen Planeten entstanden dachte. Angeregt durch den dänischen Theologen Friedrich Münter (1761 – 1830) berechnete der Astronom Ludwig Ideler zu Beginn des 19. Jahrhunderts die Planetenkonjunktion des Jahres 7. v. d. Zw. neu und sah nur in ihr den Stern von Bethlehem. 1922 veröffentlichte Os-wald von Gerhardt sein Buch „Der Stern des Messias". Aus neuester Zeit verdienen vor allem die Nachforschungen des Wiener Professor für Astonomie Konradin Ferrairi d´Occhieppo besondere Erwähnung. Auch für ihn ist die dreifache Konjunktion von Jupiter und Saturn das Ereignis, das die Magier auf den Weg nach Jerusalem führte. Seinen Ausführungen ist hier zu folgen. Colin Humphreys deutet „Seinen Stern" als einen Kometen, der im Frühjahr 5. v. d. Zw. 70 Tage lang zu sehen war. Quelle: © www.solstice.de/cms/upload/wege/band 3/ WEGEBand3/091_ Herold-Moench.pdf. Arbeitskreis Bayerische Physikdidaktiker. Beitrag aus der Reihe: Werner B. Schneider (Hrsg.) Wege in der Physikdidaktik Band 3 Rückblick und Perspektive ISBN 3 – 7986 – 0513 – 1. Verlag Palm & Enke, Erlangen 1993. Die Bände 1 – 5 sind (Ausnahme Band 5) im Buchhandel vergriffen. Die einzelnen Beiträge stehen. Jedoch auf der Homepage: http://www.solstice.de zum freien Herunterladen zur Verfügung. Manuskript des im Rahmen der Weihnachtsveranstaltung des Erlanger Physikdidaktik Seminars am 16. 12. 1991 gehaltenen Vortrags.

>>>„Als nun YAHUSHUA geboren war in Bethlehem in Judäa, in den

Tages des Königs Herodes, siehe da kamen Weise aus dem Morgenland nach Jerusalem, die sprachen: Wo ist der neugeborene König der Juden? Denn wir haben seinen Stern im Morgenland gesehen und sind gekommen, um ihn anzubeten"!<<< Matthäus 2, 1 + 2

Die Planetenkonjunktion als Stern von Bethlehem!
Konjunktionen von Jupiter und Saturn geschehen etwa alle 20 Jahre, ihre 3-fach Konjunktionen nur nach 40 – 338 Jahre. Die 3-fach Konjunktion 7. v. d. Zw. passt in den historischen Kontext der Heiligen Schrift! Quelle: © http://www.hs.unihamburg.de/DE/Ins/Per/Wolter/Xmas2004/Xmas _ 2004_09final.pdf. Uwe Wolter Weihnachtsvortrag 2004 an der Hamburger Sternwarte.

Die Magier müssen also selbst davon ausgegangen sein, dass sie nicht etwa zur Geburt sondern zu einem bis zu zwei Jahre späteren Termin ihr Ziel erreichen würden! Bei der Ankunft in Jerusalem war davon die Rede gewesen, dass sie den Stern des Königs der Juden zunächst haben aufgehen sehen. Offenbar sind sie danach erst auf die Reise gegangen.

Wer waren die Astrologen (Sterndeuter)

Einer der wichtigsten Punkte zum Verständnis der Aussagen des Neuen Testaments über den Stern von Bethlehem besteht darin, den sozialen und politischen Status der Weisen zu erkennen, die zu Herodes kamen. Das Wort, mit dem sie beschrieben wurden, war „Magier". Dies war ein Titel und im 1. Jahrhundert bedeutete es, dass sie professionelle Astrologen waren!

Die einfache Lehre des Matthäusevangeliums besagt, dass Astrologen aus dem östlichen Teil der Welt kamen, um dem neugeborenen „König der Juden" zu huldigen und ihm die üblichen Geschenke zu überreichen, die neuen Königen im Allgemeinen zuteilwurden. Der Bericht im Neuen Testament bedeutet nicht, dass der Verfasser des Matthäusevangeliums die Prinzipien der Astrologie befür-

wortete, denn es gibt biblische Verse, die ihre religiöse Praxis verurteilen, von der Matthäus zweifellos wusste.

Die Aufzeichnung dieses Berichts bei Matthäus macht deutlich, dass Matthäus diese Magier nicht als Quacksalber oder Scharatane ansah. Als die Heiligen Drei Könige nach Jerusalem kamen und verkündeten, dass der Stern des neugeborenen jüdischen Königs gesehen worden sei, **war Herodes „beunruhigt und ganz Jerusalem mit ihm".** Matthäus 2, 3. **Da die Heiligen Drei Könige sowohl professionelle Astronomen als auch Astrologen waren, war die Erwähnung ihres Besuchs in Jerusalem für Matthäus die Art und Weise, die Aussage hochrangiger wissenschaftlicher Autoritäten zur Authentifizierung der königlichen Geburt YAHUSCHUAs einzuholen.**

Um eine Audienz bei Herodes zu haben und dafür zu sorgen, dass Mitglieder des Sanhedrins (des Obersten Gerichts der Juden) die Interpretationen dieser Heiligen Drei Könige hören können, müssen sie zeigen, dass sie vom Volk Jerusalems hohes Ansehen genossen. Bei ihrem Auftreten war es üblich, dass die Heiligen Drei Könige prächtige Priestergewänder trugen, um ihren beruflichen Status anzuzeigen. Die historischen Aufzeichnungen zeigen, dass die Heiligen Drei Könige dies mit Pomp und Umstand taten, als sie sich dem Königshaus präsentierten. Quelle: © Plinius, Naturgeschichte, XXX.6. **Auf Reisen oder bei offiziellen Geschäften in Gebieten, in denen ihr Einfluss spürbar war, war es für die priesterlichen Magier normal, in einer Prozession vorzugehen, wobei verschiedene Reihen von ihnen entsprechend in der Karawane positioniert waren. Auf diese Weise müssen sie sich der Stadt Jerusalem genähert haben, um dem neugeborenen König der Juden ihre Geschenke zu überreichen. Dies würde die respektvolle Haltung von Herodes und den jüdischen Autoritäten ihnen gegenüber erklären.** Matthäus 2, 3. **Es ist wichtig zu erkennen, dass diese Art von Reisen für angesehene Magier Priester keine Fantasiegeschichte ist. Sie reisten in majestätischem Stil. Der von Matthäus aufgezeichnete Bericht passt gut zu anderen Reisen magischer Priester, als sie Königen oder Kaisern vorgestellt wurden.**

Deshalb ist ganz Jerusalem" wussten von ihrem Kommen und warum Mitglieder des Sanhedrins gerufen wurden, um ihre Interpretationen auf dem „Stern" zu hören, den sie gesehen hatten. Der Bericht in Matthäus harmoniert perfekt mit anderen historischen Ereignissen rund um die Heiligen Drei Könige in der Zeit des frühen Römischen Reiches.

Diese frühen prophetischen Überzeugungen der Juden, Römer und Magier waren für diejenigen, die im 1. Jahrhundert lebten, wichtig.

Und der Einsatz astrologischer Interpretationen zur Bewertung der historischen Ereignisse der Zeit, war so hoch wie nie zuvor. Als die Magier, die professionelle Astrologen waren, sahen, was ihrer Meinung nach der „Stern" eines jüdischen Königs war, war es für sie ein sicheres Zeichen, mit Geschenken nach Jerusalem zu gehen, um sie diesem neugeborenen König zu überreichen.

Die meisten Juden bewunderten die Magier des Ostens. Das lag nicht nur an ihrer früheren Verbindung mit dem Propheten Daniel, sondern auch daran, dass sie keine Götzendiener waren. In gewisser Weise waren die Magier Nichtjuden, die zum monotheistischen Glauben neigten. Quelle: © Die Enzyklopädie der Religion und Ethik, Kunst. Zoroastrismus, XII.862–868.

Juden im 1. Jahrhundert respektierten die Heiligen Drei Könige. Der jüdische Philosoph namens Philo, der zurzeit des Sohnes Gottes in Alexandria, Ägypten, lebte, sprach mit herzlichem Lob von den Heiligen Drei Königen. Philo sagte, dass es sich um Männer handelte, die sich dem Studium der Naturgesetze widmeten und über die göttliche Vollkommenheit nachsannen. Für Philo waren sie würdig, Berater der Könige zu sein. Quelle: © Philo, Quo. Probus Liber, 74.

Die Hauptbeschäftigung der Heiligen Drei Könige bestand darin, Dinge zu interpretieren, die sie für göttlich hielten. Sie befassten sich hauptsächlich mit der Bewertung von Träumen, Visionen und astronomischen Zeichen. Für sie war die astrologische Interpretation von besonderer Bedeutung. Insbesondere waren sie Berater von Königen und Fürsten und wurden insbesondere zu den Schicksalen der Könige befragt! Quelle: © Diogenes Laertius IX.7.2.

Außer in seltenen Fällen durften nur Könige in ihre geheimen Lehren und Verständnisse eingeweiht werden. Quelle: © Strabo, XVI.762; Cicero, De.Divin., I.41.

Dies ist einer der Gründe, warum die Magier es für angebracht hielten, Herodes die Einzelheiten ihrer Interpretation bezüglich des „Sterns", dem sie gefolgt waren, mitzuteilen. Obwohl Herodes seine eigenen Hofastrologen hatte, muss er besonders darauf geachtet haben, was die angesehenen Magier aus dem Osten über einen neugeborenen jüdischen König zu sagen hatten. Aufgrund des Einflusses der Magier an den königlichen Höfen des Ostens waren ihre Interpretationen besonders bei prominenten Persönlichkeiten gefragt.

Es ist interessant, dass die von den Heiligen Drei Königen mitgebrachten Schätze (Gold, Weihrauch und Myrrhe) die wichtigsten Geschenke waren, die in der griechischen Übersetzung von Jesaja 60, 6 erwähnt werden und die ausländische Könige eines Tages dem messianischen Herrscher Israels bringen würden. Die Überlieferung, dass es nur drei Könige gab, geht auf die Annahme zurück, dass jeder dem Sohn Gottes eine Gabe schenkte. >„Niemand weiß, wie viele Magier es gab, die nach Jerusalem gingen, aber einige Überlieferungen sprechen von bis zu zwölf"!!!<

Auf jeden Fall kamen diese angesehenen Magier mit Gold, Weihrauch und Myrrhe nach Jerusalem, den üblichen Geschenken der unterworfenen Nationen an ihre Vorgesetzten. 1. Mose 43, 11; Psalm 72, 15; 1. Könige 10, 2 + 10; 2. Chronik 9, 24; Hohelied 3, 6 u. 4, 16. In diesem Fall kamen die Magier, um einem neuen jüdischen König zu huldigen. Sie müssen erkannt haben, dass mehr als eine gewöhnliche königliche Geburt auf sie wartete. >>>„Sie hatten zweifellos den prophetischen Glauben der Juden, Römer und anderer im Sinn, dass ein Weltherrscher aus der Rasse Abrahams im Gebiet Palästinas kommen sollte"!!!<<<

Aber im Jahr 3 und 2 v. d. Zw. explodierte der ganze Himmel mit astronomischen Zeichen und wundersamen Schauspielen. Es kann durchaus sein, dass die himmlischen Ereignisse in dieser letzten

Zeitspanne genau die waren, die die Heiligen Drei Könige dazu veranlasten, nach Jerusalem zu gehen.

Als sie König Herodes erklärten, warum sie gekommen waren, um dem neuen jüdischen König zu huldigen, sagten die Magier: „Wir sahen seinen Stern aufgehen (oder als er aufging)".

Die Magier beobachteten den Stern nicht nur „im Osten". Im Matthäusevangelium heißt es, sie hätten es „bei seinem Aufgang" gesehen.

„Wir beobachteten den Aufgang seines Sterns". Wissenschaftler sind sich darüber im Klaren, dass die griechischen Wörter, die Matthäus zur Aufzeichnung dieses Ereignisses verwendete, die üblichen waren, die damals in der griechischen Literatur zur Beschreibung des regelmäßigen Aufgangs der Sterne oder Planeten verwendet wurden. Quelle: © Kittel, Theologisches Wörterbuch, I.352.

Es besteht kein Zweifel daran, dass das Neue Testament zur Beschreibung dieser Ereignisse normale astronomische Begriffe verwendet. Die Erzählung zeigt deutlich, dass die Magier einen gewöhnlichen Stern (oder Planeten) beobachteten, **der über dem östlichen Horizont aufstieg, was sie als Zeichen dafür interpretierten,** dass sich ein jüdischer König nun in seiner Geburtszeit befand. Es war ein „Stern", der sie faszinierte, obwohl er in einer ungewöhnlichen Beziehung oder einem ungewöhnlichen Aspekt zu anderen Himmelskörpern gestanden haben musste. Die Magier waren so beeindruckt, dass sie die lange, beschwerliche Reise nach Jerusalem mit kostspieligen Geschenken antraten, die sie dem neuen König überreichen wollten.

Denken sie daran, dass in dieser Zeit astrologische Interpretationen erstklassige Fachleute als gültige wissenschaftliche Hinweise auf bevorstehende Ereignisse angesehen wurden!

Herodes wollte wissen, was ihre Interpretationen bezüglich des bemerkenswerten himmlischen Dramas waren, das sich im Jahr 3 und 2 v. d. Zw. ereignet hatte. Zu den Besten der Welt gehörten aus Sicht der Menschen im 1. Jahrhundert die professionellen Chaldäer und die Magier des Ostens!!!

Die Heiligen Drei Könige ließen ihm keinen Zweifel an ihre Interpretationen. Ihnen war dieses Kind so wichtig. **Sie waren sich ihrer Einschätzung so sicher, dass sie eine weite Reise nach Jerusalem machten, um dem neugeborenen König reiche Geschenke zu machen. Dass sie sogar kamen, um ihm zu huldigen. Dies bedeutete, dass sie das Neugeborene als eine Persönlichkeit von besonderer Bedeutung erkannten. Das ist es, was Matthäus im Neuen Testament erzählt.**

Und tatsächlich war Herodes, wie die Römer sechzig Jahre zuvor, so von den Interpretationen der Heiligen Drei Könige überzeugt, dass er die Jungen in und um Bethlehem tötete, um zu verhindern, dass dieser neugeborene „König" erwachsen wird. Herodes war erstaunt über das Erscheinen dieses „Sterns" und war überzeugt, dass der „Stern der Heiligen Drei Könige" bedeutsam und wichtig sei.

Um ausführlichere Informationen zu erhalten, verweise ich auf das Buch: „Der Stern, der die Welt in Erstaunen versetzte" von Dr. Martin, er geht akribisch ins Detail und bestimmt anhand der Sternbilder den genauen Tag, das Jahr und die Stunde, zu der unser Messias geboren wurde. Ich kann Ihnen nur empfehlen, sein Buch zu lesen. Das gesamte Buch kann unter folgendem Link kostenlos heruntergeladen werden: http://www.askelm.com/star/index.asp (Text auch in Deutsch) Es könnte noch vieles zitiert werden, doch das würde den Rahmen dieses Buches sprengen. Von David Sielaff, Director Associates for Scriptural Knowledge (Direktor, Mitarbeiter für biblisches Wissen) erhielt ich die Abdruckerlaubnis. www.askelm.com. Die Abdruckerlaubnis bzw. Lizenz wurde am 17. Juli 2023 erteilt!

Dann müsste sich schon der Evangelist geirrt haben, als er seine Bethlehem Geschichte mit der Feststellung einleitete, dass YAHU-SHUAs bereits geboren war, als die Sterndeuter gerade erst in Jerusalem ankamen (Matthäus 2, 1). Zu dieser Zeit sollte der Stern sicher noch nicht seinen Stillstand erreicht haben, denn er zog ja ausdrücklich auch noch auf dem Weg zwischen Jerusalem und Bethlehem vor den Sterndeutern her, um erst an dem Ort stillzustehen - wie es so schön heißt - wo das Kind war (Matthäus 2, 9).

Der Besuch der Sterndeuter ist von der Erzählung her also schon nicht mit dem Geburtstag YAHUSHUAs gleichzusetzen! Andernfalls müssten die Sterndeuter noch am selben Tag, an dem YAHU-SHUA geboren war, nacheinander in Jerusalem und in Bethlehem

gewesen sein.

Sollen die Fremden - möglicherweise aus Babylon kommend - an ein und demselben Tag – in Jerusalem eingetroffen sein, – nach dem neugeborenen König der Juden gefragt haben, – von Herodes zu einer Audienz gebeten worden sein, nachdem dieser noch am gleichen Tag, – alle Hohepriester und Schriftgelehrten zusammengeholt, – und über ihre Weissagungen befragt hatte, – und sollen diese Gelehrten, – dann noch nach Betlehem aufgebrochen sein, – um abends spätestens gegen 20 Uhr dort anzukommen?

Das besondere astronomische Phänomen, nämlich der gemeinsame Stillstand der Planeten am westlichen Horizont, ist dann aber nicht als die himmlische Markierung des Geburtsdatums YAHUSHUAs zu verstehen sondern als himmlischer Wegweiser zu dem bereits geborenen König der Juden. Der westliche Stillstand von Jupiter und Saturn zeigte den Sterndeuter an, dass sie ihr Ziel erreicht hatten. Wo ist der neugeborene König der Juden? Wir haben seinen Stern aufgehen sehen und sind gekommen, um ihm zu huldigen. Quelle: © Einheitsübersetzung der Heiligen Schrift DIE BIBEL, Stuttgart 1980, DIE BIBEL, Stuttgart 1980, Matthäus 2,2 Seite 1076.

Der Text könnte dahingehend ausgelegt werden, dass die Sterndeuter im Aufgehen des Sterns das Zeichen dafür gesehen haben, dass der König geboren ist. Der Geburtstermin könnte dann dem Datum ihres Aufbruchs entsprechen, die Reisezeit dem Alter des Kindes. Dass die Sterndeuter sofort beim Aufgehen des Sterns aufgebrochen sind, sagt die Heilige Schrift allerdings nicht. Sie können sich auch später auf den Weg gemacht haben. Wenn sie die Reisezeit nach Jerusalem kannten, hätten sie ihren Abreisetermin auch so einrichten können, dass sie zum eigentlichen astronomischen Ereignis, dem Stillstand der Planeten am westlichen Horizont, in Jerusalem eintreffen würden.

Herodes brauchte die Magier nur zu fragen, wann sie den Stern haben aufgehen sehen oder seit wann sie unterwegs waren. Dann konnte er seine Schlüsse daraus ziehen. Die Logik der Altersangabe von bis zu zwei Jahren beim Kindermord könnte darin liegen, dass

Herodes diese Zeit als Reisezeit von den Sterndeutern erfahren hatte. Der tatsächlichen Reisezeit von Babylon nach Jerusalem würde dies nicht entsprechen. Ob die Sterndeuter aus Babylon kamen, steht allerdings auch nicht in der Heiligen Schrift. Das nehmen die Wissenschaftler nur stark an, weil damals das Zentrum der wissenschaftlichen Astronomie immer noch in der Nähe von Babylon lag. Die Heilige Schrift sagt lediglich, dass die Sterndeuter aus dem Osten kamen.

Die Weisen aus Babylon bzw. die Magier machen sich auf den Weg nach Jerusalem

Als die Sterndeuter am 11. September 3 v. d. Zw. das himmlische Ereignis der Geburt von Daniels Messias beobachteten, brauchten sie höchstwahrscheinlich Zeit, um sich auf die lange und schwierige Reise nach Juda vorzubereiten. Es gab keinen Grund für sie, sich zu beeilen, denn der Messias war bereits geboren!!! Das Sammeln von Geld für die teuren Geschenke und für die Reise, das können wir erwarten, erforderte Zeit. Und in der Tat mussten sie angesichts der teuren Geschenke von Gold, Weihrauch und Myrrhe, die sie mitnahmen, für eine angemessene Sicherheit für ihre Reise sorgen, daher die Notwendigkeit von Wachen. >>>„Aus all

Dem können wir schließen, dass sie eine beträchtliche Zeit brauchten, um ihre Reise zu organisieren, und wir können sagen, dass es „eine Karawane von Magiern, Dienern und einigen Truppen war" und nicht nur drei Sterndeuter, die den ganzen Weg vom Osten in das Land Juda zogen. Dann muss die Reise selbst vier oder fünf Monate gedauert haben, bis sie in Jerusalem angekommen waren. Die Gesamterfahrung von der Beobachtung des himmlischen Zeichens bis zur Überreichung der Geschenke muss etwa ein Jahr gedauert haben. Quelle: © https://timeofreckoning.org/category/christmas-do-not-do-it.

Am **27. August 0002 v. d. Zw.** kommen die Planeten Jupiter, Mars, Merkur und Venus im Sternbild Löwe nahe zusammen. Jupiter und Mars sogar in Konjunktion.
Die Magier machen sich nun auf den Weg nach Jerusalem!

Am **2. Dezember 2 v. d. Zw.** erreichen die Magier Jerusalem. Der Jupiter befindet sich vor der Dämmerung „über" Bethlehem.

Zwischen dem Eintreffen der Hirten und den Weisen aus dem Morgenland liegen etwa 2 Jahre. Die Weisen sahen den Stern erst als YAHUSHUA geboren war. >**„Die Weisen und die Hirten sind sich also nie begegnet"!<** Der Bericht von Matthäus macht recht deutlich das YAHUSHUA etwa 2 Jahre alt gewesen sein muss und in einem Haus lebte. **Die Heilige Schrift gibt keinen Aufschluss darüber aus wieviel Personen die Weisen bestanden haben.** Die Anzahl der Geschenke beweist nicht, dass es drei Personen waren! Matthäus 2, 11

Bibelkenner wissen, dass im Evangelium ein Zeitraum von bis zu zwei Jahren zwischen Geburtstermin und Magier Besuch angedeutet ist. Von Herodes wird berichtet, er habe alle Knaben bis zum Alter von zwei Jahren töten lassen. Diese Altersgrenze habe er aus den Angaben der Magier erschlossen.

Das Eintreffen der Heiligen drei Könige

>>>„Und sie gingen in das Haus hinein und fanden das Kind samt Mirjam, seiner Mutter. Da fielen sie nieder und beteten es an; und sie öffneten ihre Schatzkästchen und brachten ihm Gaben: Gold, Weihrauch und Myrrhe"!<<< Matthäus 2, 11

YAHUSHUA (YAHUschuWAH) wurden am 25. Dezember 0002 v. d. Zw. von den Heiligen drei Königen (Magier) die Geschenke überreicht in einem Haus! Das war jedoch nie der Tag der Geburt!

Am 25. Dezember 2 v. d. Zw., als der Königsplanet Jupiter seinen stationären Punkt in der Mitte der Jungfrau erreichte, wäre er von Jerusalem ausgesehen „über Bethlehem stehen geblieben". Dann gingen die Heiligen Drei Könige nach Bethlehem und überreichten dem Kind die Geschenke, die sie aus dem Osten mitgebracht hatten. YAHUSHUA war nun ein Paidion (Griechisch: Kleinkind) und kein Brephos (Griechisch: Säugling, wie bei Lukas). Er war alt genug um zu stehen und zu gehen. Im Papyruskodex Bodmer V des Proto-Evangeliums des Jakobus, der im 4. Jahrhundert in Ägypten verfasst wurde, heißt es sogar, dass die Heiligen Drei Könige YAHU-SHUA „an der Seite seiner Mutter Mirjam stehen" sehen konnten. (21, 3). Dies zeigt, dass der Besuch der Heiligen Drei Könige, um YAHUSHUA Geschenke zu überreichen, lange nach seiner Geburt stattfand!!! Diese Gaben durch die Heiligen Drei Könige dürften in den Chanukka-Tagen stattgefunden haben, als jüdische Väter es gewohnt waren, ihren Kindern Geschenke zu machen.

Dies wäre dem jüdischen Volk völlig angemessen erschienen. Als die Heiligen Drei Könige eintrafen, befand sich Mirjam mit dem Sohn Gottes in einem Haus! Josef war also nicht dabei! Sie wohnten nun in einem Haus (Matthäus 2, 11). Der Sohn Gottes war beschnitten (Lukas 2, 21) und etwa vierzig Tage nach seiner Geburt im Tempel geweiht worden (Lukas 2, 22 – 24).

Als die Heiligen Drei Könige ankamen, lief YAHUSHUA (YAHUschu-WAH) bereits und konnte ein paar Worte sprechen, wie es die meisten normalen Kinder im Alter von mehreren Monaten tun würden.

Wenn man all diese Beweise berücksichtigt, zeigt sich, dass der Sohn Gottes sicherlich einige Monate alt war, als die Heiligen Drei Könige ihre Gaben überreichten.

Quelle: © Um ausführlichere Informationen zu erhalten, verweise ich auf das Buch: „Der Stern, der die Welt in Erstaunen versetzte" von Dr. Martin, er geht akribisch ins Detail und bestimmt anhand der Sternbilder den genauen Tag, das Jahr und die Stunde, zu der unser Messias geboren wurde. Ich kann Ihnen nur empfehlen, sein Buch zu lesen. Das gesamte Buch kann unter folgendem Link kostenlos heruntergeladen werden: http://www.askelm.com/star/index.asp (Text auch in Deutsch) Es könnte noch vieles zitiert werden, doch das würde den Rahmen dieses Buches sprengen. Von David Sielaff, Director Associates for Scriptural Knowledge (Direktor, Mitarbeiter für biblisches Wissen) erhielt ich die Abdruckerlaubnis. www.askelm.com. Die Abdruckerlaubnis bzw. Lizenz wurde am 17. Juli 2023 schriftlich erteilt!

Als die Sterndeuter ankamen, lesen wir in Matthäus 2, 9 - 11, dass sie ein Kind in einem Haus fanden, kein Säugling in einem Stall was nur bedeutet, <u>**dass YAHUSHUA zum Zeitpunkt der Ankunft der Magier ein Kleinkind war, da dies darauf hinweist, was die hebräischen und griechischen Texte des Matthäus-Berichts anzeigen.**</u>

Und siehe, der Stern, den sie (die Sterndeuter) im Morgenland gesehen hatten, ging ihnen voraus, bis er kam und über der Stelle stand, wo das Kind war. (Vers 9) Und als sie den Stern sahen, freuten sie sich mit übergroßer Freude. <u>**Und als sie in das Haus kamen, sahen sie das Kind mit Mirjam, seiner Mutter (nur mit seiner Mutter), und fielen nieder und erwiesen ihm Ehrerbietung, öffneten ihre Schätze und brachten ihm Geschenke von Gold, Weihrauch und Myrrhe dar.**</u>

<u>**Als die Sterndeuter nach etwa über einem Jahr ankamen, muss die Familie in ihre Heimatstadt Nazareth gezogen sein, wo die Sterndeuter YAHUSHUA trafen. Nirgendwo im Text findet sich ein Hinweis darauf, dass die Sterndeuter nach Bethlehem gingen!!!**</u>

<u>**Beachten sie, dass im Text steht, wo das Kind war, und nicht, wo das Kind geboren wurde. Die Verwirrung unter Millionen von Gläubigen heute, dass sie das Kind YAHUSHUA in Bethlehem trafen,**</u>

kommt von Herodes selbst, der die Hohenpriester fragte, wo der Messias geboren werden sollte, und sie antworteten (Matthäus 2, 4 - 5): „In Bethlehem von Juda, denn dies ist vom Propheten geschrieben worden" (Micha 5,2).

Daher schickte Herodes die Sterndeuter nach Bethlehem, um nach dem Kind zu suchen, aber nirgendwo im Text wird gesagt, dass sie tatsächlich nach Bethlehem gingen, aber sie müssen dorthin gegangen sein, wo YAHUSHUA tatsächlich war: in Nazareth!!! Als Herodes sah, dass er von den Sterndeutern getäuscht worden war, sandte er in seinem Wahnsinn Soldaten aus um alle männlichen Kinder in Bethlehem töten zu lassen. Rechnerisch nach der Zeit, die er von den Sterndeutern gelernt hatte (Matthäus 2, 16). **Dieser Bericht zeigt, dass YAHUSHUA zwischen einen und zwei Jahren alt gewesen sein muss.** Quelle: © https://timeofreckoning.org/category/christmas-do-not-do-it.

Mirjam empfing YAHUSHUA im Dezember 4 v. d. Zw. (Chanukka) YAHUSHUA wurde am 11. September 3 v. d. Zw. (Tag der Posaunen) geboren. Die Sterndeuter kamen und fanden das kleine Kind YAHUSHUA in einem Haus am 25. Dezember 2 v. Chr. (Chanukka) und zwei Jahre nach der Empfängnis YAHUSHUAs. YAHUSHUA war zu dieser Zeit 1 Jahr und 3 Monate alt und in seinem zweiten Jahr, nachdem er aus dem Mutterleib gekommen war. Die Sterndeuter wurden von einem Engel gewarnt, auf einem anderen Weg in ihr Land zurückzukehren, und auch Josef wurde gewarnt, mit Mirjam und dem Kind nach Ägypten zu fliehen. Herodes wurde kurz nach der Sonnenfinsternis, die sich am 10. Januar 1 v. d. Zw. ereignete (16 Tage nachdem die Sterndeuter YAHUSHUA besucht hatten), schwer krank. Höchstwahrscheinlich als Strafe für die Ermordung aller Kinder in Bethlehem und auch, um YAHUSHUA zu beschützen. Herodes starb am 28. Januar im Jahr 0001 v. d. Zw.! Quelle: © https://timeofreckoning.org/category/christmas-do-not-do-it.

König Herodes starb im Jahr 0001 v. d. Zw.!

Quelle: Bild-Autor: © https://de.wikipedia.org/wiki/Herodes#/media/Datei:JRSLM_300116_Herod_Sarcophagus.jpg; Oren Rozen.

Wir verfügen über neue historische Dokumente, die völlig unabhängig von den frühchristlichen Vätern oder Josephus sind und zeigen, dass Herodes Anfang 1 v. d. Zw. starb.
Herodes starb tatsächlich etwa am 28. Januar (Schevat) im Jahr 1 v. d. Zw.!!!

Sobald die Sonnenfinsternis vom 10. Januar 0001 v. d. Zw. als die von Josephus erwähnte angenommen wird, folgt daraus, dass Herodes einige Tage später (z. B. am 28. Januar) gestorben ist. Wir haben festgestellt, dass die Mondfinsternis, die mit dem Tod des Herodes in Verbindung gebracht wurde, die des 10. Januar 1 v. d. Zw. war.

Man könnte sogar sagen, dass die grundlegenden Informationen im Neuen Testament, dass YAHUSHUA vor dem Tod des Herodes geboren wurde, gepaart mit der Geschichte von Josephus, dass

Herodes nicht lange nach einer Mondfinsternis starb (und die Mondfinsternis fand am 10. Januar 1 v. d. Zw. statt), genau das ist der Schlüssel, die die römischen historischen Aufzeichnungen verständlich machen.

Finsternisse sind aussagekräftige astronomische Indikatoren, die die genauen Zeitpunkte anzeigen, zu denen Ereignisse in der Geschichte stattgefunden haben. Selbst solche, die vor 2000 Jahren stattfanden, können bis auf wenige Minuten nach ihrem Auftreten berechnet werden, und wenn man die richtige Mondfinsternis auswählen kann, auf die sich Josephus bezog, dann werden weitere historische Untersuchungen als unnötig erachtet, da die „Astronomie" die chronologische Frage geklärt hat.

Diejenigen Theologen, die dieses astronomische Prinzip zur Lösung chronologischer Fragen übernommen haben, haben völlig Recht. Über Finsternisse lässt sich nicht streiten. Sie sind solide und unangefochtene Zeugen, die die Wahrheit früher historischer Aufzeichnungen untermauern – wenn man die richtige Sonnenfinsternis berücksichtigt.

Es müssen die historischen, archäologischen und chronologischen Beweise ausgewertet werden, die die Sonnenfinsternis stützen und mit den in den Aufzeichnungen bereitgestellten Beweisen ordnungsgemäß übereinstimmen können. Die Astronomie ist der Schlüssel zu allem. Es ist ein sicherer Leitfaden für jede Chronologie, wenn man über Unterlagen verfügt, die ein historisches Umfeld bieten, um die Beweise der Astronomie zu nutzen.

Im Fall der Sonnenfinsternis von Josephus gibt es umfangreiche historische und archäologische Unterlagen, die es Historikern ermöglichen, die genaue Mondfinsternis zu bestimmen, auf die sich Josephus selbst in diesem dunklen Jahrzehnt bezog in der römischen Geschichte.

Herodes Tod
Mögliche Chronologie
Die folgende (evtl. mögliche) Chronologie basiert auf Victor Paul

Mai 4 v. d. Zw.: Während Zacharias, der Priester aus der Abteilung Abias, in der Ordnung dieser Abteilung den priesterlichen Dienst verübte (Lukas 1, 5 - 8), erscheint ihm der Engel Gabriel. (Lukas 1, 11 ff).

Gabriel verheißt dem kinderlosen Paar Zacharias und Elisabeth einen Sohn. Nach diesen Tagen wird Elisabeth im **Juni, 4 v. d. Zw.** mit Johannes dem Täufer schwanger. (Lukas 1, 24, Lukas 1, 36) Im **Dezember 4 v. d. Zw.**, im sechsten Monat (der Zeugung von Johannes) wird Gabriel zu Mirjam, der Cousine von Elisabeth, gesandt (Lukas 1, 26 - 27). In selbigen Tagen besucht Mirjam Elisabeth. (Lukas 1, 39 - 40)

Mirjam bleibt ungefähr drei Monate bei Elisabeth (Lukas 1, 56) und kehrt im **März 3 v. d. Zw.** in ihr Haus zurück.

Elisabeth gebiert Johannes (Lukas 1, 57)

Am **3. August 3 v. d. Zw.** befinden sich Jupiter (der König der Planeten) und Venus in Konjunktion; die beiden Planeten befinden sich im Sternbild Löwe. Die Magier vom Morgenland sehen dieses astrono mische Ereignis (Matthäus 2, 1 ff).

Am **11. September 3 v. d. Zw.** befindet sich die Sonne im Sternbild Jungfrau mit dem Mond unter ihren Füssen. Der Sohn Gottes wird geboren. Im Jüdischen Kalender entspricht dies dem 1. Tischri.

Am **13. September 3 v. d. Zw.** befinden sich Jupiter und Regulus im Sternbild Löwe in Konjunktion.

Am **17. Februar 2 v. d. Zw.** befinden sich Jupiter und Regulus im Sternbild Löwe in Konjunktion.

Am **8. Mai 2 v. d. Zw.** befinden sich Jupiter und Regulus im Sternbild Löwe in Konjunktion.

Am **17. Juni 2 v. d. Zw.** befinden sich Jupiter und Venus im Sternbild Löwe in Konjunktion.

Am **27. August 2 v. d. Zw.** kommen die Planeten Jupiter, Mars, Merkur und Venus im Sternbild Löwe nahe zusammen. Jupiter und Mars sogar in Konjunktion. Die Magier machen sich nun auf den Weg nach Jerusalem.

Am **2. Dezember 2 v. d. Zw.** erreichen die Magier Jerusalem. Der Jupiter befindet sich vor der Dämmerung über Bethlehem.

Am **9. Januar 1 v. d. Zw.** geht dem Tod von Herodes eine Mondfinsternis voran.

Am **8. April 1 v. d. Zw.** löst Archelaus das Passahfest auf. Josef, Mirjam und YAHUSHUA HA MASCHIACH kommen von Ägypten nach Judäa zurück, lassen sich aber in Nazareth in Galiläa nieder.

„Wir haben festgestellt, dass die Mondfinsternis, die mit dem Tod des Herodes in Verbindung gebracht wird, die vom 10. Januar 1 v. d. Zw. war. Zwei prominente Rabbiner starben am Vorabend dieser Sonnenfinsternis den Märtyrertod. Wenige Wochen später fand das Passahfest statt, an dem 3000 Jehudim aus Protest gegen die Hinrichtung der Rabbiner im Tempelbezirk den Tod fanden. Dies führte zum Ausbruch des Krieges im späten Frühjahr 1 v. u. Z. und Varus trat im Frühsommer in den Konflikt ein".

Ob Herodes 10. Januar oder 1 v. d. Zw. am 28. Januar starb, macht keinen signifikanten Unterschied: Der Tod des Herodes legt die Geburt des Messias mindestens zwei Jahre zurück, besonders wenn man seinen Aufenthalt in Ägypten berücksichtigt (Matthäus 2, 16; Matthäus 2, 19 - 23). Daher wurde YAHUSHUA 3 v. d. Zw. geboren und Herodes starb 1 v. d. Zw.!

Satanische Heidnische Feste werden als christliche Feiertage gefeiert

Seit dem Turmbau zu Babel in 1. Mose 11, 1 - 4 haben Hexen, Satanisten und Okkultisten jährlich acht heidnische Sabbate für ihren heidnischen Sonnengott gefeiert. Im 3. Jahrhundert verschleierte der römische Kaiser Konstantin diese heidnischen Feste und ließ sie als „christliche Feiertage" erscheinen!!!

Quelle: © https://schnaeggi.jimdofree.com/kelten/.

1. **Fest: Yule - Weihnachten** bzw. Windersonnenwende am 21. Dezember. 24. Dezember ist der Dämonische Abend im Satanskalender. Trauerabend wegen der in dieser Nacht gefeierten Geburt Christi. Yule ist die Geburt oder Wiedergeburt der Sonne. 25. – 26. Dezember Weihnachten. Also der angebliche Geburtstag von Jesus Christus? Weihnachten ist rein satanischen Ursprungs!

2. **Fest: Imbolc ist ein Lichtfest** Imbolc bildet den Mittelpunkt zwischen den beiden Festen Yul im Dezember und Ostara im März. Bekannt auch als Maria Lichtmess und wird am 1. – 2. Februar gefeiert. Ein Hexenfest im Satanskalender. 1. Fest im Jahreskreis. Das Lichtfest ist rein satanischen Urpurngs!

3. **Fest: Ostara - Osterfest** am 21. März Karfreitag Verspottung des Todes Christi im Satanskalender. Frühjahrs-Tag und Nachtgleiche Frühlingsfest. Ein keltische Jahreskreisfest. Ostara – Ostereier. Ostara (Ostern) Fruchbarkeitsgöttin Ishtar.

4. **Fest: Fest Beltane** wird am 30. April und 1. Maifeiertag gefeiert. Feuerfest in der Wallburgisnacht (Nacht der Hexen) wird gefeiert. Keltisches Jahreskreisfest. Der Geburtstag Satans im Satanischen Kalender. Beltane ist rein satanischer Ursprungs!

5. **Fest: Litha Sommersonnenwendefest** am 21. Juni Litha ist eine Keltische Mondgöttin. Längster Sonnentag.

6. **Fest: Lughnassad – Lammas** wird am 1. August gefeiert. Benannt nach dem keltischen Sonnengott Lugh. Lughnasadh ist eines der vier keltischen Jahreskreisfeste. Bekannt auch als Marias Himmelfahrt. Fest der Ernte. Lammas ist rein satanischer Ursprung!

7. **Fest Mabon** wird am 21. – 23. September gefeiert. Fest der Herbst Tag und Nachgleiche. Eines der vier Sonnenfeste. Erntedankfest. Mabon bezeichnet den Sohn der Göttin Modron, der geraubt und in Gefangenschaft gehalten wurde.

8. <u>Fest Samhain – Teufelsnacht</u> wird am 31. Oktober gefeiert. Keltisches Totenfest. Ein Geisterfest. 1. November Allerheiligen. Halloween-Fest. Feier des Todes im Satanskalender. <u>Samhain ist rein satanischer Ursprung!</u>

Das sind alles völlig heidnische Feste, die man ja locker als Christ oder als Pseudochrist wohl feiert! Oder???   Lieber nicht!!!

<u>1538 erklärte die römisch-katholische Kirche diese acht heidnischen Sabbate offiziell zu sogenannten „christlichen Feiertagen"!!!</u> Wer Weihnachten feiert, der feiert die Wiedergeburt der Sonne, bzw. den Sonnengott mit seinen verschiedenen Namen, hinter welchen Satan steckt. Und es behaupte bitte keiner das der echte Sohn Gottes am 24. Dezember geboren ist! Sunburst –Strahlenkranz lässt grüßen.   <u>Wach auf! Wach auf!</u>

Hiermit ist klar und deutlich der Beweis erbracht dass das Weihnachtsfest ein satanisches Fest ist!!!

<u>Aufzählung anderer heidnischer Festtage, die auf Weihnachten fallen:</u>

<u>Das Julfest, 21. Dezember, alter Kalender – Nordeuropäisches Fest Geburtstag von Horus (ägyptischer Gott), 21. Dezember, alter Kalender – Ägyptisches Fest Wendling, 24. - 26. Dezember – Fränkisch-elbgermanisches Fest Geburtstag von Tammuz (babylonischer Gott), 25. Dezember – Babylonisches Fest, Geburtstag von Mithras, 25. Dezember – Fest vom Mithraskult, Feiertag von Sol Invictus (römischer Sonnengott), 25. Dezember – Römisches Fest Raunächte, 24. - 26. Dezember – Heidnisches Fest (die christliche Kirche formte daraus später das Weihnachtsfest)</u>

Die Katholische Kirche hat Weihnachten auf ein heidnisches Datum gelegt, um die Heiden zu überzeugen.
<u>Die Katholische Kirche selbst hat zugegeben, dass sie den Geburts-</u>

tag von Jesus auf das Fest des Mithraskultes gelegt haben, um die **Heiden vom Glauben am Christentum zu überzeugen!!!** Und das ist nur eines der vielen Beispiele dieser Praxis. Dass die Handlungen der Katholischen Kirche so dafür gesorgt haben, dass das Heidentum, in allen Facetten unserer Gesellschaft weiter besteht, das widerspricht den von Gott gebotenen Worten der Bibel. Quelle: © https://fokusisrael.de/ist-weihnachten-biblisch/.

Das Weihnachtsfest ist ein Fest zu Ehre Satans, und wer es feiert sollte nicht behaupten dass er ein Nachfolger(in) des echten Sohn-es Gottes YAHUSHUA ist!!!

Schlusswort: Weihnachten ist ein heidnisches Fest und satanisches Fest und nicht biblisch!!!
Tatsächlich findet man in der gesamten Bibel nicht eine einzige Stelle, in der Gott den Menschen sagt, dass sie Weihnachten feiern sollen. Es lässt sich auch keine Bibelstelle finden, mit der sich belegen lässt, dass Israeliten oder die wahren Gläubigen Weihnachten gefeiert haben!

Gott YAHUWAHs Festtage

>>>„Für echte Sohn Gottes Nachfolger" die an den „echten, jüdischen Sohn Gottes Namens YAHUSHUA glauben", sind einzig und allein die von Gott YAHUWAH geschaffenen Feste gültig"!!!<<<

Es sage bitte keiner, das gilt ja nur für das Volk Israel und die Juden!

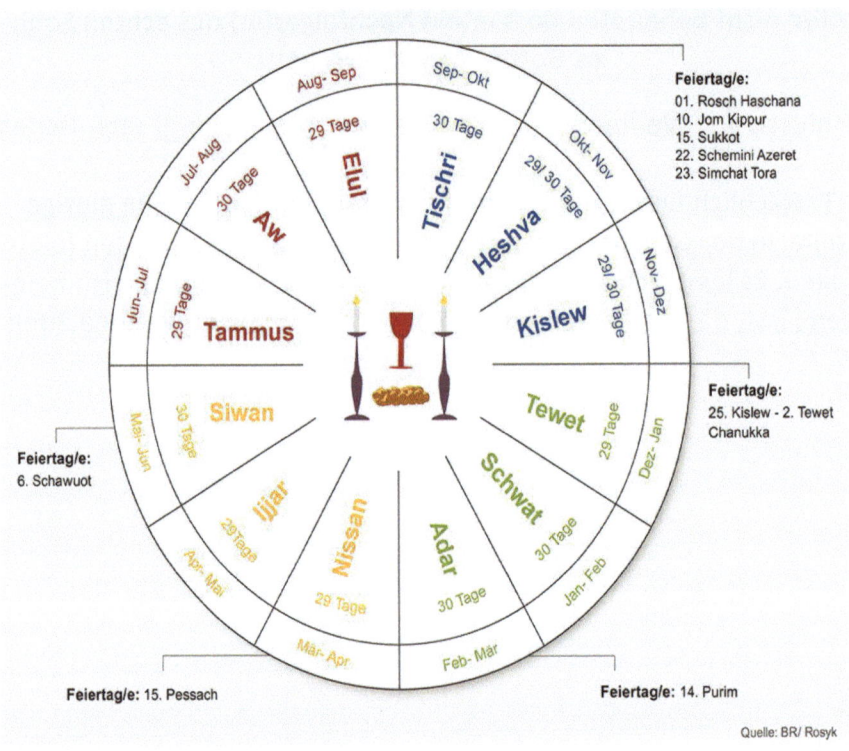

Quelle: © https://ausstellungen.deutsche-digitale-bibliothek.de/juedischesleben-kreismettmann-/ #s6

Beginnend mit dem Jüdischen Kalender

1. Fest: Rosch Ha Shana (Posaunentag (Fest))

Beginnen wir mit demTag der Geburt des echen Sohnes Gottes YAHUSHUA HA MASCHIACH am Rosch Hashana Tag (Jüdischer Neujahrstag) (1. Tag des Jahres) (Tag des Schofar-Blasens, Tag des Lärmblasens). Der Tag findet am 1. Tischri statt. (Anno 2024 am 3. + 4. Okt.) (im jüdischen Jahr 5785) Der Tag beginnt immer am Abend des Vortages bei den Juden! Grundlage: 3. Mose 23, 23 – 25. Es ist das fünfte Fest in Gottes Festzyklus und gehört zu den sogenannten „Hochheiligen Tage" oder „Hohen Feiertage", welche auch unter der hebräischen Bezeichnung „Jamim Nora'im" bekannt sind, was so viel bedeutet wie „Tage der Ehrfurcht" oder „ehrfurchtserweckende Tage".

2. Fest: Yom Kippur (Versöhnungstag (Fest)) (Tag des Fastens und der Reue)

Jom Kippur dieses Fest findet am 10. Tag des Neuen Jahres statt, also 10 Tage nach dem Rosch Ha Shana Tag, am 10. Tischri. (Anno 2024 am 12. Okt.) (im jüdischen Jahr 5785) Es ist der höchste jüdische Feiertag. Grundlage: 3. Mose 23, 26 – 32. Der große Versöhnungstag, Jom Kippur, ist das sechste „Fest" in Gottes Festzyklus und fällt in die sogenannten „Hochheiligen Tage" oder „Hohen Feiertage", welche auch unter der hebräischen Bezeichnung „Jamim Nora'im" bekannt sind, was so viel bedeutet wie „Tage der Ehrfurcht" oder „ehrfurchtserweckende Tage".

3. Fest: Sukkot (Laubhüttenfest)

Das Laubhüttenfest ist ein siebentägiges Fest. Es wird von 15. bis 21. Tischri gefeiert. (Anno 2024 am 17. – 24. Okt.) (im jüdischen Jahr 5785) Grundlage: 3. Mose 23, 33 – 43. Das Laubhüttenfest ist das siebte und letzte Fest in Gottes Festzyklus, im siebten Monat, dauert sieben Tage und ist somit das Fest der Vollendung.

4. Fest: Schmini Azerot (Letzter Großer Tag)

Direkt nach dem siebentägigen Laubhüttenfest findet als Schlussfest also am 8. Tag des Festes statt. Es wird am 22. Tischri gefeiert. (Anno 2024 am 24. Oktober) (im Jüdische Jahr 5785).

5. Fest Passahfest (Chag ha Pessah)

Das Fest wird vom 14. – 21. Nissan statt. (Anno 2024 vom 23. – 30. April) (im jüdischen Jahr 5784) Das Passahfest ist das erste Fest in Gottes Festzyklus und liegt im ersten Monat des geistlichen (biblischen) Kalenders Nissan, auch Abib genannt.

6. Fest: Chag ha-Mazzot (Tage der ungesäuerten Brote)

Das Fest findet am 15. Nissan statt. (Anno 2024 am 24. April) (im jüdischen Jahr 5784) Das Fest der ungesäuerten Brote ist das zweite Fest in Gottes Festzyklus. Es folgt unmittelbar dem ersten Tag des Passahfestes (Pessach) und wird im ersten Monat Nissan/Abib gefeiert.

7. Fest: Chagha Schawuot (Pfingsten) (Jüdisches Erntedankfest)

Das Fest findet am 6. + 7. Siwan statt. (Anno 2024 vom 12. – 13. Juni) (im jüdischen Jahr 5784) Das Fest ist das vierte Fest in Gottes Festzyklus. Das Fest ist auch als Pfingstfest bekannt. Am Fest der Erstlingsfrüchte (Chag ha-Bikkurim) beginnt man, 50 Tage zu zählen; die Omerzählung beginnt. Am 50. Tag nach dem Fest der Erstlingsfrüchte ist das Wochenfest (Schawuot) oder Pfingsten (3. Mose 23, 15 - 21).

Der wöchentliche Sabbat

Die sieben Fest YAHUWAHs weisen uns auf das Leben unseres Messias hin! Wenn man andere Feste feiert, sollte man sich fragen an welchen Messias man dann glaubt???

Wahre echte Gläubige halten die biblischen Sabbate und Festtage ein! Sie folgen also dem ursprünglichen Ur-Gläubigentum des Neuen Testamentes!!!

Gott YAHUWAH hat den Gläubigen verboten heidnische Feste zu feiern

>„In Zukunft wird er diese noch einmal wiederholen"!!!<

Wie wir jedoch gerade gesehen haben, hat YAHUSHUA tatsächlich alle sieben Feste bei seinem ersten Kommen erfüllt!!! Denn der echte Sohn Gottes YAHUSHUA ist Jude, und kein Römer oder Latainer oder Grieche!

Tatsächlich ist es so, dass Gott den Menschen in der Bibel mehrfach verboten hat, heidnische Feste zu feiern und sich ihren Bräuchen anzupassen. Die nachfolgenden Bibelverse sprechen für sich selbst:

>>>„Wenn YAHUWAH, dein Gott, die Heidenvölker vor dir her ausrottet, da, wo du hinkommst, um sie aus ihren Besitz zu vertreiben, und wenn du sie aus ihrem Besitz vertrieben hast und in ihrem Land wohnst, so hüte dich, dass du dich nicht verführen lässt, sie nachzuahmen, nachdem sie doch vor dir her vertilgt worden sind, und dass du nicht nach ihren Göttern fragst uns sagst: Wie dienten diese Heiden ihren Göttern? Ich will es ebenso tun! Du sollst YAHUWAH deinem Gott nicht auf diese Weise dienen, denn alles, was ein Gräuel ist für YAHUWAH, was er hasst, haben sie für ihre Götter getan; ja, sogar ihre Söhne und ihre Töchter haben sie für ihre Götter im Feuer verbrannt"!<<< 5. Mose 12, 29 – 31

In 3. Mose 18 hat Gott den Israeliten befohlen, weder die alten Züge der Ägypter anzunehmen, noch sich an die Kanaaniter anzupassen, in dessen Land sie zogen.

>>>„Und YAHUWAH redete zu Mose und sprach: Rede mit den Kindern Israel und sprich zu ihnen: Ich YAHUWAH, bin euer Gott! Ihr sollt nicht so handeln, wie man es im Land Ägypten tut, wo ihr gewohnt habt, und sollt auch nicht so handeln, wie man im Land Ka-

naan tut, wohin ich euch führen will, und ihr sollt nicht nach ihren Satzungen wandeln. Nach meinen Rechtsbestimmungen sollt ihr handeln und meine Satzungen halten, dass ihr in ihnen wandelt; denn ich, YAHUWAH, bin euer Gott. Darum sollt ihr meine Satzungen und meine Rechtsbestimmungen halten, denn der Mensch, der sie tut, wird durch sie leben. Ich bin YAHUWAH"!<<< 3. Mose 18, 1 – 5

In 2. Könige 17 wird beschrieben, wie die israelitischen Stämme des Nordreichs von den Assyrern aus Israel verschleppt wurden, weil sie heidnische Bräuche gehalten haben und nach ihren Satzungen gewandelt sind.

>>>„Und dies geschah deshalb, weil die Kinder Israel gesündigt hatten wider YAHUWAH, ihren Gott, der sie aus dem Land Ägypten geführt hatte, aus der Hand des Pharao, des Königs von Ägypten, und weil sie andere Götter fürchteten und weil sie nach den Satzungen der Heidenvölker wandelten, die YAHUWAH vor den Kindern Israel vertrieben hatte, und nach (den Satzungen) der Könige von Israel, welche diese gemacht hatten"!<<< 2. Könige 17, 7 – 8

Wir sehen also, dass das Einhalten von heidnischen Bräuchen Gott nicht gefällt und im Fall der Israeliten weitreichende Konsequenzen hatte. Übrigens sind die zehn verlorenen Stämme Israels bis heute nicht in ihr Land zurückgekehrt.
Jeremia beschreibt einen heidnischen Brauch, der Weihnachten sehr ähnlich ist: Was an der nachfolgenden Stelle sehr interessant ist, ist die Tatsache, das es allerdings hier um Götzen geht.

>>>„So spricht YAHUWAH: Lernt nicht den Weg der Heiden und erschreckt euch nicht vor den Zeichen des Himmels, auch wenn die Heiden sich vor ihnen fürchten! Denn die Bräuche der Heiden sind nichtig. Denn ein Holz ist´s, das man im Wald gehauen hat und das der Künstler mit dem Schnitzmesser anfertigt. Er verziert es mit Silber und Gold und befestigt es mit Hämmern und Nägeln, damit es nicht wackelt"!<<< Jeremia 10, 2 – 4

Weihnachten ist durch und durch ein heidnisches Fest!!!

Die Wintersonnenwende ist und war einer der höchsten Feiertage von unzähligen heidnischen Kulturen überall auf der Welt. **So ist es kein Wunder, dass der 25. Dezember eigentlich „nicht" der Geburtstag des Sohnes Gottes ist, sondern der Feiertag vom heidnischen Sonnengott Sol.** Auch der 21. Dezember, der vor der Kalenderänderung vom julianischen zum gregorianischen Kalender auf denselben Tag gefallen ist, war der höchste Tag im heidnischen Mithraskult, der zu Zeiten des frühen Christentums in voller Blüte stand. Andere Bräuche, die vom Mithraskult übernommen wurden, sind auch heute noch in der Katholischen Kirche prävalent, unter anderem auch die Weihnachtsbräuche.

Die biblischen Feste, die Gott geboten hat, finden wir in der Bibel. Jetzt werden sich einige von euch fragen, welche Feste sie denn nun feiern sollen. Die Bibel gibt auch eine klare Antwort darauf. Denn in 3. Mose 23 hat Gott den Israeliten geboten, welche Feste sie feiern sollen. Anzumerken ist, dass an dieser Stelle jegliche Spur von Weihnachten oder gar Ostern fehlt.

Die frühen Christen feierten kein Weihnachten, sondern die biblischen Feste!
Auch die frühen echten Gläubigen haben kein Weihnachten gefeiert, sondern Feste, die Gott ihnen geboten hatte! Und auch der Sohn Gottes feierte die jüdischen Festtage!

>>>„Es war aber das Laubhüttenfest der Juden nahe. Nachdem aber seine Brüder zum Fest hinaufgegangen waren, ging auch er hinauf zum Fest nicht öffentlich, sondern wie im Verborgenen"!<<< Johannes 7, 2 + 10

>>>„Am ersten Tag der ungesäuerten Brote traten die Jünger nun zu YAHUSHUA und sprachen zu ihm: Wo willst du, dass wir dir das Passahmahl zu essen bereiten? Und er sprach: Geht hin in die Stadt zu dem und dem und sprecht zu ihm: Der Meister lässt dir sagen: Mei-

ne Zeit ist nahe; bei dir will ich mit meinen Jüngern das Passah halten! Und die Jünger taten, wie YAHUSHUA ihnen befohlen hatte, und bereiteten das Passah. Als es nun Abend geworden war, setzte er sich mit den Zwölfen zu Tisch"!<<< Matthäus 26, 17 – 20

>>>„Danach war ein Fest der Juden, und YAHUSHUA zog hinauf nach Jerusalem"!<<< Johannes 5, 1

>>>„Im Gegensatz zu dem, was viele lehren, hat auch Paulus die jüdischen Feste eingehalten"!!!<<<

>>>„Darum fegt den alten Sauerteig aus, damit ihr ein neuer Teig seid, da ihr ja ungesäuert seid! Denn unser Passahlamm ist ja für uns geschlachtet worden: HA MASCHIACH. So wollen wir denn nicht mit altem Sauerteig Fest feiern, auch nicht mit Sauerteig der Bosheit und Schlechtigkeit, sondern mit ungesäuerten Broten der Lauterkeit und Wahrheit"!<<< 1. Korinther 5, 7 – 8

>>>„Als sie ihn aber baten, längere Zeit bei ihnen zu bleiben, willigte er nicht ein; sondern nahm Abschied von ihnen, indem er sprach: Ich muss unter allen Umständen das bevorstehende Fest in Jerusalem feiern, ich werde aber wieder zu euch zurückkehren, so Gott will"!<<< Apostelgeschichte 18, 20 – 21

Auch Feste, wie Pfingsten, die in der Bibel beschrieben werden, sind nur Abänderungen der Feste, die Gott den Israeliten geboten hat. Sie fallen auch auf dasselbe Datum. Auch dies war nur ein Versuch der Kirche sich vom Judentum zu distanzieren und den Heiden zu gefallen.
Allerdings gibt es reichlich Beweise dafür, dass YAHUSHUA und auch die frühen echten Gläubigen die biblischen Feste aus 3. Mose 23 gefeiert haben und auch wir sollten diesem Beispiel folgen! Denn bereits die Propheten hatten vorhergesagt, dass die Heiden die Feste feiern und nach den Satzungen der Israeliten handeln würden.

>>>„Und es wird geschehen, dass alle Übriggebliebenen von all den Heidenvölkern, die gegen Jerusalem gezogen sind, Jahr für Jahr heraufkommen werden, um den König, den Herrn der Heerscharen, anzubeten und das Laubhüttenfest zu feiern. Und es wird geschehen: Dasjenige von den Geschlechtern der Erde, das nicht nach Jerusalem hinaufziehen wird, um den König, den Herrn der Heerscharen, anzubeten, über die wird kein Regen fallen"!<<< Sacharja 14, 16 - 17

>>>„Und viele Heidenvölker werden hingehen und sagen, Kommt, lasst uns hinaufziehen zum Berge YAHUWAHs, zum Hause des Gottes Jakobs, damit er uns über seine Wege belehre und wir auf seinen Pfaden wandeln! Denn von Zion wird das Gesetz ausgehen und das Wort YAHUWAHs von Jerusalem"!<<< Micha 4, 2

Denn gleichwie der neue Himmel und die neue Erde, die ich mache, vor meinem Angesicht bleiben werden, spricht YAHUWAH, so soll auch euer Same und euer Name bestehen bleiben. Und es wird geschehen, dass an jedem Neumond und an jedem Sabbat alles Fleisch sich einfinden wird, um vor mir anzubeten, spricht YAHUWAH. Und man wird hinausgehen und die Leichname der Leute anschauen, die von mir abgefallen sind; denn ihr Wurm wird nicht sterben und ihr Feuer nicht erlöschen; und sie werden ein Abscheu sein für alles Fleisch"!<<< Jesaja 66, 22 – 24; Quelle: © https://www.staybiblical.com/de/weihnachten-ist-ein-heidnisches-fest/.

>>>„Und passt euch nicht diesem Weltlauf an, sondern lasst euch in eurem Wesen verändern durch die Erneuerung eures Sinnes, damit ihr prüfen könnt, was der gute und wohlgefällige und vollkommene Wille Gottes ist"!<<< Römer 12, 2

Es würde den Rahmen dieses Buches sprengen, wenn hier auch noch die Evanglischen und Katholischen Feste aufgeführt würden, und gedanklich behandelt würden.
Wir würden sehr schnell feststellen, das die Evangelischen und auch die Katholischen Irrgläubigen genau und parallel die heid-

nischen und satanischen Feste feiern und noch welche dazu getan haben.

Charles Haddon Spurgeon, der berühmte englische Prediger, sagte: „Wir schenken Jahreszeiten und besonderen Tagen keine abergläubische Beachtung. Ganz sicher glauben wir nicht an die gegenwärtige kirchliche Einrichtung namens Weihnachten. **Wir finden kein biblisches Wort darüber, dass wir irgendeinen Tag als den Geburtstag des Erlösers feiern sollen und folglich ist jede derartige Feier Aberglaube, weil sie nicht von göttlicher Autorität ist!!!** Wahrscheinlich ist es so, dass die Feiertage eingerichtet wurden um mit den heidnischen Festivitäten übereinzustimmen. Wie absurd zu denken, wir könnten es im Geist der Welt tun, mit einem Clownartigen Schneemann, einem täuschenden, weltlichen Weihnachtsmann und einem gemischten Programm heiliger Wahrheit mit Vergnügen, Täuschung und Klüngel".

Quelle: © http://cherylu.com/charles-haddon-spurgeon-word-of-knowledge/ Aus einer Ausarbeitung von Harold Graf, E-Mail: haroldgraf@gmx.de und Internet-Seite Homepage: www.jesus-christus-erlö-sungsweg-zum-ewigen-leben.de.

Wer das Weihnachtsfest feiert, kann sich nicht ernsthaft als echter Gläubiger bezeichnen, höchsten als Pseudo-Christ bzw. Scheinheiliger unter der Herrschaft Satans!!! Adelheid Sonnenschein

Wer Weihnachten als Pseudo-Geburtstag eines Jesus Christus feiert, sollte sich ernsthaft fragen, an welchen Sohn Gottes er glaubt! Jesus oder YAHUSHUA???

Wenn man die Informationen zu Jesus und die von YAHUSHUA einmal sortiert, stößt man auf eine Fülle von Widersprüchen!

Wer hat das Recht dem Sohn Gottes einen anderen Namen zu geben als sein Vater???

oder

Wer hat das Recht einen anderen Sohn Gottes zu konstruieren???

>>>„Wer stieg zum Himmel empor und fuhr herab? Wer fasste den Wind in seine Fäuste? Wer band die Wasser in Kleid? Wer richtete alle Enden der Erde auf? Was ist sein Name und was ist der Name seines Sohnes? Weißt du das"?<<< Sprüche 30, 4

>>>„Wie wird der eine einzige, lebendige Gott YAHUWAH der Vater, durch die echten Gläubige verehrt?

Die echten Gläubigen haben den echten Namen Gottes YAHUWAH in sich verinnerlicht!!!
Die echten Gläubigen wissen dass der Name des Vaters YAHUWAH im wahrsten Sinne des Wortes, im Namen seines Sohnes YAHU-(SCHU)WAH YAHUSHUA enthalten ist!
Die echten Gläubigen wissen dass der Name des Vaters YAHUWAH auch im Namen seines Volkes enthalten ist, YAHUWDUAH!
Die Dämonen wissen dass der echte Sohn Gottes YAHUSHUA ist!

Achtung: >>>„Hüte dich vor ihm und gehorche seiner Stimme und sei nicht widerspenstig gegen ihn; denn er wird eure Übertretungen nicht ertragen; denn meine Name ist in ihm"!<<< 2. Mose 23, 21

Auffallend ist folgendes:

I.) Es handelt sich um zwei verschiedene Personen!

Jesus Christus oder YAHUSHUA HA MASCHIACH???
Die Personen haben unterschiedliche Namen, also können sie nicht ein und dieselbe Person sein! Bei Licht betrachtet ist also im Tanach der Hebräische Heiligen Schrift nichts über einen christlichen Christus namens Jesus zu findet, das ist, mit Verlaub, weniger als nichts!!!
Seit etwa 400 Jahren wird uns gesagt, dass der Name „Jesus" das moderne Äquivalent (Gleichwertigkeit) des ursprünglichen hebräischen/aramäischen Geburtsnamens ist. Das ist nicht richtig; das moderne Äquivalent (gleichwertiger Ersatz) wäre immer noch „YAHUSHUA". Der Name „Joshua" (Yahushua) ist das Äquivalent im alttestamentlichen Teil der Heiligen Schrift.

II.) Die Personen haben jeweils eine unterschiedliche Mutter!

Einmal ausgehend davon, dass der eine Jesus und der andere YAHUSHUA heißt. Die Mutter von Jesus ist die heilige Gottesmutter und Himmelskönigin Maria, die Mutter von YAHUSHUA aber eine Thoratreue Jüdin namens Mirjam!!! „Maria" stammt etymologisch von „Mare" ab, vom deutschen Wort "Meer", während der hebräische Name Mirjam „Bitterkeit" bedeutet.

III.) Die Personen haben ein unterschiedliches Geburtsdatum!

Jesus hat den Geburtstag am 25. Dezember 0000! YAHUSHUA ist jedoch nachweislich am 11. September 0003 v. d. Zw. geboren! Also haben wir zwei verschiedene Geburtstage, dann könnten sie schon nicht dieselbe Identität haben!!! Wir haben hier also zwei verschiedene Namen und zwei verschiedene Geburtstage.
Ferner wurde Jesus nach katholischer Tradition in einem Stall geboren (vielleicht auch in der Geburtskirche?) und nach orthodoxer Tradition in einer Höhle! YAHUSHUA wurde in einem Privathaus

geboren, also eine Hausgeburt.

IV.) Die Personen haben unterschiedliche Hinrichtungs-Gegenstände!

Weil der christliche Christus am babylonischen Tammuz-Kreuz angeblich für die Sünden der Welt gekreuzigt wurde, wird das Gesetz schlichtweg als ungültig bezeichnet und dies, obwohl YAHUSHUA klar und unmissverständlich sagte, dass er nicht kam um die Torah aufzulösen!!! Martin Luther und Siomon der Magier lassen sehr herzlich grüßen!

Hätte wenigstens über dem Kreuz die Abkürzung der Inschrift noch in Hebräisch gestanden, dann könnte jeder wenigstens die Buchstaben Jod-He-Vav-He lesen (YahuShua HaNotzrii VMelech Ha-Jehudim) lesen. Oder hätten sie es ausgeschrieben, dann wüsste jeder, dass dieser da der König der Juden ist.

Nein, der da oben ist sicherlich nicht der König der Juden, sondern kann nur ein christlicher Götze sein, vor dem man niederfällt um ihn anzubeten. Der Jesus am Kruzifix ist denn auch - im Gegensatz zu dem Umstand dass die Römer immer völlig entblößt exekutierten - immer um seine Lenden keusch verhüllt und warum? Damit niemand sieht, das er beschnitten ist, also ein Jude ist.

Der echte Sohn Gottes YAHUSHUA ist aller Wahrscheinlichkeit an einem Pfahl gestorben!

Quelle: © https://www.teschuwa-hausisrael.org/t11-jesus-hamaschiach-alias-jeschua-christus.

Der Name des falschen Sohnes Gottes ist Jesus

Der falsche Sohn Gottes wurde am 25. Dezember geboren!!!

Der echte Sohn Gottes YAHUSHUA (YAHUschuWAH) HA MASCHIACH ist nicht am 25. Dezember geboren und schon gar nicht im Jahre 0000!!! Die echten ersten Gläubigen also die YAHUSHUAisten haben den Geburtstag des echten Sohnes Gottes nicht gefeiert!!!

Dass ein Jesus Christus allerdings am 25. Dezember geboren sei, ist eine willkürliche Festsetzung des skythischen Mönchs Dionysius Exiguus, der in Rom lebte und annahm, dass der Sohn Gottes am 25. März des Jahres 1 empfangen wurde und demnach am 25. Dezember desselben Jahres geboren sein musste.

Quelle: © https://bibelbund.de/2014/11/hat-sich-lukas-mit-der-volkszaehlung-bei-der-geburt-von-jesus-geirrt /leicht überarbeitete Version November 2014.

Die Feier des Weihnachtsfestes bildete sich erst im Lauf des 4. Jahrhunderts heraus.

Quelle: © Veröffentlicht am 12. November 2016 aus Bibel und Gemeinde 113, Band 4 (2013), Seite 5-7. Karl-Heinz Vanheiden Jg. 48, verh., zwei Kinder. Er ist Publizist, Bibellehrer und Bibelübersetzer; Mitglied im ständigen Ausschuss; von 1998-2013 Schriftleiter des Bibelbundes. Seit 2014 Theologischer Referent des Bibelbundes. Quelle: https://bibelbund.de/2016/11/irrtum-was-wirklich-geschah.

Die wichtigsten Fakten zum 25. Dezember und dem Weihnachtsfest

Die Tatsachen die sich auf eine Geburt Christi beziehen sind alles andere als christlich!!! Sie haben auch nichts mit dem echten Sohn Gottes YAHUSHUA (YAHUschuWAH) HA MASCHIACH zu tun!!! Dieses besagtes Christfest beruht auf die römischen Saturnalien und Brumalien. Also eine Zeit der Anbetung des Gottes Saturns!!!
Quelle: © Broschüre Gute Nachrichten, 53195 Bonn; © 2013 Vereinte Kirche Gottes e. V.

Wo liegt der Ursprung von Weihnachten?
<u>Jährlich feiern Menschen rund um den Globus am 25. Dezember den Geburtstag von Jesus. Das Fest ist aber viel älter als das Christentum.</u>

„Das Weihnachtsfest wird zum ersten Mal auf dem Kalender von Philokalos erwähnt, der 336 n. d. Zw. in Rom erstellt wurde". Quelle:
© J. G. Frazer, Le Rameau d'or.

„Gegen 330 n. d. Zw. fiel die Wahl auf den 25. Dezember, um die heidnischen Feste zur Wintersonnenwende zu verschleiern. In der Antike wurde in dieser Jahreszeit schon immer gefeiert: zu den Saturnalien in Rom zu Ehren des alten Herrschers der Zeit Saturn oder zu ,Sol Invictus' (unbesiegbare Sonne), ein Kult des Gottes Mithras, der aus Persien kam"! Quelle: © Nadine Cretin, Fêtes et traditions occiden-tales.

Das Mithrasfest der siegreichen Sonne und „Natalis Invicti" (Sol Invictus), der Geburt des erlösenden Gottes, der der Natur das Leben zurückgibt, wurde nach und nach durch das Fest der Geburt Christi ersetzt.

<u>Das Weihnachtsfest hat seinen Ursprung daher in einer Zeit, zu der in Rom der Sonnenkult besonders stark ausgeprägt war. Diese Ausführungen bestätigen, dass dieses Fest seinen Ursprung weder in der Bibel noch in den Bräuchen der Urchristen hat.</u> Quelle: © http://louvre-bibel.de/consultation/56.

Aber wer den Sinn des Weihnachtsfestes und seinen Ursprung verstehen will, muss mit den Göttern anfangen für die dieses Fest

veranstaltet wurde. **Der Mithraskult identifizierte den höchsten Weihegrad mit der Sonne.**

Der römische Mithras ist der unbesiegte Sonnengott, ist Sol Invictus. Dies ist die hundertfach zum Ausdruck gebrachte Botschaft der Weihinschriften vom 2. bis zum 6. Jahrhundert, sei es für Sol Invictus Mithras, für Deus Sol Invictus Mithras, für Deus Sol Mithras oder Sol Mithras. Seitdem wir den römischen Mithras-Kult epigraphisch fassen können, ist der dort verehrte Gott der unbesiegte Sonnengott Mithras. Mithras ist in dem Pantheon der antiken Götter einer unter vielen, mit vielen verwandt, mit vielen identisch. Wir sollten uns hüten, in dieser Vielzahl und in der synkretistischen Angleichung der Göttergestalten Schwäche und Dekadenz zu sehen.

Der Mithras-Kult ist ein Beispiel für den Bilderreichtum der Antike, des antiken Denkens, des antiken Menschen und die Wirkung von Symbolen, für symbolhafte, das heißt in Symbolen verhaftete Existenz. Er gehört zu den Mysterien, wie die antike Welt jene Kulte nannte, die den Eingeweihten Heil verhießen. Es ist die Mithras-Legende, die Geschichte des heilbringenden Wirkens von Mithras, die mit der Geburt beginnt und mit seiner Himmelfahrt endet, welche die Menschen in ihren Bann zieht. Begründet wurde dieser Mythos in Persien aus dem altiranischen Mithraskult, der seinen Ursprung mit der Ur-Gottheit Ahura Mazda verbindet.

Das was Mithras ist und kann, so die Botschaft, vermag er vom ersten Augenblick seiner Existenz an. Bereits bei seiner Geburt „aus dem Nichts" ist Mithras der Weltherrscher, der Kosmokrator. **Die Geburt des Mithras, des Lichts, des Sonnengottes, wurde am 25. Dezember gefeiert, dem gleichen Tag an dem der Isis-Osiris-Kult die Geburt des Lichtkindes Horus feiert.**

Noch im 6. Jahrhundert schildert ein syrischer Geschichtsschreiber der orthodoxen Kirche treffend die Entwicklung dieses Festtages zum Geburtstag „Christi": **„Die Heiden pflegten nämlich am 25. Dezember das Fest des Geburtstages der Sonne zu feiern und zu Ehren dieses Tages Feuer und Lichter anzuzünden.** Zu diesen Riten luden sie sogar das Christenvolk ein. Da nun die Lehrer der Kirche wahrnahmen, dass sich die Christen sehr gern zur Teilnahme verleiten ließen und auch zu diesem Aberglauben übertraten, beschlossen sie sogleich, am selben Tage das Fest der „wahren Geburt" zu begehen".

>>>__„Bei näherer Betrachtung wird man schnell feststellen können, dass das Christentum tatsächlich nichts ist, als eine billige Kopie der Mithras-Verehrung"!!!__<<< Von den vielen Wundern die Mithras vollbrachte, sei hier nur das Wasserwunder erwähnt. Mithras richtet seinen gespannten Bogen auf eine Felswand, vor der das Volk kauert und um Wasser fleht. Als der Pfeil die Wand berührt, strömt Wasser hervor und alle können trinken. Dieses Wunder gehört zu jenen Wandermythen, die aus Gegenden stammen, in denen Dürre herrscht und das Gedeihen von Mensch und Natur vom spärlichen Regen abhängt.

>>>**„Aber am deutlichsten wird die Entlarvung des Christenkultes als Imitat an der fast unverändert übernommenen Liturgie der Sol-Invictus Feierlichkeiten"!**<<<

Quelle: © https://www.pcmthdietempelherren.org/content/spiritualitaet---religion---mystik/das-christentum-und-die-templer/weihnachten-und-wintersonnenwende/.

Der Götze Saturn und der Götze Mithras werden zu Weihnachten verehrt

Obwohl die Römer schon frühzeitig den Brauch, Menschen zu opfern, aufgaben, wurde weiterhin Blut durch die Gladiatoren vergossen - besonders während der Saturnalien im Dezember. Die Saturnalien waren ein religiöses Fest. Allen war bewusst, dass das Blut, das die Gladiatoren dabei vergossen, eine Opfergabe an Saturn darstellte. Quelle: © „Die Gladiatorenauftritte waren [dem Saturn] geweiht". (Johann D. Fuss, Roman Antiquities, S. 359)

„Das Amphitheater beansprucht seine Gladiatoren für sich selbst, wenn sie Ende Dezember mit ihrem Blut den sicheltragenden Sohn des Himmels (Saturn) besänftigten". Quelle: © Ausonius, Eclog, S. 156.

„Dass die Gladiatoren bei den Saturnalien kämpften und sie das taten, um Saturn zu beschwichtigen und zu versöhnen". Quelle: © Justius Lipsius, tom. ii. Saturnalia Sermonum Libri Duo, Qui De Gladiatoribus, lib. i. Kap. 5.

„Die Gladiatorenkämpfe wurden als Versöhnungsopfer gefeiert. Unmengen von Menschen wurden geschlachtet für einen römischen Feiertag. Denkt man daran, dass Saturn selbst in Stücke geschnitten wurde, so versteht man leicht, wie die Idee aufkommen konnte, ihm ein Begrüßungsopfer darzubringen, indem man veranlasste, dass Menschen einander an seinem Geburtstag in Stücke schnitten, um seine Gunst zu gewinnen". Quelle: © Alexander Hislop, Von Babylon nach Rom, S. 140.

Trotz der Gewalt und des Blutvergießens waren die Saturnalien eine Zeit zum Feiern und Fröhlich sein. Diese verschiedenen antiken Festbräuche zu Ehren des blutrünstigsten Gottes haben sich bis heute erhalten und erfreuen sich als Weihnachts Traditionen weltweiter Beliebtheit.

Diese Traditionen beinhalten die zwei Weihnachtsfeiertage, Weihnachtsbäume, die mit Lichtern dekoriert werden (ursprünglich nahm man dazu Kerzen, die aus dem Fett der verbrannten Körper der Kinderopfer hergestellt wurden). Weihnachtsbäume, die mit Kugeln behängt werden (ursprünglich: die abgetrennten Köpfe der Menschenopfer). Austausch von Geschenken, Küssen unter dem Mistelzweig.

Singend von Haus zu Haus ziehen (Ursprünglich wurde das von nackten Sängern in einer sexuell ausschweifenden Art durchgeführt.) Saturn, der böse, Kinderopfer fordernde alte Mann, erscheint in der modernen Gesellschaft unter zwei weiteren Decknamen. Jeden Dezember taucht Saturn, der Gott der Zeit, wieder auf als „Gevatter Zeit". Die Personifizierung des neuen Jahres als „Baby New Year" symbolisiert das Kinderopfer. (Saturn als Gott der Zeit) steht mit seiner Sense in der Hand vor einer großen Uhr. Das alte Jahre vergehet als in Leichentücher gewickelte erwachsene Personen. Das neue Jahr kommt als ein kleines Kind herein. Obwohl das Bild selbst sehr dunkel ist, fällt auf den kleinen Jungen ein Feuerschein, während zu beiden Seiten Rauchwolken aufsteigen. Die zukünftigen Jahre werden als zum Opfer vorbereitete Kinder dargestellt. Die Kinderopfer wurden immer stark verhüllt, damit ihre Eltern nicht erkannten, wann ihr Kind verbrannt wurde. Alle grotesken Elemente dieses scheußlichen Götzen sind in diesem Bild enthalten. Auch hinter der modernen Figur des Sensenmannes, der seine düstere Seelenernte einbringt, verbirgt sich Saturn. **>>>„Nur sehr wenige Menschen haben heutzutage entdeckt, dass der Weihnachtsmann, der Sensenmann und der Alte Vater Zeit kein anderer ist, als der abscheulichste von allen Göttern"!<<<** Doch jemand aus der Antike würde sie alle sofort als Saturn identifizieren. Die Symbole, die für Saturn stehen, sind dieselben, an denen man Gevatter Zeit und den Sensenmann erkennt: Eine Sense und ein Zeitmessgerät.

Von ernsthaften Menschen werden heute viele Ausreden für das Festhalten an den heidnischen Feiertagen zu Ehren Saturns vorgebracht: „Weihnachten ist eine wunderbare Zeit für die Familie. Wir sind das ganze Jahr so beschäftigt, es ist wirklich unsere einzige Chance, zusammen zu kommen".

„Weihnachten ist das einzige Fest, an dem Jesus wirklich im Mittelpunkt steht"!

„Ich weiß, dass das nicht Jesu Geburtstag ist. Ich bin doch nicht dumm. Außerdem bete ich nicht zu heidnischen Göttern und habe deshalb kein Problem, dieses Fest zu feiern".

Die Heiden kannten YAHUWAH, den Schöpfer nicht. Sie verehrten dämonische Götzen, weil sie es nicht besser wussten. Von den heutigen Christen kann man das jedoch nicht behaupten.

Die Heilige Schrift lehrt:

>>>„Nun hat zwar YAHUWAH über die Zeiten der Unwissenheit hinweggesehen, jetzt aber gebietet er allen Menschen überall, Buße zu tun"!<<< Apostelgeschichte 17, 30

Zu wissen, dass Weihnachten ein heidnischer Feiertag ist, zu wissen, dass die modernen Bräuche in der Antike der Verehrung Saturns dienten, und trotzdem Sündenvergebung zu beanspruchen, obwohl man darum weiß, ist äußerst inkonsequent.

Weihnachten ist wahrlich ein Feiertag: ein religiöses Fest. Indem man den bösartigen Götzen Saturn verehrt, „entehrt" man YAHUWAH, den Schöpfer des Himmels und der Erde. Unser Erlöser selbst verkündigte ein heiliges Prinzip:

>>>„Niemand kann zwei Herren dienen, denn entweder wird er den einen hassen und den andern lieben, oder er wird einem anhängen und den andern verachten"!<<< Matthäus 6, 24

Saturn teilte mit Satan selbst mehr Eigenschaften als jeder andere Götze. Weihnachten ist sein heiliges Fest. Also das Fest Satans!!! Eine Teilnahme an Weihnachtsfeierlichkeiten ehrt diesen bösen, satanischen Götzen.

Die Teilnahme an heidnischen Traditionen ENTEHRT den Schöpfer. Kehre zurück zu deinem liebenden Erlöser YAHUWAH!

>>>„Wie stimmt Christus mit Belial (Satan) überein? Oder was hat der Gläubige gemeinsam mit dem Ungläubigen? Wie stimmt der Tempel YAHUWAHs mit Götzenbildern überein? Darum geht hinaus von ihnen und sondert euch ab, spricht YAHUWAH, und rührt nichts Unreines an! Und ich will euch aufnehmen"!<<< 2. Korinther 6, 15 - 16 A + 17

Quelle: © Worlds Last Chance.com.

Gebt dem Allmächtigen die Herrlichkeit seines Namens YAHUWAH zurück

Ein Buch von Adelheid Sonnenschein

Dies ist ein Buch welches das Bewusstsein ins Leben ruft,
das seit über 2600 Jahre der echte Name des einen einzigen
Gottes nicht mehr ausgesprochen wird. Viele falsche Namen
wurden in die Welt gesetzt, durch welche jedoch der eine lebendige Gott gelästert wird!
In den Bibeln steht der echte Name Gottes nicht drin, er wurde
durch widergöttliche Ersatz-Formulierung ersetzt!

Es ist die geistliche Pflicht aller echten wahren Gläubigen endlich
den richtigen Namen Gottes YAHUWAH zu nennen und zu diesem
zu beten.
Weltweite Erweckung und Schaffung eines reinen Volkes Gottes,
wird dann geschehen, wenn der Name des einzigen Gottes YAHU-
WAH in Ehrfurcht und Respekt benutzt wird! Das Buch zeigt an
Hand von weit über 200 Bibelstellen auf, wo der Name YAHUWAH
stehen müsste! Aus den Bibelstellen wird auch klar und deutlich,
dass es auf der einen Seite Gott überhaupt nicht gefällt, dass sein
Name in Vergessenheit gebracht wurde und andererseits wie
wichtig es dem einzigen Gott YAHUWAH ist, das er selber sagt, ich
will meinen Namen wieder groß machen!

Die Aufrichtung des echten Namens YAHUWAH in der Endzeit ist
von unabdingbarer Wichtigkeit!!!

Paperback, 244 Seiten und 122 Farbabbildungen
ISBN 978-3-7526-3421-1, BoD Books on Demand, Norderstedt

Der echte Name des echten Sohnes Gottes, war nie, nie, nie Jesus Christus

Ein Buch von Adelheid Sonnenschein

Ein revolutionäres Buch, welches mit dem über 1700 Jahre alten Irrtum aufräumt, das der Sohn Gottes fälschlicherweise Jesus Christus heißen soll.
Eine Christenheit vertraut genau genommen auf eine Schein-Figur und weiß leider nichts über diese Kunstfigur, die im Jahre 325 n. d. Zw. auf dem 1. Konzil ins Leben gerufen wurde! In Deutschland und England gibt es den Namen Jesus Christus sogar erst ab dem Jahr 1611.
Man kann auch den Namen Jesus Christus nicht zurückübersetzen ins Hebräische oder Aramäische.
Eine Christenheit die ihren Herrn und Meister in keiner Weise kennt, vertraut auf fatale Irrlehren von längst veralteten Konzilen.
Eine weltweite Erweckung findet dann statt, wenn die Menschen sich dem echten, wahren Sohn Gottes YAHUschuWAH HA MASCHI-ACH zuwenden!
Mehr als 2 Milliarden Christen weltweit sind dem satanischen Irrtum eines gefälschten Sohn Gottes verfallen!
Eine verführte Person weiß jedoch nicht, dass sie verführt ist.

Die Aufrichtung des echten Namens YAHUschuWAH in der Endzeit ist von unabdingbarer Wichtigkeit!!!

Paperback, 220 Seiten und 49 Farbabbildungen
ISBN 978-3-7534-2940-3, BoD Books on Demand, Norderstedt

Kennst Du mich wirklich,... ??? den echten Sohn Gottes YAHUschuWAH

Ein Buch vonAdelheid Sonnenschein

In diesem Buch wird der echte, wahre Sohn Gottes YAHUschuWAH vorgestellt! Dieses Buch zeigt auf, das der falsche Sohn Gottes mit Namen Jesus Christus ein gefälschter Sohn Gottes ist, welcher eine sehr, sehr schlechte Vergangenheit hat! Bevor man jedoch dieses Buch liest, sollte man zuvor das Buch lesen: Der echte Name, des echten Sohnes Gottes ist nie, nie, nie Jesus Christus!
Die Autorin hat jahrelange gründliche Recherche-Arbeit betrieben. Wer sich nicht täuschen lassen will durch einen gefälschten Sohn Gottes mit Namen Jesus Christus, sollte sich zu dem echten Sohn Gottes YAHUschuWAH HA MASCHIACH von Herzen bekehren!
Die Kirchen verkündigen und verbreiten seit über 1700 Jahre einen falschen Sohn Gottes mit Namen Jesus Christus. Der gesamte Irrglaube an den gefälschten Sohn Gottes beruht auf der Lügentradition der Katholischen Kirche. Der echte Sohn Gottes mit Namen YAHUschuWAH HA MASCHIACH hat ausdrücklich vor falschen Christussen gewarnt. Ein gefälschter Fünfzig-Euroschein sieht dem echten, sehr, sehr ähnlich. Man muss es schon genau untersuchen, um die Fälschung vom Original zu unterscheiden! Mit den beiden Büchern haben die Menschen eine Grundlage sich selber zu entscheiden. Glaube ich an den Betrug und die Lüge oder an die Wahrheit in Person YAHUschuWAH. Auch dieses Buch sollte jeder Mensch weltweit in seinem eigenen Interesse gelesen haben.

Paperback, 220 Seiten und 49 Farbabbildungen
ISBN 978-3-7543-6225-9, BoD Books on Demand, Norderstedt